VANESSA PARADIS

La vraie histoire

Du même auteur

Romans

Mille et Une Raisons de rompre, Zulma, 1998.
Mémoire d'un répondeur, Le Castor Astral, 1999.
La Vie sitcom, Verticales, 2001.
Comme un seul homme, La Martinière, 2004.
Ma mère en plus jeune, Le Cherche Midi, 2006.
Daddy blue, Le Cherche Midi, 2007.
Je reviens bientôt, Michalon, 2011.
Est-ce que tu m'entends ?, L'Archipel, 2014.

Biographies

Mylène, Flammarion, 2008 ; L'Archipoche, 2009.
Cabrel, Flammarion, 2010.

Hugues Royer

VANESSA PARADIS

La vraie histoire

Flammarion

ISBN : 978-2-0812-9554-4

À Gilles Verlant…

« Je sais qu'on dit ça de moi, mais je ne me sens absolument pas mystérieuse. Au contraire, si vous saviez comme j'ai les pieds sur terre. »

Vanessa Paradis

Vendredi 17 mai 2013, 18 h 15. Elle interprète *Love Song*, son nouveau titre, devant la centaine de privilégiés venus l'entendre dans le studio 105 de la maison de Radio France. Soudain, son regard se plante dans le mien. Instant fugace que je veux retenir, garder en mémoire. Sourire un peu crispé, sourcils froncés. Elle porte en elle une gravité qui, avec les années, transparaît de plus en plus sur son visage.

C'est la première fois que je la vois d'aussi près, à peine trois mètres, et je suis frappé par son gabarit miniature. Un petit mètre soixante de grâce et une tête qui semble démesurée. Avant d'arriver sur les lieux du mini-concert, retransmis en direct sur France Inter, je l'ai admirée sur les photographies de Jean-Baptiste Mondino qui inondent les magazines depuis trois semaines. Perchée sur des talons de 12, les cheveux au vent, elle avait l'air immense et gaie. Légère, aérienne. Là, au milieu des musiciens, elle semble soudain si terrienne.

Comment cette poupée frêle, qui essuie une larme en fredonnant *La Chanson des vieux cons*, écrite par Benjamin Biolay, a-t-elle pu réussir un parcours aussi extraordinaire ? C'est toute la question de ce livre. Pas une biographie de plus, non. Un ouvrage qui tente d'aller plus loin. Derrière l'icône Paradis, il est temps de savoir enfin qui est la vraie Vanessa.

C'est là que les difficultés commencent. Car approcher une star de son calibre, c'est comme vouloir traverser une forêt de ronces : on se heurte à une résistance, on découvre un périmètre de sécurité infranchissable autour d'elle. Lorsque je propose à Jérôme Marroc-Latour, son chef de produit chez Barclay, sa maison de disques, de rencontrer la chanteuse, il contacte Corinne, sa mère, et me répond par courriel : « Merci pour votre proposition, mais Vanessa Paradis ne donnera pas suite à votre demande [1]. » Au téléphone, il me rassure : « N'en prenez pas ombrage : Vanessa ne collabore jamais aux livres qui sortent sur elle. »

Durant les longs mois de mon enquête, d'autres portes vont se fermer. Ainsi, le 14 juin 2013, j'ai rendez-vous pour déjeuner avec Serge Ubrette, musicien et ami de la star depuis trente ans, qui veut me raconter quelle personne « merveilleuse » elle est. Pourtant, il ne viendra pas. « J'ai eu Vanessa et elle m'interdit catégoriquement de vous parler », m'envoie-t-il par SMS alors que je l'attends depuis trente minutes. La veille, c'est la comédienne Léa Drucker, sa partenaire dans *Je me suis fait tout petit,* qui a poliment refusé ma demande, comme le feront le coiffeur John Nollet, intime de la star depuis le tournage de *La Fille sur le pont*, ou le maquilleur Christophe Danchaud.

En réalité, la rupture tapageuse de Vanessa et Johnny Depp, en juillet 2012, a verrouillé d'un cran les défenses de la star. Ainsi, lorsque j'appelle Jean Rochefort, qui devait partager l'affiche avec le couple dans une adaptation de *Don Quichotte* qui n'a jamais vu le jour, il me dit : « Je suis un peu embarrassé de vous dire non, mais je suis très ami avec Johnny Depp, que je connais mieux que Vanessa Paradis. Et, comme entre eux ça s'est passé très douloureusement, je ne voudrais surtout pas commettre d'impair [2]. »

La star aurait-elle quelque secret inavouable à cacher ? Et pourquoi autant de détermination à vouloir faire taire des amis qui, par définition, n'auraient que des lauriers à lui tresser ? Il semble bien que, pour survivre sur l'impitoyable scène de la notoriété, l'interprète de *Natural High* se soit barricadée dans une forteresse où nul ne doit pouvoir l'atteindre. Peut-être même est-ce la clé de son impressionnante longévité…

Fort heureusement, malgré ce sentiment de me heurter, parfois, à un bloc de béton, j'ai pu recueillir des dizaines de témoignages qui m'ont permis de reconstituer avec précision les étapes de son parcours d'exception. Parmi eux, celui de Raymonde Paradis, sa grand-mère paternelle, si fière de sa petite-fille. Chemin faisant, j'ai pu tordre le cou à un bon nombre d'idées reçues. Non, Vanessa Paradis n'est pas exactement celle que vous croyez. Si son itinéraire est celui d'une enfant très gâtée, il est loin de s'apparenter au conte de fées que les médias ont tenté de nous faire croire.

Prologue

La scène se déroule en 2004, dans un quartier animé d'Amsterdam. Ce jour-là, Vanessa Paradis tourne une séquence pour *Mon Ange,* sous la direction de Serge Frydman. Cheveux très blonds attachés, elle porte une jupe courte, des bas résille, des bottines lacées et une veste noire. La rumeur prétend que Johnny Depp et les enfants sont dans les parages, ce qui explique la présence d'une nuée de paparazzi qui guettent la star. Munis de téléobjectifs, ces derniers forment un mur autour du périmètre réservé au tournage, prêts à fusiller l'actrice sous le feu des flashs.

Vanessa a du mal à se concentrer. Ses antennes sont en alerte. C'est une actrice instinctive qui refait rarement quinze prises. « Dans les espaces publics, c'est quelqu'un qui n'est jamais tranquille », raconte Pascal Chaumeil, qui l'a dirigée dans *L'Arnacœur*[1]. Sa jolie bouche se tord, ses sourcils s'agitent. Et, soudain, elle explose. À la surprise générale, elle fend la foule d'un pas assuré et se dirige vers les paparazzi. Là, elle identifie le chef de meute, se plante devant lui, l'attrape par le col et l'insulte pendant dix bonnes minutes avec un débit de mitraillette. L'homme a beau mesurer vingt centimètres de plus qu'elle, elle lui hurle à la figure qu'il n'a « pas de couilles ». Est-ce qu'il aimerait, lui, qu'on traque sa famille pour vendre les photos de ses enfants ? Le photographe n'essaie même pas de se défendre. Sous les huées de la foule, il fait signe à ses collègues de remballer leurs appareils.

Lorsque l'actrice rejoint l'équipe du film, tout le monde est abasourdi. La scène est tellement loin de son image de star fragile et ultra-protégée. « Pour chasser les paparazzi, elle n'a délégué personne, explique un témoin. Elle y est allée toute seule, avec un courage qui nous a tous bluffés [2]. »

Et pourtant... Ceux qui la connaissent savent que cette anecdote est révélatrice de la vraie Vanessa. Une fille électrique. Une guerrière toujours prête à sortir les griffes. « C'est un mec à l'intérieur [3] », assure Jean-Pierre Pasqualini, fondateur du magazine *Platine*. Une formule choc qui fait voler en éclats le mythe d'une Lolita éthérée, fleur coupée auréolée de mystère. Mythe qui court depuis un quart de siècle déjà, depuis qu'une simple chanson, *Joe le taxi*, a fait de Vanessa Paradis un phénomène à part dans le paysage musical hexagonal.

Mars 2013. Elle a donné rendez-vous à toute la presse dans la mini-salle de conférences d'un hôtel parisien. Le journaliste Stéphane Basset, spécialiste musique sur France 4, qui la voit pour la troisième fois en quinze ans, la trouve plus tendue que d'ordinaire. « Elle n'est plus le petit oiseau qu'on a envie de protéger. On sent une femme forte, sur la défensive [4] », confie-t-il. Ce que la chanteuse redoute ? « Que les médias la questionnent sur sa vie amoureuse. » Alors Vanessa verrouille. Quand on s'approche d'un peu trop près, elle botte en touche ou vous recadre. Ferme, et pas toujours polie. « Je voulais faire une interview décalée, explique le journaliste, mais elle n'avait pas envie de jouer le jeu, de sortir du strict plan promo. » Lorsque vous êtes en face d'elle, elle vous fixe, glaciale, l'air de dire : « Je suis là, mais ce que je suis vraiment, tu ne le sauras pas. »

Voilà pourquoi écrire une biographie de Vanessa Paradis s'annonce comme un pari périlleux, une gageure. « Certains journalistes l'ont sans doute déçue, peut-être même trahie. Alors, depuis, elle les a tous rangés dans le même panier », analyse Catherine Schwaab, rédactrice en chef à *Paris Match*. Avant d'ajouter : « Elle peut être une vraie peste. Elle rembarre les gens de façon sèche et on ne comprend pas. Parce que c'est quand même le bébé que la France a vu grandir sous ses yeux [5]. »

Sur Vanessa Paradis, on a tout dit, tout écrit. Qu'elle était une baby star préfabriquée, un coup marketing de génie orchestré par l'industrie musicale. Qu'elle se comportait comme une diva, multipliant les caprices sur les tournages et toisant son monde de sa moue boudeuse. On a beaucoup glosé sur sa chance, aussi, qui semble ne jamais l'avoir trahie. « J'ai le sentiment d'avoir beaucoup de chance et d'avoir un ange gardien au-dessus de ma tête [6] », n'a-t-elle cessé elle-même de répéter, comme embarrassée de son insolent succès. Quand on a démarré avec Étienne Roda-Gil, reçu en cadeau un album écrit par Serge Gainsbourg, un autre produit par Lenny Kravitz, qu'on a ensuite fondé une famille avec Johnny Depp – sans parler de quelques rôles marquants au cinéma, comme dans *La Fille sur le pont*, de Patrice Leconte –, comment écarter la question de la chance ? « Vraiment bordée de nouilles [7] », confiera-t-elle avec ce langage fleuri bien à elle.

Pourtant, Vanessa le sait, la chance n'explique pas tout. Et, si besoin est, son oncle, Didier Pain, qui a été l'artisan de son succès, est là pour le rappeler. « Le succès, ça ne vient pas tout seul. Ce n'est pas parce qu'on a un beau cul et une jolie petite voix que ça marche. Elle, c'est une bosseuse. Elle est consciente que tous les jours il faut travailler [8]. » Il est vrai que Vanessa n'a pas ménagé ses efforts pour réaliser son rêve. Sans doute pour compenser un complexe d'infériorité né sur les bancs de l'école, où elle ne brillait pas trop, elle a mis les bouchées doubles afin de montrer de quoi elle était capable. Ce n'est que par la suite qu'elle a su lever le pied, montrer qu'elle n'était pas obsédée par sa carrière, ni même par le succès, mais soucieuse, surtout, de réussir sa vie. D'où ce sentiment de légèreté, de facilité, de dilettantisme parfois. Six albums studio seulement en vingt-sept ans de carrière, une douzaine de films au compteur… Et autant de pauses pour se ressourcer, simplement vivre. En rassemblant ses chansons pour son *Best Of*, en 2008, elle qui s'appesantit rarement dans la nostalgie n'a pu s'empêcher d'y voir les étapes professionnelles et personnelles d'un itinéraire chahuté, fragmenté.

Un parcours jalonné d'émotions fortes, aussi. Chacun de nous se souvient de l'instant où Vanessa a pleuré en recevant sa première Victoire de la musique en 1990. Comme nous n'avons jamais oublié l'instant de grâce où sa voix s'est mêlée à celle de Jeanne Moreau, à Cannes, pour fredonner *Le Tourbillon de la vie*. Ce n'est pas un hasard si elle est aussi devenue une icône de mode, héroïne du film publicitaire mythique signé Jean-Paul Goude pour le parfum Coco. « C'est exceptionnel qu'une chanteuse populaire incarne un produit de luxe, note Jean-Pierre Pasqualini. Johnny Hallyday a fait un parfum pour les supermarchés, Vanessa a signé avec Chanel. Aucune autre artiste n'a réussi une telle prouesse [9]. » Avec elle, ce sont d'abord des images qui surnagent, s'imprimant dans notre mémoire collective. « Si elle déteste les interviews, analyse Catherine Schwaab, elle adore les photographes. Face à l'objectif, elle a de la ressource, se réinvente sans cesse, dispose d'une palette de personnages qui semble inépuisable [10]. »

Aujourd'hui, tout le monde aime Vanessa. « C'est toujours une agréable surprise de voir à quel point les gens sont gentils avec moi. On a grandi ensemble, je suis comme leur cousine éloignée, c'est touchant [11] », confiait-elle récemment, consciente que ce lien privilégié provient sans doute de cette impression partagée par le public d'avoir assisté à l'éclosion puis à l'épanouissement d'un talent. Ce que le public n'a pas oublié non plus, c'est qu'avant de s'imposer comme une star intouchable et respectée de tous, Vanessa a été violemment rejetée. Nous découvrirons d'ailleurs en quoi l'épisode du Midem, survenu en 1988, où la chanteuse a été huée sur scène, a été déterminant pour la suite de sa carrière.

Une cousine éloignée… C'est le sentiment qu'a éprouvé Sophie Fontanel, qui l'a rencontrée pour *Elle* au moment de la sortie du film *Mon Ange* en 2005. À l'époque, écrit-elle, la star, épanouie par sa maternité, « ne va aux interviews que pour pouvoir parler de ses deux enfants et de Johnny Depp [12] ». Spontanée, généreuse, Vanessa se confie en effet sans entrave, comme à une amie. Une attitude qui tranche avec le contrôle qu'elle affiche au moment de la sortie de *Love Songs*, au printemps 2013. Interrogée par Françoise-Marie Santucci dans *Next*, elle botte en touche toutes les questions personnelles : « Je n'ai pas envie que tout le monde sache ce que je pense [13] », dit-elle pour se justifier.

Ce paradoxe, cette oscillation entre proximité et distance, explique sans doute qu'elle occupe cette place si singulière dans le cœur du public. Vanessa a beaucoup donné, certes, et souvent sans compter, mais elle ne donne jamais tout. Si elle se défend d'être mystérieuse, elle revendique un droit au secret. Avec le temps, elle a appris à se préserver pour ne pas se faire dévorer. Elle ne connaît que trop bien l'appétit vorace des gazettes people.

Cette biographie assume une part de curiosité bienveillante. Jamais je ne l'aurais écrite si je n'avais pour Vanessa une admiration profonde qui remonte à l'enfance. J'ai toujours éprouvé une tendresse particulière pour elle, pour sa voix sucrée, son sens du swing et sa façon naturelle de planer au-dessus de la mêlée. À l'époque de *Joe le taxi*, déjà, je préférais son attitude rebelle à celle, trop sage, de la brune Elsa, l'enfant modèle qui chantait *T'en va pas*. Elle a montré, ensuite, sa capacité à se renouveler sans cesse pour faire briller son étoile.

En vous plongeant dans ce livre, vous découvrirez une Vanessa méconnue, moins solaire qu'on l'imagine, et même parfois sujette à de gros coups de cafard. Une vraie musicienne aussi, comme le prouvent ses choix artistiques, pétrie de doutes lorsqu'il s'agit de jouer la comédie, mais qui sait aussi se montrer généreuse et faire preuve d'autodérision. Bien sûr, impossible de ne pas aborder les chapitres privés de sa vie, qui se mêlent inextricablement aux étapes de sa carrière. Sans ces liaisons parfois dangereuses, Vanessa Paradis ne serait pas la femme qu'elle est devenue.

« Déjà, son nom est un miracle. C'est une merveille, son nom. On ne peut pas trouver mieux, m'a confié Bernard Mouillon, photographe qui a présenté Vanessa Paradis à un certain Florent Pagny en 1988. Moi, je suis fou de cette fille, de son histoire. C'est normal d'avoir une vie rêvée avec un nom pareil [14]. » Une vie rêvée… ou presque. Si l'histoire de Vanessa Paradis ressemble en effet à un film, dont les rebondissements passionnent le public depuis un quart de siècle, elle devient plus fascinante encore lorsque, derrière la fiction, on entrevoit certaines vérités insoupçonnées.

1

Enfant chérie

« Quand j'étais jeune, je voulais avoir une vie d'artiste : voyager, passer à la télé, faire des photos. Devenir une petite princesse. »

Vanessa Paradis

Un couloir à peine éclairé dans les coulisses d'un théâtre. Une fillette attend sagement, assise sur un tabouret. Elle a les cheveux blonds, une frange, et le dos bien droit. Elle sourit aux acteurs qui passent devant elle au gré des entrées et sorties de scène. Mais c'est son oncle qu'elle attend avec une patience d'ange. Un homme jovial, visage rond, œil qui pétille, moustache fournie, qui déboule en sueur à la fin de la représentation, presque surpris que sa nièce n'ait pas bougé d'un pouce. « Titi », c'est ainsi que la petite surnomme Didier Pain, est comédien. Un métier où on a l'air de s'amuser beaucoup, même quand on n'a pas le premier rôle. Mais ce qu'elle préfère, c'est le moment où elle entend crépiter les applaudissements. Alors qu'elle reste tapie dans l'ombre, elle rêve que c'est elle qu'on acclame ainsi.

Lorsqu'il se rappelle cette époque, qui remonte à la fin des années 1970, Didier Pain ne peut que louer la patience de sa nièce. « À six ou sept ans, c'était une gamine très calme, très sage. Je la laissais dans les coulisses sur un siège et elle attendait que je sorte de scène. Je la retrouvais à la fin du spectacle à l'endroit où je l'avais laissée. Et, très bizarrement, deux ou trois ans après, les gens qui l'avaient vue ce soir-là, à qui elle avait simplement dit bonjour, se souvenaient d'elle et me demandaient des nouvelles de cette gamine. Elle avait un impact sur les gens, sans même le vouloir. Une sorte de charisme naturel [1]. »

Se faire remarquer sans avoir besoin d'ouvrir la bouche. Voilà le signe d'une présence dont l'intensité ne se démentira pas. Lorsque, des années plus tard, Jean-Pierre Pasqualini verra pénétrer Vanessa Paradis dans un club, il éprouvera un sentiment similaire. « Dans ma jeunesse, j'avais vu Grace Kelly faire son entrée dans une salle sur la Côte d'Azur. Tout le monde retenait son souffle. J'ai revécu ça un jour avec Vanessa. C'était au début des années 2000, elle portait des lunettes de soleil, elle était mal coiffée, mais elle avait cette présence extraordinaire. Certains ont besoin de parler pour se rendre exceptionnels. Pas elle [2]. »

Faut-il avoir beaucoup souffert pour devenir un artiste authentique ? Faut-il avoir été meurtri dans l'enfance pour éprouver un besoin infini de reconnaissance ? Les premières années de Vanessa Paradis semblent démentir tous les clichés freudiens bon marché. « Apparemment, il n'y a pas eu de drame particulier dans son enfance, note Joshua Darche, l'arrangeur de *Joe le taxi*. Elle a été très aimée, très gâtée même [3]. »

C'est au sein d'un couple très amoureux qu'elle voit le jour le 22 décembre 1972, à 5 h 10 du matin, à la Clinique Gaston-Metivet de Saint-Maur-des-Fossés, dans le Val-de-Marne. Capricorne ascendant Scorpion. « Son ciel de naissance laisse apparaître une dominante martienne, analyse Stéphane Singlard, journaliste férue d'astrologie. Une personnalité masculine, combative, autoritaire, prête à en baver pour atteindre son but. L'alliance de la persévérance du Capricorne et du goût pour le secret du Scorpion [4]. » Hasard ou pas, ce jour-là, une loi paritaire instaure l'égalité de rémunération entre les hommes et les femmes.

Corinne, la maman, n'a que vingt ans, soit six de moins qu'André, le papa. Le bébé a les yeux verts et un léger duvet blond. Il n'est pas bien lourd : il est né quelques semaines avant terme. C'est pourquoi ses parents n'ont pas encore arrêté le choix de son prénom. « Ils ont mis du temps à me trouver un prénom, racontera la chanteuse. Je suis restée trois jours sans qu'on sache comment m'appeler ! Et pour le second, Chantal, ils ont pris celui de ma marraine. Ils ne se sont pas beaucoup foulés [5] ! » Pas facile de faire un choix définitif, surtout quand tout le monde ajoute son grain de sel. Finalement, c'est une suggestion du grand-père, au soir de Noël, qui aura gain de cause : « La petite, il faut l'appeler Vanessa, insiste-t-il. C'est le nom d'un papillon. Un jour, la petite, elle s'envolera [6]. » Cerise sur le gâteau, ça sonne bien, Vanessa Paradis. « Ça fait nom de scène, alors que jamais je n'aurais osé en prendre un pareil [7] », reconnaîtra la chanteuse bien plus tard.

Fous de bonheur, les parents couvent d'affection leur petite protégée. Corinne surveille comme le lait sur le feu ce bébé prématuré, qui va notamment développer des allergies cutanées, provoquant l'apparition de plaques rouges. « C'est une maman lionne, très protectrice, explique un proche. Elle peut même devenir agressive si elle sent une menace planer au-dessus de sa fille. Aujourd'hui encore, elle joue un rôle de filtre [8]. »

De son côté, André connaît une belle réussite professionnelle. Cet autodidacte, aîné de cinq enfants, dont le père était ouvrier chez Renault à Boulogne, a arrêté l'école dès quatorze ans, impatient de faire ses preuves. Après avoir exercé de nombreux petits boulots, laveur de vitres, employé dans un garage ou encore peintre d'enseignes, il s'est lancé sur le marché en créant une entreprise de miroiterie qui va peu à peu s'élargir à la conception de divers éléments de décoration intérieure. Sa spécialité ? Reproduire les matériaux nobles à partir de matières synthétiques. Le déclic lui est venu par hasard. Un jour, par maladresse, dans l'atelier qui jouxte son commerce, il renverse un pot de peinture marron sur un morceau de polystyrène. Il décide alors de créer des poutres en polyuréthane qui imiteront le bois. Après avoir fait breveter sa découverte, il développe ses propres chaînes de fabrication, de vente et de distribution. Grâce à son dynamisme et à l'aide de Corinne, qui tient la comptabilité, l'entreprise devient vite florissante – six salariés sont embauchés. Dans les années 1990, il décrochera un gros contrat avec Disneyland Paris, dont il réalisera de nombreuses sculptures en résine : chars pour la parade, décors destinés aux vitrines des boutiques, personnages de Halloween, etc. On l'apercevra même en 2012, silhouette menue et voix grave, dans un reportage réalisé par Mireille Dumas, en pleine restauration du bateau de l'attraction « Pirates des Caraïbes ».

Fille de médecin, Corinne Paradis est issue, contrairement à son mari, d'un milieu bourgeois. Autant André est un pur créatif, un instinctif qui fourmille d'idées, un artiste aussi, doué pour le dessin, autant sa compagne a les pieds sur terre. « Elle sait compter pour deux, confirme un témoin. Son truc, c'est de faire rentrer l'argent dans le foyer [9]. »

Entre deux parents aussi complémentaires, la petite Vanessa va s'épanouir comme un charme. Lorsqu'elle fête ses deux ans, la famille quitte Saint-Maur-des-Fossés pour s'installer, plus à l'est, à une quinzaine de kilomètres de Paris, à Villiers-sur-Marne, une commune de vingt mille habitants. La maison est vaste, propice aux réunions de famille, avec un jardin et une piscine. C'est là, dans une atmosphère foisonnante et bohème, que Vanessa va grandir.

Très tôt, elle manifeste un tempérament très affirmé : ce qu'elle veut, impossible de ne pas l'entendre. « Enfant, elle avait vraiment son caractère, me raconte Raymonde Paradis, sa grand-mère paternelle, âgée de quatre-vingt-treize ans. Un peu autoritaire quand même [10] ! » Lorsque son esprit se focalise sur quelque chose, ça peut vite tourner à l'idée fixe, et ses parents ont parfois du mal à lui résister. Pourquoi lui résister, d'ailleurs, puisqu'ils ne veulent que son bonheur ? Son père n'est pas le dernier à céder. Vanessa adore le surprendre dans son bureau. « Une vraie caverne d'Ali Baba ! dira-t-elle. Avec lui, j'ai fait de l'aquarelle, du dessin [11]. » Elle regarde son papa comme un artiste, doublé d'un sage, un modèle de bienveillance. « Mon père est un homme très philosophe, qui ne voit jamais le mal chez les autres [12]. » Elle gardera toujours en mémoire les drôles de proverbes qu'il invente et lui assène, pour chaque situation du quotidien. Du genre : « T'occupe pas de la marque du vélo et pédale ! », quand elle gamberge un peu trop à son goût.

Très tôt, Vanessa montre des dispositions artistiques. Si les cours de piano lui semblent rébarbatifs à cause du solfège, elle s'épanouit davantage dans la danse. Dès l'âge de quatre ans, Corinne l'inscrit à l'école de Joëlle Réa, située à Joinville-le-Pont. Un professeur charismatique qui craque pour sa grâce de poupée fragile. Elle y apprend aussi les claquettes. Lors d'un spectacle de fin d'année, l'élève aura droit à la une du journal local, immortalisée par le premier photographe à avoir saisi sa photogénie. « La scène l'attirait beaucoup, confirmera Didier Pain, qui suit avec passion les progrès de sa nièce. Elle était très douée [13]. »

Le mardi soir, après l'école, Vanessa est confiée aux bons soins de sa grand-mère maternelle, surnommée « Nanny », qui habite Saint-Maur-des-Fossés. « Elle m'apprenait le jardinage, le patin à glace. Elle me donnait même des cours de ski [14]. » Une « Nanny » jeune et dynamique chez qui elle passe tout le mercredi, histoire de permettre à ses parents de s'investir à fond dans leurs projets professionnels. C'est aussi chez sa mamie aux yeux verts qu'elle découvre *Pierre et le Loup,* son tout premier souvenir musical. « Il y avait ce vinyle chez ma grand-mère, la version avec Gérard Philipe. Je l'ai usé [15]… » Au fil du temps, « Nanny » deviendra même une confidente. « Les discussions que j'ai avec elle ne sont pas celles d'une petite fille qui parle à sa grand-mère. C'est une copine [16] », dira Vanessa en 1990.

Chez les Paradis, on écoute Brel et Brassens. On dévore aussi les comédies musicales américaines. Dès qu'elles passent à la télé, on les enregistre sur des cassettes VHS et on se les repasse sans modération, jusqu'à parfois user la bande magnétique. « Les comédies musicales cristallisaient mes aspirations et me faisaient rêver, confiera Vanessa, Pour moi, ça représentait le spectacle total, un mélange tourbillonnant de comédie, de chant et de danse [17]. » À l'époque, ses idoles se nomment Fred Astaire,

Ginger Rogers et, surtout, Gene Kelly. « Nous vivions dans une totale adoration pour Gene Kelly. Toute petite, je regardais *Chantons sous la pluie* en boucle. La vraie vie, à nos yeux, c'était de chanter sous la pluie [18]. » Dans sa chambre, seule devant la glace, Vanessa fredonne en yaourt, sans en saisir le sens, les chansons de Barbra Streisand. « Je ne comprenais pas ce que je disais, mais je m'en donnais à cœur joie [19]. »

Une autre star du cinéma va marquer son enfance : Marilyn Monroe. « En général, on commence à être fan d'elle à douze ou treize ans, quand on a envie de ressembler à une femme. Moi, à six ans, je collectionnais ses photos, ses disques [20]. » Le déclic ? Un livre du photographe Milton Greene, qui traîne sur la table basse du salon. « Je l'ai ouvert et, tout de suite, j'ai flashé sur elle [21]. » Mais c'est après avoir vu *Certains l'aiment chaud* que Vanessa devient accro à la star : elle réclame à son papa l'affiche du film, qu'elle accroche dans sa chambre, se repasse le film et ne se lasse pas d'admirer l'actrice : « Sa beauté, son rire, la façon dont elle marche, dont elle parle, dont elle regarde [22]. » Et puis, elle est envoûtée par sa voix. « Je faisais mes devoirs en l'écoutant chanter, dira-t-elle. Seules les plus grandes peuvent sortir une voix avec un tel velours, un tel vibrato [23]. »

Très tôt, Vanessa prend conscience du destin tragique de Marilyn. Dans son imagination, elle lui parle comme à une amie, tente de comprendre pourquoi elle dégage un tel « mélange de force et de fragilité [24] ». Au fond, elle se sent exactement comme elle : attirée par la lumière et tellement vulnérable. Toute petite, il lui arrive de rêver qu'elle tombe dans le vide depuis une falaise ou une montagne : chute interminable qui, le plus souvent, se termine par des pleurs. Corinne, sa maman, accourt alors pour la consoler. De cette complicité-là est née une indestructible relation de confiance entre les deux femmes. « Maman est ma meilleure amie. Elle me connaît par cœur. À ma façon de lui dire bonjour, elle sait si je vais bien ou mal. Quand je me sens débordée, elle a toujours le mot qu'il faut, elle est rassurante, tout le monde recherche ses conseils. C'est mon modèle de femme [25]. »

Dans le sillage de mai 1968, Corinne et André Paradis ne sont pas le genre de parents à multiplier les interdits. Pas le genre de parents non plus à établir une frontière étanche entre les générations. En tant qu'enfant unique, sans être regardée comme une adulte, Vanessa s'adapte à leur rythme, bénéficiant d'une grande liberté. « J'ai eu des parents incroyables, reconnaîtra-t-elle. Chez nous, il n'y avait pas de sujets tabous. Habituellement, quand les parents sont avec des amis, ils changent de sujet quand les enfants entrent dans la pièce ou ils les envoient au lit. Chez nous, quand mes parents abordaient des sujets comme la drogue, le sexe ou la violence, par exemple, on en parlait ensemble [26]. »

Un témoin résume l'atmosphère qui règne alors chez les Paradis : « Ils vivaient dans le plaisir, et non dans le devoir. Ils fumaient, parlaient fort, riaient beaucoup, faisaient la fête. Ils ne s'encombraient pas de contraintes inutiles, n'étaient pas du genre à se compliquer la vie. C'étaient des parents copains. Leur fille était la huitième merveille du monde. Ils ont tout fait pour la rendre heureuse [27]. » Tout fait, aussi, pour être à l'écoute de ses envies, quitte à gommer toute frontière générationnelle. « Quand il y avait une décision à prendre à la maison, mes parents me demandaient toujours ce que j'en pensais, même quand j'avais six ans [28]. »

Cette éducation libertaire a-t-elle influencé la vocation de Vanessa ? En tout cas, elle l'a conduit à savoir très tôt ce qu'elle désirait. Fils de René Paradis, ouvrier qui avait souffert de la pauvreté, André s'est fait un devoir d'exaucer les moindres envies de sa fille. Et sans être pourrie gâtée, Vanessa n'a manqué de rien. Pourtant, ce qu'elle désirait le plus, il a fallu qu'elle aille le chercher ailleurs. « Quand j'étais petite, je voulais avoir une vie d'artiste : voyager, passer à la télé, faire des photos. Devenir une petite princesse [29]. » Fascinée par les comédies musicales, grisée par l'atmosphère festive des théâtres, elle comprend d'instinct dans quel milieu elle pourrait s'épanouir. « Tout ce qui était spectacle était magique pour moi. Je ne savais pas ce qu'il fallait faire pour devenir quelqu'un dans cet univers-là, mais je savais que je voulais y parvenir[30]. »

Une ambition qui, selon le pédopsychiatre Stéphane Clerget, est fréquente à cet âge. « La plupart des petites filles rêvent de devenir chanteuses ou danseuses, car c'est pour elles une façon de continuer à s'amuser, rester dans la joie de l'enfance. Le rôle qui incombe alors aux parents n'est pas seulement d'accompagner ce type de désir : c'est aussi de montrer à leurs enfants qu'il existe d'autres chemins possibles, les inviter à développer d'autres aptitudes dans des domaines encore inconnus d'eux[31]. »

André et Corinne Paradis ont-ils trop « écouté » le désir de leur fille, négligeant leur devoir de lui faire découvrir des territoires nouveaux ? Une chose est sûre : ils ont laissé une tierce personne, l'oncle Didier Pain, s'immiscer dans leur histoire familiale, tel le génie sorti de la lampe d'Aladin, pour réaliser les rêves de Vanessa. « Il a senti très tôt chez Vanessa, analyse Gilles Verlant, ce qui pour nous est une évidence : cette fille a l'étoffe d'une star. Ça relève du pur magnétisme[32]. »

Très proche de sa sœur Corinne, ce célibataire sans enfant va reporter toute son affection sur sa filleule. Au point de vivre par procuration ses envies de gloire à travers elle ? Sans doute un peu. Si Didier Pain va se contenter de seconds rôles au cinéma, il est persuadé que sa nièce est vouée à jouer les premiers. « Sa situation personnelle lui donnait une disponibilité importante, explique son ami Joshua Darche, et il croyait en Vanessa. Elle est donc devenue son enfant artistique[33]. »

Pour transformer la vie de sa nièce en destin, le comédien ne va pas ménager ses efforts. « Sans lui, elle n'existerait pas, assure un proche. C'est lui qui avait les contacts, c'est lui qui a eu toutes les intuitions décisives pour la carrière de Vanessa. Elle lui doit tout[34]. » Ce bon vivant à l'humour ravageur, doublé d'un hypersensible, va se muer en véritable machine de guerre au service de sa nièce. Vingt ans plus tard, il fera d'ailleurs cet aveu troublant : « On lui a volé une partie de sa jeunesse. C'est indiscutable. Mais avec son assentiment[35]. »

2

L'École des fans

« J'étais fière parce que ma grand-mère et mes petites copines allaient me voir. »

Vanessa Paradis

C'était l'émission phare des dimanches après-midi. Un télécrochet en culottes courtes où Jacques Martin va exercer avec brio, vingt ans durant, son sens de l'improvisation face à la fraîcheur parfois déconcertante des participants. Apparue sur Antenne 2 en 1977, *L'École des fans* a très vite suscité un vif engouement. À l'époque, tous les enfants de France rêvent de rencontrer leur idole et, surtout, de chanter devant le public du théâtre de l'Empire, à deux pas de l'Étoile.

Tous les enfants de France en rêvent, mais peu se verront accorder ce privilège. Chaque semaine, en effet, la production reçoit des centaines de lettres. Et c'est au terme d'une sélection drastique que seuls six enfants s'installent sur le plateau. Grâce à Didier Pain, Vanessa va utiliser un raccourci pour participer à l'émission, qu'elle ne manque jamais de regarder avec ses parents.

« Ma puce, ça te plairait d'aller chanter à *L'École des Fans* ? » Le regard de la blondinette s'illumine. Si son oncle lui pose la question, c'est qu'il est sûr de son coup. Et pour cause : il connaît le pianiste de Jacques Martin, Pino Lattuca. Mais il reste encore un obstacle : l'émission d'Antenne 2 n'accepte pas d'enfants au-delà de sept ans et Vanessa, en ce printemps 1981, approche les huit ans et demi. Didier Pain a tout prévu : grâce à sa petite taille, sa filleule pourra aisément faire illusion. « C'était un petit mensonge de rien du tout [1] », minimisera la chanteuse des années plus tard, balayant d'un sourire malicieux ce petit arrangement avec le règlement.

Le samedi 2 mai 1981 au matin, une quinzaine de candidats se retrouvent, accompagnés de leurs parents, dans les coulisses du théâtre de l'Empire, avenue de Wagram. Pour sélectionner les six finalistes, on mesure leur motivation, leur aisance face à un micro, la justesse de leur voix aussi. Vanessa, elle, ne cesse de sourire. Sa façon à elle de masquer sa timidité et de rester concentrée. À l'assistante qui note quelques informations sur des fiches, elle indique qu'elle pratique la danse rythmique. Puis elle se lance, fredonne quelques mesures d'*Émilie Jolie* – Philippe Chatel, qui a écrit cette comédie musicale, est l'invité d'honneur de l'émission. Allure de poupée, dents du bonheur, voix craquante : Vanessa est retenue.

L'enregistrement a lieu le jour même, en début d'après-midi. Pour que le dialogue soit le plus vivant possible, Jacques Martin ne découvre les jeunes talents que lorsque les caméras tournent. Ce que ce dernier ignore encore, c'est que la petite Vanessa, polo blanc, jupe en jeans et foulard rouge autour du cou, qui s'avance vers le micro, est en train de faire ses vrais débuts de chanteuse. La prestation, diffusée le 3 mai 1981, sera en effet considérée comme le point de départ de sa carrière.

Bien entendu, Vanessa est venue avec ses parents et son oncle. La caméra montre d'ailleurs leurs visages souriants : André, moustache gauloise et regard qui pétille, Corinne, queue-de-cheval haute et main posée sur sa joue, comme pour ne pas se mettre en avant, et Didier Pain, à la gauche du couple, qui filme la scène, chemise jaune et blouson de cuir noir.

Avec le recul, ce qui frappe, c'est l'assurance dont Vanessa fait preuve. « Elle avait très envie de chanter et elle était très à l'aise face aux caméras [2] », notera Jean-Louis Cap, le réalisateur de l'émission. Lors de son bref échange, savoureux, avec Jacques

Martin, agenouillé à côté d'elle, elle ne s'en laisse pas compter. Quand l'animateur lui demande d'esquisser devant lui quelques pas de danse (« Tu ne veux pas me montrer comment on fait ? »), il s'entend objecter un « Non ! » catégorique. Et lorsqu'il lève la jambe pour l'encourager, elle tourne la tête de l'autre côté en riant. Danser, c'est non. Elle est venue pour chanter, et rien d'autre.

Vanessa a eu raison de répéter sa prestation à la maison : sa voix sucrée de bébé a passé toutes les notes, même les plus hautes, sans accroc. « Cette petite chante très juste », indiquera Philippe Chatel après l'avoir entendue. Mais ce qui la rend joyeuse, elle, c'est de savoir qu'elle passera à la télévision le lendemain. « J'étais fière parce que mes parents et mon oncle étaient dans la salle et que ma grand-mère et mes petites copines allaient me voir [3]. »

Autre instant mémorable de cette première incursion dans la lumière, le dialogue avec Jacques Martin sur son statut d'enfant unique :

— Ça te plairait d'avoir des frères et sœurs ?

— Oui.

— Combien tu en voudrais, ma chérie ?

— Une sœur.

L'animateur s'adresse alors aux parents de Vanessa :

— Je vais vous donner le bon de commande à remplir tout à l'heure.

Impossible alors, d'imaginer que, trois ans plus tard, contre toute attente, un bébé prénommé Alysson va illuminer l'existence des Paradis. Décidément, ce que Vanessa veut…

« J'avais onze ans et demi quand ma petite sœur est née et, à l'époque, je n'aurais jamais imaginé que ma mère puisse avoir un autre enfant. Il y avait tant d'écart entre nous [4]. » Même si elle a été, jusque-là, l'unique objet de l'attention de ses parents, Vanessa ne sera nullement jalouse d'Alysson, dont elle va devenir la « petite maman ». « La nuit, je la "volais" dans son berceau pour la prendre dans mon lit et la câliner, racontera-t-elle. Je la changeais, je la gardais dans ma chambre en faisant mes devoirs [5]. »

Sept ans après sa participation à *L'École des fans,* Vanessa reviendra chanter au théâtre de l'Empire, cette fois comme invitée d'honneur de *Dimanche Martin.* Mais entre ces deux passages sur le même plateau, rien ne sera facile. Avant de connaître la consécration, l'apprentie chanteuse va se heurter à une cruelle désillusion.

3

La Magie des surprises-parties

« Je n'aimais pas spécialement la chanson, mais ça m'amusait. C'était un drame d'adolescente, un truc hyper-intellectuel. »

Vanessa Paradis

Elle porte un pantalon blanc, un chemisier bleu nuit et tape dans ses mains sans cesser de chanter et danser. La scène se déroule à Turin, en novembre 1985. Ce soir-là, Vanessa participe au festival « Ambrogino », sorte de concours Eurovision destiné aux enfants, retransmis sur la Rai Uno, une chaîne de télévision italienne. Elle a douze ans et une rage de réussir qui s'est décuplée depuis son passage à *L'École des fans*.

Comment s'est-elle retrouvée là, à représenter la France, dans un concours international ? L'aventure a débuté deux ans plus tôt. En 1983, les Forbans ont connu un succès fracassant avec *Chante*, un disque écoulé à deux millions d'exemplaires dans l'Hexagone. Avec leurs bananes et leurs costards blancs, quatre garçons ressuscitent le bon vieux rock sautillant des fifties. La même année, Philippe Masse, le guitariste, croise par hasard dans une discothèque Isabelle Pain, la tante de Vanessa. « On lui a dit qu'on cherchait une petite fille et elle nous a parlé de sa nièce. On a organisé un rendez-vous grâce à Didier Pain. Les parents étaient derrière elle. En écoutant la chanson, elle a commencé à danser. On était convaincus que c'était elle [1]. »

C'est dans les coulisses d'un concert du groupe que Vanessa, âgée de onze ans, craque pour la chanson, qui s'intitule *La Magie des surprises-parties*. Dans le droit-fil du répertoire des Forbans, elle raconte l'histoire d'une fillette moquée par ses copines pour ses goûts démodés parce qu'elle est nostalgique des années yé-yé. « J'aime la magie des surprises-parties / Les rythmes endiablés de tous ces succès / Qui les faisaient rêver il y a tant d'années », dit le refrain.

Quelques semaines plus tard, les Forbans permettent à Vanessa de réaliser son rêve : elle enregistre le titre en seulement quelques prises. Sur les couplets, la voix est encore un peu nasillarde. Mais, sur les refrains, elle prend son envol dans les aigus. Une séance photos est également organisée pour la pochette du disque. Vanessa prend un immense plaisir à poser devant l'objectif. « Sa photogénie est immédiate, instinctive [2] », dira plus tard Pierre Terrasson, son photographe attitré. Vêtue d'un chemisier blanc et d'un jeans clair, elle sourit, tandis que ses cheveux blonds volent sous l'effet d'un ventilateur.

Avec une jeune interprète aussi craquante, Philippe Masse est persuadé que la chanson peut faire un carton. Pourtant, lorsqu'il envoie l'enregistrement aux maisons de disques, aucune ne mord à l'hameçon. Durant un an et demi, il essuie refus sur refus. Un an et demi, c'est long dans l'esprit d'une fillette de cet âge.

Et puis l'année 1984 est ponctuée par une épreuve à laquelle Vanessa n'était absolument pas préparée : le décès de son grand-père paternel, René Paradis, à seulement soixante ans. Corinne tente de préserver au mieux sa fille, qui sera pourtant marquée à jamais par ce décès précoce. Au point de déclarer, près de trente ans plus tard, dans la presse : « Je pense souvent à mon grand-père qui était ouvrier et qui en a bien bavé dans sa vie, et s'appeler Paradis, ça n'a pas changé grand-chose pour lui [3]. » Usé par le travail, René Paradis va devenir pour toute la famille un symbole de courage et d'abnégation.

Pendant des mois, Vanessa se referme un peu plus sur elle-même et se raccroche à son rêve. Chaque fois que son parrain débarque à la maison, elle lui pose la question : « Alors ? » Chez les Paradis, même si la naissance surprise d'Alysson, quelques mois plus tôt, le 29 mai 1983, remplit la maison d'un souffle nouveau, on redoute que les rêves de Vanessa ne se heurtent au mur de la réalité. Elle ronge son frein, passe de longues heures seule dans sa chambre. Fait diversion en fréquentant, le samedi, la patinoire de Champigny-sur-Marne.

Didier Pain, pourtant, ne lâche pas l'affaire. Aussi, lorsque se présente l'opportunité d'inscrire sa petite protégée au festival « Ambrogino », il y voit une chance de décrocher enfin un contrat avec une maison de disques. Peu importe si cette version junior de l'Eurovision n'est pas retransmise dans l'Hexagone. La petite va représenter la France, ce n'est pas rien.

À Turin, Vanessa donne tout, sourit et se déhanche sans compter. Avec la complicité des Forbans, elle a beaucoup répété sa prestation. En près de deux ans, sa voix a mûri, sa présence scénique est indéniable. Pourtant, son enthousiasme communicatif ne suffit pas à faire vaciller le jury : elle rate de peu la première marche du podium. En coulisses, au milieu des autres enfants présents, Corinne, sa maman, et son oncle Didier Pain la consolent. L'important, c'est d'avoir participé.

La petite encaisse le coup. À douze ans, elle comprend que, malgré la force de son désir, rien ne lui sera livré sur un plateau d'argent. À force d'attendre, elle lâche prise. « Ce disque ne sortait pas, confiera-t-elle. Au bout d'un moment, on a fini par dire : “Ça suffit, arrêtez cette histoire [4] !” »

Enterrée, *La Magie des surprises-parties* ? Pas tout à fait. Car deux ans plus tard, profitant de l'immense succès de *Joe le taxi*, AB Disques, filiale d'AB Productions, qui a financé l'enregistrement, décide de le commercialiser. Un 45 tours est aussitôt pressé, avec une pochette illustrée grâce aux photos prises à l'époque. Une aberration, selon Didier Pain qui pense, à juste raison, que ce disque pourrait compromettre l'avenir de Vanessa en brouillant son image. Déterminés à ne pas se laisser faire, Corinne et André attaquent AB Disques en justice, au nom de leur fille mineure, et obtiennent que les stocks fabriqués soient détruits. Seuls quelques centaines d'exemplaires survivront : on les retrouvera dans les conventions de disques, vendus aux collectionneurs, parfois sous le manteau, à des prix parfois exorbitants – rareté oblige.

À cause de cette expérience frustrante, étirée sur près de trois ans qui ont semblé une éternité à Vanessa, la chanteuse fera tout pour oublier *La Magie des surprises-parties.* Elle ne l'évoquera qu'une seule fois, face à Laurent Boyer en 1992, non sans humour. « Je n'aimais pas spécialement la chanson, mais ça m'amusait. C'est une histoire terrible, un drame d'adolescente. Une fille qui découvre qu'elle adore le yé-yé. Toutes ses copines se foutent d'elle à cause de ça. C'était hyper-intellectuel comme truc [5]. » Un méchant tacle pour indiquer que le chapitre, désormais, est clos. Une belle preuve d'autodérision, aussi.

Les Forbans ont-ils gardé quelque aigreur d'avoir été ainsi zappés de l'histoire de Vanessa, comme si ce premier enregistrement faisait tache dans son parcours ? Bébert, le chanteur, n'est pas du tout de cet avis. « Elle n'a pas renié ce disque, précise-t-il, elle avait besoin d'évoluer, personne ne peut lui en vouloir pour ça. En revanche, je comprends que la démarche purement commerciale de ressortir le disque après *Joe le taxi* ait pu crisper son entourage [6]. »

Sur le moment, en tout cas, refroidie par son échec au festival « Ambrogino », Vanessa est écœurée. Quant à Didier Pain, il espère ne pas avoir entraîné sa filleule dans une spirale de désillusions. En fait, il se sent surtout redevable vis-à-vis d'elle. Il va devoir se rattraper, lui montrer qu'il est capable de décrocher la lune pour ses jolis yeux verts. Déjà, une nouvelle piste germe dans son esprit…

4

En studio avec Sophie Marceau

« Là, le son, les voix, les prises... J'ai tout de suite senti que j'étais faite pour ça. »

Vanessa Paradis

Une élève comme les autres, ou presque. Au collège Pierre-et-Marie-Curie de Villiers-sur-Marne, Vanessa Paradis ne fait guère d'étincelles. Timide, elle se montre très inhibée à l'oral. « On n'entendait pas le son de sa voix. Elle ne levait pas le doigt pour participer », confie Mme Leblanc, qui lui a enseigné les sciences naturelles en troisième. « Elle était très discrète, calme et respectueuse, pas du tout quelqu'un qui la ramène. Je l'avais observée bien avant de l'avoir dans ma classe, car elle était très mignonne, toute petite pour son âge : on aurait dit une poupée, avec un style bien à elle. Par exemple, il lui arrivait de porter des chapeaux [1]. »

Mme Leblanc, qui deviendra fan de Vanessa Paradis dès 1987, se rappelle un détail étonnant. « Sur sa fiche de renseignements, remplie le jour de la rentrée, à la question "Qu'est-ce que vous voulez faire plus tard ?", elle avait répondu : "comédienne". Ce type de réponse, très rare parmi les élèves, m'avait frappée. » Au collège, les bulletins de notes de Vanessa n'ont rien de fracassant. « Elle avait des résultats moyens, autour de 10-12, peu de goût pour les sciences. Un profil plus littéraire, sans doute [2]. »

La matière qu'elle préfère, c'est l'anglais. Une langue qui lui semble déjà familière, grâce à sa passion pour les comédies musicales américaines. Là, elle participe davantage, travaillant son accent jusqu'à la perfection. « En fait, c'est Gene Kelly qui m'a appris l'anglais [3] », reconnaîtra-t-elle.

Pour cette collégienne qui a envie que ses parents soient fiers d'elle, ces résultats scolaires moyens ont engendré un vrai complexe. « Elle avait des difficultés à se concentrer, à décrocher de bonnes notes, me raconte un témoin. C'était une blessure pour elle. Heureusement, elle a trouvé une parade en pratiquant la danse, où elle s'éclatait. C'est sans doute dans ce complexe que s'enracine sa rage de montrer qu'elle était capable de briller quelque part [4]. »

Dans la cour de récréation, Vanessa n'est pas du genre chef de bande. « Elle avait son groupe de copines, trois ou quatre filles, qui la surnommaient “Vava”, mais elle donnait plutôt l'impression de se fondre dans la masse [5] », se souvient Mme Leblanc. Si elle a remarqué très tôt son impact sur les garçons, Vanessa ne leur accorde aucune attention. « Elle ne cherchait pas à les attirer, comme d'autres filles au physique plus mûr [6]. »

Durant ses années au collège, elle passe beaucoup de temps avec Valérie Archeno, sa meilleure amie, qu'elle connaît depuis la maternelle, et qu'elle invite souvent dans sa maison. « Deux jours par semaine, je dormais chez elle. On était un peu fofolles, on n'arrêtait pas de rigoler », confiera la bonne copine, devenue photographe [7]. Lorsque les deux amies se retrouvent, c'est pour des séances de pur délire. « On dansait, on faisait n'importe quoi, comme si on tournait dans un clip [8]. » À l'époque, Vanessa se confie-t-elle sur ce qu'elle veut faire plus tard ? « Ce n'était pas précis, répond Valérie, mais elle aimait chanter et danser [9]. »

C'est dans sa chambre de Villiers-sur-Marne que la jeune fille nourrit ses rêves de gloire. Un espace entièrement décoré par son papa. Il a posé au sol une moquette grise, tapissé tout un mur de miroirs et créé un bureau plutôt original : les quatre pieds sont constitués de livres empilés et le plateau est recouvert de vinyles. C'est là que Vanessa, lorsqu'elle a expédié ses devoirs, découpe des photos de ses idoles dans les magazines, avant de les coller dans des albums. Depuis qu'elle a vu *À l'est d'Éden*, James Dean est venu rejoindre Marilyn dans le panthéon de ses idoles.

Mais elle n'est pas insensible non plus aux stars qui explosent à l'époque : Béatrice Dalle, Christophe Lambert, Madonna et, surtout, Prince. Pour Vanessa et Valérie, le chanteur de Minneapolis, qui a explosé avec *Purple Rain* en 1984, incarne l'artiste total. « On était totalement fans de Prince, du personnage, des chansons [10]. » Entre la pop *mainstream* d'un Michael Jackson, qui s'impose comme la star planétaire, et celle, plus dérangeante, de cet artiste à la sensualité torride, Vanessa a déjà fait son choix. Pour le premier concert de sa vie, à douze ans, c'est Prince qu'elle ira voir. « Ça m'a marqué [11] », dira-t-elle.

À mesure que ses goûts musicaux s'affinent, elle manifeste un intérêt croissant pour la musique soul. Son « Mozart » à elle se nomme Marvin Gaye, plus particulièrement deux chansons qu'elle écoute en boucle, *What's Going On* et *Let's Get It On*. Mais elle craque aussi pour la voix rocailleuse de Tom Waits, ou encore les tubes jazzy de Billie Holiday. En revanche, à part Michel Berger et Alain Souchon, rares sont les artistes Français qui trouvent grâce à ses yeux.

Dès le collège, malgré son allure de brindille, la jeune fille a déjà un pied dans l'adolescence. Son enfance n'est pas loin, pourtant. Dans une vieille malle à secrets achetée par son père chez un antiquaire, elle enferme ses trésors : les albums de photos consacrés à ses idoles, mais aussi un pantin de bois et une robe de princesse cousue par sa mère pour ses six ans. Et puis, en dépit de cet air frondeur qu'elle affiche parfois, comme si elle était pressée de grandir, elle serre toujours avec infiniment de tendresse Élie, son gros ours polaire en peluche.

Le temps passe, Vanessa grandit. Son impatience aussi. Quant à Didier Pain, s'il multiplie les apparitions au cinéma, surtout dans les comédies (*Le Bar du téléphone, Clara et les Chics Types,*

Marche à l'ombre), il n'a pas oublié sa filleule. Pas oublié, surtout, l'épisode malheureux de son premier disque avec les Forbans. « Après l'expérience avortée de *La Magie des surprises-parties,* je n'avais pas envie de laisser Vanessa sur une promesse non tenue. Je crois que, quand un adulte dit oui à un gosse, il doit assumer et aller jusqu'au bout. Avec ce premier disque non sorti, je me suis retrouvé un peu piégé [12]. »

Par un bel après-midi de 1985, il débarque à Villiers-sur-Marne, la moustache frétillante, et propose d'emmener Vanessa avec lui.

— Où on va, Titi ? demande-t-elle.

— Ça, c'est la surprise du chef !

Ce que la petite ignore, c'est qu'elle va rencontrer une star de l'époque : Sophie Marceau. Ce jour-là, l'actrice, révélée à treize ans dans *La Boum,* et dont le destin fait fantasmer Vanessa, enregistre plusieurs titres de son premier disque à l'Artistic Palace, dans les studios de Boulogne-Billancourt. Si Didier Pain a ses entrées là-bas, c'est parce qu'il connaît Franck Langolff, qui a composé l'album.

Le contact est chaleureux, mais un peu expéditif : Sophie Marceau est tendue à cause des prises de voix. De son côté, Vanessa est un peu intimidée par son aînée qui, à dix-neuf ans, vient de tourner avec Andrzej Zulawski. Elle se demande aussi pourquoi son oncle ne la reconduit pas chez elle après les présentations.

En fait, Didier Pain a une idée derrière la tête. « Certes, à l'époque, l'actrice de *La Boum* était quelqu'un d'important dans la vie de cette petite fille de douze ans. J'ai donc trouvé amusant qu'elles échangent trois mots. Mais j'avais surtout une arrière-pensée : présenter Vanessa à Franck Langolff. Je me suis dit : "Voilà une bonne opportunité de continuer ce qu'on a entrepris, et peut-être de le mener à bien [13]." »

Cheveux longs, béret vissé sur la tête, lunettes fumées et barbe de trois jours : Langolff ne passe pas inaperçu. Ce guitariste surdoué, qui a passé son enfance au Maroc, est surtout connu pour être le compositeur de Renaud, avec lequel il est ami depuis les années 1970. La mélodie imparable de *Morgane de toi,* c'est lui. C'est à lui également qu'on doit *SOS Éthiopie,* un hymne fredonné par plusieurs générations de Chanteurs sans frontières.

Après lui avoir tendu timidement sa petite main, Vanessa est présentée à son complice parolier sur l'album de Sophie Marceau, imposant comme un ours et auréolé d'une impressionnante tignasse blanche : Étienne Roda-Gil. Une légende dans le métier, auteur de tous les succès de Julien Clerc jusqu'en 1980, mais aussi du *Lac Majeur* pour Mort Schuman, et des derniers tubes de Claude François, *Magnolias For Ever* et *Alexandrie Alexandra.* Face à ces deux monstres sacrés, l'un fumant clope sur clope, et l'autre sirotant son whisky, Vanessa n'en mène pas large. Les séances s'éternisent et Didier Pain ne lève toujours pas le camp. Fatiguée, sa filleule s'endort dans un coin du studio.

Au bout de quelques heures, l'équipe l'a presque oubliée, tant elle est discrète, lorsque sa voix se fait soudain entendre. Réveillée en sursaut, elle s'écrie : « C'est à moi qu'il faut faire des chansons ! » Elle se lève alors comme un ressort et se plante devant Franck Langolff, des étincelles plein les yeux. « Là, le son, les voix, les prises… J'ai tout de suite senti que c'était pour moi. Que j'étais faite pour ça [14] », se souviendra-t-elle. Si la vocation de Sophie Marceau comme chanteuse est incertaine, Vanessa, elle, est convaincue d'avoir le feu sacré. Il lui faut simplement une chanson, rien qu'une toute petite chanson. Ça ne doit pas être très compliqué de lui en concocter une.

Bluffé par le culot de la petite, qui insiste, Franck Langolff balaye pourtant sa proposition d'un revers de main. Pas question de composer pour une gamine de douze ans. Étienne Roda-Gil est sur la même longueur d'onde. Vanessa a beau être très motivée, c'est non ! Malgré tout, à cet instant précis, elle a réussi à titiller la curiosité du musicien, alors âgé de trente-sept ans. Alors que plus de vingt ans les séparent, ces deux-là vont rester en contact. Entre le rockeur aux allures de marin breton et la collégienne aux portes de l'adolescence, le courant passe. Quand on lui dit non, Vanessa s'accroche. Son nouvel ami ne sait pas encore à quel point elle est tenace.

5

LE DISQUE, ENFIN !

« Vous savez, il ne faut pas croire que j'adore Yma Sumac. »

Vanessa Paradis

Un air effronté. Une moue qui la rend déjà attachante. Une forme de pudeur, aussi, de distance, déjà, dans sa manière de fixer ses pas plutôt que d'affronter le regard du public, d'adresser des œillades à la caméra. Le 3 juin 1987, les téléspectateurs de *La Nouvelle Affiche,* une émission de France 3, découvrent pour la première fois l'interprète d'une chanson qui, depuis plusieurs semaines, a envahi les ondes : *Joe le taxi.* Son grand front est dégagé et elle ne cesse de ramener en arrière, d'un geste machinal, sa chevelure blonde. Elle porte une minijupe à large ceinture élastique, un t-shirt noir et blanc à manches longues et des ballerines. Un look qu'elle a choisi avec sa maman. Elle a l'air minuscule à côté des trois saxophonistes qui l'accompagnent, costumes rayés et masques noirs, façon Al Johnson. Elle n'a que quatorze ans, comme le souligne Philippe Risoli, l'animateur. Et si elle est morte de trouille, c'est parce que l'émission est diffusée en direct depuis le Zénith de Montpellier, devant six mille spectateurs.

Consciente de l'enjeu, Vanessa a beaucoup répété ce déhanché qui lui donne une contenance, lui évite d'être paralysée par le trac. « C'est la peur de ma vie », dira-t-elle rétrospectivement.

Juste avant sa prestation, dans la loge, pour tromper son angoisse, elle a répondu aux cinq premières lettres de fans qu'elle a reçues avec l'application d'une écolière. Un excellent présage, confirmé par le triomphe qu'elle a remporté sur scène, à l'applaudimètre. Le standard de RTL, qui diffuse parallèlement l'émission sur les ondes, reçoit, ce jour-là, un nombre record d'appels. Le signe, pour Vanessa, que son rêve est en train de se réaliser. Enfin.

Ce jour-là, aussi, les élèves du collège Pierre-et-Marie-Curie de Villiers-sur-Marne découvrent sous un jour inédit cette camarade si discrète. Mme Leblanc n'a pas manqué non plus la prestation de son élève. « Quand elle est apparue à la télévision, je me suis frotté les yeux : je n'en revenais pas. Elle n'avait rien dit à personne et j'étais loin de me douter qu'elle préparait un disque. Après ça, on ne l'a plus revue. Je suppose qu'elle n'a pas voulu affronter les questions de ses copains de classe [1]. »

Un an et demi. C'est le temps qu'il aura fallu à Vanessa pour convaincre Franck Langolff de lui composer un titre sur mesure. Avec la complicité insistante de Didier Pain. « Je lui ai tiré la manche pendant des mois pour qu'il me fasse une chanson. Chaque fois qu'il faisait un truc, il me disait : "Non, non, c'est pas pour elle." Jusqu'au jour où, un soir bien arrosé, *Joe le taxi* est né [2]. »

Depuis leur rencontre dans les studios de Boulogne, le musicien et la chanteuse en herbe ont noué une drôle d'amitié. « Il m'a fait faire les chœurs sur deux chansons de son album [3] », dira Vanessa. Plus ils se voient, plus Langolff est sous le charme de cette poupée rock qui lui parle d'égal à égal. « À douze ans, elle était d'une étonnante maturité. Elle pige tout très vite. Elle a la puissance du caméléon, comme Bowie [4]. » Du coup, ses résistances finissent par tomber.

En janvier 1987, le musicien fait écouter à Vanessa une mélodie entre rumba et mambo, qu'il a composée puis retravaillée avec son complice arrangeur, Joshua Darche. « On n'avait pas de chanson pour elle, se souvient ce dernier. On a récupéré un embryon d'œuvre, une vague mélodie avec une voix en yaourt [5]. » Un morceau totalement rétro, mais qui la séduit. « On lui a fait écouter et ses yeux sont devenus brillants [6] », racontera Didier Pain. Pour les paroles, Langolff appelle son copain Roda-Gil. Ce dernier, qui se souvient très bien de « la petite blonde » qui était venue au studio deux ans plus tôt, demeure perplexe.

— Tu crois que c'est raisonnable d'entraîner une gosse là-dedans ? Elle n'a que quatorze ans…

— Tu sais, elle le veut vraiment, insiste Langolff.

« Personne n'a le droit de confisquer son enfance à une petite fille, confiera le parolier par la suite. Si je me suis mis à table, c'est que je pensais qu'elle avait la tête et le ventre pour ce métier : ce n'était pas le vedettariat qui la branchait, mais plutôt ce truc avec la musique [7]. » D'abord hostile au projet, il révise son jugement en entendant Vanessa chanter. « Suite à la maquette en yaourt qu'on avait faite, il a trouvé qu'elle avait un grain de voix intéressant, relate Joshua Darche. Après, comme toujours avec lui, il a mis du temps à s'y mettre [8]. »

La légende veut que Roda-Gil, peu inspiré au départ, ait écrit l'intégralité du texte dans le taxi le conduisant depuis Paris jusqu'au domicile des Paradis, à Villiers-sur-Marne – soit un trajet d'une quarantaine de minutes. « *Joe le taxi*, expliquera-t-il, ce n'était évidemment pas une grande idée qui allait bouleverser l'Occident, plutôt un petit flash de la vie quotidienne : un contre-cliché du taxi raciste. Un mec cool qui écoute du mambo dans sa voiture [9]. » Pour corser le tout, l'auteur introduit dans l'histoire le nom d'une diva péruvienne inconnue du grand public, Yma Sumac, qu'il adore. « Il me parlait d'elle en levant le menton, les yeux brillants [10]. » Peu importe si Vanessa l'apprécie ou pas. « Vous savez, il ne faut pas croire que j'adore Yma Sumac. J'avouerais même que je n'aime pas trop [11] », lâchera-t-elle avec une spontanéité désarmante.

Une maquette est enregistrée dans la foulée, un dimanche après-midi. « Dans le studio, où l'alcool coulait à flots, entourée de grands gaillards plutôt noceurs, la petite était très réservée », raconte Joshua Darche. Ce dernier me révèle que *Joe le taxi* a failli être un duo. « On a fait un essai avec un artiste cubain qui donnait la réplique à Vanessa en espagnol. Mais on n'a pas du tout aimé le résultat, alors on a laissé tomber [12]... »

Là s'achève le travail de Franck et Joshua. « On a donné une maquette de la chanson à Didier Pain et on lui a dit : "Maintenant, tu te débrouilles avec les maisons de disques." On avait fait plaisir à un copain, c'était déjà bien. La vérité, c'est qu'on n'y croyait pas du tout [13]. »

L'oncle de Vanessa va commencer par déchanter. Malgré le prestige des auteurs de la chanson, Virgin et Pathé Marconi refusent *Joe le taxi* sans ménagement. Tous les espoirs de Didier Pain reposent désormais sur Marc Lumbroso, le chef de produit de Polydor, qui avait découvert Jean-Jacques Goldman en 1979. « Ce n'était pas une chanson comme les autres, admettra ce dernier. Il y avait quelque chose qui me plaisait infiniment. Je trouvais ça plein de grâce [14]. »

Toutefois, les quatorze ans de Vanessa lui paraissent un obstacle insurmontable. Il ne veut surtout pas que sa maison de disques soit accusée d'exploiter une adolescente. En outre se pose un problème légal : aucun artiste ne peut toucher ses droits d'interprète avant d'atteindre ses dix-huit ans – ce qui signifie qu'il faudrait obligatoirement associer au contrat les parents de Vanessa.

Afin de démontrer que « la gamine » n'est nullement influencée par ses proches, Didier Pain propose à Lumbroso de la rencontrer. « J'ai eu beaucoup d'appréhension, avouera-t-il. Peur de faire signer un singe savant. On s'est vus cinq minutes. Elle n'avait pas besoin de plus pour convaincre. Il suffisait de la regarder [15]. » C'est là que tout bascule : le patron de Polydor a rarement vu autant d'autorité chez un si petit bout de femme. « Elle savait exactement ce qu'elle voulait : chanter. Ce n'était pas une enfant manipulée du tout. J'avais l'impression, sans exagérer, que c'était elle la patronne [16]. » Même s'il sait que le pari est risqué, complètement fou même, il décide de produire le disque.

En février, *Joe le taxi* est enregistré dans les studios de Rueil-Malmaison. Là encore, Vanessa va montrer que, malgré ses quatorze ans, elle n'a rien d'une muse docile. Ainsi, c'est elle qui suggère l'idée de rouler le « r » de rumba dans le refrain. « Elle inventait tout, s'enthousiasmera Roda-Gil, bluffé par sa maturité artistique. Vanessa n'était en aucun cas Shirley Temple ou un singe savant, mais déjà une femme affirmée. J'adorais ça, ça m'a bluffé [17]. » Toutefois, même si les auteurs de la chanson sont impressionnés par l'oreille musicale de Vanessa, ils ont le sentiment de lui faire un joli cadeau, pas de produire un tube en puissance. Parmi les musiciens présents, qui ont vu entrer, stupéfaits, une gamine d'un mètre cinquante, le scepticisme est encore plus grand. « À part Didier Pain, personne n'y croyait, reconnaît a posteriori Joshua Darche. Ce n'était pas une petite fille comme les autres. Mais il n'y a que son oncle qui le savait [18]. »

Marc Lumbroso, lui, préfère avancer avec prudence, surtout lorsqu'il doit justifier auprès de ses collaborateurs sa décision d'avoir signé une gamine de quatorze ans. « J'ai fait écouter la chanson aux gens avec qui je travaillais le plus tard possible parce que je ne voulais pas qu'ils me mettent le doute [19]. »

Sorti le 27 avril 1987, le disque ne bénéficie d'aucun plan de promotion – preuve que personne, au sommet de la pyramide, ne parie sur un succès. Lorsque Marc Lumbroso a supervisé la séance de photos pour la pochette du 45 tours, un détail l'obsédait : le front de Vanessa. « Je lui ai fait porter un chapeau parce que je trouvais qu'elle avait un grand front, disproportionné par rapport à son visage [20]. » Une manière aussi de protéger cette gamine, de ne pas trop l'exposer, car le risque d'échec est grand…

Ce qui prouve encore que Vanessa Paradis n'a jamais été lancée comme un coup marketing, c'est le budget dérisoire avec lequel le clip de *Joe le taxi* est réalisé : quelques milliers de francs de l'époque. Qui pourrait sérieusement penser que Polydor a misé gros sur ce titre en visionnant cette vidéo ? Vêtue d'un sweat-shirt orange et d'un jeans clair, la chanteuse évolue dans un décor minimaliste, se déhanchant à côté d'un taxi immobile. Pour habiller l'ensemble, des images en noir et blanc d'un taxi roulant à New York ont été insérées. Avec un clip aussi *cheap,* le disque de cette inconnue de quatorze ans a peu de chances de décoller. Pour que la chanson sorte de l'ombre, encore faudrait-il qu'elle soit programmée sur les ondes. Didier Pain le sait : seuls des passages radio sur les grandes stations populaires pourraient sauver *Joe le taxi.* Mais, pour le moment, aucune n'a réagi depuis que le 45 tours leur a été envoyé.

Grâce au chanteur Renaud, la situation va se débloquer. Lors d'un concert auquel il assiste à l'Olympia, il se retrouve assis à côté de Monique Le Marcis, programmatrice musicale de RTL – une femme d'influence à l'intuition infaillible, qui fait la pluie et le beau temps dans le métier. C'est là qu'elle entend parler de Vanessa pour la première fois. « Renaud me dit : "Je viens d'écouter un disque sur une musique de Franck et je suis sûr que vous allez aimer." Je le ramène à mon bureau et j'écoute. J'ai trouvé cette voix étonnante [21]. » Une petite voix acidulée comme un bonbon, qui fait résonner les mots avec force, dont Monique Le Marcis pense que le public pourrait devenir friand.

Puisque Vanessa n'a que quatorze ans, elle décide de jouer les bonnes fées en lui offrant un coup de pouce : elle programme sa nouvelle protégée à Montpellier dans le cadre de *La Nouvelle Affiche,* télé-crochet coproduit par RTL et France 3. Une formidable opportunité, qui réjouit Didier Pain. Pourtant, lorsque Monique Le Marcis croise Vanessa dans les coulisses du Zénith, elle est saisie d'un doute : sera-t-elle à la hauteur de l'enjeu ? « J'ai vu ce petit bout de fille arriver et je me suis dit : "Je la mets dans la fosse aux lions, la pauvre [22]." » Ses scrupules se dissipent lorsque, trente secondes après l'apparition sur scène de l'adolescente, elle prend la température de la salle : le public est en liesse. Et si cette petite avait tout d'une grande ? En un seul passage télé, la carrière de Vanessa Paradis est lancée. Et ce premier frémissement, un mois après la sortie du disque, n'est rien comparé à la déferlante qui s'annonce.

6

L'ÉTÉ QUI A TOUT CHANGÉ

« Je suis partie en vacances inconnue et, à la rentrée, j'étais en couverture de tous les magazines. »

Vanessa Paradis

Au moment de la sortie de *Joe le taxi*, Vanessa et Didier Pain s'étaient fait une promesse : si la chanson entrait dans le Top 50, ils s'offriraient un dîner à la Tour d'Argent. Et si, par chance, elle atteignait le Top 5, le parrain emmènerait sa filleule aux États-Unis, son rêve, à New York puis à Los Angeles. La réalité va dépasser leurs espoirs les plus fous : le 1er août, *Joe le taxi* se hisse au sommet du Top 50 et s'y installe durant onze semaines consécutives. Au total, 3 200 000 exemplaires seront vendus, dont 650 000 en dehors des frontières hexagonales. Numéro 1 en Israël et au Canada, la chanson s'impose en Espagne, en Italie, en Norvège, en Allemagne, en Belgique, en Suisse et, phénomène rarissime, en Grande-Bretagne, où elle se classe dans le Top 3, dépassant les ventes de *La Isla Bonita,* le tube latino de Madonna.

Vanessa n'aura mis que trois mois pour imposer sa silhouette de femme-enfant. Partie, fin juillet, au Cap-d'Agde avec ses parents et sa petite sœur, elle en revient bronzée et célèbre. « Je finissais ma troisième. Je suis partie en vacances inconnue et, à la rentrée, j'étais en couverture de tous les magazines. Ce fut violent et marrant à la fois. En deux mois, ma vie avait changé [1]. » Un choc qui va l'extraire brutalement du monde de l'enfance. Car, malgré des rêves de gloire nourris dès l'âge de six ans, Vanessa n'était pas préparée à une surexposition aussi rapide. La preuve ? Prudente, pudique aussi, elle a dissimulé à ses amies qu'elle avait enregistré un disque. « Au début, pendant des semaines, elle a caché à ses copines que c'est elle qui chantait, confiera Didier Pain. Jusqu'au moment où elles lui ont dit qu'elles avaient entendu son nom à la radio. Là, elle a été obligée de tout avouer [2]. »

Pour Vanessa, la fin de l'été 1987 marque un tournant décisif. Désormais, elle doit se rendre disponible pour les médias du monde entier, qui la réclament. Lorsqu'on lui tend un micro, elle se montre parfois d'une spontanéité déconcertante. « Se retrouver première, là, je n'y comprends plus rien. Et puis il y a tous ces gens qui m'écrivent à la maison de disques pour dire qu'ils m'aiment. Et, dans la rue, ces gens qui me demandent si c'est bien moi, Vanessa Paradis. Tout ça me fait un peu peur, mais j'aime tellement chanter [3]. »

Au début, l'adolescente entend bien conserver sa liberté, continuer ses virées à Paris avec ses copines. « Nous étions cinq ou six inséparables. Le samedi ou le dimanche, on prenait le premier train pour Paris. En descendant de la gare, on sautait dans le métro, et on allait n'importe où. On changeait de station à chaque fois, c'était l'aventure. On allait au cinéma, dans les rues, les magasins, le nez au vent [4]. » Mais elle comprend vite que ses délires avec Valérie, sa meilleure amie, sont incompatibles avec la vie qui l'attend. Finies les sorties incognito en discothèque. Les nouvelles obligations professionnelles de la chanteuse lui imposent un agenda rigoureux. « Je n'ai pas eu d'adolescence, *Joe le taxi* me l'a confisquée [5] », dira-t-elle, consciente d'avoir sacrifié sa jeunesse à la concrétisation de ses rêves.

Chez les Paradis, on décide de protéger la petite du mieux possible. Pour chaque déplacement, à plus forte raison quand il s'agit de l'étranger, elle sera accompagnée soit de sa mère, soit de son oncle. On décide aussi de tout mettre en œuvre pour que ce succès fulgurant ne compromette en rien la scolarité de Vanessa, surtout en cette rentrée décisive où elle fait ses premiers pas au lycée – elle a choisi de s'inscrire dans la filière A3 qui combine lettres et langues. Pour Corinne, le baccalauréat reste un objectif non négociable.

Début septembre, une élève pas tout à fait comme les autres pénètre dans l'enceinte du lycée Pablo-Picasso de Fontenay-sous-Bois, célèbre pour avoir accueilli le tournage de *Pause-Café*, une série avec Véronique Jannot. « Ce n'était pas un lycée conventionnel, mais un vrai lycée de banlieue avec un brassage social et ethnique, explique son condisciple Olivier Nuc. Je la vois débarquer dans le hall, où nous sommes rassemblés avant d'être répartis dans les classes. Elle a les cheveux dans les yeux. Tout le monde la remarque parce qu'elle est habillée d'un jeans et d'un sweat-shirt, comme dans le clip de *Joe le taxi*. Je suis frappé par sa petite taille. Elle a l'air perdue, pétrifiée [6]. »

En effet, Vanessa vit un grand moment de solitude. « J'ai cru que je montais sur scène tellement j'avais le trac, confiera-t-elle. J'avais le ventre qui se tordait ! J'étais très, très mal... Rien que d'en parler, j'ai encore des frissons [7]. » Sa notoriété soudaine accentue encore la distance que sa réserve naturelle instaure entre les autres et elle. « Comme je suis quelqu'un de pudique, je n'arrivais pas à extérioriser mes sentiments. Moi, je me méfiais de tous ceux qui m'approchaient et eux se méfiaient tellement qu'ils n'osaient pas m'approcher [8]. »

Peu de temps avant la rentrée, afin de préparer le terrain, Corinne Paradis a pris rendez-vous avec le proviseur. Elle lui a dit que sa fille devait être traitée exactement « comme les autres » et lui a promis qu'elle s'absenterait « le moins possible ». Informés de la présence d'une vedette de la chanson, les professeurs vont faire leur possible pour favoriser son intégration. « Certains sont venus me parler après les heures de classe pour s'assurer que je serais assidue aux cours, confie Vanessa à l'époque. D'autres se sont gentiment inquiétés et m'ont demandé si ce n'était pas trop dur de concilier école et chanson [9]. »

Si le premier trimestre se passe sans embûche, Vanessa montrant même, malgré une profonde allergie aux mathématiques, des facilités en anglais, sa moyenne générale chute de façon désastreuse au deuxième trimestre. Et pour cause : en décembre 1987, elle a sorti un deuxième single, *Manolo Manolete*, qui l'a mobilisée ailleurs que dans les couloirs du lycée. Galas, émissions de télévision, invitations dans les radios, séances photos : le marathon de la promotion a repris de plus belle. Dans le même temps, l'adolescente est réclamée partout en Europe pour chanter *Joe le taxi*.

Corinne, qui a décroché son bac avec mention, lui fait comprendre qu'elle doit se ressaisir, sans quoi le conseil de classe pourrait lui signifier son redoublement. Au troisième trimestre, une légère remontée des notes lui permet d'être admise en première A3 – section Arts et littérature. Ses parents sont soulagés, mais rien n'est réglé pour autant : l'agenda de leur fille est de moins en moins compatible avec les contraintes du lycée.

Une cinquantaine de prestations internationales… C'est le marathon auquel Vanessa a dû se soumettre pour défendre *Joe le taxi* dans tous les pays où la chanson a cartonné. Joshua Darche, enrôlé par hasard parmi les trois saxophonistes accompagnant Vanessa sur scène, avec ses amis Bertrand Châtenet et Philippe Osman, n'a pas oublié cette formidable aventure. « Au départ, tout s'est décidé dans l'urgence, la veille de sa première télévision. On a imaginé une chorégraphie derrière Vanessa, avec le fameux pas chassé à l'arrière, pour qu'elle ait moins le trac. On portait des masques pour rester incognito. Évidemment, aucun de nous ne savait vraiment jouer du saxo. Au total, ça a duré un an et demi [10] ! »

Le 24 février 1988, Vanessa est invitée à participer à une émission culte de la télévision britannique : *Top of the Tops.* Rares sont les artistes hexagonaux à avoir eu la chance d'être conviés à ce show branché, diffusé sur BBC One, où défilent depuis trente ans les artistes les plus emblématiques de la scène anglaise. Ce soir-là, la Française porte une robe moulante ultracourte. Et, pour ne pas s'attirer les foudres de la communauté noire, les saxophonistes ont laissé leurs masques en coulisses. « Pour moi, c'était mythique, dira Marc Lumbroso, venu à Londres pour vivre l'événement en direct. Mais, pour Vanessa, c'était juste une émission de télévision de plus [11]. » Outre-Manche, l'explosion de la « French Lolita » rappelle à certains l'émergence de Brigitte Bardot dans les années 1960.

Parmi les souvenirs de cette époque, le voyage de Vanessa à Bari, une ville située dans les Pouilles, dans le sud de l'Italie, est resté gravé dans la mémoire de Joshua Darche. « Les fans italiens, massés autour de notre hôtel, étaient tellement hystériques que, pour accéder à la salle de concert, on a dû réclamer une escorte policière [12]. » Ces scènes d'hystérie, qui impressionnent parfois l'adolescente, ne modifient en rien son attitude. « Le succès ne l'a absolument pas changée, assure Joshua Darche. Elle n'a pas du tout chopé le melon. » Si elle garde les pieds sur terre, c'est sans doute grâce à son entourage familial, omniprésent. Mais c'est aussi parce qu'elle s'y prépare mentalement depuis l'enfance. Lors des dîners partagés avec le staff qui l'accompagne, Vanessa ne cherche pas à la ramener. « Certains parlent beaucoup et ne font jamais rien. Elle, elle préférait se taire et suivre son chemin [13]. »

Cette célébrité fulgurante semble, en revanche, plus difficile à gérer pour ses parents. « Ils n'avaient jamais imaginé ça, mais ils y ont pris goût, surtout Corinne, qui appréciait les palaces dans lesquels sa fille était invitée et les limousines dont elle partageait la banquette arrière avec elle. À cette époque, d'ailleurs, si quelqu'un a pris la grosse tête, c'est plus la maman que la fille [14]. » Quant à André, qui se tient à distance du tourbillon médiatique, il va tout de même développer, avec un bel opportunisme, un merchandising autour de « la petite ». Ainsi, ce miroitier fabriquera-t-il des pendules à l'effigie de Vanessa – des objets collector aujourd'hui introuvables. Toutefois, il accordera à Didier Pain une place prépondérante dans les choix artistiques de sa fille.

Principal artisan de ce succès, l'oncle de Vanessa se démène sur tous les fronts, gère son agenda surbooké, joue les managers avec une autorité certaine qui n'empêche pas la bonhomie. « Pendant que les parents portaient les Ray-Ban, c'est l'oncle qui était au charbon », lâche Joshua Darche. Surtout, il protège sa filleule, qu'il craint parfois d'avoir entraînée trop loin. « Quand les choses ont commencé à prendre cette ampleur, j'ai eu peur, confiera-t-il. Il y a parfois des gens dans ce métier qui sont peu recommandables et je me suis senti un peu responsable. Vanessa n'avait que quatorze ans. J'ai eu peur pour la suite : comment allait-elle gérer ce succès [15] ? »

À l'époque, certains sont persuadés que la chanteuse en herbe appartient à la catégorie de ces « enfants objets », qui semblent conditionnés pour valoriser leurs parents ou réaliser leurs désirs par procuration. « Ce qui est délicat dans ce type de schéma, explique Stéphane Clerget, pédopsychiatre, c'est que l'enfant peut se complaire dans le moule que ses parents ont conçu pour lui, trouver du plaisir à être valorisé pour ses performances [16]. » Bien que Corinne Paradis se montre fière du succès de sa fille, il serait faux de prétendre que Vanessa a été instrumentalisée pour satisfaire des ambitions artistiques qu'elle aurait elle-même refoulées. Si l'adolescente est sous influence, c'est davantage celle de son oncle, qui attend beaucoup d'elle.

Toutefois, contrairement à ce qui se passe généralement pour les « enfants objets », qui souffrent d'insécurité affective parce qu'ils ne sont pas aimés pour eux-mêmes, Vanessa baigne, elle, dans un climat d'amour rassurant. Très tôt, ses parents, qui n'ont cessé de la choyer depuis sa naissance, ont tissé autour d'elle un cocon protecteur. Didier Pain le confirme : « Tout s'est plutôt bien passé grâce, notamment, et j'en suis sûr, à l'éducation qu'elle a reçue de ses parents. Une bonne éducation qui l'a mise à l'abri de beaucoup de choses [17]. »

Lors des nombreux voyages où il a accompagné l'adolescente, Joshua Darche a été frappé par la force de caractère peu ordinaire de Vanessa. « À l'âge où les adolescents sont en proie au doute, elle était sûre de sa destinée. » Très concentrée, elle ne se laisse pas dévier de son but. Ainsi, alors que tout son staff s'extasie devant les merveilles des villes européennes où elle est amenée à chanter, la jeune fille, elle, reste impassible. « À Florence, elle était totalement hermétique à l'architecture. De même, quand nous étions à Venise, place Saint-Marc, elle n'était pas plus enthousiasmée que si on s'était trouvés dans les couloirs du métro. Elle avait un appétit de culture utile. Tout ce qui aurait pu la dévier de sa trajectoire ne l'intéressait pas [18]. »

Lorsqu'elle rentre se reposer quelques jours à Villiers-sur-Marne, entre deux déplacements, Vanessa n'en garde pas moins les pieds sur terre. En témoigne une scène cocasse relatée par Bernard Mouillon, jeune photographe admis sans limite, à l'époque, au domicile des Paradis. « Un garçon de neuf-dix ans sonnait sans arrêt pour demander des autographes de Vanessa. Il arrivait en disant : "Aujourd'hui, il m'en faut 10." Un jour, Corinne lui a demandé : "Mais tu en fais quoi ?" "Ben, je les vends", a-t-il répondu. Ça a beaucoup fait rire Vanessa, mais elle a continué à jouer le jeu sans rechigner [19]. »

Si la jeune chanteuse garde la tête froide, c'est parce qu'elle est loin d'avoir atteint son but : ce qu'elle veut, c'est faire une carrière, inscrire son nom dans un parcours à long terme, comme Marilyn. Ce qu'elle ignore encore, c'est que ce premier succès, aussi soudain que planétaire, qu'elle savoure avec sang-froid, est un cadeau empoisonné qu'elle va devoir payer très cher.

7

L'École est finie

« Ça devenait intenable. J'arrivais le matin en classe et, sur ma table, je trouvais : "À mort Vanessa !" »

Vanessa Paradis

Tout a commencé par une belle surprise : le 22 décembre 1987, jour où elle fête ses quinze ans, Vanessa reçoit en cadeau la visite d'Élie Chouraqui. Le réalisateur de *Paroles et Musique* est pressenti pour réaliser son deuxième clip. Pas question, cette fois, de rogner sur le budget : Marc Lumbroso veut le meilleur pour sa petite protégée. Un scénario est donc élaboré autour du thème de la chanson coécrite par Franck Langolff et Étienne Roda-Gil, *Manolo Manolete*. L'histoire de Manuel Rodriguez Sanchez, héros de la corrida, qui s'était opposé au rituel consistant à piquer le taureau avant de le tuer, considérant que la bête, une fois vidée de son sang, n'avait aucune chance de s'en sortir. Manolo s'est éteint en martyr le 29 août 1947 à Linares, perforé par un taureau à l'âge de trente ans.

Un peu déroutée par la chanson, Vanessa se laisse néanmoins convaincre par son entourage. Étienne Roda-Gil, qui n'a jamais eu peur de signer des textes réputés intellos, est fier de quelques trouvailles, dont la métaphore « Comme le sang du soleil dans l'eau ». Quant à Élie Chouraqui, il réalise un clip haut de gamme pour l'époque. Mobilisant une production durant trois jours, son court-métrage mêle des images d'archives, une chorégraphie avec des danseuses de flamenco, des scènes tournées dans les arènes de Bayonne, avec Philippe Corti dans le rôle du toréador, et d'autres, filmées à Biarritz, où le matador tente de dompter les vagues. Très esthétique, la vidéo a pourtant un défaut majeur : elle est très anxiogène. Recouverte d'une mantille noire, Vanessa veille la dépouille du torero dans une chapelle ornée de bougies – la scène a été tournée à Paris, dans le cloître protestant des Billettes. Un univers aux antipodes de l'image solaire qu'incarne la jeune chanteuse.

Sorti à grand renfort de promotion, *Manolo Manolete* entre à la trentième place du Top 50, puis se hisse à la dixième, avant de s'effondrer dans le classement. Au total, 250 000 exemplaires seront vendus – un échec comparé au carton plein de *Joe le taxi*. La contre-performance ne s'ébruite pas trop, mais l'entourage de l'adolescente tombe de haut. Chez Polydor, Marc Lumbroso organise une réunion de crise. Trop sûr de lui, le duo Langolff-Roda-Gil a manqué de flair en lançant sur le marché *Manolo Manolete* – le titre sera d'ailleurs zappé de la tracklist de l'album. Et si Vanessa Paradis n'était qu'un feu de paille ? La question commence déjà à brûler certaines lèvres…

Il n'y a pas que dans l'industrie du disque qu'on pense que « Paradis est finie ». Au lycée Pablo-Picasso, où elle va poursuivre sa scolarité en première A3 dès septembre 1988, aucun de ses camarades ne parierait un kopeck sur son avenir. « À l'époque, on était tous persuadés que cette fille allait disparaître », reconnaît Olivier Nuc. Le jour de la rentrée, cet adolescent rêveur et ténébreux a eu l'heureuse surprise de se retrouver assis à côté de Vanessa Paradis. « J'ai immédiatement sympathisé avec elle, comme si c'était une fille lambda. Elle ne mettait aucune distance. Pourtant, la distance existait, malgré elle et malgré nous [1]. »

Sur le plan émotionnel, ce que Vanessa vit ailleurs est beaucoup plus exaltant que tout ce qu'elle peut apprendre sur les bancs du lycée. « Dans la classe, elle faisait tout pour ne pas se distinguer. Elle sentait que sa vie n'était pas là. Mais, en même temps, je n'ai jamais senti aucune condescendance [2]. »

Évidemment, ses résultats scolaires s'en ressentent : si Vanessa avait sauvé sa peau de justesse en seconde, elle coule inexorablement en première. Et ce, malgré le soutien d'une enseignante plutôt ouverte, à laquelle elle se confie après les cours. « J'ai une prof de français intelligente qui enseigne la seule matière qui m'intéresse, dira-t-elle. Elle est géniale et elle me comprend [3]. » Toutefois, les notes ne sont pas à la hauteur. Un samedi, alors qu'elle sèche lamentablement devant une dissertation à rédiger à la maison, Étienne Roda-Gil, jouant les fiers-à-bras, lui propose de s'en charger. Soulagée, Vanessa rend fièrement sa copie le lundi. Quelques jours plus tard, la note tombe : deux sur vingt. Le soir, elle appelle son parolier pour l'incendier. L'anarchiste libertaire y voit un signe supplémentaire de l'incompatibilité des artistes avec le moule scolaire.

« Elle ne pouvait pas être bonne élève, c'était impossible, analyse Olivier Nuc. Un matin, un prof l'a interpellée alors qu'elle dormait sur la table. Je l'ai réveillée en lui donnant des coups de coude : "Vanessa, Vanessa !" Elle était crevée. Elle se couchait trop tard pour être opérationnelle à 8 heures [4]. » Comment aurait-elle pu être fraîche pour faire un exposé d'histoire-géographie le matin après avoir chanté, la veille, sur le plateau de Jean-Pierre Foucault ?

Si les professeurs s'efforcent de traiter l'interprète de *Joe le taxi* comme une lycéenne ordinaire, la situation ne tarde pas à friser le grotesque. « Forcément, ça aurait paru injuste de ne jamais l'interroger. Mais quand ils disaient "Vanessa", ça sonnait faux. Ils en faisaient des tonnes pour montrer qu'ils la traitaient normalement. Le pire, c'est qu'ils sentaient bien qu'elle n'avait pas besoin d'eux [5]. »

Cette année-là, plusieurs enseignants ont programmé un voyage d'études à Florence. Afin d'aider certains élèves dont la situation financière est précaire, chacun doit récolter des fonds dans l'enceinte de l'établissement. Pendant plusieurs semaines,

Olivier Nuc vend des parts de gâteau au chocolat. « Tous les lundis matin, Vanessa m'en achetait une[6] ! » Évidemment, la chanteuse ne peut pas être exclue de ce voyage. Mais à cause du succès de *Joe le taxi* en Italie, sa participation va susciter des semaines de débat. « La prof d'histoire-géographie avait décrété : "Si Vanessa vient, les garçons seront mobilisés pour assurer le service d'ordre." Nous, on s'imaginait déjà ratatinés par les Italiens, réputés bagarreurs. Finalement, elle n'est pas venue. Et c'était mieux comme ça[7]. »

Après un premier trimestre calamiteux, Vanessa jette l'éponge au milieu du second. « En mars 1989, il y avait un bac blanc de français. La chaise de Vanessa était juste devant moi, mais elle était vide. » C'est pour ses parents qu'elle a résisté aussi longtemps. C'est pour qu'ils soient fiers d'elle qu'elle a supporté l'insupportable. « Ma mère était d'accord pour que je stoppe les cours, mais mon père n'était pas chaud », confiera-t-elle bien plus tard. Avant d'ajouter, malicieuse : « Il a cédé[8]. »

Aussitôt libérée du carcan des études, l'adolescente justifie son choix dans la presse par la malveillance dont elle aurait été victime au lycée. « Ça devenait intenable. J'arrivais le matin en classe et, sur ma table, je trouvais : "À mort Vanessa !" À la sortie : les insultes... Alors j'ai arrêté. De toute façon, je n'avais plus le temps[9]. »

Évoquant seulement deux personnes « sympathiques » avec elle, sans citer Olivier et Valérie, elle n'hésite pas, emportée par sa rage, à parler de « haine ». Dans un sursaut d'orgueil, elle explique cette attitude par une forme de jalousie des autres lycéens à son égard. « J'allais chanter à Rome, Londres, New York. Les idiots et les idiotes qui n'avaient rien de mieux à faire de leur journée que de me déverser leur haine ne faisaient pas le poids[10]. »

Des propos acerbes qui ont blessé ses anciens condisciples. « Après avoir quitté le lycée, elle nous a un peu craché à la figure et on a trouvé ça vraiment injuste. En fait, à l'intérieur du lycée, elle était protégée. Valérie ne la quittait pas d'une semelle. Et, dans la classe, on était d'une gentillesse extrême avec elle.

Comme elle n'affichait aucune arrogance, il aurait fallu être sacrément tordu pour l'agresser [11]. »

Hasard ou pas, dix-neuf ans plus tard, en 2007, Olivier Nuc va vivre des retrouvailles émouvantes avec Vanessa. Devenu chroniqueur musical pour *Le Figaro Magazine*, il fait part à son ancienne voisine de classe du sentiment, partagé par une bonne partie de la première A3 de l'époque, d'avoir été injustement cloué au pilori. « Lorsque les souvenirs sont remontés à la surface, elle m'a dit : “Tu as raison, j'ai fait l'amalgame entre ce qui se passait à l'intérieur et à l'extérieur du lycée. J'avais oublié qu'il y avait des gens doux comme toi.” Qu'elle le reconnaisse, ça m'a fait un bien fou [12]. »

Si Vanessa a pu à ce point tout mélanger, c'est parce que l'année 1988 a résonné pour elle comme une année noire. Après l'euphorie du succès, la chanteuse est devenue la cible de toutes les attaques. Sophie Fontanel, chroniqueuse à *Elle* qui la suit depuis ses débuts, en dresse l'amer constat. « Les journalistes ont commencé à se moquer d'elle, à dire qu'elle n'avait pas de voix, j'entendais ça et je me disais : “Pauvre gosse, j'espère que ça n'arrive pas jusqu'à elle [13].” » Malheureusement, Vanessa, bien que très protégée, va prendre de plein fouet la vague de ressentiment qui grandit à son égard depuis quelques semaines. Fin janvier, invitée au Midem à Cannes, elle ignore encore, avant de monter sur scène, qu'elle va essuyer l'humiliation de sa vie.

8

Pourquoi tant de haine ?

« On m'a craché au visage, arraché les cheveux, insultée à cause d'une chanson qui passait trop à la radio. »

Vanessa Paradis

Jeudi 28 janvier 1988. Un jour à marquer d'une pierre noire. Vêtue d'un jeans et d'un sweat-shirt, elle est venue chanter dans le Grand Auditorium de Cannes à l'occasion du Midem qui rassemble, chaque année depuis 1967, les professionnels du disque et de l'édition musicale. Ce soir-là, on doit lui remettre un prix, ce qui explique la bonne humeur générale qui règne en coulisses. Sa maman et son oncle, bien logés par les organisateurs, n'auraient voulu rater ça pour rien au monde. Ils ne vont pas être déçus du voyage.

À peine Michel Denisot, le maître de cérémonie, a-t-il prononcé le nom de Vanessa Paradis que des huées retentissent du fond de l'amphithéâtre. « Ça a commencé au moment où je suis entrée sur scène, confiera-t-elle. Quelqu'un a fait “ouh”, et toute la salle est partie avant même que la chanson ne commence. J'entendais des “ouh” partout [1]. » Concentrée, Vanessa entame *Joe le taxi* sous les sifflets du public, qui pleuvent de tous les côtés, mêlés à des injures. Alors que sa voix flotte un peu, sans jamais flancher, elle voit atterrir à ses pieds des boulettes de papier lancées avec une rage qui la tétanise. La cacophonie est totale. « Elle n'entendait rien, racontera Didier Pain. Alors elle battait la mesure du pied pour chanter sa chanson [2]. »

« C'était un accueil épouvantable et totalement injustifié », s'indigne Joshua Darche, en première ligne dans son costume de saxophoniste. Courageuse, Vanessa ne s'en laisse pas compter : tel un bon petit soldat, elle va jusqu'au bout de sa chanson. « J'étais brûlante, j'allais exploser. Les larmes étaient prêtes à jaillir, dira-t-elle. Mais je me suis dit : "Je ne vais pas leur faire ce cadeau. Je ne veux pas pleurer devant eux [3]." » Son oncle, qui la connaît si bien, n'a d'ailleurs jamais douté, durant ces quatre minutes interminables, de sa persévérance. « Quoi qu'il arrive, rien ne l'aurait fait sortir de scène [4]. »

C'est en coulisses que Vanessa laisse couler ses larmes. Elle se réfugie dans les bras de Didier Pain, qui fulmine. Il voudrait incendier ce public qui vient d'infliger à sa filleule le pire des camouflets. Et il se sent solidaire, responsable. « Il était fou de colère », confirme Joshua Darche. Ce soir-là, pour la première fois, l'adolescente doute de son destin. En une fraction de seconde, elle veut tout arrêter. « Je me suis dit : là, je n'en peux plus [5]. » Tandis que Corinne essuie les larmes de sa fille, l'oncle n'hésite pas, lui non plus, à tout remettre en question. « Je lui ai dit qu'elle pouvait arrêter quand elle le voulait. Si elle souffrait, elle n'avait qu'à dire stop [6]. »

Parmi les artistes présents en coulisses, Guesch Patti, « révélation féminine de l'année », qui vient de triompher avec *Étienne,* est scandalisée. « J'ai trouvé ça violent. C'est quoi, ce bordel ? Tout ça parce qu'elle a du succès, qu'elle est jolie et que c'est une gamine ? C'était insupportable. Je suis allé consoler Vanessa qui était extrêmement troublée. Je me souviens de lui avoir dit : "Surtout, ne t'inquiète pas. Avec toi, ils vont avoir des surprises et tu n'auras même pas besoin de te venger [7]." » Des paroles qui vont rapprocher ces deux artistes, inaugurant une longue amitié.

Heureusement, plus tard dans la soirée, un autre événement va apporter un peu de réconfort à la jeune chanteuse : elle est venue au Midem pour recevoir un prix, celui du « Meilleur

Espoir ». Bien sûr, après avoir été sifflée copieusement, elle n'a aucune envie d'affronter une seconde fois l'hostilité du public. Mais impossible de se dérober : bouder son trophée serait catastrophique. Alors, sous les encouragements de son oncle, elle s'avance timidement, baissant la tête, fermant les écoutilles pour se blinder. Contre toute attente, les applaudissements crépitent. Vanessa ne comprend rien, ou plutôt si : elle n'oubliera jamais que le public peut être versatile, au point de brûler avec la même passion ceux qu'il a adorés l'instant d'avant. Une leçon pour la vie…

Après le Midem, l'adolescente part se reposer quelques jours à la campagne. Elle se coupe du monde, ne communique plus pendant des semaines. Sa manière à elle de reprendre des forces, pour mieux renaître. « Je ne voulais plus voir personne, je pleurais toutes les cinq minutes. J'en ai pris plein la gueule [8]. »

Pour Didier Pain, c'est le succès insolent de sa nièce qui explique qu'une partie de la profession l'ait violemment rejetée ce soir-là. « Ça énerve, ça dérange, le succès [9]. » Une attitude très française, selon la journaliste Sophie Fontanel : « La France déteste le talent qui naît, on ne reconnaît que ce qui est établi. Cette fille apportait une chose merveilleuse à la chanson, une vraie qualité d'élocution [10]. »

En fait, les sifflets des spectateurs du Grand Auditorium de Cannes traduisent une lassitude du public pour le « phénomène » Paradis. La surexposition médiatique de l'adolescente est devenue problématique : par un effet boomerang, tout se retourne contre elle. À l'époque, *Joe le taxi* passe quatre cent cinquante fois par semaine sur les ondes. De quoi friser l'overdose… La petite voix sucrée qui semblait si fraîche au début a fini par devenir énervante. « Durant cette période, dira Vanessa, j'ai eu l'impression de vivre la situation de certaines femmes pendant la guerre. On m'a craché au visage, arraché les cheveux, insultée à cause d'une chanson qui passait trente fois trop à la radio [11]. »

L'analogie est excessive, mais elle exprime le ressenti d'une adolescente qui vit un véritable enfer. Une forme de malveillance gratuite a clairement pris la jeune chanteuse pour cible, comme en témoigne le photographe Bernard Mouillon. « Au printemps 1988, je prenais des photos dans un hôtel parisien près des Champs-Élysées et j'ai entendu des cris par la fenêtre. Je suis descendu et j'ai demandé ce qui se passait. On m'a dit : "C'est Vanessa Paradis qui vient de passer. Elle s'est fait cracher dessus et tirer les cheveux par un groupe de filles." Ce genre de scène ne s'est pas produit qu'une seule fois, loin de là [12]. »

À l'époque, les parents de Vanessa sont également inquiets pour Alysson, qui subit le contrecoup de ce ressentiment dans la cour de l'école maternelle. « Quand ma grande sœur se faisait critiquer, ça m'a valu des bagarres, confiera cette dernière. Je la défendais ardemment [13]. » Que sa cadette de douze ans devienne son « meilleur avocat » va affecter Vanessa. « Elle a commencé l'école avec ça. C'était vraiment lourd pour elle [14]. »

À partir de ce moment, la jeune chanteuse est obligée de chambouler son quotidien. « On a arrêté de prendre le train, raconte son amie Valérie, parce qu'on croisait des gens jaloux qui lui disaient : "T'es pas comme à la télé." Ça ne fait jamais du bien. C'était une vraie épreuve parce que je l'aimais énormément [15]. »

Un matin, le muret de la maison de Villiers-sur-Marne est recouvert de graffitis. Si les lettres sont mal formées, le message est sans ambiguïté : « Vanessa est une salope ». André Paradis, qui s'en aperçoit le premier, s'empresse d'effacer les mots blessants au Kärcher avant que sa fille ne les découvre. Une plainte est déposée au commissariat de la commune, mais le mal est fait. Et, cette fois, la haine est venue cueillir l'adolescente aux portes mêmes de son refuge familial.

Que lui reproche-t-on au juste ? Son allure de Lolita provocante. « Chaque fois que je sors dans la rue, je sais que je vais me faire traiter de "salope" ou de "petite putain [16]". » Paradoxalement, ce sont les jeunes de sa génération qui la rejettent. « Dans la rue, dès que je croisais quelqu'un de mon âge, je me cachais pour qu'il ne me reconnaisse pas. Je marchais la tête dans les épaules, j'étais renfermée. J'étais devenue complètement parano. Les jeunes, surtout, étaient terriblement agressifs [17]. »

Intuitivement, Vanessa devine que ce rejet n'est pas étranger à une forme de jalousie qui ne dit pas son nom. « Je me mets à leur place. Y'a une gamine de quatorze ans qui passe à la télé, fait un tube, plein de voyages. Elle a des fringues, une vie extraordinaire, pendant que les autres se font chier à l'école. Quand tu ne peux pas faire la même chose, ta réaction c'est d'être méchant. C'est injuste, mais tellement humain [18]. » De fait, ce ne sont pas les adolescents qui acclament Vanessa dans les galas où elle se produit, comme le rapporte Joshua Darche : « Ceux qui venaient la voir de près étaient souvent des hommes plus âgés qu'elle [19]. »

Selon Jean-Pierre Pasqualini, la chanteuse est victime, à l'époque, d'une image sulfureuse qui la dépasse. « Elle a été Lolita sans le vouloir. *Joe le taxi* n'était pas du tout un texte de Lolita. En revanche, l'attitude de Vanessa était celle de l'héroïne de Nabokov : la fille qui ne sait pas qu'elle fait bander les vieux messieurs. Elle imitait le côté aguicheur de Marilyn, mais ne se rendait pas compte de son impact sur le public [20]. »

En séduisant les hommes mûrs malgré elle, la chanteuse s'attire, dans le même temps, les foudres du public féminin : dans la rue, ce sont souvent des femmes qui l'injurient. La raison, selon Gilles Verlant, est plus profonde qu'il n'y paraît. « Si Vanessa a suscité à ses débuts une telle cabale, comme Brigitte Bardot quelques décennies plus tôt, c'est parce qu'une partie du public, les femmes en particulier, sentait confusément qu'elle représentait une menace, un danger. Sans en avoir conscience, elle faisait bouger les lignes : il y avait dans sa façon de chanter quelque chose de subversif, qui contrastait avec sa silhouette de petite fille [21]. »

Au même moment, il ne viendrait à l'idée de personne de cracher au visage d'Elsa, une artiste du même âge qui rencontre elle aussi un vif succès. La nièce de Marlène Jobert, qui a triomphé avec la ballade *T'en va pas*, extraite du film *La Femme de ma vie,* sorti en 1986, savoure sa popularité sans faire de vagues. « Je n'ai pas vécu le même rejet que Vanessa, confiera la brune. Mais ce rejet me choquait. Peut-être que son chemin était plus rebelle que le mien. Sur scène, elle mettait des minijupes, moi pas [22]. » Voilà pourquoi les grands-parents préfèrent offrir à leur petite-fille le disque d'Elsa. « C'était la petite sœur idéale, note Jean-Pierre Pasqualini. Face à elle, Vanessa était la fille dévergondée, sulfureuse, qui pouvait vamper les hommes. »

Ce n'est que plus tard que la chanteuse prendra conscience de ce décalage entre ce qu'elle était et ce qu'elle rêvait d'incarner. « J'étais un petit bout de chou qui se prenait pour une femme, qui voulait être une femme. J'étais surmaquillée, habillée avec des jupes trop courtes [23]. » En réalité, à quinze ans, Vanessa n'a rien d'une petite aguicheuse. Joshua Darche, qui l'a accompagnée durant un an et demi dans tout l'Europe, le confirme : « Ce qu'elle suscitait était parfaitement involontaire. Jamais elle n'a eu la moindre attitude déplacée [24]. »

Dans l'enceinte du lycée Pablo-Picasso, jusqu'à son départ, elle se montrera tout aussi réservée avec les garçons de son âge. « Dans la classe, raconte Olivier Nuc, il y avait des filles délurées qui nous faisaient fantasmer parce qu'elles avaient des poitrines généreuses. Avec Vanessa, il n'y avait aucune dimension érotique. Elle n'était absolument pas dans la séduction [25]. »

Ni dans la séduction, ni même dans l'arrogance, bien au contraire ! Alors qu'on la prend pour une bêcheuse, l'adolescente passe son temps à raser les murs. « Quand le disque passait partout, racontera Didier Pain, elle était encore un peu timide. Elle marchait la tête dans les épaules. Elle n'était pas du tout arrogante. C'est pour ça qu'on lui crachait à la figure et qu'on l'insultait [26]. »

Au bout de quelques mois, Vanessa prend conscience que faire profil bas est contre-productif : son image ne s'arrange pas, au contraire. « Un jour, confie son oncle, elle a compris qu'elle pouvait relever le menton, se montrer fière de ce qu'elle faisait. À partir du moment où elle s'est mise à regarder les gens droit dans les yeux, tout le monde s'est un petit peu calmé [27]. »

Après le repli stratégique, place à l'offensive ! Désormais, lorsqu'on lui tend un micro pour lui rappeler à quel point elle est détestée, Vanessa sort les griffes. « À présent, dit-elle, je sais me défendre, me battre. J'ai appris. Avant, j'étais dure mais je n'osais pas. Maintenant, je rends les coups [28]. » Ceux qui l'agressent, elle les renvoie dans leurs cordes, refusant d'être traitée « comme un paquet de lessive » : « La méchanceté gratuite, je trouve ça ignoble [29]. »

Un après-midi, en pleine interview, alors qu'un journaliste lui demande ce que ça lui fait d'être regardée comme une « Lolita perverse », elle hausse les épaules et quitte la pièce. À d'autres reprises, elle n'hésite pas à dire en face ce qu'elle pense des mots qui la blessent. C'est là que s'enracine sa méfiance vis-à-vis des journalistes. D'instinct, elle comprend qu'ils ne sont pas bienveillants, comme s'ils guettaient le moindre faux pas pour précipiter sa chute. Une défiance qui ne la quittera jamais et la poussera, des années plus tard, à se murer dans un contrôle absolu d'elle-même. « Depuis cette époque, analyse Catherine Schwaab, elle a gardé une rancœur tenace vis-à-vis des médias. Au point de faire l'amalgame total entre un journaliste et le support pour lequel il travaille [30]. »

Cette année-là, nul n'a oublié la passe d'armes mémorable qu'elle a échangée avec feu Pascal Sevran. Alors qu'elle se trouve sur le plateau de Michel Denisot, sur Canal +, l'animateur de *La Chance aux chansons* lui envoie un uppercut en pleine face : « Quand votre voix arrive jusqu'à mon oreille, j'ai quelque inquiétude concernant votre avenir. » Soupirant, elle lance alors à Denisot : « Qu'est-ce que vous voulez que je réponde à Pascal Navrant ? » Touché coulé… Parfois, Vanessa fait mouche, décochant des flèches cinglantes et révélant un humour insoupçonné. « Elle parlait peu, mais pouvait être très incisive, confirme Joshua Darche. Là, elle ne vous ratait pas [31]. »

La plupart du temps, toutefois, Vanessa se défend avec maladresse, donnant parfois le bâton pour se faire battre, avec la spontanéité de ses quinze ans. « Les gens me voient comme une gamine idiote, une conne même, confie-t-elle ainsi à la journaliste Nicole Korchia. Une petite crétine prétentieuse et facilement manipulable. J'ai sûrement fait des erreurs. Je vais essayer de les corriger [32]. » Trop directe, cherchant ses tournures, utilisant des mots parfois grossiers, elle écorne encore son image auprès de ceux qui jugent sa notoriété injustifiée.

Vingt ans plus tard, Vanessa portera un regard à la fois tendre et sévère sur les interviews de ses débuts. « Je ne me trouve pas particulièrement sympathique. J'étais sur mes gardes, certes, mais avec un aplomb incroyable. J'avais des idées très arrêtées. En revoyant celle que j'étais, j'ai envie de lui dire : "Tais-toi ! Mais tais-toi [33] !" »

Avec le recul, une fois devenue maman, elle s'interrogera sur l'attitude de ses parents qui l'ont, à l'époque, laissée affronter seule la meute des journalistes. « Je trouve extrêmement courageux de leur part de m'avoir laissé faire ce que je voulais. Surtout depuis que j'ai des enfants. Moi, je ne supporterais pas que mon fils devienne boxeur, qu'il prenne des coups [34]. » Derrière l'adjectif « courageux », on devine le reproche voilé lorsqu'elle évoque les « coups » reçus. Aurait-elle aimé qu'on la protège davantage ? Sans doute, même si elle refuse de blâmer ses parents, comme s'il était impensable de leur adresser le moindre reproche. « Cela n'a pas été facile pour mon père et ma mère, confiera-t-elle. Ils n'étaient pas laxistes, vous savez, je crois que je ne connais pas le quart des angoisses qu'ils ont dû éprouver [35]. » En tout cas, la chanteuse entend protéger ses propres enfants davantage qu'elle ne l'a été à l'époque. Nouveaux venus dans le monde du showbiz, ses parents n'ont probablement pas mesuré la violence du combat que devait livrer leur fille. Sans doute ont-ils été, au fond, plus « inconscients » que « courageux ».

Un jour, entre quatre yeux, alors qu'il constate que sa filleule continue à recevoir plusieurs lettres d'insultes par semaine, Didier Pain lui demande : « Qu'est-ce que tu veux faire dans ce métier ? » Après un long silence, elle répond : « Je veux laisser une trace. » Loin de la décourager, l'épisode du Midem aura finalement contribué à la remobiliser. « Même si le coup était rude, je ne pense pas qu'elle ait sérieusement voulu tout arrêter, analyse Joshua Darche. Au contraire, cette forme d'adversité a décuplé son envie. » Malgré sa sensibilité à fleur de peau, Vanessa n'est pas du genre à s'apitoyer sur son sort : elle n'a pas déployé tous ces efforts pour capituler aussi vite. « Je n'avais pas du tout la certitude que cette vie dont j'avais rêvé si fort allait durer, dira-t-elle. Alors il n'était pas question de la lâcher [36]. »

« Laisser une trace »… L'album *Marilyn & John* va naître de cette exigence-là. Les critiques et les quolibets ? Vanessa n'a aucune intention d'en tenir compte. Avec une maturité désarmante, elle envisage même que son disque soit un échec. « À ce moment-là, j'ai pensé : "S'il reste quelques personnes qui m'aiment encore, l'album sera pour elles [37]". » Avec la complicité de Didier Pain et du tandem Langolff-Roda-Gil, Vanessa entend juste démontrer qu'elle est une artiste authentique. Pas cette chanteuse Kleenex que certains voudraient déjà enterrer…

9

Marilyn & John

« Quand on a quatorze ans, les gens ont tendance à vous faire chanter des choses du style : les petits fiancés, papa, maman, l'école… Moi, j'ai envie de faire autre chose. »

Vanessa Paradis

Au studio Guillaume-Tell de Suresnes, elle se sent chez elle. Et puisqu'elle a quitté le lycée, elle peut désormais y passer ses journées sans se sentir coupable de n'avoir pas révisé son bac blanc de français. Trois mois durant, elle va s'y installer comme dans une bulle protectrice. Face à l'hostilité du monde extérieur, rien de plus suave que l'atmosphère ouatée de ces temples dédiés à la musique.

Franck Langolff lui fait écouter ses compositions, de simples ébauches avec trois accords qui s'enchaînent. Elle n'accroche pas toujours, mais n'hésite jamais à le dire – le privilège d'une amitié franche et déjà longue. « On ne peut pas travailler avec des gens si intensément sans les connaître parfaitement. Et, en général avec cette équipe-là, j'ai souvent le déclic. Parce que ce qu'ils font, c'est bien ! Souvent, ils me demandent mon avis, je le leur donne et on discute… C'est simple [1] ! »

Pour le premier album de Vanessa, pas question de casser la belle alchimie qui a donné naissance à *Joe le taxi*. Oublié, *Manolo*

Manolete ! Le duo est à nouveau réuni pour le meilleur et promet de faire des étincelles. « Ensemble, on bosse les mélodies. Franck prend sa guitare et moi je chante avec lui. On tente des trucs, on enlève, on remet. Dans un autre coin du studio, Étienne écrit des textes [2]. » Une effervescence créatrice dans laquelle Vanessa est totalement impliquée. « Elle était très centrée sur le travail de sa voix, sur l'importance d'oser chanter de façon très personnelle [3] », explique Sophie Fontanel, une des rares journalistes de l'époque à la soutenir.

« Sa plus-value, c'est vraiment de s'approprier les chansons », confirme Joshua Darche, qui ne participera pas à l'album, à cause d'une sombre fâcherie avec Langolff. « Pendant toute la période du succès de *Joe,* Franck a eu le sentiment d'avoir été écarté parce que j'avais accompagné Vanessa partout en Europe. Ça a créé un froid entre nous. Mais cette frustration explique aussi qu'il ait été très inspiré au moment d'écrire l'album [4]. » C'est Bertrand Châtenet, assisté de Philippe Osman, qui sera en charge des arrangements de l'opus.

Retranchée derrière ces cloisons insonorisées, Vanessa rêve de monter sur scène, histoire de montrer de quoi elle est capable. Une épreuve de vérité avec le public qu'elle désire autant qu'elle la redoute. « Pendant la fabrication de l'album, je ne songeais qu'à une chose : la scène. Je savais que c'était trop tôt mais, quand j'écoutais les chansons, je voyais les couleurs, les déplacements, les mouvements et ça me plaisait vraiment. Je sais très bien que si je devais monter sur scène, je serais morte de trac, mais cela me fait franchement envie. » Elle devra encore attendre cinq longues années avant de réaliser son rêve.

Au total, une quarantaine de titres sont retenus pour l'album – un chiffre digne d'une véritable rock star ! Alors que le disque d'Elsa a d'abord pour objectif de réunir sur un même support les quatre singles préalablement sortis, Vanessa s'inscrit, elle, dans une tout autre démarche : elle veut prouver qu'elle n'est pas une artiste préfabriquée – comme l'ont écrit trop de journalistes.

D'ailleurs, lorsqu'on l'interroge sur la pseudo-rivalité qui existerait entre Elsa et elle, elle soupire en haussant les épaules. « On est physiquement et musicalement complètement opposées, c'est pour ça que quelquefois cette comparaison m'énerve. Mais ça m'énerve encore plus lorsqu'on dit qu'on se déteste. C'est n'importe quoi ! La chanson, ce n'est pas une compétition [5]. »

Si les deux adolescentes se croisent sur les plateaux de télévision ou se parlent parfois au téléphone, parce que leur notoriété les rapproche, leur manière d'appréhender le métier est diamétralement opposée. Ainsi, Vanessa ne veut pas d'un album qui collectionnerait les clichés sur l'adolescence. En ligne de mire, *Quelque chose dans mon cœur*, le nouveau tube d'Elsa, qui évoque les premiers émois de « l'enfance qui finit ». « Quand on a quatorze ans, les gens ont tendance à vous faire chanter des choses du style : les petits fiancés, papa, maman, l'école... Je ne critique pas ! Chacun est libre de faire ce qu'il veut et c'est très bien. Elsa a une jolie voix, mais, moi, j'ai envie de faire autre chose [6]. » Un disque qui lui ressemble : c'est sa seule exigence. À son équipe de choc de lui proposer des titres qui lui collent à la peau. Du sur-mesure.

Alors que Langolff a choisi le morceau qui devrait lancer l'album – « un embryon de chanson qui existait déjà » selon Joshua Darche –, Vanessa ignore encore quel texte Étienne Roda-Gil a bien pu écrire sur cette ballade qui swingue. Tout en sirotant un verre de Glenmorangie, le parolier lui tend la feuille qu'il a griffonnée. L'adolescente s'illumine en découvrant l'attaque : « Marilyn peint sa bouche ». Roda-Gil lui a fait le plus beau des cadeaux : un titre sur son idole depuis toujours, Marilyn Monroe. Mieux, une chanson qui relate l'histoire d'amour entre l'actrice et John Fitzgerald Kennedy, le plus légendaire des présidents américains. Une passion secrète, qui explose à la face du monde lors du fameux « Happy Birthday, Mr. President ! », fredonné d'une voix à la sensualité torride à l'occasion des quarante-deux ans de JFK, le 19 mai 1962. Une romance devenue mythique en raison de la disparition tragique des amants : moins de trois mois plus tard, Marilyn décède dans des circonstances troubles ; quant au président, il sera assassiné le 22 novembre 1963 à Dallas.

En lisant le texte de Roda-Gil, centré sur la détresse d'une « Marilyn amoureuse » empêchée de voir son amant surbooké, Vanessa explose de joie. À ce moment charnière de sa carrière, où elle se sait contestée, elle se sent plus proche que jamais de son idole. « Peut-être parce qu'elle a toujours été incomprise et qu'on lui a fait beaucoup de mal[7]. » Avant d'entrer dans la légende, l'adolescente le sait, Marilyn a été la cible de toutes les critiques. « De son vivant, on disait qu'elle était grosse, que c'était une mauvaise actrice, une mauvaise chanteuse ! Quand je pense à tous les coups qu'elle a pris... Tout ça vous donne encore plus envie aujourd'hui de la comprendre. Et de l'aimer[8]. »

Séduite par la chanson, Vanessa se heurte, toutefois, à une difficulté technique : quand le refrain monte dans les aigus, sa voix devient éraillée, limite désagréable. Franck Langolff ne ménage pas son amie. « Elle avait beaucoup de mal avec certaines notes hautes. Elle pleurait presque à toutes les séances. » Malgré des dizaines d'essais, elle ne se montrera jamais satisfaite du résultat. Lorsqu'elle fredonne « C'est l'histoire d'une étoile et d'un lion », à la toute fin du refrain, nos oreilles n'en sortent pas totalement indemnes. Heureusement, elle assure sur les couplets, se surpasse même sur l'attaque de la chanson. « Quand elle chante "Marilyn peint sa bouche", c'est d'une sensualité torride[9] », note Jean-Pierre Pasqualini. Comme pour corriger le tir, Vanessa proposera, vingt ans plus tard, une version acoustique de toute beauté de *Marilyn & John,* arrangée par Albin de la Simone.

Langolff et Roda-Gil ont eu raison de miser sur cette chanson. Le succès est loin d'être aussi éclatant que pour que *Joe le taxi*, mais *Marilyn & John* permet à la chanteuse de consolider sa place dans le paysage musical hexagonal. Au total, l'album s'écoulera à quelque 300 000 exemplaires. Un chiffre qui n'a rien de sensationnel pour l'époque – Elsa, son alter ego en brune, vendra, quant à elle, plus de 800 000 copies de son premier opus. Nommée aux Victoires de la Musique dans la catégorie « Révélation de l'année », Vanessa verra le trophée lui échapper au profit de Patricia Kaas, qui vient d'exploser avec *Mademoiselle chante le blues.* Même s'il n'est pas un carton plein, l'album sortira aux États-Unis en mars 1989 et permettra à l'adolescente d'accomplir quelques voyages promotionnels, notamment au Japon. Puisque *Joe le taxi* a frisé l'overdose, c'est désormais *Marilyn & John* qui sera la vitrine du disque. Si le titre se hisse au mieux à la cinquième place du Top 50, il bénéficiera d'un clip multidiffusé sur M6, la toute récente chaîne musicale.

Après le macabre *Manolo Manolete*, c'est dans l'univers du théâtre qu'est plongée la chanteuse. Pour relancer sa championne, la maison de disques a investi un budget conséquent : trois jours de tournage à la Maison des arts de Créteil, avec une dizaine d'acteurs figurants. Vanessa y incarne l'assistante d'un metteur en scène, sous la direction de Robert Schmitt. Pendant que deux acteurs répètent une pièce sur Marilyn Monroe et John Kennedy, la jeune femme navigue entre la salle et les coulisses. On la voit feuilleter un album de photos de l'actrice, veiller au respect du script ou encore apporter un chapeau à un comédien, avant de rejoindre son fiancé, incarné par Yannick Debain – qui s'illustrera plus tard dans *La Philo selon Philippe,* une sitcom estampillée AB Productions. Sobre et naturelle, Vanessa joue l'adolescente qui s'identifie à la femme mûre, cherche un modèle pour grandir. Un rôle qui lui va comme un gant.

En mai 1988, lorsque l'album envahit les bacs, la photographie de la pochette, confiée à Katherine Hibbs, ne cherche rien d'autre qu'à présenter la chanteuse telle qu'elle est. L'attitude est rebelle : regard oblique, cheveux en bataille, moue boudeuse, main droite tendue, ventre apparent. « Cet album ne parle pas de moi directement mais des choses que j'aime, qui me tiennent à cœur et avec lesquelles je vis [10] », confiera Vanessa au moment de la sortie. Au final, neuf titres ont été retenus, auxquels s'ajoute une version anglaise de *Marilyn & John,* destinée au marché international. Dans le livret, au bas du texte en anglais, un avertissement plein d'humour indique : « It's only broken English, but we like it » (« c'est de l'anglais yaourt, mais on aime ça »). Sur la page d'en face, une dédicace toute simple de la jeune femme adressée à son cercle intime : « Je vous aime très fort etpicétout ! »

Outre la chanson qui donne son titre à l'album, Étienne Roda-Gil a concocté un texte sur James Dean, intitulé *Maxou* – en référence à « Little Max », le surnom dont l'acteur était affublé à cause de sa petite taille. À l'époque, Vanessa voue un véritable culte à ce héros éternel disparu à vingt-quatre ans, comme le rapporte le photographe Bernard Mouillon : « C'est elle qui m'a poussé à visionner *À l'est d'Éden,* un film qui la fascinait, et dont elle parlait à tout bout de champ [11]. »

Unique chanson proche de l'enfance, *Chat Ananas*, où Roda-Gil, tel un poète surréaliste, s'essaie à des combinaisons de mots improbables. Le reste de l'album, résolument adulte, aurait pu être enregistré par une chanteuse de trente ans. Ainsi, dans *Le bon Dieu est un marin*, Vanessa chante sans rougir : « Dans tous les ports / Une fille lui veut du bien / C'est très bien. » *Soldat*, un titre joliment subversif où affleure la fibre libertaire du parolier, s'inscrit dans le droit-fil du *Déserteur,* de Boris Vian, popularisé par Serge Reggiani : il y est question d'un militaire parti au combat et envahi par le doute. « Aux, aux armes je t'aime bien / Aux, aux larmes citoyen », dit le refrain, aux accents gainsbouriens. Un message antimilitariste sur lequel, curieusement, aucun critique ne s'attardera…

Parmi les autres perles de l'album, *Coupe coupe*, un morceau couleur reggae qui évoque l'esclavage dans les champs de canne à sucre, mais surtout *Scarabée*, une ballade en hommage à John Lennon. Émaillée de chœurs qui restituent l'ambiance « flower power » des sixties, c'est la chanson préférée de Vanessa. « J'ai adoré la phrase "L'amour, l'amitié c'est tout pareil", parce que ça a l'air simple, jeté comme ça, par hasard, ça ne l'est en fait pas du tout. Ça me ressemble. L'amour et l'amitié tiennent une grande place dans ma vie [12]. »

Vanessa a beau mener sa carrière avec le sérieux d'une adulte, elle brûle d'être amoureuse, comme toutes les filles de quinze ans. Et le public va avoir le privilège de la voir grandir et mûrir au fil de ses apparitions télévisées, ou encore dans les clips illustrant les quatre extraits de l'album. Dans *Maxou*, réalisé par Simon Kentish, connu pour ses films publicitaires, elle est encore résolument femme enfant. Vêtue d'un jeans et d'un chapeau trop grand pour elle, elle incarne l'adolescente qui « bulle », s'endormant au milieu de l'après-midi avant de s'enticher du chaton qui la réveille, auquel elle noue un foulard autour du cou. Durant les trois jours de tournage dans le studio Caïman, en banlieue parisienne, où une bicoque en bois abandonnée a été spécialement construite, la chanteuse, choyée par sa maman, a littéralement craqué pour le chaton du clip.

Dans *Coupe, coupe*, filmé en une seule journée dans une brasserie, toujours sous la houlette de Simon Kentish, la donne a changé : Vanessa est vêtue d'une petite robe blanche moulante et d'un Perfecto. Cheveux raides attachés et créoles qui se balancent à ses oreilles, elle ondule au milieu des musiciens, des jazzmen dont on aperçoit les visages, subtile évocation de l'esclavage et, surtout, de la contribution si essentielle de la communauté noire à l'éclosion du blues.

Dans *Mosquito*, la chanteuse joue clairement la carte de la sensualité, arborant quatre tenues plus sexy les unes que les autres : bustiers ajustés, t-shirts serrés, minishort, robe ultramoulante. Le public découvre alors que la femme enfant qui chantait *Joe le taxi* est en train de se muer en femme. Pour ce titre ludique, qui évoque « un moustique en colère », Vanessa se fait cible, cherchant à éviter l'insecte en se cachant derrière une moustiquaire ou en s'accrochant à des cordages – effets d'ombre qui mettent en relief sa nouvelle silhouette. Sans le savoir, elle prépare le public au choc que constituera, un an plus tard, le clip de *Tandem*, réalisé par Jean-Baptiste Mondino.

Si l'adolescente naguère timide se sent aussi émancipée dans son corps, c'est parce qu'elle est amoureuse. Et, dans son entourage, tout le monde doit tenir compte de cette nouvelle donne : elle a trouvé une occupation qui la galvanise encore plus que sa carrière. Ainsi, Pierre Terrasson, son photographe attitré de l'époque, se souvient d'une séance photo où Vanessa semblait absente. « C'était à l'occasion du shooting de la pochette du single *Coupe coupe.* J'avais créé un décor en studio avec un vieux ventilateur et des stores déglingués. Mais elle, elle voulait faire des photos dans le parking cradingue de l'immeuble. Si j'ai eu gain de cause, cette fois-là, elle a fait la gueule tout au long de la séance. Et j'ai compris pourquoi par la suite : elle était impatiente de retrouver son amoureux [13]. »

Ce jour-là, Vanessa demandera à Pierre Terrasson de la conduire chez cet « amoureux », en banlieue proche. Voilà plusieurs semaines qu'elle ne quitte plus Florent Pagny. Elle a quinze ans. Et lui, onze de plus.

10

FLORENT PAGNY

« Je vis avec un homme qui a onze ans de plus que moi, alors je me sens plus femme. Je sais que c'est l'amour. »

Vanessa Paradis

Entre Vanessa et Florent, rien ne serait arrivé si les deux chanteurs n'avaient pas participé à une émission de télévision enregistrée en Floride, en décembre 1988, *Voyage magique à Disney World.* À l'époque, le producteur Gérard Louvin a l'idée d'un show familial pour les fêtes de Noël, présenté par Jean-Pierre Foucault. Pour l'occasion, une brochette de stars embarque dans l'avion de la production : Sheila, Elsa, Glenn Medeiros, mais aussi Vanessa Paradis et Florent Pagny.

Témoin privilégié de cette escapade de plusieurs jours, le photographe Bernard Mouillon. « À l'époque, confie-t-il, je travaillais pour le magazine *Salut.* Chaque semaine, je mettais en avant un duo dans une rubrique intitulée "Sacrée rencontre à Sacrée soirée". Je suivais Florent depuis l'immense succès de *N'importe quoi,* vendu à 700 000 exemplaires. Quant à Vanessa, je l'avais déjà photographiée plusieurs fois, et j'étais fou de cette gamine. Elle était venue avec sa mère et sa petite sœur. Le soir de notre arrivée, on a tous piqué une tête dans la piscine de l'hôtel [1]. »

Avoir squatté l'un et l'autre la première place du Top 50, à quelques mois d'intervalle, n'est pas le seul point commun entre Vanessa et Florent. Comme la jeune chanteuse, ce dernier a été très tôt taraudé par le désir de réussir, quittant Chalon-sur-Saône dès l'âge de quinze ans pour tenter sa chance à Paris. Comme Vanessa, il rêve d'abord de cinéma mais va devenir chanteur. En 1980, il est repéré par Dominique Besnehard dans un bar gay du marais, le Broad, où il travaille comme serveur. L'agent de Béatrice Dalle cherche un acteur pour le rôle du postier dans *Diva,* le premier film de Jean-Jacques Beineix. Bien qu'il ne soit pas retenu cette fois-ci, il décrochera des petits rôles au cinéma, notamment dans *Fort Saganne* d'Alain Corneau. Mais c'est comme chanteur, produit par Gérard Louvin, qu'il va se faire connaître du grand public.

« Quand vous rencontrez un succès aussi énorme, vous vous sentez invincible, analyse Jean-Pierre Pasqualini. Florent Pagny n'échappait pas à la règle. Les filles étaient folles de lui. Il avait une gueule d'ange, un côté rebelle, avec une fragilité à l'intérieur, mais une apparence très masculine qui ne pouvait que séduire Vanessa [2]. »

En Floride, pourtant, Florent et Vanessa commencent par s'ignorer superbement. En fait, une autre chanteuse semble attirée par Pagny : Elsa. « Ils avaient voyagé en avion côte à côte, se souvient Bernard Mouillon. Et elle était toujours collée à ses basques parce qu'il était mignon, charmeur et super-cool. Elle lui faisait un vrai numéro de charme, riait tout le temps et courait dans tous les sens. Le contraire de Vanessa, qui se tenait à l'écart, toute timide [3]. »

L'interprète de *Joe le taxi* et celui de *N'importe quoi* ne se seraient sans doute jamais rapprochés si Bernard Mouillon n'avait pas joué les entremetteurs. « Dans l'ascenseur, le soir de notre arrivée, avant de regagner nos chambres qui étaient voisines, Florent me demande : "Puisque tu connais Vanessa, tu ne pourrais pas organiser un dîner ?" Je lui dis : "Mais elle a quinze ans !" Il me répond : "Mais c'est pas pour ça, qu'est-ce que tu crois ? C'est juste que je la trouve fascinante." Dès le lendemain, le dîner a lieu. Je suis présent, ainsi que Gérard Blanc et l'attaché de presse de Florent. Mais Vanessa se planque derrière ses cheveux, regarde son assiette. Tous les deux ont du mal à rompre la glace [4]. »

Lorsque, deux jours plus tard, le tournage de l'émission s'achève, les deux chanteurs semblent toujours aussi distants. Et Bernard Mouillon va découvrir, un peu par hasard, que Vanessa en souffre. « Avant de regagner Paris, je voulais faire une photo de Vanessa en train de prendre le petit déjeuner dans sa chambre. Je frappe à sa porte et je la surprends recroquevillée sur elle-même, toute triste. Elle finit par lâcher : "Florent, il m'aime pas. Il est toujours avec Elsa, il ne fait pas attention à moi." En sortant, je vais voir l'intéressé pour lui dire : "Écoute, fais quelque chose, parce que la petite a l'impression que tu ne l'aimes pas." Juste avant notre départ pour l'aéroport, il est allé la voir : "Voilà, je te donne mon téléphone. J'espère qu'on va se revoir à Paris." Elle a saisi le papier qu'il lui tendait et a esquissé un sourire [5]. »

Bernard Mouillon ne va comprendre que quelques jours plus tard, une fois rentré à Paris, l'impact de ce bref échange. Après la diffusion sur TF1 du *Voyage magique à Disney World,* le 29 décembre 1988, Florent Pagny est à nouveau invité dans *Sacrée Soirée* pour le passage au nouvel an. « Là, on a vu arriver Vanessa en coulisses alors qu'elle n'était pas programmée pour chanter. Quand elle m'a aperçu, elle m'a sauté au cou : "Oh ! la, la, je suis contente, c'est génial, il est comme un grand frère pour moi." Elle avait des étoiles dans les yeux. J'ai compris qu'elle était amoureuse. Quand Florent a commencé à fredonner *Comme d'habitude,* son nouveau titre, elle s'est planquée derrière les caméras pour le regarder [6]. »

Toute chamboulée par cette idylle naissante, Vanessa ne va pas tarder, avec une spontanéité déconcertante, à la révéler à la presse. La confirmer, plus exactement, car la nouvelle s'est déjà répandue comme une traînée de poudre. « Tout le monde le sait maintenant : je vis avec un homme qui a onze ans de plus que moi, alors je me sens plus femme », confie-t-elle à la journaliste Ariane Valadié[7]. Avant d'ajouter : « S'il m'a choisie, moi, c'est parce que je suis comme je suis. Différente, mais authentique : je dis toujours ce que je pense[8]. »

Portée par la fougue de ses sentiments, elle lève même un coin du voile sur ses amours enfantines. « Avant mon fiancé de maintenant, je me suis beaucoup amusée. J'étais avec des garçons dont la gueule me plaisait et me faisait craquer sur le moment. Le premier, j'avais treize ans et c'était un fiancé tout ce qu'il y a de plus sage. Mais je n'étais pas amoureuse et je leur en ai fait voir de toutes les couleurs. Aujourd'hui, je sais ce qu'est l'amour[9]. »

Folle amoureuse, l'adolescente brûle encore les étapes et change de vie. Après avoir habité un moment dans la maison que Florent partage à Nogent-sur-Marne avec deux copains, les tourtereaux sautent le pas et décident de s'installer à Paris. Rue Cassini, dans le XIVe arrondissement, ils craquent pour un atelier d'artistes des années 1930 en duplex.

Vanessa n'oubliera pas de sitôt la fête organisée pour la pendaison de crémaillère. Ce soir-là, ses parents lui offrent une batterie de casseroles et un manuel de cuisine. Pourtant, même si elle ne s'est jamais sentie aussi libre, la jeune femme éprouve un pincement au cœur à l'instant où sa famille la laisse seule avec son amoureux. « Quand mes parents et ma petite sœur Alysson ont repris l'ascenseur, tous les trois, sans moi, j'ai vraiment réalisé que, même si je n'étais pas tout à fait une femme, il fallait que je fasse comme si[10]. »

De fait, sa romance avec Florent Pagny va accentuer le décalage entre Vanessa et les adolescents de sa génération. Alors qu'elle n'a pas encore quitté le lycée au moment de leur coup de foudre, ses camarades de classe font la grimace quand ils voient le chanteur rôder autour du bâtiment. « Le samedi, raconte Olivier Nuc, il venait chercher sa fiancée en garant sa moto à une cinquantaine de mètres. On allait le voir en bande et on le vannait parce qu'on le trouvait ridicule. En fait, on devait surtout être jaloux. Depuis que Vanessa le fréquentait, elle n'était plus vraiment avec nous : elle voyait des gens qui avaient dix ans de plus [11]. »

À quinze ans, la jeune chanteuse éprouve une irrépressible envie de grandir et d'apprendre. De couper le cordon avec Corinne, sa maman, aussi, qui a été, jusque-là, omniprésente dans sa vie. « Il fallait nous séparer, ma mère et moi, dira-t-elle. Nous étions trop collées l'une à l'autre [12]. » Et puis, elle est fascinée par le mode de vie bohème de Florent. Dans le vaste salon avec mezzanine du couple, éclairé par une verrière de sept mètres de haut, où sont disséminés quelques poufs, trônent un piano mais aussi les deux motos de Florent : une Triumph rouge et crème de 1956 et une Harley-Davidson chromée de 1970. Le soir, l'appartement se remplit des amis de Florent, vrais potes ou pique-assiette attirés par son succès, qui se confirme avec le carton de *Comme d'habitude,* une reprise du standard de Claude François.

Une effervescence qui donne le tournis à Valérie, l'amie d'enfance de Vanessa. « J'ai assez vite senti qu'on s'éloignait. J'avais une vie de lycéenne normale, et Vanessa vivait quelque chose de tellement différent que c'était difficile de nous retrouver. Quand j'allais dîner chez elle, elle recevait ses amis chanteurs. Je n'étais pas dans le même bain. Elle, elle était à l'aise : elle était devenue adulte très vite [13]. »

Depuis qu'elle a rencontré Florent, en effet, c'est comme si elle avait gommé la différence d'âge qui la sépare de son amoureux. « Je ne suis pas plus à l'aise dans une tranche d'âge particulière, dit-elle à l'époque. Je ne sens aucune différence. Pourtant, à mon âge, je devrais être couchée à dix heures du soir [14] ! » Vanessa découvre le monde de la nuit avec une curiosité non feinte. Au bras de Florent, accompagnée de sa bande de potes, elle fréquente les Bains-Douches, une discothèque parisienne branchée, parfois jusqu'au petit matin – quand le couple se lassera de l'endroit, il finira ses nuits au Balajo ou à la Casbah.

Vivre à cent à l'heure, tel est le nouveau credo de Vanessa. Son compagnon est un épicurien, pour qui chaque instant est une fête, et elle ne tarde pas à partager sa philosophie de vie.

Elle, dont l'agenda a été un peu trop sage depuis ses débuts, adore se laisser surprendre, guider par l'imprévu. « On vit un peu partout. C'est ça que j'aime : vivre chaque jour comme une aventure, sinon ce n'est pas drôle. J'aime cette vie qui bouge, les amis, les sorties, Paris, le monde… Puis, tout à côté, se retrouver sur une île déserte avec la mer, le soleil. On n'a besoin de rien d'autre. Juste de son fiancé [15] ! »

Si Vanessa se grise de virées nocturnes, il lui arrive aussi de se muer pour son homme en parfaite petite femme d'intérieur. La batterie de cuisine offerte par ses parents, c'est elle, et personne d'autre, qui l'utilise. Comme sa maman, qui aime recevoir et sait d'instinct mettre à l'aise ses invités, l'adolescente adore prendre soin de ceux qu'elle aime. Le photographe Pierre Terrasson en atteste. En août 1989, Florent Pagny, qui tourne à Font-Romeu, dans les Pyrénées-Orientales, *La Fille des collines,* un film de Robin Davis, est immobilisé plusieurs semaines avec une jambe dans le plâtre à cause d'une mauvaise chute. « Je me souviens que Vanessa nous avait reçus, avec ma femme et mes filles, dans une maison louée par la production du film. Il y avait une grande tablée et c'est elle qui cuisinait. Elle avait préparé des pâtes et c'était délicieux [16]. »

Pour se convaincre qu'elle a changé, il suffit de constater l'évolution de son look. Finis les sweat-shirts trop larges et les jeans informes : l'adolescente porte minijupes, blouson Perfecto, boots de motard et gourmette en argent. Et lorsqu'elle serre la taille de Florent à l'arrière de sa 900 centimètres cubes, elle s'attache les cheveux et s'accroche des créoles aux oreilles. Trop jeune pour passer son permis moto, Vanessa recevra néanmoins, en cadeau de son amoureux, une petite Harley-Davidson.

Face à cette révolution dans la vie de leur fille, Corinne et André Paradis font preuve d'une ouverture d'esprit peu commune. « Ses parents la laissaient faire ce qu'elle voulait. Elle fumait, se maquillait, portait des vêtements décolletés, passait ses nuits à faire la fête, sans qu'ils essaient de l'en dissuader [17] », relate Pierre Terrasson. C'est à quinze ans, en effet, que Vanessa, comme tant d'adolescents, commence à devenir accro au tabac.

Une addiction qui ne la quittera jamais. Ainsi, en 2012, lors de la promotion d'un film, elle se félicitera de pouvoir fumer en face de la journaliste de *Marie Claire* qui l'interviewe, comportement qui serait prohibé aux États-Unis [18].

Si les parents de Vanessa lui laissent une telle liberté, c'est aussi par crainte qu'elle ne coupe les ponts avec eux. Corinne a compris que rien ne sert de s'opposer aux choix de sa fille : mieux vaut les accompagner. Ainsi, Florent Pagny est accueilli à bras ouverts dans la grande maison des Paradis. Bernard Mouillon participe lui aussi à toutes les fêtes familiales : « Je faisais des photos souvenirs. Ils savaient qu'elles ne sortiraient jamais dans la presse [19]. »

Le photographe, qui a acheté à André des plaques imitation brique pour refaire la décoration de son appartement, a gagné la confiance de Corinne. « Un jour, je lui ai carrément demandé : "Ça ne te fait rien, la différence d'âge entre Vanessa et Florent ?" Elle m'a répondu : "Pas du tout. Ce qui compte, c'est qu'il aime notre fille pour elle-même, et pas parce qu'elle est célèbre. S'il avait été un parfait inconnu, il l'aurait sans doute aimée pour de mauvaises raisons [20]." »

Une partie du public, en revanche, semble choquée par cette différence d'âge, qui confirme l'image de « Lolita sulfureuse » qui colle aux baskets de Vanessa. Durant cette période où l'adolescente est décriée, sa liaison avec un chanteur plus mûr fait polémique. Afin de ne pas donner aux médias trop de grain à moudre, le couple décide de ne pas afficher son histoire. En fait, Gérard Louvin, le producteur de Pagny, est persuadé que cette romance pourrait nuire à l'image de son poulain : pour que les filles continuent d'acheter ses disques, elles doivent continuer à le fantasmer célibataire.

Du coup, la pression monte et la presse people est à l'affût des moindres images qui pourraient, publiées en une, assurer de bonnes ventes. Heureusement, les amoureux peuvent compter sur la loyauté de leur entourage. Ainsi, Bernard Mouillon fait preuve d'une discrétion absolue. « Un jour, Vanessa et Florent étaient tous les deux invités dans *Sacrée Soirée,* se souvient-il. Il y avait quinze photographes planqués dans les loges. Gérard Louvin a alerté Florent : "Ils veulent vous choper pour *Paris Match*. La photo se monnaye 50 000 francs." Florent m'a regardé. Il savait que j'avais des dizaines de photos d'eux. Il m'a demandé : "Tu fais quoi ?" Je lui ai répondu : "C'est toi, le chef." Il m'a souri et m'a dit : "On ne les sort pas [21]." »

Vingt-cinq ans plus tard, Bernard Mouillon me montre quelques clichés inédits du couple sur la Harley du chanteur. Lui, porte un bandana de corsaire, un débardeur noir échancré. Elle, vêtue d'un pull de coton blanc, cheveux au vent, s'accroche à son torse, posant sa tête sur son épaule. Des images réalisées « en accord » qui resteront à jamais interdites au public. D'autres photographes n'auront pas les mêmes scrupules : durant les trois années de cette romance, la presse people parviendra à voler quelques moments d'intimité du couple, en soirée ou en vacances.

Excédé par cette traque, le chanteur lui apportera une réponse cinglante… en chanson. En 1990, il sortira un titre assassin dédié aux médias, *Presse qui roule,* qu'il a écrite et composée. Gérard Louvin lui a pourtant fait part de ses réserves. « Je pressentais qu'il allait se mettre la presse à dos. En même temps, je le comprenais. C'était un couple craquant, qui vivait une pression insupportable [22]. » « Presse qui roule / Pas vraiment cool / Presse qui roule / me casse les couilles », dit le refrain. Une croisade qui prête un peu à sourire, avec le recul, y compris pour l'intéressé, mais dont la sincérité est indéniable. « Florent a vraiment un côté Zorro : il voulait protéger Vanessa [23]. »

Trop spontanée sans doute pour s'en tenir à une stratégie médiatique stricte, Vanessa n'est pas aussi discrète que son compagnon sur leur histoire. Elle est tellement amoureuse qu'elle ne voit pas pourquoi elle devrait taire des sentiments qui lui donnent des ailes. À vouloir grandir trop vite, elle est même saisie d'un désir totalement insensé : devenir maman. « Si je ne me raisonnais pas, je ferais tout de suite un bébé. Dès que je vois passer une femme avec un bébé dans les bras, je ne peux plus décrocher mon regard d'elle. Ça me fait complètement craquer [24]. »

Difficile d'imaginer les mots choisis par Corinne pour tempérer l'impatience de sa fille. Toujours est-il que Vanessa ronge son frein. Quelques mois plus tard, dans une autre interview, elle montre que, si le désir de maternité est toujours là, elle garde la tête sur les épaules. « Sans doute, il faut que je me calme. Mais j'ai vraiment très envie de faire un bébé. Il n'y a que mon âge qui m'arrête. On me critique déjà suffisamment. Si en plus je fais un enfant à seize ans et demi[25]… »

Folle amoureuse, la chanteuse ne voit pas que d'autres hommes, parfois célèbres, craquent pour elle. Parmi eux, le prince Albert de Monaco, qui rêve déjà de convoler avec une princesse aussi blonde que sa mère, Grace Kelly. « En mars 1989, se souvient Bernard Mouillon, nous avons tourné une émission de télé à Monaco. En coulisses, le prince Albert avait demandé au réalisateur, Gilles Amado, de lui présenter Vanessa. Et il avait lourdement insisté : "Vous pensez à moi, hein, pour Vanessa ?" Elle avait rougi, avant de décliner la proposition. Au restaurant, le soir, Florent l'avait charriée avec ça. Il lui disait : "Vas-y, tu vas peut-être devenir princesse de Monaco." Mais elle, elle freinait des quatre fers. » Son destin aurait-il pu basculer si elle avait rencontré Albert de Monaco ? Sans doute, mais, à l'époque, Vanessa a tant d'envies qu'elle n'a aucune intention de s'enfermer dans un palais. C'est la Grace Kelly sur grand écran qu'elle admire, pas la princesse sur papier glacé.

En plus de la faire rire aux larmes et de lui faire oublier qu'une partie du public la rejette, Florent ouvre de nouvelles perspectives à sa fiancée. Parce qu'il n'est pas seulement chanteur, mais aussi acteur, il conforte Vanessa dans son désir de faire du cinéma. Ça tombe bien : par un heureux hasard, Marceline Lenoir, l'agent de Pagny pour le septième art, a connu la chanteuse lorsqu'elle était enfant. Persuadée de son potentiel comme actrice, elle décide de prendre sa carrière en main. La même année, elle apprend que Jean-Claude Brisseau est à la recherche d'une adolescente pour un premier rôle. Le film doit s'appeler *Paradis perdu*. Elle a raison d'y voir un signe du destin.

11

Noce blanche

« Brisseau pourrait faire tout ce qu'il veut,
je ne tournerais plus jamais avec lui.
Il était insupportable et détestable. »

Vanessa Paradis

Jean-Claude Brisseau n'est pas un cinéaste consensuel. Au moment où il prépare *Paradis perdu,* cet ancien professeur de français a déjà signé deux films qui ont généré la controverse, *Un jeu brutal* en 1983, puis *De bruit et de fureur* en 1988. Pour son nouveau film, qui doit conter l'histoire d'amour tragique entre un professeur de philosophie et une lycéenne paumée, il tient déjà son acteur principal, Bruno Cremer.

Pour le rôle de l'adolescente, c'est presque fait. « J'ai cherché la perle rare pendant deux ans, racontera-t-il. La plupart des comédiennes ne comprenaient rien au rôle. J'ai fini par en trouver une qui était un peu trop âgée pour le rôle [1]. » Celle qui doit incarner Mathilde, c'est Charlotte Valandrey, révélée en 1985 dans *Rouge baiser.* Elle a d'ailleurs déjà travaillé le rôle avec Brisseau lorsque Marceline Lenoir fait le forcing pour qu'il auditionne Vanessa. Une proposition que le cinéaste accueille avec un certain dédain. « J'avais vu Vanessa Paradis à la télévision. Je trouvais qu'elle faisait trop Lolita maquillée [2]. »

Marceline Lenoir insiste. En mars 1989, le réalisateur et la jeune femme se donnent rendez-vous dans une gare. Vanessa le trouve d'emblée antipathique, bourru et insupportable. Pourtant, consciente de l'enjeu pour elle de décrocher un premier rôle, elle tente de l'amadouer. « On a commencé à discuter de tout et de rien en s'envoyant vanne sur vanne, racontera-t-elle. Il m'a étudiée sous toutes les coutures [3]. » L'entrevue va durer une heure trente. Déstabilisée par ce professeur qui s'érige en juge et la dévisage d'un air moqueur, l'élève ne baisse toutefois jamais sa garde. « En fait, il avait de moi l'image qu'ont pas mal de médias : celle d'un produit fabriqué, d'une petite conne qui n'a rien dans la cervelle. Or, je n'ai pas l'habitude de me laisser faire [4]... »

Au moment où Vanessa veut mettre fin à ce supplice, elle entend Brisseau lui dire, contre toute attente : « Écoutez, mademoiselle, je suis très embêté parce que j'étais venu dans l'idée de ne pas vous engager et, finalement, vous me plaisez beaucoup [5]. »

Un sentiment que Brisseau justifiera a posteriori. « Quand je l'ai vue sans maquillage, j'ai eu l'impression de trouver le personnage. Quelqu'un qui entrait dans le monde adulte en souffrant [6]. » Pourtant, Vanessa n'a pas encore décroché le rôle. Le réalisateur doute qu'elle soit capable de se plier aux contraintes d'un plateau de cinéma. « Quelqu'un m'a dit qu'elle avait appris la danse. C'est là que j'ai pensé qu'elle pourrait peut-être se plier à la discipline d'un tournage [7]. » Rendez-vous est donc pris pour faire des bouts d'essai.

« J'ai tourné deux plans. Je l'ai filmée lisant un texte de Freud et je l'ai filmée nue [8]. » Pour la séance de lecture, l'adolescente fait remarquer au réalisateur le paradoxe de la situation. « Tu vas me faire parler de l'Inconscient alors que j'ai quitté l'école [9] ? » Mais ce qu'elle redoute le plus, c'est de devoir se dévêtir devant la caméra de Brisseau. Pour vaincre sa pudeur naturelle, elle songe au personnage derrière lequel elle va se cacher. « C'était gênant de se mettre à poil face à l'équipe... Mais tout ce que cette fille a vécu l'a rendue impudique [10] », dira-t-elle à la sortie du film pour justifier ces séquences. Ce jour-là, Corinne exige d'être présente. Pas question de laisser Vanessa seule entre les griffes du réalisateur.

Aux yeux de Brisseau, l'expérience est plus que concluante. « Quand j'ai montré ces essais, on m'a dit : "On dirait un oiseau tombé du nid." Cette fille avait un côté "gamine prématurément flétrie", avec un fond de mélancolie et une absence totale de sûreté d'elle-même [11]. » Bref, Vanessa lui semble parfaite pour incarner Mathilde, son héroïne.

Deux jours plus tard, elle reçoit un coup de fil du cinéaste. « Si vous êtes d'accord, le rôle est à vous… », lâche-t-il de sa voix grave. Après avoir raccroché, elle explose de joie, comme si elle venait de décrocher son bac. Mais son entourage déchante lorsque, quelques jours plus tard, elle reçoit le scénario de *Paradis perdu*. Même Marceline Lenoir est dubitative. « J'étais perplexe, je trouvais ça violent. On en a parlé avec son père et sa mère. Et puis, c'est Vanessa qui a tranché : "Non, je peux le faire." Donc, elle avait décidé de faire ce film, toute jeune qu'elle était, et elle a assumé [12]. »

Si l'adolescente tient autant à ce tournage, c'est parce qu'elle y voit l'occasion rêvée de casser son image de Lolita arrogante. « C'est l'histoire écrite par Brisseau qui m'a décidée à accomplir le grand saut, dira-t-elle. Brisseau plus le scénario, plus le film, plus l'ambiance, plus la ville de Saint-Étienne : je me suis dit que l'ensemble allait déstabiliser les gens et leur montrer de quoi je suis capable [13]. » Une fois de plus, ses parents cèdent. Ils l'ont compris depuis longtemps : quand Vanessa veut quelque chose, à quoi bon lui résister ?

En acceptant le rôle, Vanessa ignore sans doute que c'est au détriment d'une autre actrice. Pourquoi Charlotte Valandrey a-t-elle été écartée du casting ? Est-ce, comme certains l'ont écrit, parce que Brisseau aurait découvert sa séropositivité ? La question fait polémique. Plus de vingt ans après, lorsque je lui pose la question, elle me renvoie aux ouvrages qu'elle a publiés : « Je ne souhaite pas revenir sur cet épisode. Tout est dans mes livres [14]. » Dans *L'Amour dans le sang* [15], en effet, elle raconte en détail cet épisode douloureux de sa carrière. À l'époque, Charlotte Valandrey, enivrée par sa soudaine célébrité, mène une vie tumultueuse, faite de rencontres amoureuses épisodiques. Contrairement à Vanessa, sans doute parce que son entourage est moins protecteur, elle ne touche plus terre. « J'ai dix-sept ans, je me sens immortelle », écrira-t-elle. Toutefois, cette ivresse va connaître un coup d'arrêt brutal : la jeune actrice apprend qu'elle est séropositive, en pleine préparation de *Paradis perdu.*

« Pendant plusieurs mois, je répète le rôle avec Jean-Claude Brisseau. Je lui dis mon secret. Je connais le rôle presque par cœur. [...] Le tournage doit commencer dans quelques semaines, les contrats ne sont pas signés, on verra plus tard, il doit s'entendre avec la production [16]. » Au dernier moment, pourtant, le couperet tombe. « Je ne ferai pas le film. Il ne me l'annoncera pas lui-même. Les producteurs ne veulent pas m'assurer. Il a dit mon secret. [...] Je suis giflée, muette, stupéfaite. Je me remettrai mal de cette trahison [17]. »

À la sortie du livre de Charlotte Valandrey, en 2005, Brisseau, mis en accusation, livrera sa version des faits. « Deux mois avant le tournage, explique-t-il, mes producteurs se montrent sceptiques : "Tu devrais voir d'autres actrices, les assurances vont tiquer, car Valandrey ne cache pas dans le milieu qu'elle est séropositive..." Cela m'inquiète, mais m'encourage aussi, par bravade, à lui conserver ma confiance. La seule chose que j'exige est une cure d'amaigrissement : elle est un peu ronde. Je lui prévois un séjour à la campagne, avec régime sévère, promenades et courses en forêt [18]. »

C'est là que tout bascule. « Je vois son médecin pour fixer ce programme. Il réplique aussitôt : "Ne la prenez pas !" Il est catégorique, me signifiant que je mets sa vie en danger. J'accepte alors de voir Vanessa Paradis. Je me retrouve déchiré entre mes promesses à Valandrey et mon intérêt pour Paradis. Je tourne des essais 35 mm avec les deux actrices. Et les visionnant avec mes collaborateurs, la décision s'impose : Paradis doit incarner Mathilde. Il ne s'agit pas de séropositivité, mais d'un choix cinématographique [19]. »

Le réalisateur a-t-il réécrit l'histoire afin de se donner le beau rôle ? Ce qui est certain, c'est que jamais la chanteuse n'aurait joué dans le film si l'actrice de *Rouge baiser* n'avait pas été séropositive. D'où l'amertume de Charlotte Valandrey qui me confie vingt-cinq ans après : « J'aurais aimé un signe de Vanessa, un mot chaleureux, mais ça n'est jamais arrivé [20]. » Ce qui ne fait aucun doute non plus, c'est le coup de foudre artistique de Brisseau pour la chanteuse. « Quand j'ai commencé à travailler avec elle, j'ai trouvé qu'elle était douée pour le cinéma [21]. » Ce que Vanessa ignore encore, c'est que si elle a dû se battre pour incarner Mathilde, le plus dur ne fait que commencer...

Le tournage débute à Saint-Étienne le 3 avril 1989. Loin de Paris et de ses repères, l'adolescente est d'abord bousculée par les horaires. Avec Florent Pagny, elle vit au jour le jour et beaucoup la nuit. Alors qu'elle vient à peine de quitter le lycée, elle se retrouve confrontée à une discipline encore plus contraignante. « Un tournage, c'est l'enfer, dira-t-elle. On se lève à 6 heures du matin, on arrête à peine une heure pour bouffer, le soir on rentre à 9 heures et on a encore le texte du lendemain à apprendre. Moi qui ne suis pas une couche-tôt, j'ai été obligée de prendre des résolutions [22]. »

Jamais elle n'oubliera son premier contact avec les figurants qui campent ses camarades de classe – la plupart sont élèves de la classe cinéma du lycée Jean Monnet de Saint-Étienne. « La première fois que je suis entrée dans la salle de classe, je me suis retrouvée face à quarante élèves que je ne connaissais pas. Eux s'attendaient à découvrir la Lolita du Top 50, je suis arrivée avec des coquards jusqu'aux genoux, parce que c'était aussi la première scène du film et que je devais avoir l'air fatigué, malade, les cheveux dégueulasses [23]. » Dans cette séquence, elle se fait sermonner par son professeur à cause de son retard. La timidité maladive de Vanessa, qui la fait passer pour quelqu'un de prétentieux, n'arrange rien. Surtout, l'apprentie actrice pâtit de son image déplorable auprès du jeune public. « C'était l'époque où les gens étaient infects avec moi [24] », confiera-t-elle.

Brisseau décrypte très vite cette forme de rejet. « Quand je l'ai choisie, confiera-t-il, je ne me suis pas rendu compte qu'à l'époque elle était haïe par les jeunes et les femmes. Son public à elle, c'était les moins de douze ans et les hommes de plus de quarante ans. Les femmes me disaient : "Quand je la vois à la télé, je change de chaîne." C'est si vrai que quand j'ai révélé son nom aux acteurs et aux figurants, quinze jours avant le début du tournage, certains ne voulaient même plus être dans le film [25]. »

Très vite, Vanessa cherche à se protéger en rassemblant son clan autour d'elle. Sa mère vient autant qu'elle le peut lui soutenir le moral. Il arrive aussi que Florent Pagny débarque sans crier gare, ce qui a le don d'énerver le réalisateur. « Les problèmes sont venus de ce que j'appartiens à un autre univers qu'elle. J'ai vu débarquer sur le plateau des tas de gens du show-biz dont son petit ami Florent Pagny [26]. » Parce qu'il déteste le côté paillettes, Brisseau veut casser chez son actrice tout ce qui la rattache à cet univers, qu'il juge superficiel.

Au bout de quelques jours, des tensions électrisent le tournage. « Il y a effectivement eu un conflit à la fin de la première semaine et qui a duré une quinzaine de jours [27] », finira par reconnaître le cinéaste. Vanessa se ferme sur elle-même, puis se cabre – ce qui ne fait qu'aggraver le rejet dont elle est victime. « Quand les choses ont commencé à se gâter, Brisseau a monté toute l'équipe contre moi et j'ai vécu un mois et demi avec trente personnes qui ne me disaient même pas bonjour. Des anecdotes horribles circulaient sur mon compte. La productrice et la maquilleuse étaient les seules à me parler. Les autres me prenaient pour la dernière des salopes [28]. » Un jour, elle apprend que les techniciens du film ont fait circuler un mot où il est écrit : « Ce film avec Vanessa Paradis est une merde ». Elle s'isole pour pleurer. Comment faire face à tant de malveillance ?

Insécurisée, elle refuse de se laisser diriger. Puisqu'on ne la respecte pas, elle rue dans les brancards. « Elle avait un côté capricieux, enfant gâté de temps en temps, et même chiante », dira le cinéaste, qui ne va pas hésiter à recadrer sévèrement l'adolescente rebelle. « J'ai dû reprendre le pouvoir sur le film. Alors, oui, il m'est arrivé sur le tournage de la forcer à jouer. C'était la guerre, jusqu'à ce que j'obtienne ce que je voulais [29]. »

Dans le jeu de son actrice débutante, Brisseau a repéré des défauts qu'il juge rédhibitoires. « Elle avait des tics, des expressions qui faisaient penser à Marilyn ou à Bardot. Je lui disais : “Il faut que tu sois toi-même, pas un ersatz de Marylin [30].” » Pourquoi le réalisateur ne fait-il rien pour mettre son actrice en confiance ? Parce qu'il ne pense qu'à son film. Depuis leur rencontre, il a repéré une faille chez elle qui peut donner chair au personnage : « Elle n'avait aucune confiance en elle-même. Elle était absolument terrorisée [31]. » Cette fragilité, il va l'exploiter au maximum, au nom de ce qu'il considère être l'intérêt artistique, jusqu'à voler à l'adolescente une part d'elle-même quand elle ne s'y attend pas. Ainsi, lors de la séquence où Mathilde présente un exposé sur l'Inconscient freudien, il demande aux figurants d'applaudir sa prestation et filme la réaction de Vanessa, qui ignore que cet épisode sera retenu au montage. Un instant de vérité où on la voit sourire en cachant son visage derrière ses mains.

« J'ai découvert une jeune femme qui avait l'air désespéré et j'ai utilisé ça à fond, parfois en lui volant purement et simplement des réactions », avouera-t-il avec une franchise proche du cynisme. Et lorsqu'on lui demande, rétrospectivement, s'il n'avait pas peur des dégâts qu'il pouvait générer sur une adolescente de seize ans, il rétorque : « Le rôle était dur, mais, vu ce qu'elle avait déjà vécu, je savais que Vanessa Paradis tiendrait le coup [32]. »

Avant le début du tournage, dans la phase de préparation, Brisseau s'était longuement entretenu avec son actrice, fouillant dans sa mémoire afin de faire émerger des souvenirs personnels proches des situations du film. Pour obtenir un jeu le plus réaliste possible, il lui avait demandé de « ressentir » chaque scène en lui faisant raconter un épisode équivalent dans sa vraie vie. « Mon boulot était de faire en sorte qu'elle soit bien à l'écran. Si elle avait joué comme Adjani dans *Adèle H,* on aurait dit : “C'est une hystérique”, et sa carrière s'écroulait [33]. » À ce moment-là, entre eux, les relations ne s'étaient pas encore dégradées. Désormais, Vanessa se sent prise au piège, manipulée.

Cette façon de déstabiliser les acteurs ne fait pas l'unanimité. Ainsi, en visionnant le film, Patrice Leconte éprouve un malaise. « Dans *Noce blanche,* confie-t-il, il y a quelque chose de troublant, à deux doigts du cinéma vérité, une douleur, un déséquilibre. Vanessa y est mal à l'aise et, au final, moi aussi ça me met mal à l'aise [34]. » Lorsqu'il fera tourner l'actrice, des années plus tard, elle lui confiera d'ailleurs à quel point « elle en a bavé avec Jean-Claude Brisseau, et avec Bruno Cremer, qui n'était pas le type le plus sympa de la terre [35]. »

Obsédé par son film, le réalisateur de *Noce blanche* pousse sa jeune interprète dans ses derniers retranchements. Comme on lui interdit de visionner les rushes, elle doute encore plus de son jeu. Certains jours, sous la pression, elle explose, se roule par terre, ou quitte brutalement le plateau pour se réfugier dans sa chambre d'hôtel. Ses proches le savent : Vanessa est capable de piquer des colères homériques, de tout envoyer promener, quand rien ne se déroule comme elle l'a décidé.

« Lorsque je la retrouvais, elle était épuisée, perdue loin de son microcosme parisien [36] », raconte Pierre Terrasson, venu la photographier sur le tournage. Pour Brisseau, cette grande fatigue s'explique par le rythme de tournage. « La productrice a imposé contre ma volonté à l'équipe un tournage le matin à 9 heures. Vanessa, qui se couchait très tard et devait passer un minimum au maquillage et à la coiffure, ne dormait pratiquement pas [37]. » Dans la chambre qu'elle occupe à l'hôtel Terminus du Forez, au cœur de Saint-Étienne, elle a en partie reconstitué son cocon d'adolescente, apportant quelques peluches et scotchant au mur les photos qu'elle aime. Au-dessus de son lit, un cliché en noir et blanc de son père qui se tient derrière elle, protecteur.

Un matin, excédé de voir sa fiancée en larmes, Florent Pagny se fend d'une explication virile avec Brisseau, exigeant qu'il traite son actrice avec plus d'égards. Mais le cinéaste le renvoie dans ses cordes, le sommant vertement de se mêler de ses affaires. Un autre jour, à bout de nerfs, Vanessa quitte le plateau et prend le train pour Paris, où elle rejoint son amoureux. Une fugue qui durera trois jours. Dans les bras du chanteur, elle retrouve ses marques, reprend son souffle. Quitter le navire, ce n'est pas son truc. « À choisir mon camp, je suis plutôt combattante que victime [38] », confiera-t-elle des années plus tard, lucide sur elle-même. Furieux, le réalisateur lui épargne une engueulade supplémentaire lorsqu'il la voit regagner le tournage. A-t-il eu peur qu'elle ne revienne jamais ? Vanessa, en tout cas, n'a plus à faire profil bas pour être respectée.

Jean-Claude Brisseau aura au moins eu raison sur un point : jusqu'à la fin du tournage, la petite a tenu bon. « Je lui avais donné ma parole que je ferais tout pour qu'elle soit à son maximum [39]. » Elle a tenu bon, certes, mais à quel prix ? Lorsqu'elle peut enfin quitter Saint-Étienne, après avoir vécu l'enfer durant un mois et demi, Vanessa se sent exsangue, vidée.

Ce qui préoccupe le réalisateur, une fois le montage finalisé, c'est le destin de son film, qu'il a rebaptisé *Noce blanche.* Car le rejet autour de Vanessa Paradis est, à l'époque, quasiment unanime, y compris dans les médias. Comment inverser la tendance ? « J'ai organisé une projection très privée pour deux journalistes très influents, m'explique-t-il. Par chance, ils ont adoré le film, ce qui a généré une rumeur favorable [40]. » Toutefois, Brisseau pressent que le public sera plus difficile à convaincre. « Alain Bévérini, le spécialiste cinéma de TF1, qui était emballé, voulait organiser une projection pour des élèves de terminale. Mais quand ils ont su que c'était un film avec Vanessa Paradis, ils ont refusé. Pour trouver des volontaires, le reporter a dû se rabattre sur une classe de quatrième [41]. »

Le 8 novembre 1989, *Noce blanche* sort sur les écrans. Pas facile pour Vanessa d'en assurer la promotion sans crier ce qu'elle a sur le cœur. D'autant que la projection du film l'a désarçonnée. « Le soir de la première, je me suis enfoncée dans mon fauteuil et la lumière s'est éteinte. Quand je me suis vue, avec les cheveux gras, des cernes et mal habillée, je me suis trouvée très laide. Ma voix aussi m'a choquée : ce n'est pas celle que j'entends quand je parle ni celle que j'ai quand je chante. Même si j'ai aimé le film, je sais maintenant que je n'irai plus jamais me voir au cinoche [42]. » Écœurée, la chanteuse en aurait même vomi après la projection.

D'où sa stupéfaction totale lorsqu'elle découvre les commentaires sur son jeu d'actrice. « Tout le monde l'attendait au tournant pour pouvoir la flinguer [43] », se souvient le journaliste et producteur Yves Bigot. Seulement voilà, ceux qui rêvaient d'un enterrement de première classe vont en être pour leurs frais : l'adolescente voit pleuvoir sur elle un concert de louanges. « On se retrouve cloué sur le fauteuil de ciné, s'enthousiasme Katherine Pancol dans *Elle*. À se pincer le coude. Plus de mimiques Top 50, plus de *Joe le taxi*, mais une petite bonne femme qui rafle la mise. Durant tout le film [44]. »

Partout, les critiques sont élogieuses. Tandis que *Studio* parle d'une « comédienne prometteuse », qui possède « encore la candeur de l'enfance et déjà le mystère de la femme », *Télérama* évoque une actrice « totalement inattendue et rayonnante de perversité ». Mais c'est sans doute le parolier Étienne Roda-Gil qui livrera l'analyse la plus juste : « Vanessa vampirise totalement le film. C'est Nosferatu. Autour d'elle, il ne reste plus rien : ni scénario, ni Bruno Cremer [45]. »

Un long-métrage plein de faiblesses, mais sauvé par la présence lumineuse de Vanessa : c'est ce qu'on se dit en substance lorsqu'on revoit *Noce blanche*, vingt-cinq ans après. Certes, le scénario souffre de nombreux clichés qui le rendent caricatural – ainsi, Mathilde a-t-elle droit à un CV « chargé » : père psychiatre, mère suicidaire chronique, elle-même droguée, prostituée et dépressive. En même temps, lorsqu'elle chuchote « J'arrive plus à me passer de toi » à son professeur, qui la dépasse de deux têtes, l'actrice est totalement crédible, donnant à ce personnage d'un romantisme noir une intensité touchante. Surtout, dans la lumière de son studio, éclairée par un rayon de soleil, Vanessa est renversante de beauté. Derrière la dureté de sa direction d'acteur, il n'est pas impossible que Brisseau soit totalement tombé sous le charme de son interprète. D'où, sans doute, le trouble que l'on ressent à chaque contact physique entre le maître et son élève...

Non seulement la chanteuse crève l'écran, mais le public suit : *Noce blanche* attirera au total près de deux millions d'entrées, ce qui en fait, de loin, le film le plus populaire de Jean-Claude Brisseau. « Il a également très bien fonctionné en Israël, précisera le cinéaste, où il a battu *Ghost,* au Vietnam du Nord et dans beaucoup d'autres pays où Vanessa était pourtant inconnue[46]. » Un succès public qui sera auréolé d'une double reconnaissance du métier : le 21 février 1990, l'actrice recevra le prix Romy-Schneider, avant de décrocher, dix jours plus tard, le 4 mars, le César du meilleur espoir féminin. Si nul n'a oublié l'instant où, retenant ses larmes, elle reçoit le célèbre trophée, sa toute première récompense, décernée au Royal Monceau par un collège d'une quinzaine de journalistes, revêt un sens tout particulier pour la jeune actrice, qui adore Romy Schneider – découverte lorsqu'elle avait huit ans dans *César et Rosalie,* puis dans *La Piscine*. « Elle avait en elle une boule de feu, elle était souriante, puis tragique tout à coup. Elle me bouleverse », dira-t-elle à propos de son idole. Pour Serge Frydman qui, des années plus tard, dirigera Vanessa dans *Mon Ange*, les deux actrices ont d'ailleurs en commun « une même intensité dans l'émotion[47] ».

En prenant tous les risques, Vanessa a reconquis le public qui lui avait tourné le dos. « Ce film a tout changé pour moi, reconnaîtra-t-elle. Les gens ont commencé à me regarder autrement. C'est le retournement de veste le plus rapide de l'histoire. Les gens se sont dit : “Elle a quand même quelque chose, ce n'est pas seulement une marionnette[48].” » Vanessa n'oubliera pas non plus les revirements des journalistes : ceux qui, quelques mois auparavant, juraient qu'elle n'avait aucun talent sont les premiers à crier au génie. « Ceux qui m'applaudissent le plus sont ceux qui me crachaient dessus il n'y a pas si longtemps. Ça devient carrément gênant[49] », confiera-t-elle avec ironie.

Quant au réalisateur, il n'hésitera pas à rappeler que c'est lui, l'artisan de cette nouvelle donne. « Son image était déplorable.

Le film a tout changé. Elle avait un rôle difficile, mais un rôle en or. Elle garde toujours un mystère dans le film [50]. » Toutefois, il ne retire rien au mérite personnel de sa jeune actrice : « Si elle avait été nulle, elle ne s'en serait pas relevée, car elle subissait un énorme rejet médiatique [51]. »

Vanessa Paradis vient de faire une entrée remarquée au cinéma, succès qui lui vaudra de recevoir une avalanche de scenarii. Néanmoins, elle n'en oublie pas pour autant l'enfer qu'elle a vécu face à Brisseau. Si elle a tourné la page, elle n'a rien pardonné. Alors pas question de remercier le cinéaste de l'avoir amenée à se surpasser. Trois ans après, elle racontera, d'ailleurs, l'avoir renvoyé dans ses cordes le jour où il l'aurait contactée pour lui proposer un autre rôle. « Quand tu as fini un tournage, que le film fait des entrées, que tu as un César, que tu reçois des mots des techniciens du genre "Bravo ma chérie", alors que ces enfoirés t'ont laissée pleurer des heures dans ta loge et que le metteur en scène te dit "J'aimerais bien refaire un film avec toi", tu le regardes bien droit dans les yeux, et tu lui dis un gros "Merde" [52]. »

Sa manière à elle, franche et directe, de lui signifier qu'elle ne veut plus jamais entrer dans un jeu pervers avec lui. « Brisseau pourrait faire tout ce qu'il veut, je ne retournerai jamais avec lui. Il était insupportable et détestable [53] », dira-t-elle. Des propos qui ont blessé leur destinataire. Un jour, agacé de passer pour le méchant dans l'histoire, le réalisateur appelle Vanessa. « Quand je l'ai eue au téléphone, après avoir lu certaines déclarations, elle m'a expliqué que les journalistes avaient déformé ses propos, qu'ils cherchaient volontairement le scandale, et qu'elle ne pouvait pas tous les poursuivre en justice [54]. »

Une manière pour la chanteuse de botter en touche, de montrer du doigt la presse qui, il est vrai, a fait ses choux gras de cette polémique ? Toujours est-il que, à la suite de cet échange téléphonique, le contact a été rompu. « Je trouve lamentable que ce film, qui a été un succès pour nous tous, ait abouti au fait qu'on ne se parle plus depuis dix ans [55] », constatera amèrement Brisseau.

Le tournage de *Noce blanche* a-t-il été aussi cauchemardesque que Vanessa l'a décrit ? Énervé par mon appel qui le ramène, une fois de plus, à cette époque, Jean-Claude Brisseau ne nie pas que tout n'a pas été rose : « Il y a eu un moment critique pendant une bonne semaine, c'est vrai. Je n'étais pas le seul fautif : quand elle le voulait, Vanessa pouvait être une emmerdeuse majeure. Mais je considère que j'ai rempli ma mission. Elle était détestée, elle a été vraiment reconnue grâce au film [56]. »

D'autres voix ont tenté, depuis, de relativiser cette vision cauchemardesque du tournage. C'est le cas de Ludmila Mikaël, une des interprètes du film. « Vanessa Paradis était extrêmement attachante et gentille, sans aucun comportement de star, confiera-t-elle. Elle était surtout soucieuse de bien faire, consciente de l'enjeu. D'ailleurs, le film a changé sa vie [57]. »

De même, Pierre Terrasson, présent trois jours sur le plateau, du 27 au 30 avril 1989, affirme n'avoir pas été témoin de tensions extrêmes. « Je n'étais pas là tout le temps, bien sûr, mais l'ambiance a sans doute été exagérée. Brisseau est un type bougon, genre prof pas cool, qui n'en avait rien à faire du côté "Lolita show-biz" de Vanessa. Il n'était pas là pour être aimable : seul son film comptait. »

Le photographe est bien placé pour savoir que, pour parvenir à un résultat optimal, la création artistique ne peut pas toujours s'exonérer d'une part de souffrance. Pourtant, il n'a jamais eu besoin, lui, de déstabiliser Vanessa pour obtenir les sublimes clichés qui vont construire son image. Il lui suffira de s'incliner devant une évidence : l'incroyable photogénie de son modèle.

12

UNE IMAGE PLUS ROCK

« J'aime bien faire des photos dans des usines désaffectées, rouillées, avec des gravats par terre. Avec mes petits cheveux blonds, ça fait bizarre et j'adore ça. »

Vanessa Paradis

« Dès la première séance, j'ai senti une force incroyable dans son regard. Un regard qui vous transperce [1]. » Contacté par le magazine *Rock News* à l'automne 1987 pour réaliser des clichés de Vanessa plus élaborés que ceux qui inondent la presse jeune, Pierre Terrasson va vivre un véritable coup de foudre professionnel. Et suivre « la petite » pendant deux ans, pratiquement « comme une occupation à temps plein ». Alors qu'elle grandit sous ses yeux, il contribuera à façonner une image rock qui ne la quittera jamais.

« À l'époque, me confie-t-il, je shootais la scène anglo-saxonne rock pour des magazines spécialisés : Robert Smith, les Clash, les Ramones, Lou Reed… Quand j'ai rencontré Vanessa, j'ai trouvé une véritable muse [2]. » D'emblée, Terrasson comprend qu'il a affaire à un modèle exceptionnel. « J'avais à peine besoin de lui donner des indications. Elle sentait la lumière d'instinct, se déplaçait dans l'espace avec grâce et précision [3]. »

Alors qu'elle se montre si réservée en société, Vanessa semble s'animer, redoubler d'intensité, dès qu'un objectif se pose sur elle. « Elle se mettait immédiatement en scène, jouait avec l'objectif. Elle se métamorphosait [4]. » C'est le plaisir d'être photographiée qui la rend aussi créative. Lorsque Pierre Terrasson, lui apporte les tirages en noir et blanc qu'il a développés dans son studio, Vanessa les accroche sur les murs de sa chambre, les mêlant à ceux de Marilyn.

La chanteuse aurait-elle une personnalité narcissique ? « Elle adorait se voir en photo, c'est vrai, et sa chambre d'adolescente était pleine de miroirs. Elle se voyait donc en boucle toute la journée. Mais c'est sûrement davantage parce qu'elle se cherchait que par pure obsession d'elle-même [5]. »

Ce qui frappe surtout Pierre Terrasson, c'est son incroyable détermination. « Ce n'était qu'une petite fille, et pourtant elle prenait toutes les décisions : ce n'était ni sa mère, ni sa maison de disques. Elle n'avait pas peur des adultes. » Ainsi, elle ne laisse personne lui imposer sa garde-robe et montre une vraie singularité dans le choix de ses vêtements. « À quinze ans, elle n'hésitait pas à mélanger les styles, à superposer des fringues improbables. Par exemple, je me souviens d'une canadienne trop grande pour elle, qu'elle avait sans doute sortie d'un grenier. » Le côté vintage, bohème chic, qui va exploser dans les tenues qu'elle affichera au bras de Johnny Depp, quinze ans plus tard, est donc présent dès ses débuts. Déjà, l'adolescente affectionne l'accessoire original qui fait la différence. « Elle se servait d'un grand carton à chapeau comme d'un sac à main : elle y mettait tout le matériel pour se maquiller et une cassette VHS de *Géant*. Un peu comme si elle trimballait son enfance avec elle [6]. »

Autre détail étonnant pour cette enfant star qui a déjà vendu trois millions de singles de *Joe le taxi* : Vanessa se coiffe et se maquille toute seule. « Elle n'avait ni coiffeur, ni maquilleur. Personne ne pouvait la toucher. Elle apportait son rouge à lèvres et soulignait son regard d'un trait d'eye-liner [7]. » Si, à treize ans, elle trouvait ses fesses trop rondes, elle semble, deux ans plus tard, totalement épanouie dans son corps. « Elle était magnifique, à l'état brut, silhouette fine et cambrée. Elle n'exigeait aucune lumière particulière, ne posait aucune condition concernant un bon ou un mauvais profil, comme c'est le cas de la plupart des stars. C'était le modèle idéal [8]. »

Un petit bémol, toutefois : sa coiffure. Au naturel, peu de gens le savent, mais Vanessa a les cheveux bouclés. « Elle détestait ses frisettes parce que ça lui faisait une grosse tête. Alors, avant chaque séance, elle passait beaucoup de temps à lisser ses cheveux. Une seule fois, elle m'a autorisé à la photographier sans son brushing. » Durant la suite de sa carrière, Vanessa donnera peu d'occasions à son public de montrer sa vraie nature capillaire. Exception notable, le clip de *Que fait la vie,* filmé sur le vif par Johnny Depp en 2001 dans leur maison du sud de la France. Ou encore, le film *Cornouaille,* d'Anne Le Ny, sorti en 2012, où les conditions météorologiques du tournage auraient, de toute façon, ruiné le plus impeccable des brushings.

Très vite, le photographe et sa muse s'apprivoisent. Lorsque la séance a lieu dans le studio d'Aubervilliers, Terrasson met la musique à fond, lui fait découvrir Lou Reed. « C'est une fille très cash. Et comme je l'étais aussi, on s'entendait bien. » Le plus souvent, Vanessa accueille favorablement les propositions du photographe. « Les décors étaient rock'n'roll : béton, voies ferrées, usines abandonnées, chaînes rouillées, papier peint écaillé [9]. » Le plus souvent, l'adolescente se laisse guider, consciente que le contraste entre sa silhouette gracile et ces lieux destroy génère un décalage intéressant. « J'aime bien aller faire des photos dans des usines désaffectées, rouillées, avec des gravats par terre et des tas de ferraille tordue dans tous les sens. Tu me mets là-dedans avec mes petits cheveux blonds, ça fait bizarre et j'adore ça [10]. »

Parfois, pourtant, elle traîne les pieds ou apporte un accessoire que son pygmalion, ancien élève des Beaux-Arts, juge incompatible avec le décor choisi. « Un jour que je la shootais assise sur un lit à barreaux métalliques, elle a insisté pour chausser d'affreuses lunettes rondes. C'était totalement hors sujet, mais elle n'a jamais voulu céder [11]. »

Tombé sous le charme de « cette fille qui vous embarque », l'ours Terrasson va se laisser guider par cette poupée blonde, jusqu'à se rendre totalement disponible pour son modèle. « Il fallait que je sois assez flexible pour pouvoir la suivre n'importe quand. Un soir de janvier 1989, alors que je triais des photos chez elle à Villiers-sur-Marne, une séance s'est improvisée dans sa chambre d'ado. » Lorsqu'une idée germe dans la tête du photographe, il téléphone à Corinne, qui lui passe sa fille. « Dès qu'il s'agissait d'exprimer une attitude un peu rebelle, elle était toujours partante [12]. »

Si Vanessa a flashé sur le travail de Pierre Terrasson, c'est qu'elle ne veut plus d'une image trop sage ou trop lisse. Pudique dans la vie de tous les jours, elle n'hésite pas à se montrer séductrice lorsque son photographe attitré la mitraille. « Elle était très provoc. Il n'y avait aucune ambiguïté entre nous, mais sa séduction passait à travers mon regard [13]. » Épaule dénudée et moue enjôleuse, décolletés soulignés par un crucifix porté autour du cou, jeans déchiré aux genoux, pose lascive en maillot de bain sur un matelas posé dans un grenier… L'adolescente n'a pas peur de vamper l'objectif.

Parfois, par pur plaisir de la transgression, elle pousse l'audace jusqu'à jouer les Marilyn. « Elle faisait voler sa jupette et on voyait sa petite culotte. Évidemment, on n'utilisait que les photos les plus clean. Celles où l'on devinait ses sous-vêtements étaient systématiquement écartées. » En octobre 1988, lors d'un week-end dans les environs de Boulogne-sur-Mer, Pierre Terrasson immortalise son modèle, clope au bec, dans le cimetière jouxtant la chapelle d'Houllefort. « C'était une double provocation, parce qu'elle fumait à quinze ans et qu'elle avait une attitude irrespectueuse vis-à-vis des codes religieux [14]. »

Témoin de son impatience à devenir une femme, le photographe accompagne la métamorphose de Vanessa, partageant ses lubies avec une complicité non feinte. Jusqu'au jour où l'aventure s'achève. « En 1989, elle a tourné la page du jour au lendemain, sans explication. Elle a évolué vers une image plus *fashion.*

Elle a commencé à s'habiller en Alaïa, puis s'est entourée d'autres photographes. C'est l'époque où, après le succès de *Noce blanche,* son entourage a jugé qu'elle pouvait solliciter la collaboration de photographes prestigieux comme Jean-Baptiste Mondino. J'ai été balayé de l'histoire. Je n'ai plus jamais eu de ses nouvelles [15]. »

Pour Pierre Terrasson, le coup est rude. En 2013, lorsqu'il rassemble ses plus beaux clichés dans un ouvrage intitulé *Les Années Lolita*, il reprend contact avec Corinne Paradis. « Ils m'ont autorisé à sortir les photos, à condition de n'en publier aucune où apparaisse Florent Pagny. » Le photographe n'est pas au bout de sa déception. « J'aurais aimé que Vanessa écrive la préface de mon bouquin, mais on m'a signifié qu'elle ne s'investirait pas dans le projet. Ce n'est pas quelqu'un qui regarde dans le rétro ». Sirotant une bière en face de moi, il ajoute, un peu amer, sans y croire : « J'aimerais bien qu'on se revoie, qu'on se reparle de cette époque [16]... »

Comme l'a bien compris Pierre Terrasson, Vanessa sait tourner les pages sans se retourner, faire peau neuve pour avancer. Reste la fierté pour lui d'avoir été l'artisan d'une image résolument rock, totalement en phase avec le désir de la chanteuse. Sans en avoir conscience, le photographe a indirectement permis à Vanessa de titiller la curiosité d'une légende vivante du répertoire français : Serge Gainsbourg.

13

Gainsbourg for ever

« J'ai eu le courage d'aller lui demander un texte.
Qu'est-ce que je risquais ? »

Vanessa Paradis

Les légendes sont souvent manichéennes. Si le tournage de *Noce blanche* n'a sans doute pas été aussi infernal que la chanteuse l'a décrit, la collaboration entre Vanessa et Gainsbourg ne fut pas, quant à elle, aussi idyllique qu'on l'imagine. Lorsque l'auteur de *La Javanaise* a lancé la célèbre formule « Paradis c'est l'enfer », s'agissait-il seulement d'un bon mot, d'une de ces formules destinée à faire mouche dont il avait le secret ? Ce n'est pas l'avis de Jean-Claude Brisseau. Au téléphone, il me jure qu'entre la chanteuse et le grand Serge « ça s'est très mal passé ». Pour démêler le vrai du faux, commençons par restituer le contexte de l'époque.

Au moment de préparer un deuxième album pour Vanessa, Étienne Roda-Gil doit malheureusement déclarer forfait. Dévasté par le décès de l'amour de sa vie, l'artiste peintre Nadine Delahaye, il s'enferme dans son chagrin. Pour le remplacer, Franck Langolff a songé à son ami Renaud, partant pour signer plusieurs textes et, pourquoi pas, tout le disque. Les Rita Mitsouko, qui ont explosé avec le tube *C'est comme ça,* ont fait savoir, eux aussi, qu'ils pourraient offrir un titre à Vanessa.

D'autres artistes parmi lesquels Alain Souchon, ou encore Buzy, sont également en lice.

Au même moment, un compositeur inconnu de vingt-cinq ans, un certain Pascal Obispo, insiste pour placer une chanson spécialement composée pour la jeune chanteuse. Lors d'un rendez-vous avec Marc Lumbroso, au siège du label Island-Remark, il apporte un titre aux arrangements accrocheurs : *Plus que tout au monde*. Mais Vanessa ne donne pas suite : elle a un autre défi en tête.

En décembre 1989, elle a entendu Serge Gainsbourg parler d'elle sur Europe 1 dans *Studio 22*, l'émission de Nagui. « Il a déclaré que j'étais la seule artiste pour qui il travaillerait encore [1] », dira-t-elle. Flattée, elle se prend à rêver d'une collaboration avec l'homme qui a fait chanter tant de stars, de France Gall à Jane Birkin, en passant par Brigitte Bardot ou Isabelle Adjani. L'artiste, surtout, que son père lui a fait découvrir lorsqu'elle était enfant. « Elle m'avait raconté que, quand elle était môme, elle remuait ses petites fesses sur les albums reggae de Serge [2] », me raconte Gilles Verlant, l'auteur d'une biographie définitive de Gainsbourg. Pour elle, il était simplement « le meilleur ».

Le jeune Obispo, lui, encaisse le coup tant bien que mal. Et quand on lui posera la question, des années plus tard, il affichera même un certain fatalisme. « C'est peut-être mieux ainsi : certaines choses dans la vie doivent rester au stade du fantasme [3]. »

Si Vanessa rêve de Gainsbourg, la réciproque n'est pas moins vraie. « Écrire pour des Lolita était l'une de ses obsessions [4] », confirme Gilles Verlant. Toutefois, l'auteur de *La Javanaise* vient de traverser des années difficiles. Miné par le départ de Jane Birkin en 1980, dont il ne se remettra jamais, il fréquente les milieux noctambules, sombre dans l'alcoolisme et le tabagisme. Pastis dès le réveil, vin rouge au déjeuner et au dîner, bière l'après-midi et cocktails pour l'accompagner jusqu'au bout de la nuit : l'alcool est devenu son compagnon de chaque instant.

À l'époque, il ne fréquente les plateaux télévisés que pour y imposer Gainsbarre, ce double de lui-même décadent, cradingue et provoc. Le 11 mars 1984, il a brûlé en direct les trois quarts d'un billet de 500 francs dans l'émission *Sept sur sept* pour dénoncer le racket fiscal qui le taxe à 74 %. En avril 1986, chez Michel Drucker, il a provoqué la colère de Whitney Houston en lançant en direct : « I want to fuck her » (« Je veux la baiser »). Mais le plus préoccupant, ce sont les répercussions de son alcoolisme sur sa créativité. « À partir de 1985-1986, explique Gilles Verlant, à cause de ses problèmes de santé, Serge est totalement en panne d'inspiration. Il use et abuse des mêmes rimes faciles. Ses textes manquent de fulgurance [5]. » Symptôme de la mauvaise passe qu'il traverse, l'album qu'il a enregistré pour Bambou, *Made In China,* sorti en 1989, est un ratage total dans les charts.

À force de se dégrader, son état de santé nécessite une intervention chirurgicale. Le 11 avril 1989, il passe six heures sur le billard : les chirurgiens pratiquent l'ablation des deux tiers de son foie. « Contre toute attente, lorsqu'il sort de l'hôpital, ce n'est plus le même homme. Avant l'opération, alors qu'il n'a que soixante et un ans, c'était un vieillard avant l'âge, avec des problèmes artériels et articulaires, menacé de cécité. Au sortir de l'hôpital, il est métamorphosé : il a maigri, il a l'esprit alerte, ne boit que de l'eau, n'a plus sa voix chevrotante et se remet même à raconter des blagues [6]. »

Sans en avoir conscience, Vanessa Paradis va profiter de cette forme de rémission inattendue. C'est donc un Gainsbourg brillant et charismatique qu'elle va découvrir dans son antre mythique du 5 *bis* rue de Verneuil, dans le VIIe arrondissement de Paris. « Si la rencontre avait eu lieu avant l'opération, Serge aurait peut-être été incapable de se lancer dans cette aventure [7]. »

Ce jour-là, la chanteuse est accompagnée de son oncle, Didier Pain, et de Franck Langolff, venu apporter une dizaine de musiques de son cru. Elle se dit que ce serait formidable que Gainsbourg lui offre une chanson. « J'ai eu le courage d'aller lui demander un texte parce que je l'avais entendu dire des choses très gentilles sur moi à la radio. Ça a mis de l'essence dans mon moteur. Je me suis dit : "C'est le moment d'en profiter, de lui poser la question." Qu'est-ce que je risquais [8] ? »

La rencontre, pourtant, débute dans une atmosphère glaciale. « Gainsbourg était timide et intimidant : ça n'a pas facilité le dialogue », explique Gilles Verlant. Pétrifié, il en oublie de dire bonjour à Vanessa, qui n'en mène pas large. « C'était atroce, dira-t-elle. Chez lui, c'était un vrai musée, et moi, j'étais toute timide. J'avais l'impression que les mouvements que je faisais n'étaient pas naturels, que j'allais bouger et faire tomber un truc. Assise sur une petite chaise, je ne bougeais pas d'un millimètre, je regardais par terre. Je n'osais pas ouvrir la bouche et dire un mot [9]. » De son côté, Gainsbourg n'oubliera pas de sitôt, lui non plus, cette première confrontation. : « Le face-à-face de deux pudiques [10]. »

Heureusement, Didier Pain sait briser la glace. Très vite, il propose de faire écouter au maître des lieux les compositions de Langolff – une douzaine au total. « Au départ, Serge avait l'intention de placer deux ou trois textes. Il a pris un crayon et, pour chaque musique qu'on lui faisait écouter, distribuait des étoiles. Finalement, après avoir tout entendu, il s'est exclamé : "C'est formidable, je veux tout l'album [11]." »

Une proposition inespérée. « Je n'en revenais pas, moi qui avais grandi avec ses disques, dira Vanessa. Gainsbourg étant très occupé avec Joëlle Ursull pour l'Eurovision et Jane Birkin, qui préparait l'album *Amours des feintes,* nous espérions au mieux une chanson [12]. » Malgré son enthousiasme, elle reste en retrait durant toute la rencontre, laissant son oncle et Langolff mettre de l'huile dans les rouages. « Au moment de se quitter, racontera Didier Pain, elle lui serre la main sans un mot. Dans la rue, je lui dis : "Tu aurais pu au moins lui dire au revoir." Elle me répond : "Il ne m'a pas dit bonjour, pourquoi je lui dirais au revoir [13] ?" » Si Serge avait l'habitude de travailler avec des chanteuses dociles, acquises à sa cause, il va bientôt comprendre que Vanessa n'est pas de cette veine-là…

Galvanisé d'avoir « décroché » tout un album avec Gainsbourg, le clan Paradis pressent toutefois que la mise en œuvre de ce projet ne sera pas facile. Marc Lumbroso se montre lui-même réservé. « J'avais peur du côté sulfureux de Gainsbourg. On n'avait pas besoin de ça avec Vanessa. Pourquoi ajouter du soufre au soufre ? Mais quand Gainsbourg se présente à vous, c'est impossible de dire non [14]. »

Impossible de dire non, en effet, quitte à froisser Renaud, qui a déjà écrit six textes, prêts à être enregistrés, et qui va devoir s'effacer devant le maître. Vanessa laisse à Franck Langolff la tâche délicate de lui annoncer la nouvelle, qui se répand dans les médias comme une traînée de poudre. En février 1990, *Paris Match* titrera en couverture : « Vanessa-Gainsbarre, c'est le duo de l'année. » Une opération de communication savamment orchestrée, alors que l'album est à peine commencé.

Si, sur le papier, l'idée fait l'unanimité, la concrétisation du projet va se heurter à de multiples écueils. Et d'abord un incontournable problème d'ego, pour le pygmalion dans l'âme qu'est Gainsbourg. « L'album était compliqué pour lui, explique Philippe Osman, directeur artistique du disque, parce qu'il n'était pas à l'origine du phénomène [15]. » Contrairement à ce qui s'est passé pour d'autres interprètes, Serge ne sera jamais, en effet, celui qui a mis Vanessa en pleine lumière. « Ce qui l'a déstabilisé, confirme Gilles Verlant, c'est qu'il n'était pas le centre d'attention, le *feeling director.* Le clan Paradis avait barre sur lui [16]. »

Constance Meyer, qui a noué une relation amoureuse avec Gainsbourg dès 1985, se souvient de ses coups de gueule. « Il me disait : "Je n'ai jamais vu ça." Chaque fois qu'il voulait s'adresser à Vanessa, il devait parlementer avec son oncle et Franck Langolff, qui la protégeaient comme des cerbères. À cause de son entourage, elle était inaccessible [17]. »

Dérouté de ne pas être le seul capitaine à bord du navire, Serge va tomber de haut au moment du choix des textes pour les chansons de l'album : alors qu'il s'imagine pouvoir placer des paroles qui sommeillent dans ses tiroirs, il ne sait pas encore de quoi « la petite » est capable. Alain Ganne, musicien qui a travaillé sur l'album, se souvient d'une scène embarrassante.

« Vanessa a lu un texte de Serge et elle a lâché la feuille en disant : “Ça, je ne peux pas le chanter.” Nous, on s’est regardés en pensant qu’elle était vraiment culottée [18]. » « Au total, résume Gilles Verlant, Vanessa a refusé deux textes, dont un sur Johnny Clegg, intitulé *Zoulou,* qui était, c’est vrai, une hérésie. Serge était touché dans son orgueil. Isabelle Adjani lui avait déjà infligé ça, mais ce n’était pas une petite gonzesse de dix-sept ans [19] ! » L’autre chanson qui sera écartée de l’album, après avoir pourtant été enregistrée, est une reprise de *Baby Alone In Babylone,* de Jane Birkin.

Vanessa veut du neuf, des chansons écrites spécialement pour elle. Et elle le dit sans ménagement à ce monstre sacré affaibli par la maladie, quitte à le désarçonner. « Avec France Gall, Serge avait déjà eu affaire à une Lolita. Mais, au même âge, elle était beaucoup plus malléable. Là, il a été bluffé par l’incroyable force de caractère de cette gamine [20]. » Caprice d’une adolescente trop gâtée ou exigence d’une artiste précoce ? Le journaliste Yves Bigot penche pour la seconde hypothèse. « Il fallait avoir un vrai discernement pour refuser un texte à cet âge-là. C’est un vrai truc d’artiste qui sait qui il est et qui il veut être [21]. »

Au fil des semaines, Vanessa et Serge apprennent à se connaître tout en restant à bonne distance, se parlent parfois au téléphone. « C’était pour moi un grand frère, sans ambiguïté. » Impossible, pourtant, d’imaginer que ce grand fauve, qui a séduit tant de muses, soit resté insensible au charme de sa jeune interprète. « Il a d’abord craqué pour son physique, confirme Jean-Pierre Pasqualini. Et si elle avait été d’accord, il n’aurait pas dit non, comme pour toutes les jolies filles qui avaient croisé sa route. Mais c’était un séducteur, pas un prédateur sexuel. Quand on lui disait “non”, il rentrait sagement dans sa niche [22]. »

Un soir, histoire de mettre les points sur les « i », Vanessa invite Serge à dîner chez elle, en présence de Florent Pagny. « Il était arrivé pile à l’heure et avait été touché que Vanessa ait cuisiné pour lui, raconte Constance Meyer. Surtout, il avait trouvé Florent Pagny charmant. “C’est un mec bien”, m’avait-il dit [23]. » Tous trois dégustent le repas chinois concocté par la jeune chanteuse. « Je cuisinais depuis peu, ce devait être la première fois qu'il mangeait aussi mal [24] », dira-t-elle avec une bonne dose d'autodérision. Lui, le vieux lion qui a tant vécu, n'est jamais avare de conseils. « Attention au blindage ! prévient-il sa nouvelle muse. C'est comme ça qu'on devient insensible. Notre force à nous, c'est notre faiblesse [25]. »

Il faudra du temps à Gainsbourg pour regarder Vanessa comme une artiste à part entière. « Au début, me raconte Constance Meyer, elle ne l'impressionnait absolument pas. Il voulait faire un coup marketing, c'est tout. Elle a su le toucher le soir des Victoires de la musique, lorsqu'elle a repris *La Javanaise* devant lui [26]. » Nul n'a oublié ce joli moment de télévision partagé par des millions de foyers un certain samedi 3 février 1990. Moulée dans une robe noire, Vanessa fredonne l'ultime refrain de *La Javanaise* en se dirigeant vers Serge, qui la prend par l'épaule et lâche, manifestement cueilli : « La petite a les larmes aux yeux. » Elle laisse échapper un rire nerveux. Ce soir-là, en effet, « la petite » a su le conquérir.

Mais ce sont d'autres larmes, versées plus tard dans la soirée, qui vont toucher le cœur des téléspectateurs. Au moment de recevoir sa première Victoire de la musique, celle de l'interprète féminine de l'année, Vanessa ne parvient pas retenir son émotion. « C'est la deuxième fois que je pleure ce soir, je suis désolée », bredouille-t-elle entre deux sanglots, alors que, depuis la salle, Serge lui envoie des baisers d'un geste de la main. Vanessa pleure de ne plus être une petite fille. Elle pleure d'avoir quitté sa maison, enterré son enfance, pour vivre sa vie d'adulte avec Florent Pagny. Ce sont des larmes aigres-douces. Ce trophée a aussi un goût de revanche. « Cette Victoire, ça voulait dire beaucoup. Parce que ce sont ces gens-là qui m'ont rejetée, qui m'ont dit : "T'es une merde, t'as rien à faire avec nous, dégage !" Et puis, tout d'un coup, ils m'ont dit : "On t'aime [27]." »

Alors qu'elle dédie sa récompense à ses parents, « qui sont sûrement devant leur télé », Eddy Mitchell, qui vient d'annoncer le résultat, joue les nounous. Tout en essuyant les larmes de Vanessa avec sa pochette, il lance : « Qu'est-ce qu'elle va nous chanter, cette grande fille ? Et comment ils s'appellent, tes parents ? » La salle éclate de rire, la chanteuse décompresse d'un cran. Et, mine de rien, cette référence explicite à *L'École des fans* scelle une relation encore plus forte entre la chanteuse et son public. La collaboration avec Gainsbourg amplifiera ce sentiment d'une artiste qui fait partie du décor et, bientôt, du patrimoine hexagonal.

Bien que convaincu du potentiel de « la petite », Serge va toutefois tarder à se mettre au travail. Les semaines passent, mais rien n'avance. Est-ce parce qu'il subit une pression inhabituelle, lui qui déteste être bousculé, ou parce qu'il est tout simplement usé, en panne d'inspiration ? En tout cas, les obstacles s'accumulent. « Le problème qui s'est posé à lui, c'est qu'il n'avait pas d'idées, explique Gilles Verlant. En plus, il a eu des difficultés avec les structures mélodiques de Langolff. Il lui disait : "Je ne m'y retrouve pas dans tes trucs." Ce n'était pas la première fois qu'il écrivait sur d'autres partitions que les siennes. Il n'avait eu aucune difficulté à s'adapter à celles d'Alain Chamfort. Mais là, il ramait. Était-ce l'excuse qu'il se donnait parce qu'il n'y arrivait pas [28] ? »

Très vite, le clan Paradis s'inquiète de l'attitude de Gainsbourg, passé maître dans l'art de l'esquive. Or, pour Didier Pain, lui accorder un délai supplémentaire ne résoudrait rien. Face à cet artiste angoissé qui cherche à fuir, le manager de Vanessa décide d'afficher la plus grande fermeté. « On l'a pris à la gorge pour qu'il fasse cet album, n'hésite-t-il pas à dire. Aussi talentueux soit-il, il a dû sortir ses tripes [29]. »

« Pris à la gorge », Serge sent qu'il n'aura pas d'échappatoire. Comme il n'arrive pas à écrire chez lui, il décide de prendre une suite à l'hôtel Raphaël, au 17 avenue Kleber. À force de louvoyer, le temps a passé, et il ne reste plus qu'une semaine avant la fin programmée de l'enregistrement. Un véritable plan Orsec est mis en place par le clan Paradis. « On était en studio, raconte l'arrangeur Philippe Osman. Serge venait écouter la chanson et partait avec, comme un écolier qui doit rendre sa copie le lendemain [30]. » En général, c'est aux alentours de 17 heures qu'un taxi dépose Gainsbarre, réveillé depuis peu, au studio Guillaume Tell, 20 avenue de la Belle-Gabrielle, à Suresnes. Parfois, c'est Didier Pain lui-même qui passe le chercher. Il y reste jusque tard dans la nuit, ne regagnant son hôtel qu'après avoir travaillé jusqu'à épuisement avec Vanessa.

Ce monstre sacré, qui a toujours imposé sa manière de chanter à ses interprètes, sur le souffle, se heurte à une artiste qui possède une maîtrise instinctive de sa voix. Toutefois, même si elle refuse de jouer les élèves dociles, elle reconnaîtra, des années après, avoir beaucoup appris de la technique Gainsbourg. « Dans la direction des voix, Serge acceptait de mélanger mon approche intuitive à des placements très précis. Il bougeait les mains, tel un chef d'orchestre, pour que les mots tombent exactement sur les accents souhaités. Avec lui, j'ai appris à appuyer une consonne, à faire sonner telle syllabe [31]. »

Un après-midi, Serge lui apporte un texte intitulé *Lolycéenne.* Un jeu de mots dont cet admirateur de Nabokov est plutôt fier. Un surnom, aussi, dont il a affublé sa nouvelle muse. Mais Vanessa freine des quatre fers : elle ne veut pas être enfermée dans cette image qui a déjà failli lui coûter sa carrière, après la déferlante *Joe le taxi.* « Il a fallu lui expliquer et, au début, il l'a très mal vécu, raconte Didier Pain. Vanessa était gênée. Et puis, Gainsbourg, c'était un gamin, il se mettait à pleurer. C'est impressionnant quand tu es une môme de dix-sept ans [32]. » *Lolycéenne* deviendra *Tandem.*

Entre 2 et 4 heures du matin, le poète, reclus dans sa suite, griffonne des mots sur ses cahiers, écoutant en boucle les musiques de Langolff. Parce qu'il ne comprend pas le yaourt posé sur les bandes, Didier Pain lui mâche le travail. « Sur une feuille de papier, je lui compte le nombre de pieds. Serge est paumé, donc on lui prépare des choses très carrées. Je pense que c'était dû à sa fatigue parce qu'un musicien n'a pas besoin qu'on lui fasse une découpe aussi précise. [33] » Soumis à la pression du clan Paradis, il va écrire les onze chansons de l'album en un temps record. « J'ai craché les lyrics en huit jours. C'était infernal. J'ai failli en crever [34] », confessera Serge à une caméra indiscrète qui s'est invitée en studio. Dans le même reportage, il dresse un portrait plutôt incisif de son interprète. « C'est une romantique. Une fleur qui n'a pas encore éclos. Nul ne sait si elle va devenir une ortie ou une rose avec ses piquants [35]. »

S'il évoque les « piquants » de sa nouvelle muse, c'est parce qu'il se sent bousculé, piqué au vif, par celle qu'il lui arrive aussi de surnommer « Banessa Baradis », comme pour la rapprocher de Brigitte Bardot, qu'il a fait chanter et qui l'a aimé. « Elle a ceci de commun avec Brigitte qu'elle a des ennemies femelles. C'est très rare. Parce qu'elles se disent : “Elle va me piquer mon Julot [36].” »

Tandis qu'il devise, de sa voix grave et mélodieuse, face à la caméra qui le filme, on découvre, au bout de son bras droit qui dessine des cercles concentriques, une cigarette allumée. Et c'est là que le bât blesse : après son opération du foie, Serge s'est remis à fumer, bravant l'interdiction des médecins. Ce n'est pas tout : au mépris de sa santé, il s'est également remis à boire, suscitant l'inquiétude de ses proches. Pour le poète qui avait décrit les cigarettes comme « les clous du cercueil », le whisky est un ennemi tout aussi mortel.

Est-ce la pression née de sa collaboration avec Vanessa Paradis qui a fait replonger Gainsbarre ? Lors d'une interview dans la presse québécoise, alors qu'il séjourne à Montréal pour promouvoir son film *Stan The Flasher*, il se répandra en propos blessants sur la jeune chanteuse. « Elle fait chier ! Ils m'ont fait boire… J'ai dû aller en désintox à cause d'eux. Jamais je n'ai eu autant de problèmes à faire un disque qu'avec cette bande de cons qui voulaient tout contrôler. C'est la dernière fois [37]… »

« Comme il était loin de Paris, analyse Gilles Verlant, il s'imaginait naïvement que sa petite sortie passerait inaperçue [38]. » Fort heureusement pour Vanessa, les médias hexagonaux ne l'ont pas beaucoup relayée. Et puis, comme l'album a cartonné, Gainsbourg n'a jamais vraiment assumé son coup de gueule. Par la suite, il adressera ses excuses à sa muse. « Il savait qu'il avait exagéré et n'était pas fier de son coup. Il était allé trop loin. Il avait besoin d'un alibi pour se dédouaner de toute responsabilité. Et c'est vrai que l'album avec Vanessa l'avait bousculé [39]. »

Celui dont la devise était « Marche ou crée » savait mieux que quiconque qu'on n'atteint pas l'excellence sans se mettre en danger. « J'ai sué sang et eau pour sonder son âme, pour trouver mieux que des mots, des rythmes rares, confiera-t-il dans *Rolling Stone*. J'ai failli avoir une attaque cardiaque. J'ai failli crever [40]. » Fallait-il le prendre au mot ? Même si les coups d'éclat de Gainsbarre avaient, il est vrai, fini par rendre Gainsbourg inaudible, Constance Meyer n'est pas de cet avis. « C'était juste une provocation de plus. S'il a replongé, ce n'est absolument pas à cause de Vanessa Paradis. C'est vrai que l'alcool débridait son inspiration, mais Serge avait commencé à boire au service militaire : son alcoolisme était très profond. Depuis son opération du foie, c'était un lion en cage, angoissé et insupportable au quotidien. Un jour, alors qu'il était particulièrement en manque, Bambou lui a dit : "Si tu dois être aussi mal, alors il vaut mieux que tu boives." C'est là qu'il s'est remis à picoler [41]. »

Évidemment, en foulant aux pieds l'avertissement de ses médecins, Gainsbourg sait que ses jours sont comptés. Il s'éteindra moins d'un an plus tard, après avoir sorti *Amours des feintes,* un ultime album pour Jane Birkin. Mais son dernier coup d'éclat, son dernier pied de nez au destin, aura été sa collaboration avec Vanessa Paradis. « À ce moment-là, analyse Gilles Verlant, Gainsbourg était sans doute ému par Vanessa parce que c'était la fin pour lui et le début pour elle [42]. » Conscient de l'enjeu pour lui de briller une dernière fois, Serge va d'ailleurs se montrer très présent lors de la sortie de l'album. Histoire de récolter ses derniers lauriers.

14

Toujours le même t'aime

« J'avais dix-sept ans, j'avais l'air d'une grosse frimeuse. Mais ça faisait des années que j'attendais ça, je jouais à mort sur la sensualité. »

Vanessa Paradis

Le 28 mai 1990, lorsque l'album *Variations sur le même t'aime* sort enfin, c'est avec un mois de retard sur la date prévue initialement, le 21 avril. En cause, le dilettantisme de Gainsbourg et les changements de dernière minute que cet obsédé textuel impose à la production en studio. Un retard qui bousille le planning promotionnel. Le 14 mars, alors que le duo Paradis/Gainsbourg participe à *Sacrée Soirée*, la chanteuse y interprète *Baby Alone In Babylone* parce que la chanson phare qui doit lancer l'album n'est pas prête. Le 21 avril, lors d'un *Champs-Élysées* spécial, Vanessa pourra tout de même jouer trois titres de l'album : *Dis-lui toi que je t'aime*, *Au charme non plus* et, surtout, *Tandem*, en duo avec Franck Langolff. Mais la plupart des couplets qu'elle fredonne diffèrent de la version définitive.

Malgré ces cafouillages, qui rendent Marc Lumbroso hystérique, Serge ne se défile pas lorsqu'il s'agit d'assurer le service après-vente. Il se répand même en compliments sur sa nouvelle muse. « La Vanessa c'est pas dégueu, elle est hyperdouée, la seule de ma vie que je n'ai pas eue à diriger [1] », confie-t-il au magazine

Rock et Folk. Dans *Paris Match*, il la compare à B.B., qu'il a trop bien connue pour savoir que les deux femmes ont en réalité peu de points communs. « Elle représente un peu le même phénomène que Bardot. Être la femme-miroir, c'est très dur. Il faut être costaud [2]. » La comparaison s'arrête là, Vanessa le sait, elle qui n'a toujours cherché qu'à être elle-même. « Déjà, à l'école, on m'appelait Brigitte, et je ne comprenais pas pourquoi. Mais je ne suis pas une star. Je ne me lève pas le matin en me disant que je suis belle [3]. » Quelques mois plus tard, agacée par cette comparaison que lui resservent les journalistes avec un fâcheux manque d'imagination, elle enfoncera le clou : « C'est assez flatteur parce que c'est quelqu'un que j'aime beaucoup. Mais si on me dit que je ne ressemble à personne, c'est beaucoup mieux [4]. »

La véritable promotion de *Tandem* ne pourra débuter qu'en juin 1990, quand le titre sera enfin prêt. Langolff a composé la chanson rock dont sa muse rêvait, celle qui correspond à son état d'esprit du moment. « À quinze ans, dira Vanessa, on ne peut pas se permettre de chanter des chansons trop hard, de dire des mots trop durs. À dix-sept ans, c'est différent. Parce que, entre quinze ans et dix-sept ans, il y a un écart monstre [5]. »

Tandem : une bombe qui va exploser grâce au clip, réalisé par Jean-Baptiste Mondino. Si ce photographe a été choisi pour ciseler une image encore plus sexy de la chanteuse, ce n'est pas par hasard. Avec *Cargo de nuit* pour Axel Bauer, ou encore *Slave to Love* pour Bryan Ferry, il a démontré sa maîtrise d'univers très singuliers où suinte une évidente sensualité.

Pour Vanessa, il va signer un petit bijou en noir et blanc qui, grâce au jeu sur les contrastes et les matières, suscite un érotisme immédiat. En plus des deux jours de tournage, une semaine sera nécessaire, en postproduction, pour obtenir l'effet chromé voulu par le photographe. L'efficacité du clip tient aussi, bien sûr, au casting des figurants qui entourent Vanessa : plusieurs danseurs, torses huilés, yeux maquillés, qui ondulent autour d'une barre de lap-dance, l'un d'eux allant jusqu'à la lécher avec appétit ; une guitariste black et blonde, pantalon en similicuir et seins nus ; et deux choristes siamoises, collées l'une à l'autre, qui fredonnent le refrain avec rage. Au milieu de ses partenaires, Vanessa est loin d'être omniprésente. Filmée le plus souvent en gros plan, lèvres scintillantes et bagues à tous les doigts, on n'aperçoit qu'à deux reprises sa panoplie complète, alors qu'elle secoue ses cheveux dorés : un soutien-gorge noir ourlé de perles et un boléro argent.

« Elle était d'accord pour aller loin [6] », confiera Mondino. En effet, l'atmosphère torride du clip, cette agressivité sexuelle à fleur de peau font définitivement basculer la chanteuse dans le camp des adultes. Un rôle qu'elle a un peu surjoué, comme elle le confiera plus tard. « J'avais dix-sept ans, j'avais l'air d'une grosse frimeuse, mais au fond je me faisais violence pour donner l'impression d'être ce à quoi je ressemble dans le clip. Je quittais l'adolescence pour devenir une jeune femme. Ça faisait des années que j'attendais cela, alors j'y allais à fond, je jouais à mort sur la sensualité. »

Paradis/Mondino : la rencontre de deux univers qui s'aimantent irrésistiblement. Avec ce photographe, Vanessa va pousser d'un cran le changement d'image initié par Pierre Terrasson. « Le rock, c'est féminin par essence, les hanches qui remuent, les boucles d'oreilles, précisera Mondino. Dans ce clip, c'est cet aspect de sa personnalité que j'ai voulu exploiter. Son côté seventies, rollingstonien [7]. » Grâce à cette vidéo, la plus marquante de toute la carrière paradisienne, le réalisateur remportera d'ailleurs une Victoire de la musique, celle du « meilleur clip », le 2 février 1991. Quant à Vanessa, elle fera souvent appel à lui, pour des séances photos, dans la suite de son parcours.

« C'est une bonne chanson, analyse Gilles Verlant, avec un bon gimmick rock et un clip mythique. Qui montre aussi que Gainsbourg n'aura été qu'un satellite dans la galaxie Paradis [8]. » Malgré tout, le texte de Serge n'est pas étranger non plus à l'onde de choc provoquée par la chanson. En quelques mots, ce dernier a su décrire avec tact le calvaire que la chanteuse a traversé, avant de renaître de ses cendres : « On m'dévisage / On m'envisage / Comme une fille que je ne suis pas. » Et puis il y a cette allitération un peu appuyée certes, mais tellement marquante pour l'oreille : « Dans le mot je t'aime / Tandem / Autant d'M / Parfois ça brille comme un diadème ».

Malgré un bel écrin et une promotion d'enfer, *Tandem* ne se hissera qu'à la vingt-deuxième place du sacro-saint Top 50. Très diffusée sur les ondes, la chanson n'en restera pas moins un des standards de Vanessa, qui décidera de la jouer dans toutes ses tournées. Elle permettra surtout à *Variations sur le même t'aime* de toucher rapidement un large public : une semaine après sa sortie, l'album est certifié disque d'or (100 000 exemplaires) – en fin d'exploitation, il se sera écoulé à 400 000 copies.

Bien que l'impact de *Tandem* vampirise un peu cet opus, d'autres titres méritent largement le détour. Parmi eux, le deuxième single extrait, *Dis-lui toi que je t'aime*, sorti en novembre 1990, est considéré comme l'un des textes les plus inspirés de Gainsbourg. Dans la vidéo, réalisée par Philippe Gautier dans les studios de Stains, en région parisienne, Vanessa, pieds nus et robe printanière, tournoie dans un décor de feuilles mortes et d'arbres en fleurs, symbole d'un amour qui meurt et d'un autre qui naît. C'est l'histoire d'une fille qui demande au garçon dont elle vient de s'éprendre de l'aider à rompre avec son amoureux d'avant. « Une phrase que je ne me vois pas dire [9] », confesse la chanteuse, mais qui pourtant résume bien l'aptitude à s'enflammer propre à l'adolescence. Sur le thème des amours défuntes, Serge a également écrit *Au charme non plus*, ballade rock où la voix de la chanteuse semble résonner dans la solitude d'un hall de gare.

Mais le titre préféré de Vanessa sur son deuxième album restera *L'Amour en soi*, à la rythmique entêtante, troisième et dernier extrait, publié en mai 1991 – qui passera malheureusement un peu inaperçu. Vanessa comprend-elle les subtilités du texte qu'elle interprète ? En tout cas, elle manque sans doute de maturité pour en saisir toutes les nuances… Pourtant, l'univers de Gainsbourg la touche, même quand les mots ne semblent pas taillés pour elle. « Ce n'est pas un album autobiographique dans le sens anecdotique, mais j'y parle de sentiments vrais, d'émotions ressenties [10] », expliquera-t-elle.

Sur certains titres, Serge n'a pu s'empêcher de projeter ses propres états d'âme. Ainsi, *La Vague à l'âme* reflète l'état de lassitude de l'artiste rongé par le doute et l'alcool. « Sur de l'émail / Ou du corail / Vais-je m'échouer / Qui sait », fredonne Vanessa. Des mots qui ne sont pas exactement ceux d'une adolescente de dix-sept ans, mais qu'importe...

Beaucoup moins léger que le premier album, *Variations sur le même t'aime* est écrit à l'encre noire, marqué au sceau du pessimisme de Gainsbourg. Il y est question des illusions amoureuses dans *Flagrant délire*, mais aussi du suicide auquel peut conduire un amour non partagé, lorsque Vanessa s'approprie le destin d'« Ophélie », l'héroïne de Shakespeare, qui se noie de désespoir alors qu'elle se croit abandonnée par Hamlet. « Oh j'aimerais tant / Me noyer dans l'étang / Comme Ophélie », dit le refrain.

On sent la chanteuse plus à l'aise sur *Amour jamais*, hymne à la passion, un texte simple et limpide. « Amour amour amour toujours / Que ça dure jusqu'au dernier jour », fredonne-t-elle avec la foi d'une interprète qui a toutes les raisons de croire en l'amour absolu, puisqu'elle vit un vrai conte de fées avec Florent Pagny. De même, lorsqu'elle chante « L'amour ça s'fait / À deux / Bien fait c'est du feu / De Dieu » dans *L'Amour à deux*, un blues accompagné par la guitare de Paul Personne qui évoque le trouble incandescent de l'étreinte sexuelle, la chanteuse semble totalement en phase avec la chanson. Et lorsqu'elle ajoute « Il n'y a pas que / L'physique / Sinon adieu / Nous deux », on sait qu'on a affaire, cette fois, à du sur-mesure.

Un seul titre semble écrit dans l'esprit du répertoire d'Étienne Roda-Gil : *Ardoise*. L'histoire d'un coup de foudre pour un couvreur aperçu sur un toit. « Un équilibriste qui / C'est acquis / M'a conquise », chante Vanessa, sur un ton léger qui tranche avec l'atmosphère générale.

Clôturant l'album, la reprise de *Walk On The Wild Side*, de Lou Reed, semble préfigurer l'album en anglais avec Lenny Kravitz. « Même si les paroles peuvent paraître glauques, dira

Vanessa, elles sont porteuses de liberté. C'est une façon de dire "merde" à tous ceux qui vous empêchent de vivre comme bon vous semble [11]. » Marcher « du côté sauvage » de la vie : telle pourrait être la devise de la chanteuse, qui a toujours affirmé sa volonté d'exister hors des sentiers battus.

« La première fois que j'ai vu Vanessa Paradis, se souvient Gilles Verlant, c'était en 1989, sur le plateau de *Nulle part ailleurs,* l'émission de Canal + dans laquelle j'étais chroniqueur. Elle avait allumé une clope, elle tirait dessus quand Philippe Gildas était cadré et elle la planquait sous la table chaque fois que la caméra revenait vers elle. J'avais trouvé ça culotté. Vraiment rock'n'roll [12] ! » Ce goût de la liberté, la chanteuse l'a assumé très tôt en quittant, dès seize ans, le foyer familial pour vivre son histoire d'amour. Dans le livret de l'album, elle remercie tout de même ses parents, Corinne et André, « loin des yeux, jamais loin du cœur ». Malgré ses airs de fille émancipée, elle restera toujours leur « bébé ».

Avec *Variations sur le même t'aime*, en tout cas, la chanteuse atteint pleinement son objectif : s'attirer la reconnaissance de la profession et s'installer dans la cour des grands. « Serge a achevé de me libérer, confiera-t-elle, lucide. Déjà, avec *Noce blanche,* j'avais enfin démontré que j'étais autre chose qu'un petit singe savant. Cette fois, avec les textes de Gainsbourg, je sais que j'ai fait valser l'image gadget des débuts [13]. »

Un succès qui va provoquer quelques remous au sein de la famille Gainsbourg : sa fille Charlotte, pour laquelle il a écrit tout un album en 1986, *Charlotte For Ever,* prend ombrage du tandem formé par Vanessa et son papa. « Elle a une voix insensée, dira l'actrice. Lorsqu'elle a collaboré avec mon père, j'étais jalouse, jalouse… C'était horrible ! J'imagine qu'elle le sait [14]. » Pas sûr que Vanessa sache, à l'époque, que Charlotte vit une relation très fusionnelle avec son père. « Elle était très exclusive, note Constance Meyer. Et, réciproquement, lui ne tarissait pas d'éloges sur sa fille. Il prétendait avoir passé sa vie à chercher une Lolita alors qu'elle se trouvait sous ses yeux. Pour Serge,

Charlotte était la seule vraie Lolita [15]. » Cette jalousie éprouvée par la fille de Gainsbourg, qui a fait ses vrais débuts au même âge que Vanessa, quatorze ans, dans *L'Effrontée* de Claude Miller, ne l'empêchera pas, toutefois, de reconnaître que le disque est réussi. « J'adore leur album. Parce que c'est elle, parce que c'est lui. Et parce que leur travail commun nous relie aussi [16]. »

Un événement funeste va bientôt unir les deux femmes dans un même chagrin. Le 2 mars 1991, Serge Gainsbourg succombe des suites d'une attaque cardiaque. La veille, les radios avaient reçu son nouveau single, un remix dance de son fameux *Requiem pour un con.* Lorsque Vanessa, alors en vacances aux sports d'hiver avec Florent et des copains, apprend la nouvelle, son cœur se glace. « Elle était profondément attristée par sa disparition [17] », me confie Gilles Verlant. Le 7 mars, au cimetière Montparnasse, entre Baudelaire et Sartre, où il va reposer, Catherine Deneuve lit, en guise d'éloge funèbre, le texte *Fuir le bonheur de peur qu'il ne se sauve.*

Au fil des années, Vanessa va prendre conscience de sa chance d'avoir partagé une aventure de cinq mois avec ce créateur d'exception. « C'était quelqu'un de très intense, extrême et, pourtant, d'une grande délicatesse. Il était plein de bonnes manières, doux, très gentleman. Il pouvait être si lumineux et, soudain, très sombre [18]. » Pour elle, qui avait confié qu'elle le regardait parfois comme « un gamin », lorsqu'il tapait du pied de rage en studio, difficile de ne pas être rongée par les remords. « Parfois, quand il me racontait sa vie, j'avais envie de le serrer dans mes bras. Je ne l'ai pas fait, par pudeur. Je le regrette [19]. »

Ce dont Vanessa prendra conscience, avec la maturité, c'est aussi qu'elle aurait davantage savouré cette rencontre avec quelques années de plus. « À seize ans, j'étais plus spectatrice que capable de prendre part aux discussions [20]. » De fait, si une véritable tendresse avait fini par unir le pygmalion et la « lolycéenne », le choc de ces deux personnalités a sans doute rendu difficile la naissance d'une véritable amitié. « Serge parlait rarement de Vanessa, insiste Constance Meyer. S'il a joué un rôle capital dans sa carrière à elle, l'inverse n'est pas vrai. Contrairement à d'autres muses, elle ne figure pas parmi les rencontres marquantes de son existence[21]. »

Selon Gilles Verlant, la collaboration entre Gainsbourg et Paradis aurait pu être plus exceptionnelle encore si elle avait eu lieu plus tôt. « Ce qui est dommage, analyse-t-il, c'est que Vanessa n'ait pas connu Serge au temps où il écrivait des chefs-d'œuvre pour Bardot ou même, dix ans plus tard, *Ex-fan des sixties* pour Jane. » Dommage, peut-être… Mais à quoi bon réécrire l'histoire ? L'essentiel n'est-il pas que Vanessa demeure à jamais l'une de celles qui entretiennent la mémoire du maître ? Ainsi, sur scène, lors du « Bliss Tour », au printemps 2001, avant d'interpréter *La Vague à lames*, elle s'adresse au public en ces termes : « Je voudrais vous parler de quelqu'un. Un poète, un homme merveilleux, un grand frère. Oui, Serge Gainsbourg. D'ailleurs, comme on est nombreux, si on crie tous, à trois, son nom, peut-être qu'il nous entendra. À moi, il me manque beaucoup. Je l'aime profondément et je l'embrasse. »

15

Vanessa a dix-huit ans

« Quand tu as tout ce que tu as eu à dix-huit ans, qu'est-ce que tu vas faire à vingt-cinq ans ? »

Vanessa Paradis

Le 22 décembre 1990, Vanessa fête ses dix-huit ans et les médias lui déroulent le tapis rouge. Jamais star de la chanson n'aura eu droit à un tel traitement de faveur. Plusieurs quotidiens et magazines font figurer l'événement en une, rivalisant de créativité pour trouver « le » titre qui fera la différence : « 18 ans de Paradis » (*L'Express*), « Vanessa élue à la majorité » (*Le Figaro*), « Moi et mes 18 ans » (*Le Quotidien de Paris*), « La star enfant devient adulte » (*Télé Star*), ou encore « 18 ans et déjà la star des années 1990 » (*Paris Match*).

Des accroches qui font sourire la principale intéressée : ça fait un moment qu'elle a le sentiment d'être entrée dans le monde adulte. « Je ne me sens ni plus jeune ni plus vieille que dix-huit ans, dira-t-elle, mais ma vie à moi s'est accélérée tellement que c'est vrai que, à un rythme normal, j'aurais mis dix ou vingt ans pour accomplir ce que j'ai fait en quatre [1]. »

Cette haie d'honneur ne s'arrête pas à la presse écrite. À 20 heures, la chanteuse est invitée en direct sur le plateau du journal télévisé de TF1, qui réunit en moyenne dix millions de téléspectateurs. Face à Ladislas de Hoyos, elle ne boude pas son plaisir, affichant une forme éblouissante et un sens de la repartie cinglant. « On a dit que vous aimiez bien allumer les messieurs d'un certain âge, c'est vrai ? », lui demande le journaliste, âgé de cinquante et un ans à l'époque. « J'sais pas. J'ai l'air de vous allumer, là ? », lâche-t-elle, tout sourire, créant une vraie tension sur le plateau. Si nul n'a oublié la réplique de Vanessa, la relance du présentateur vaut elle aussi le détour. « J'aimerais bien, mais enfin, hélas… », souffle-t-il, visiblement troublé par le jeu de séduction de la chanteuse.

Cerise sur le gâteau d'anniversaire, le même soir, la chanteuse a droit à sa propre émission en prime time sur la Une, *Vanessa en flagrants délires*. Un format carte blanche où elle peut livrer quelques confidences, face au journaliste Didier Varrod, et, surtout, chanter en duo avec des artistes qu'elle admire. Alain Souchon, Jean-Louis Aubert, Dave Stewart, le groupe Elmer Food Beat ont répondu présents à son appel. Mais Vanessa a tenu aussi à accueillir Alain Lanty, simplement parce qu'il est son ami. C'est elle qui a choisi les lieux où l'émission a été tournée : le théâtre de Paris-La Villette, les entrepôts de Bercy et le quai de la Gare.

Elle a changé, Vanessa. Elle qui passait pour être capricieuse et arrogante fait désormais profil bas. « Je suis consciente que j'ai énormément de chance, dit-elle. Quand tu vois ce qui se passe ailleurs, tu as presque honte d'avoir tout ce que tu as. Tu te dis : "C'est drôlement injuste [2]." » Et pour nous convaincre qu'elle n'a pas la grosse tête, elle n'hésite pas à désacraliser l'icône que les médias sont en train de fabriquer. « Quand je suis avec mes amis, je ne suis pas Vanessa Paradis qui passe à la télévision : je suis quelqu'un de normal. »

Avec humour, elle révèle aussi, derrière l'apparence d'une fausse assurance, ce manque de confiance qui la paralyse. « J'aimerais bien être plus sûre de moi, mais je ne sais pas si c'est une bonne chose. Il y a un avantage à ne pas être sûre de soi, c'est que tu fais toujours mieux pour arriver à être sûr de toi, tu ne vois que les défauts. En plus, moi je vanne tout le monde, alors pourquoi je ne me vannerais pas, moi [3] ? »

Même si le succès de *Noce blanche* puis celui de l'album de Gainsbourg lui ont redonné du baume au cœur, la chanteuse reste marquée par la période noire durant laquelle le public l'a rejetée. « Pourquoi tant de haine ? Qu'est-ce que j'ai fait pour qu'il m'arrive tout ça ? Mais, surtout, pourquoi il y a beaucoup d'amour et puis après autant de haine ? Pourquoi ça se transforme comme ça ? *Joe le taxi*, oui. Après, deux ans non. Et maintenant, à nouveau oui [4]. » L'inconstance du public n'est pas de nature à rassurer Vanessa pour l'avenir. « On ne sait pas ce qui va arriver demain. Tout à coup, ça peut recommencer. Je ne veux pas m'habituer à ce trop-plein d'amour [5]. »

Un traumatisme qui la pousse à s'ancrer dans le présent, profiter de chaque instant, mais aussi se protéger mieux : ne plus s'offrir sans modération à ceux qui la regardent, la vampirisent. « Quand on est quelqu'un de public, reconnaît-elle, on existe par ce public et il faut donner des choses. Je suis un peu leur frangine, leur cousine, ils me tapent sur l'épaule alors que je les vois pour la première fois. Mais, dans ma position à moi, tu n'as pas toujours envie de donner tout. Parce que si je donne tout, qu'est-ce qui me reste pour moi comme secrets ? Ça me fait peur d'appartenir totalement aux autres. » Rarement Vanessa aura exprimé avec autant de lucidité ce qui va devenir un principe inflexible guidant sa carrière : préserver son jardin secret. Avec toujours, en même temps, un embarras, une envie de donner à ce public auquel elle doit tout. Un paradoxe qu'elle gérera au mieux, comme une équilibriste.

À tout juste dix-huit ans, elle fait preuve d'une maturité étonnante lorsqu'elle explique ce qui motive ses choix artistiques. « Je suis quelqu'un d'instinctif : je ressens ou je ne ressens pas les choses. C'est à ce moment-là que je sais si je vais les faire ou pas. Ce n'est pas en réfléchissant sur les conséquences que ça va avoir [6]. » Cette manière d'avancer dans la vie, à l'intuition, ne la quittera jamais, aussi bien dans le choix de ses collaborations musicales que dans celui de ses rôles au cinéma.

Lorsqu'on écoute Vanessa se confier à Didier Varrod, on se dit que son statut de star la rend vraiment hors-norme. Ainsi, elle n'a que faire des avantages que ceux de sa génération savourent à dix-huit ans. Voter ? Elle n'en a pas l'intention, ne s'estimant pas assez clairvoyante pour choisir un camp plutôt qu'un autre. Passer le permis de conduire ? Elle ne l'envisage absolument pas : elle avoue avoir peur de prendre le volant. Elle préfère se laisser conduire dans les taxis ou, mieux encore, dans la Porsche que s'est offerte Florent Pagny avec ses droits d'auteur. Ce qui change, en revanche, c'est que la chanteuse va toucher l'intégralité de ses revenus, qui étaient bloqués jusque-là à hauteur de 80 % sur un compte spécial.

Une révolution ? Pas vraiment. Car Vanessa, qui n'a jamais manqué de rien, n'a rien d'une flambeuse. Si elle a rêvé de gloire, elle n'a jamais embrassé cette carrière pour devenir riche. Elle n'a pas oublié ce proverbe inventé, comme tant d'autres, par son père qui lui répétait lorsqu'elle était enfant : « L'argent, c'est le taxi de la liberté, mais c'est aussi une belle prison. » De toute façon, la comptabilité n'est pas son fort ; c'est pourquoi elle a confié à Corinne, sa mère, la gestion de ses revenus. C'est cette dernière qui supervisera également ses contrats au cinéma, se révélant une redoutable négociatrice, afin que sa fille soit traitée comme une star sur les tournages.

Plus le temps va passer, plus Vanessa va prendre conscience qu'elle est une privilégiée – à partir de 1998, son histoire d'amour avec Johnny Depp la mettra pour toujours à l'abri du besoin. Plus le temps va passer, plus elle va, surtout, savourer ce « taxi de la liberté » dont son père lui parlait. La liberté de travailler à son rythme, quand bon lui semble, et avec qui elle désire. Oui, cette liberté-là n'aura pas de prix pour elle.

La liberté, aussi, de renoncer à sa carrière : une perspective que son succès précoce lui permet d'envisager sereinement. « Quand tu as tout ce que tu as eu à dix-huit ans, qu'est-ce que tu vas faire à vingt-cinq ans ? se demande-t-elle. À vingt-cinq ans, si ça se trouve, j'en aurai carrément marre de chanter et de jouer la comédie. Et j'aurai tout le temps de m'occuper de mes mômes, de mes chiens, de ma maison. Aujourd'hui, c'est toute ma vie. Mais demain ? Je n'en sais rien. »

Au détour d'une phrase, on devine l'envie de se poser, une impatience à vivre sa vie de femme. Mais ce n'est pas encore l'heure. Sollicitée de toutes parts, la chanteuse doit encore profiter de sa chance. Et puis, qu'elle le veuille ou non, pour son entourage, elle est devenue une entreprise très florissante. Didier Pain a de grands projets pour elle : alors que l'album de Gainsbourg a redoré son blason, il pense que la France est trop petite pour Vanessa : il est temps de se donner les moyens d'une carrière internationale.

Durant l'été 1987, déjà, elle avait failli signer un contrat mondial avec Seymour Stein, le producteur de Madonna. Présent à Paris lors des concerts de la star au parc de Sceaux, l'homme d'affaires s'était intéressé de près au phénomène Paradis. Mais Didier Pain avait pris les devants, préférant contrôler lui-même avec Polydor l'exclusivité mondiale de sa nièce. Pas question de lâcher « la petite » dans la gueule des requins du show-biz américain. Du coup, la proposition de Seymour Stein avait capoté. Un rendez-vous manqué qui aurait pu faire entrer la Française dans une autre dimension ? Pas impossible…

Ce qui est certain, c'est que cette tentative d'OPA sur Vanessa a encore aiguisé l'appétit de succès de Didier Pain. L'homme qui croit en elle depuis qu'elle a quatre ans la verrait bien, en effet, devenir la Madonna française. *Joe le taxi* a fait connaître la chanteuse dans le monde entier, mais c'était il y a trois ans déjà. Il est temps pour elle de se rappeler au bon souvenir du public. Ça tombe bien : la maison Chanel vient de la choisir pour devenir l'égérie planétaire de *Coco*, un parfum de légende.

16

Oiseau de paradis

« Je me suis dit : bonne idée. Chanel a une célébrité internationale qui risque de m'aider. »

Vanessa Paradis

On ne devient pas une icône de mode par hasard. Pour Vanessa, tout a commencé en 1989, lorsqu'elle est devenue l'égérie de Jean-Charles de Castelbajac. Le 17 mars de cette année-là, elle fait sensation, lors de la présentation officielle de la nouvelle collection du styliste, en défilant avec une veste réalisée uniquement à partir de peluches Snoopy. Malgré son petit mètre soixante, elle a refusé de se percher sur des talons : elle a gardé son jeans et concédé un petit chignon haut. Quelques mois auparavant, la chanteuse avait été choisie par le coiffeur Jean-Marc Maniatis pour incarner, avec ses cheveux lisses et sa frange, la « coupe star » du moment.

Mais c'est un contrat autrement plus prestigieux qui va bientôt lui être proposé. Nous sommes en 1990. Jacques Helleu, directeur artistique des parfums Chanel, dîne avec son ami Jean-Paul Goude, choisi pour être le maître d'œuvre de la prochaine campagne de promotion de *Coco*, la fragrance la plus impertinente de la marque. Créé dans les années 1980 en hommage à Coco Chanel, le parfum doit être relancé sur le marché. Et, cette fois, Inès de la Fressange, l'égérie maison, ne sera pas de l'aventure : Jacques Helleu veut surprendre avec un casting novateur.

Alors que les deux hommes passent en revue des noms d'actrices ou de mannequins qui pourraient incarner le projet, le directeur artistique prononce celui de Vanessa Paradis.

Jean-Paul Goude n'est pas emballé. Il craint que la chanteuse ne soit trop jeune pour incarner « la femme Chanel ». « Sélectionner Vanessa Paradis après Inès de la Fressange, c'était opérer un virage à 180 degrés. Il y avait une interrogation, c'est vrai [1] », confiera Jacques Helleu. Malgré tout, l'idée fait son chemin. Il faut dire qu'en 1990, avec son César et sa Victoire de la musique, Vanessa est incontournable : personne n'incarne mieux l'avenir que cette adolescente à la carrière prometteuse.

Pour convaincre la principale intéressée, Chanel lui propose un cachet de trois millions de francs pour six jours de tournage – une somme aussi élevée que pour un premier rôle au cinéma. D'abord surprise et flattée, Vanessa va vite se laisser séduire par cette proposition. Au-delà du budget colossal consacré à ce spot, elle comprend l'intérêt de ce projet pour sa trajectoire personnelle. « Je me suis dit : "Bonne idée. Chanel a une célébrité internationale qui risque de m'aider [2]." » Autre argument qui pèse dans la balance : *Coco* est le parfum que porte sa mère.

Pour Jean-Pierre Pasqualini, le créateur du magazine *Platine*, une telle collaboration est unique dans l'histoire du show-biz. « C'est exceptionnel qu'on prenne une chanteuse populaire pour incarner un produit de luxe. Johnny a fait un parfum pour les supermarchés. Vanessa, elle, a fait Chanel. Aucune autre chanteuse française n'a réussi une telle prouesse [3]. » Si elle a été choisie, c'est aussi parce qu'elle est devenue, grâce à son album avec Gainsbourg, un trait d'union entre les générations.

Un déjeuner est aussitôt organisé par la maison Chanel. Face à la jeune femme, Jean-Paul Goude n'est pas immédiatement conquis. « Elle était discrète, charmante, mais je l'ai trouvée un peu froide. Elle manquait de la chaleur d'une jeune fille de dix-huit ans, même si elle faisait beaucoup d'efforts pour montrer qu'elle était une vraie personne [4]. » Le réalisateur est également frappé par l'ambition de Vanessa : « Elle était très mûre pour son âge, au sens professionnel. Il est évident qu'elle a accepté Chanel pour être célèbre dans le monde entier [5]. »

C'est en l'observant pendant le repas qu'une idée germe dans la tête de Jean-Paul Goude. « Je trouvais qu'elle ressemblait beaucoup à Titi, le canari de la série *Titi et Grominet,* avec son grand front et son petit nez. J'ai pensé qu'elle pouvait devenir l'incarnation d'un oiseau [6]. » Cette idée, qui va servir de fil conducteur au projet, est loin, pourtant, d'enthousiasmer Vanessa. « Elle ne voulait pas être une caricature de Titi et qu'ensuite cette image lui colle à la peau [7]. » Heureusement, quand le réalisateur évoque d'autres références, la chanteuse est rassurée. « Pour moi, Vanessa Paradis est le personnage de la mythologie française le plus charmant depuis la toute jeune Brigitte Bardot. Dans mon imagination, Vanessa était un vrai oiseau de paradis. Un oiseau très couture, très Chanel, sans une once de vulgarité. Il s'agissait de la poétiser en pensant à Prévert, à Doisneau, à en faire l'archétype de la Parisienne [8]. »

Peu à peu, Goude élabore la trame d'une histoire. « J'ai imaginé un petit conte qui se passerait en fin d'après-midi dans un appartement vide, où il y aurait une interaction entre ce petit personnage et un gros chat qui l'observe [9]. » Ce n'est pas tout : à la fin du spot, le spectateur va découvrir que le lieu où se déroule cette scénette a une portée symbolique. « J'ai cru bon de rajouter le fantôme de Chanel, la vraie. Je voulais qu'en la voyant, on se rende compte qu'on était dans son appartement. C'est donc l'esprit de Chanel qui vit à travers ce petit oiseau [10]. »

Avec un scénario aussi élaboré pour un film de trente secondes, Vanessa ne peut qu'adhérer au projet. « Me laisser filmer pour une séquence destinée à la télévision, vêtue d'un collant et de plumes, un air d'oiseau virevoltant sur un trapèze, j'ai trouvé que cela ne me dépersonnalisait pas [11]. » Pour incarner l'oiseau Paradis, la chanteuse va se préparer comme pour un rôle au cinéma. Son principal défi ? Apprendre quelques figures imposées au trapèze. Refusant de prendre une doublure, elle vient suivre des cours à l'école du cirque d'Annie Fratellini, porte de la Villette, durant trois semaines. Son entraîneur est bluffé par son sérieux et sa souplesse. « Il ne m'a fallu que quelques jours pour découvrir que le trapèze procure une impression de liberté inouïe, confiera-t-elle. Là-haut, j'étais la reine. Mes cours de danse, quand j'étais petite, et le fait de savoir placer ma respiration, pour chanter, m'ont beaucoup aidée [12]. »

En mai 1991, le tournage débute à Villacoublay, en région parisienne, dans un hangar de l'armée de l'air où Jean-Paul Goude a fait construire une cage grandeur nature de quinze mètres de haut. Vanessa la noctambule se plie sans trop rechigner à l'agenda matinal du tournage. « J'ai dû me lever tôt pendant huit jours, ce que je déteste. Bien souvent, je n'entrais en piste qu'à la fin de l'après-midi. Ces longues heures d'attente auraient pu être horripilantes. Or, le temps passait comme dans un rêve, à tout observer, à m'imprégner de l'esprit de Coco Chanel qui représente pour moi un mythe aussi fort que celui de Marilyn Monroe ou de James Dean [13]. »

Collants résille, justaucorps et majestueuse croupe de plumes : le costume de Vanessa tient au moins autant du déguisement que de la tenue haute couture. Sur le tournage, Jean-Paul Goude mène d'une main de fer une équipe de quatre-vingts techniciens. Afin de filmer au plus près les acrobaties de la chanteuse, une balancelle à laquelle sont suspendus une caméra, un opérateur et le chef de la photographie suivent chacun de ses mouvements. Pour donner des indications précises à son actrice, le réalisateur utilise un mégaphone et se montre plutôt directif. Au moindre faux pas, il sait que son scénario peut basculer dans le factice. « Ce film, c'est un travail d'équilibriste. On manie le drame et la légèreté sur le fil du rasoir. On est à la limite du mauvais goût, et c'est comme ça qu'on fait avancer les choses : il n'y a rien de plus triste que le bon goût [14]. » Pour rendre la scène plus forte, Goude la situe un soir d'orage. « J'ai rajouté des éclairs parce qu'il n'y a rien de plus désolant qu'un numéro de cirque sans poursuite [15]. »

Entre Vanessa et lui, ce n'est pas la franche camaraderie, mais tout se passe sans heurts. À une exception près : pour habiller musicalement le spot, Jean-Paul Goude a fait réarranger par un groupe de six musiciens une version de *Stormy Weather*, un standard américain des années 1940, que la chanteuse trouve « dégueulasse ». Elle le lui dit un soir, au téléphone, sans ménagement. Avec le recul, il avouera : « J'avais l'impression d'être un vieux con. On n'en a jamais reparlé. Pour tout dire, Vanessa m'impressionne [16]. » Histoire de ménager l'effet de surprise, le tournage va se dérouler dans une atmosphère de secret défense, les contrats de l'équipe étant assortis d'une clause de confidentialité.

Lorsque le spot est révélé, le 14 octobre 1991, il est accueilli comme un événement digne d'une sortie cinématographique. Alors que les téléspectateurs découvrent sur leur petit écran le nouveau « rôle » de Vanessa, les médias se livrent à un véritable concert de louanges. En novembre, le film est diffusé au Japon et, début 1992, il déferle dans les écrans publicitaires américains. Les États-Unis craquent pour cette histoire de petit oiseau dans la suite de Coco Chanel au Ritz. Là-bas, la presse surnomme Vanessa « The New Brigitte Bardot ». « Elles ont peu de choses en commun, nuance Jean-Paul Goude. Vanessa est beaucoup plus complexe [17]. » Si en effet Bardot est une femme entière, d'un seul tenant, Paradis possède davantage de zones d'ombre et de mystère, malgré sa luminosité dès qu'une caméra se pose sur elle.

« Ce film, je l'ai fait pour Coco Chanel, expliquera le réalisateur. Si elle pouvait le voir, elle en sourirait, ça l'amuserait [18]. » Pour Vanessa, grâce à son retentissement planétaire, le spot de *Coco* s'impose comme un repère incontournable dans sa carrière, une aventure dont elle sort encore grandie. « Je me vends, bien sûr, confiera-t-elle, mais je n'ai pas du tout l'impression de me compromettre. Chanel, pour moi, c'est la féminité absolue. J'adore les vestes. La carrure est tellement étroite que, tout de suite, on se tient plus droite [19]. »

Le spot pour *Coco*, c'est aussi le premier jalon d'une longue collaboration avec la marque. En 2004, en effet, Karl Lagerfeld sollicitera à nouveau la chanteuse pour promouvoir les sacs

Cambon, inspirés des cuirs matelassés créés par Coco Chanel en 1955. Elle n'hésitera pas, d'ailleurs, à clamer son attachement à la marque, avec une sincérité qui dépasse la seule dimension commerciale d'un accord qui lui rapporte, chaque année, des revenus confortables. « Je suis en totale admiration devant Chanel. Et plus j'en apprends, plus je veux travailler avec eux et plus je suis fascinée. Ce n'est pas uniquement une maison de couture, de rêve et de glamour : ce sont des artisans [20]. » Quant à Karl Lagerfeld, elle lui a trouvé une qualité imparable : « Il sent bon, dit-elle. Ce monsieur embaume l'air ambiant [21]. »

De son côté, le styliste au catogan trouve que la chanteuse est de plus en plus photogénique. « Elle sait communiquer quelque chose que l'œil ne voit pas et qu'on retrouve après sur l'image. Elle est plus forte aujourd'hui qu'il y a dix ans. Elle est vraiment devenue Vanessa Paradis depuis qu'elle a des enfants. Je la trouve cent fois mieux que quand elle était une jeune petite chanteuse [22]. »

Vanessa ne peut que se réjouir de la belle couverture médiatique de sa collaboration avec Chanel. Ce nouveau lien avec l'univers de la mode va lui offrir d'autres opportunités. Déjà, dans les bureaux de Poydor, Marc Lumbroso et Didier Pain citent les noms de plusieurs artistes internationaux qui pourraient embellir le destin de Vanessa. Elle veut Prince, son idole depuis ses quatorze ans. Mais c'est un autre chanteur d'envergure qui est contacté pour elle : Lenny Kravitz.

17

Lenny Kravitz

« Je n'imaginais même pas en rêve qu'il pourrait accepter de m'écrire des chansons. Mais, à mes yeux, il était la personne idéale. »

Vanessa Paradis

Son premier choix, c'était Prince. Puisque rien n'est trop beau pour elle, pourquoi n'aurait-elle pas droit à une chanson du Kid de Minneapolis ? Comme à l'époque où elle avait douze ans, Vanessa lance ce défi à Didier Pain. Elle rêve d'un titre comme *Nothing Compares To U,* que Prince a écrit pour Sinéad O'Connor, et qui est devenu un tube planétaire en 1990. Cette fois, pourtant, Didier Pain sèche et demande à Marc Lumbroso d'établir un premier contact. « Elle voulait Prince, déclare le boss de Polydor, mais il me faisait peur et ça me semblait une mission très compliquée [1]. »

Marc Lumbroso la convainc alors que Lenny Kravitz pourrait se révéler mieux qu'un second choix. En 1990, n'a-t-il pas offert à Madonna le tube *Justify My Love* ? Et puis, son album *Mamma Said* rencontre un énorme succès. Certes, ce musicien *peace and love,* avec ses impressionnantes dreadlocks, qui utilise des instruments des années 1970 pour créer un rock psychédélique, est soupçonné de plagier ses idoles, Jimi Hendrix, John Lennon ou Sly Stone. Mais Vanessa adore sa musique. « Ses arrangements et ses mélodies sont tellement superbes et délirants que, même si les textes étaient crétins, je les chanterais à genoux [2]. » Surtout, elle se laisse convaincre de la chance qu'il représente pour elle d'accéder à une reconnaissance planétaire.

Chanter dans la langue de Shakespeare, elle en rêve depuis que, sur son premier album, elle avait enregistré une version anglophone de *Marilyn & John.* « Si je dois un jour avoir une carrière internationale, je chanterai en anglais, avouait-elle déjà sans état d'âme. Je ne me vois pas arriver avec mon petit drapeau français sur l'épaule [3]. »

Un premier rendez-vous est organisé en catastrophe lors d'un passage de Kravitz dans la capitale, pour la promotion de son album, en mars 1991. À l'hôtel George V, Vanessa est venue accompagnée de Didier Pain, Marc Lumbroso, mais aussi Franck Langolff, qui entend bien être de l'aventure. Face à cet artiste musclé comme un athlète, couvert de bijoux, tatouages et piercings, elle n'en mène pas large. Lui tombe carrément sous le charme, comme il le confiera deux ans plus tard. « Vanessa, je la rencontre au George V. Elle arrive comme un défi. Une longue jupe blanche sur des jambes dorées, une auréole de cheveux éclairés par des traînées de soleil. Cette fille a un *move* qui vous rend vulnérable [4]. »

Le soir même, Kravitz propose à Vanessa, par l'intermédiaire de son agent, un dîner en tête à tête fixé au lendemain, juste avant qu'il ne regagne les États-Unis. Elle accepte aussitôt, mais s'y rend le cœur battant, redoutant de ne pas être à la hauteur. Avec son anglais hésitant et son regard vert, elle achève pourtant de séduire le musicien, qui la dévore des yeux, la trouvant à la fois « innocente et dangereuse [5] ». Avant de l'inviter, il s'est renseigné sur sa popularité en France, il lui avoue avoir adoré le clip de *Tandem.* « Il se baladait à Paris avec le clip sous le bras, confiera-t-elle à Laurent Boyer, en disant partout que c'était magnifique. C'est la seule chose qu'il connaissait de moi [6]. » Elle rit aux éclats, cherche ses mots en se cachant derrière la fumée de cigarette. Il succombe. Tandis qu'il vide un dernier verre de vin rouge, il la regarde déjà comme une muse.

Un mois plus tard, Vanessa ne se fait pas prier pour prendre le premier avion vers New York lorsque Lenny Kravitz l'invite à le rejoindre. Le musicien entend tester les capacités vocales de la jeune femme qui a, jusque-là, il est vrai, rarement chanté en anglais. Il lui fait enregistrer *I'm Waiting For The Man*, le tube du Velvet Underground. Et juge l'essai suffisamment concluant pour décider de lui écrire tout un album. Bien que bousculée par l'énergie incroyable de Kravitz, Vanessa est comblée. « Je n'imaginais même pas en rêve qu'il pourrait accepter de m'écrire des chansons. Mais j'aimais tellement sa musique qu'à mes yeux il était la personne idéale [7]. »

Lorsqu'elle rentre à Paris, quelques jours plus tard, elle constate que son entourage ne partage pas son enthousiasme. Première victime de cette collaboration annoncée : Franck Langolff. L'homme qui est à l'origine du succès de Vanessa est soudain écarté de son prochain album. Une nouvelle qu'il apprend par l'entremise des avocats de Kravitz : au lendemain de leur première entrevue, ils lui ont fait savoir que leur client n'avait « besoin de personne d'autre » pour écrire des chansons. Malgré cet avertissement peu amène, Langolff n'imaginait pas que l'Américain produirait tout l'album de sa protégée. Il se sent trahi. Et la jeune femme ne trouve pas les mots pour expliquer son choix. « Quand vous grandissez, vous vous éloignez fatalement, explique Joshua Darche. Et, pour avancer, il faut savoir trancher. C'est ce qui s'est passé avec Langolff lorsque Vanessa a rencontré Lenny Kravitz. Franck ne pouvait pas lui offrir la dimension internationale à laquelle elle aspirait [8]. »

Autre dommage collatéral de ce projet : l'histoire d'amour de Vanessa avec Florent Pagny. Son amoureux l'a bien compris depuis le fameux dîner avec la star américaine : la chanteuse est en train de lui échapper. Plutôt que de jouer les jaloux ou de chercher à la retenir à tout prix, il décide de se comporter en grand seigneur. « C'est quand même un peu dommage d'arrêter de s'aimer à cause d'un métier… Mais je ne vais pas aller aux États-Unis porter les valises de Vanessa. Moi, ce que j'ai à faire, c'est ici, et elle, sa vie est là-bas. C'est même moi qui lui ai expliqué qu'il fallait qu'elle se prépare à s'envoler, cela me paraissait logique. Et ça, tu ne l'empêches pas, ou alors tu es le roi des cons [9]. »

Lequel des deux a-t-il décidé de rompre ? À l'été 1991, Lenny Kravitz, ultra-possessif, exige de Vanessa qu'elle vienne s'installer à New York sous prétexte qu'il a besoin de sa présence pour écrire son album. Une exigence qui aurait embarrassé la jeune femme. Si sa carrière à elle poursuit son envol, celle de Florent Pagny, en revanche, amorce une fâcheuse descente. Un an auparavant, son premier album, sobrement intitulé *Merci,* n'a pas trouvé son public. Et même si Vanessa et lui forment toujours un couple soudé, le moral du chanteur n'est plus au zénith.

Témoin privilégié de ces années, Bernard Mouillon livre une version des faits qui lui a été rapportée par un proche de Pagny. « Lorsqu'elle a eu cette opportunité de travailler avec Lenny Kravitz, elle ne voulait pas partir vivre aux États-Unis parce qu'elle ne voulait pas quitter son amoureux. Là, il s'est dit qu'elle ne pouvait pas laisser passer cette chance [10] ».

En sacrifiant leur idylle dans l'intérêt de celle qu'il aime, Florent Pagny lui offre une magnifique preuve d'amour. « Quand j'ai connu Vanessa, confiera-t-il, elle avait seize ans et pas le moral. Elle est partie à dix-neuf, et je crois que je lui ai réappris à sourire. C'est une fille magique, exceptionnelle... Une Martienne ! Comme elle pige vite, je crois que ça ira pour elle dans sa vie future [11]. » Lucide, il sait à quel point la célébrité peut saborder la plus belle des histoires. « J'ai vécu trois années formidables avec Vanessa. C'est une nana géniale, une des femmes les plus faciles à vivre que j'ai rencontrées. Mais dès que nous mettions les pieds dehors, c'était l'enfer. Former un couple célèbre est très difficile. Le métier a fini par nous séparer [12]. »

La brutalité de cette rupture va causer pas mal de souffrance, de part et d'autre. « La fin d'une relation, ce n'est jamais une partie de plaisir. Ça a été dur, surtout pour Vanessa. » Et le chanteur d'ajouter : « Ce qu'elle a pu prendre dans la figure, la pauvre [13] ! » Attristée que ce soit fini avec son amoureux, la jeune femme va se consoler auprès de ses parents. Et se murer dans un silence retentissant. « Avec cette demoiselle, le jour où ça s'arrête, tu n'as jamais plus de nouvelles [14] », confiera Florent Pagny, un peu amer, des années après.

Il a beau avoir provoqué la rupture, le chanteur ne s'attendait pas à ce que son ex-fiancée coupe définitivement les ponts. Pas facile pour lui d'assumer jusqu'au bout cette décision douloureuse. Alors qu'il s'apprête à vivre une traversée du désert professionnelle, dont il ne sortira que quatre ans plus tard grâce au tube *Caruso,* Florent Pagny va également être confronté à de sérieux déboires financiers et devoir rendre des comptes à l'administration fiscale.

Si le choc est tout aussi rude pour la chanteuse, elle ne va pas broyer du noir bien longtemps. Elle semble même avoir fait son deuil de leur love story lorsqu'elle déclare, à l'automne 1992 : « Florent et moi, c'était une belle histoire. Il n'y a rien eu de laid entre nous [15]. » Selon Jean-Pierre Pasqualini, le décalage qui s'était installé dans le couple rendait, de toute façon, la rupture inévitable. « Vanessa a besoin d'être avec un mec qui l'impressionne. Comme toutes les filles fortes, elle ne rêve, consciemment ou non, que d'une chose : sentir quelqu'un d'ultra-puissant en face d'elle. Quelqu'un qui la prenne par le col et lui dise : "Maintenant, tu vas te calmer [16]." »

« Un mec qui l'impressionne » : ces mots-là semblent taillés sur mesure pour Lenny Kravitz. Embarquée dans la spirale de son projet d'album américain, Vanessa n'aura pas le loisir de se lamenter longtemps. C'est une battante, une fille qui va toujours de l'avant, pas une victime. Si elle vient de perdre un amoureux, une aventure fabuleuse l'attend à Los Angeles où, c'est décidé, elle va s'installer pour travailler auprès de son nouveau mentor.

18

Living in America

« Ici, personne n'en a rien à foutre de moi.
Je peux respirer sans être épiée ou jugée. »

Vanessa Paradis

Pour faire le grand saut, elle n'est pas partie seule. Pas le genre à se jeter dans le vide sans filet. Didier Pain, qui reste son manager, a décidé de l'accompagner, même si l'anglais n'est pas son fort. Tous deux se sont installés dans une luxueuse villa californienne louée pour trois mois. Si c'est un crève-cœur pour elle de quitter Paris, elle comprend vite que l'Amérique peut lui offrir un avantage non négligeable : l'anonymat. « Quinze jours avant de partir pour les États-Unis, on m'a encore craché au visage en pleine rue. Ça m'a aidée à sauter le pas [1]. »

Aux yeux de Vanessa, cesser d'être dévisagée à tout bout de champ s'apparente à une vraie bouffée d'oxygène. L'occasion de prendre un peu de recul sur les quatre premières années d'une carrière menée tambour battant. « Avoir eu du succès à quatorze ans est une expérience bizarre. Tu n'es pas traitée comme une personne normale. Alors tu oublies qui tu es, les vraies sensations, les vraies émotions, les vraies relations avec les gens. Depuis que je suis ici, j'ai retrouvé la sérénité », confiera-t-elle en anglais dans l'émission *Top of the Tops* [2]. Un aveu lourd de sens : privée d'une adolescence normale, Vanessa n'aura de cesse, par la suite, de tenter de démêler le vrai du faux dans ce qu'elle ressent, recherchant la compagnie de ceux qui voient en elle la personne derrière l'icône. Elle le sait, sa célébrité a faussé ses rapports avec les autres. Au moins goûte-t-elle à L.A. la sensation d'être normale. « Ici, personne n'en a rien à foutre de moi. Je peux respirer sans être épiée ou jugée. Et, si je me fais draguer, c'est bien de moi qu'il s'agit, pas de cette espèce de costume que je porte en permanence [3]. »

Elle ne s'est pas installée sur la côte ouest seulement à cause de Lenny Kravitz. Il y a bel et bien chez elle le désir de s'envoler, de se réinventer. « Ce n'était pas un exil, une manière de tout envoyer promener, comme je l'ai lu dans les magazines. J'avais envie de vivre ailleurs, de voyager. J'avais envie de parler anglais [4]. » Justement, pour parfaire son accent, Vanessa prend des cours d'anglais, mais aussi de chant et de danse. Une condition nécessaire, selon Didier Pain, pour démarrer une carrière américaine. Lorsqu'elle s'ennuie de ses parents, elle leur envoie des fax pleins de mots tendres, qu'ils découvrent tôt le matin, au réveil. Un jour, Corinne et André lui rendent une visite surprise, venus pour deux semaines avec Alysson, désormais âgée de sept ans, dont les câlins manquaient à sa grande sœur.

À L.A., bien qu'elle ne cherche pas à rencontrer les célébrités locales, Vanessa se lie d'amitié avec Marlee Matlin, l'héroïne muette des *Enfants du silence* oscarisée en 1987, rencontrée par hasard. Frappée par l'enthousiasme de la jeune actrice, la chanteuse apprend à communiquer avec pour seuls outils ses mains et son sourire.

Pendant trois mois, elle découvre le mode de vie californien si éloigné de la frénésie parisienne, avec ses artères gigantesques, ses quartiers résidentiels, son ensoleillement quasi permanent et ses longues plages de sable blanc. Elle s'imprègne de culture américaine, prête à faire le grand saut. Pour elle, le compte à rebours a pour échéance le printemps 1992 : c'est le créneau que Lenny Kravitz lui a réservé pour enregistrer leur album à New York.

En août 1991, elle avait déjà pris un billet Paris-New York afin d'enregistrer trois chansons. Et puis, le musicien était reparti en tournée. Cette fois, c'est promis, il va rester un moment, rien que pour elle. Parce qu'il croit en elle. « Son ton bien personnel, son allure unique et séduisante ont tout pour convaincre, dira-t-il avec ferveur. Elle est en train de se frayer un chemin qui risque de la mener, sans qu'elle ait seulement osé imaginer la chose possible, à la notoriété internationale. J'ai l'impression que l'Amérique a envie de s'enticher de Vanessa [5]. »

Après sa parenthèse californienne, Vanessa débarque donc à New York, toujours avec Didier Pain comme porteur de valises. Parce qu'il ne refuse rien à sa filleule, son manager lui a déniché un appartement avec vue sur Central Park. « C'était mon premier chez-moi [6] », confiera-t-elle. Si elle éprouve ce sentiment de liberté, c'est parce que son nid d'amour avec Florent Pagny était d'abord à l'image de son amoureux. Là, elle peut changer le mobilier, s'entourer des objets qu'elle a elle-même choisis. Pas de moto garée dans le séjour !

Entre New York et Vanessa, c'est un véritable coup de foudre. « J'étais fascinée, racontera-t-elle à Marc-Olivier Fogiel. Je me retrouvais à marcher dans les rues toute seule, à faire les courses, mon marché. En plus, les Américains ont cette qualité d'être ouverts, pas ronchons. On ne me regardait pas, on ne me tirait pas les cheveux, on ne me montrait pas du doigt, il n'y avait pas de messes basses [7]. »

Après une rupture douloureuse, l'énergie que dégage la ville la galvanise. Elle va en avoir besoin pour se confronter à Lenny Kravitz. Car même Gainsbourg ne l'avait pas autant intimidée. Ce musicien charismatique, envoûté par les notes qui résonnent en lui, la désarçonne par son côté totalement imprévisible. « Ma musique, c'est celle que j'entends en moi, à l'intérieur. J'essaie juste de retrouver une pureté musicale, comme celle de Led Zeppelin ou Stevie Wonder il y a vingt ans [8]. » Face à lui, Vanessa reste sans voix. Et justement, c'est sur sa voix que Kravitz va buter. Cette signature vocale qu'elle maîtrise, le musicien essaie de la moduler, de l'adapter à sa musique. Une remise en question radicale pour Vanessa, qui a toujours su d'instinct comment s'approprier les mots en les fredonnant. Même Gainsbourg avait échoué à la faire chanter sur le souffle. Là, son nouveau pygmalion lui chamboule la tête.

Le 4 avril 1992, lorsque débutent les séances d'enregistrement, au studio Waterfront de Henry Hirsch, Vanessa commence par être bluffée par son nouveau partenaire. « Lenny grattait sa guitare cinq minutes et il y avait quelque chose qui en sortait. C'est un génie, un musicien hallucinant. Après, en studio, il se mettait dans la cabine, à la batterie avec Tony Breit son bassiste, Craig Ross son guitariste, et ils faisaient la base de la chanson. Ensuite, Lenny mettait une mélodie dessus, et moi je travaillais de mon côté. Pour les textes, j'étais à côté de lui quand il les écrivait. C'était la meilleure façon pour qu'ils me collent à la peau [9]. » Durant ces séances, le musicien exerce un contrôle absolu sur l'ensemble de la production : il joue de la guitare, de la batterie, de l'harmonica, ne laisse personne d'autre que lui derrière la console, et participe même aux chœurs. Son ambition ? Créer une couleur musicale proche de l'univers de Diana Ross ou des Supremes.

Au moment où elle doit travailler sa voix, Vanessa va dérouiller comme jamais. « Le bémol, c'est que la façon dont Lenny voulait que je chante n'était pas naturelle pour moi. On ne s'improvise pas Billie Holiday ou Marvin Gaye. Je l'ai fait uniquement parce que ça collait parfaitement au style des chansons [10]. » Lorsque son pygmalion trouve sa voix trop nasillarde ou trop faible, la chanteuse se défend comme elle peut. « Je flippais tellement que je m'inventais des rhumes pour ne pas chanter [11]. » Henry Hirsch, l'ingénieur du son qui possède le studio d'enregistrement, décèle parfois la détresse dans le regard de Vanessa. « C'était une très gentille fille avec un super-feeling [12] », confiera-t-il.

Chaque jour, elle se heurte à la tyrannie du maître, qui la regarde comme une débutante ayant tout à apprendre de lui, non comme une artiste à part entière. « Ma collaboration avec Lenny Kravitz s'est faite parfois dans la douleur car il était assez directif et avait tendance à gommer toutes mes intuitions [13]. »

Lorsqu'elle rentre dans son appartement, après une nuit où elle a dû se battre pour moduler sa voix, elle s'effondre parfois dans les bras de son oncle, contemplant Central Park dans la pénombre par la baie vitrée. Il trouve les mots pour la consoler et lui rappeler qu'on ne réalise pas ses rêves sans en payer le prix.

Didier Pain le sait, lorsque le jeu en vaut la chandelle, Vanessa n'est pas de celles qui renoncent. Alors elle s'accroche. « Ça fait mal de faire un album comme celui-là, il y a beaucoup de violence, beaucoup d'acharnement. Je travaillais trois ou quatre fois plus dur qu'avant parce que j'avais envie que Kravitz soit fier de moi [14]. » De son côté, le musicien reconnaît que sa muse est une bosseuse. « Vanessa est quelqu'un de très intense. Je ne pense pas qu'elle ait eu l'occasion de chanter des mélodies… aussi mélodiques. Elle a bossé dur de toutes ses tripes et de son talent et cela sonne de manière grandiose [15]. »

Évidemment, ce qui complique la donne, c'est que le musicien et la chanteuse vivent une romance qui fait déjà la une des magazines people. Et si Vanessa brûle tellement d'être à la hauteur des attentes de Lenny, c'est parce que son cœur bat pour lui. Sans doute les sentiments qu'elle lui porte la fragilisent-ils encore. Sans doute résisterait-elle mieux à ses diktats s'il n'était qu'un simple collaborateur. Lorsqu'elle est en face de lui, elle se sent désirée, comblée. Mais lorsqu'il disparaît, happé par sa musique, elle le sent à des années-lumière. Bref, elle vit une histoire qui, à l'opposé de celle qu'elle partageait avec Florent Pagny, l'insécurise au plus haut point.

En même temps, cette idylle va contribuer à la magie de l'album : Kravitz s'investit d'autant plus dans le projet qu'il est fou amoureux. « Cette musique a été vraiment faite pour Vanessa. J'ai écrit ces mélodies pour elle, en pensant à ce qu'elle pensait, sentait et aimait [16]. » Un disque sur mesure : c'est la plus belle preuve d'amour qui soit. La chanteuse, d'ailleurs, ne s'y trompe pas. Et si elle prend soin de taire leurs sentiments, les mots la trahissent parfois. « Cet album, c'est le plus beau cadeau que l'on m'ait jamais fait. C'est quelque chose de passionnel. C'est comme une histoire d'amour [17]. »

Comme une histoire d'amour, en effet… D'ailleurs, les paroles des chansons se déclinent autour de cette thématique universelle. « C'est un album qui parle d'amour. De l'amour qu'une femme et un homme peuvent ressentir l'un pour l'autre, mais aussi de l'amour qu'on donne aux autres [18]. »

À New York, Vanessa savoure chaque moment passé avec Lenny comme si elle avait atterri sur une autre planète. Dès qu'elle quitte le studio d'enregistrement, c'est pour traverser les quartiers branchés de la ville à bord du van vintage, édition 1972, de son mentor. Avec son musicien, elle fréquente les restaurants cajuns de Brooklyn ou flâne au marché aux puces, à la recherche de trésors exhumés des seventies, bijoux ou fringues. D'ailleurs, au contact de Kravitz, la garde-robe de la chanteuse s'est métamorphosée.

Si elle savoure sans modération l'ivresse de la Grosse Pomme, Vanessa commence pourtant à ressentir, dans le même temps, la pression qui pèse sur ses épaules en voyant approcher la date de sortie de son album américain. « J'ai l'impression que les gens sont en train de construire un blockhaus autour de moi, une sorte de machine énorme, dira-t-elle. Et même si c'est moi, la proue du bateau, je ne peux pas tout contrôler [19]. » Programmée pour le 21 septembre 1992, la sortie internationale de l'album est un défi colossal pour la petite Française. Avec ce pari de chanter en anglais dans un registre nouveau, Vanessa est consciente qu'elle joue le tout pour le tout. En cas d'échec, c'est toute sa carrière qui pourrait être compromise.

19

Be My Baby

« À chaque fois que Lenny me donnait un texte à lire, j'hallucinais. Je pensais : "Comment il a deviné ?" Une plus grande complicité, ça n'existe pas. »

Vanessa Paradis

Une piscine vide réaménagée en intérieur british kitsch. S'il s'agissait de surprendre, le nouveau clip de Vanessa Paradis, réalisé aux États-Unis par John Lander, un photographe de mode, atteint parfaitement son but. Filmée en gros plan, faisant glisser des perles entre ses doigts, vêtue d'une minijupe et de bottines noires, Vanessa ondule dans ce décor à l'esthétique seventies, où la référence à Bardot est quasi subliminale.

Trois ans se sont écoulés depuis son précédent album, écrit par Gainsbourg. Et la chanteuse a indéniablement mûri, affichant des formes plus voluptueuses. « Ce séjour aux États-Unis lui permet d'atteindre une nouvelle dimension, note Catherine Schwaab. Immergée dans cette culture monumentale, "*bigger than life*", cette jeune femme, qui a été très choyée dans son enfance, a élargi son horizon et appris à se connaître. Contrairement à Béatrice Dalle, l'une de ses idoles, elle ne pourra plus jamais être une artiste désespérément hexagonale [1]. » Sur les plateaux de télévision, c'est perchée sur des talons compensés, avec des pantalons pattes d'éléphant, qu'elle viendra défendre son titre. Une nouvelle fois, Vanessa a réussi à surprendre. Et sa maison de disques pousse un immense soupir de soulagement.

Pendant des semaines, en effet, Marc Lumbroso a douté. Chaque fois qu'il découvrait, depuis ses bureaux parisiens, un titre fraîchement enregistré de l'album, il était sceptique. Aucun tube à l'horizon. Il commençait même à se demander si cet album américain n'allait pas être un naufrage. Et puis, un beau jour, est arrivé *Be My Baby.* Dès l'intro, il a senti le potentiel de la chanson et décidé que ce serait le fer de lance de l'album.

23 septembre 1992. Le grand jour est arrivé. L'album, sobrement intitulé *Vanessa Paradis,* illustré par un cliché sépia de Jean-Baptiste Mondino, inonde les bacs du monde entier : il sort simultanément en France, aux États-Unis, au Japon et au Canada, ce qui n'allège en rien la pression. D'autant que, dans l'Hexagone, les critiques sont loin d'être élogieuses. Ainsi, *Libération* n'hésite pas à parler d'un « super-ratage tout en anglais », de « sottises new age » ou encore d'« inepties bab ». Pour la plupart des chroniqueurs, la voix de Vanessa n'est absolument pas calibrée pour la musicalité soul qui est la marque de fabrique Kravitz.

Des bémols qui n'empêchent pas *Be My Baby* de se hisser dans le Top 10 de nombreux pays : n° 2 en Belgique, n° 4 aux Pays-Bas, n° 5 en France et au Canada, n° 6 au Royaume-Uni et en Irlande, ou encore n° 10 en Allemagne – un palmarès unique dans la carrière de Vanessa Paradis. Même si le titre ne rencontrera pas outre-Manche le même écho que *Joe le taxi* sept ans plus tôt, il vaut à Vanessa sa seconde invitation dans l'émission *Top of the Pops,* fin 1992. Vêtue d'un pantalon en velours doré et d'un boléro noir, la chanteuse, entourée de trois choristes, semble intimidée par le direct. « Ma façon de chanter est différente. J'ai travaillé dur pour m'améliorer, mais la langue anglaise est tellement musicale [2] », déclare-t-elle en préambule.

Précisément, la musicalité de l'anglais empêche certains commentateurs d'apprécier le texte des chansons à leur juste valeur.

Après la plume subtile de Gainsbourg, Kravitz est-il vraiment à la hauteur ? En fait, si certains raillent la facilité du refrain, les paroles de *Be My Baby* ne sont pas si innocentes qu'elles en ont l'air. En demandant à son amoureux d'être son « chéri », Vanessa évoque indirectement sa relation avec Lenny, sa jalousie et ses doutes lorsqu'il s'absente. « So if you're not gonna stay / Then don't be playing with me / You can set me free », fredonne-t-elle. Ce qu'on pourrait traduire par : « Donc si tu ne vas pas rester / Ne joue pas avec moi / Tu peux me rendre ma liberté. » Durant les quatre années de leur relation en dents de scie, entre deux continents, la chanteuse se heurtera à un amoureux qui lui échappe toujours mais dont elle ne peut se passer.

Les trois autres extraits de l'album ne rencontreront pas, hélas, le même succès. Seul *Sunday Mondays* fera une timide percée dans les classements. *Just As Long As You Are There*, hymne épicurien, et *Natural High* ne produiront pas d'étincelles dans les charts européens. Malgré tout, le deuxième extrait bénéficiera d'un clip soigné, réalisé par Vincent Gautier dans les studios d'Arpajon, à quarante kilomètres de Paris. Fredonnant *Sunday Mondays*, Vanessa, vêtue d'une robe blanche à balconnets, semble au paradis, flottant au-dessus d'un paysage de nuages. Accompagnée d'un joueur de clavecin portant un haut-de-forme noir, elle célèbre la volupté de l'âme s'élevant au-dessus de la grisaille du quotidien : « Let's take a trip and lose our minds » (« Faisons un voyage et perdons nos pensées »). Certains n'ont pas manqué d'y voir une apologie des drogues douces – Kravitz n'a d'ailleurs jamais caché consommer de la marijuana.

Natural High, qui ouvre l'album, dresse un autoportrait réussi de la chanteuse, soulignant son charisme naturel, cette « hauteur » qu'elle a toujours souhaitée pour elle-même, cette forme d'excellence qui est le fil conducteur de sa carrière. On pourrait en traduire le message par : « Prenez-moi telle que je suis et si ça ne vous plaît pas, au revoir ! » C'est Jean-Baptiste Mondino qui a réalisé la vidéo en Californie, au printemps 1993. On y voit Vanessa à l'arrière d'une voiture jaune décapotable des années 1950, dont les sièges avant sont occupés par trois hommes. Tandis que le véhicule sillonne une interminable avenue, la chanteuse, repliée sur elle-même, tantôt pensive, tantôt boudeuse, ne prête aucune attention à leur conversation, qui couvre parfois sa voix – l'un d'eux se lève brutalement et crie : « Hollywood ! » Dans les dernières secondes, la décapotable est rattrapée par une voiture de police, sirène hurlante. Une mise en scène en forme de long travelling, étonnamment minimaliste.

Parmi les pépites de l'album, *Gotta Have It* évoque directement la liaison de Vanessa avec son pygmalion. Afin d'éviter d'avoir à se justifier sur leur romance, le couple a préféré la révéler en chanson, histoire de donner aux médias un peu de grain à moudre. « On avait envie de dire à la presse : "Mêlez-vous de vos affaires !" Parce que les gens croient toujours savoir. En fait, ils se font simplement mousser, parce qu'ils n'ont rien d'autre à faire, et que ça fait vendre du papier [3]. » Dans ce titre, la chanteuse résume en quelques mots la force des sentiments qu'elle ressent pour Lenny Kravitz : « Whenever he is around / He puts me six feet under the ground / And when you call he can never be found » (« Chaque fois qu'il est autour / Il me met six pieds sous terre / Et quand tu l'appelles il est introuvable »).

Parce qu'elle chante en anglais, Vanessa peut montrer davantage d'audace que sur ses albums précédents. Ainsi, c'est en toute innocence qu'elle chante « Your Love Has Got A Handle On My Mind », une invitation sans équivoque à l'étreinte sexuelle. « Hey Baby, come put your arms in mine / Let's make love / Put your sweet lips over mine / And open wide », dit la chanson. (« Eh Bébé, viens mêler tes bras aux miens / Faisons l'amour / Pose tes lèvres sucrées sur les miennes / Et ouvre-les en grand »). Torride ! Dans le morceau *Paradis*, interlude jazzy de l'album, elle susurre toutefois quelques mots en français : « Regarde-moi » / « Embrasse-moi » / « Pas comme ça ».

En devenant la muse de Lenny Kravitz, Vanessa devient le porte-parole des messages spiritualistes qu'il véhicule. C'est le cas pour *Silver and Gold*, ballade engagée sur la cupidité qui conduit les êtres humains à tout sacrifier, jusqu'à hypothéquer l'avenir de leurs enfants, pour « l'argent et l'or ». Parmi les onze titres de l'album, on trouve également une reprise du tube de Lou Reed, *I'm Waiting For My Man*, chanson politiquement incorrecte qui raconte l'histoire d'une droguée attendant son dealer.

Mais le titre qui bouleverse le plus Vanessa est sans conteste *Lonely Rainbows* : chaque fois qu'elle l'interprète, elle peine à retenir ses larmes. Et pour cause : la chanson défend une vision idéaliste du sentiment amoureux, décrit comme une forme de communion avec le divin. « I know a place / Where we can always be together / I know a place / Where we can see the light » (« Je connais un endroit / Où l'on peut être ensemble pour toujours / Je connais un endroit / Où l'on peut voir la lumière »), fredonne Vanessa.

« Quand on observe son ciel de naissance, on constate que Vénus est conjointe à Neptune, note Stéphane Singlard, journaliste férue d'astrologie. Comme si, chez elle, il existait un lien naturel entre le sentiment amoureux et son goût pour la musique. Rien d'étonnant à ce qu'elle ait succombé plusieurs fois à des musiciens, qui l'entraînent sur le seul terrain où elle s'autorise à perdre le contrôle [4]. »

On le voit, les chansons de l'album sont loin d'être aussi insignifiantes que d'aucuns ont pu le penser. Elles contribuent même à éclairer de manière décisive la relation entre la muse et son pygmalion. Vanessa le confirme d'ailleurs sans détour. « J'ai retrouvé dans ses textes des choses qui me sont très personnelles, que je ne peux dire à personne. À chaque fois que Lenny m'en donnait un à lire, j'hallucinais. Je pensais : "Comment il a deviné ?" Une plus grande complicité, ça n'existe pas [5]. »

Si Vanessa refuse d'officialiser sa liaison avec Lenny Kravitz, ce n'est pas uniquement par souci de préserver son jardin secret. Alors qu'elle cherche désespérément le mode d'emploi de cette histoire qui l'insécurise, les récits de la presse people ne font que compliquer les choses. Vanessa ne peut s'empêcher d'y voir une forme de malveillance dans le voyeurisme. « Quand deux personnes vivent des moments fabuleux, très forts, quoi de plus normal que de les détruire ? C'est comme ça, j'en ai l'habitude, maintenant [6]. »

Heureusement, en dehors des charognards qui s'intéressent uniquement à sa vie privée, Vanessa peut compter sur le soutien de puissants alliés, totalement dévoués à sa cause. Cette fois encore, Didier Pain a orchestré un de ces coups de génie dont il est coutumier. Durant tout le séjour américain de sa nièce, il a demandé à un cameraman de filmer son quotidien, comme si elle était l'héroïne avant l'heure d'une émission de télé-réalité. Son projet ? Confier les images à Canal + afin de réaliser un documentaire au moment de la sortie de l'album. « Didier avait des relations amicales avec de nombreuses personnalités de la chaîne cryptée, dont Nicolas Plisson, le directeur des programmes, ou encore Michel Denisot, me confie un proche. C'est ce qui explique que Canal + ait à maintes reprises déroulé le tapis rouge à Vanessa [7]. »

Le coup marketing est magistral : le 15 mars 1993, durant toute une journée, la chaîne se met à l'heure Paradis en lançant l'opération « Canal + aime Vanessa ». Jean-Luc Delarue, alors aux manettes de « La Grande Famille », offre à la star un énorme bouquet de roses rouges. Dans *Nulle Part ailleurs,* le talk-show vitrine de la chaîne, Antoine de Caunes explique, dans sa chronique, pourquoi il préfère Vanessa à Madonna – rien que ça. Le même jour, Michel Denisot et Les Nuls adressent à la chanteuse une immense déclaration d'amour. Enfin, le reportage dont les images ont été fournies par Didier Pain achève cette incroyable promotion, unique dans les annales de la télévision.

Un déluge d'amabilités qui fait vite oublier le scepticisme de la critique. De fait, vendu à plus d'un million d'exemplaires dans le monde, l'album américain de Vanessa reste son plus gros succès à ce jour. Toutefois, malgré un bon lancement planétaire, les ventes en dehors de l'Hexagone restent modestes – 300 000 copies seulement. En outre, les États-Unis, où il est difficile pour un Français de s'imposer, ont totalement boudé Vanessa. Si elle n'a pas démérité, elle n'est pas devenue pour autant la « French Madonna » qu'elle rêvait d'être.

Sans doute l'album manquait-il de tubes du calibre de *Be My Baby* pour permettre à la chanteuse de transformer l'essai. En cause aussi, pour certains, son positionnement de muse trop timorée face à un Kravitz qui ne lui aura pas permis de s'émanciper pleinement. « Avec lui, me confie Joshua Darche, Vanessa n'est pas devenue une rockeuse : elle est restée au niveau de la Pom Pom Girl [8]. » Une formule un peu lapidaire sans doute, mais dont on perçoit le fond de vérité sur la photographie retenue pour le livret : le musicien, au premier plan, écrase de sa présence la chanteuse, dont la silhouette à l'arrière-plan semble minuscule.

Que faut-il penser de cet album ? Vingt ans après, les critiques demeurent partagés. Pourtant, cet ovni dans la carrière paradisienne semble mieux tenir la route que prévu. « À l'époque, je trouvais l'album un peu artificiel, trop *revival,* m'explique Emmanuel Marolle, journaliste musical au *Parisien*. Finalement, il a très bien vieilli [9]. » Même si l'album ne permet pas à Vanessa de devenir une star planétaire, il va marquer son parcours de manière déterminante en lui ouvrant une nouvelle expérience : la scène.

20

La scène, la scène !

« Sur scène, il n'y a aucun tabou, aucune limite, aucune frontière. Communiquer à ce point avec les gens, ça ne m'était jamais arrivé ailleurs. »

Vanessa Paradis

Son nom en lettres rouges sur le fronton de l'Olympia, la salle mythique où elle jouera dix fois à guichets fermés. Une tournée de cinquante-six dates au total, estampillée « Natural High Tour ». Longtemps, son oncle et elle en avaient rêvé. Longtemps, pourtant, ils avaient reporté ce moment.

Pour Vanessa, la frustration a été immense. Dès l'enregistrement de son premier disque, elle ne pensait qu'à ça. Même après l'opus signé Gainsbourg, Didier Pain a jugé que c'était encore trop tôt. Il fallait laisser le temps au désir du public de mûrir : après trois albums, l'effet de curiosité va fonctionner à plein. D'autant que la collaboration avec Kravitz a donné naissance à une Vanessa « new age ». Et puis, cette fois, c'est la chanteuse qui a pris le taureau par les cornes. « Ce passage sur scène, c'est moi qui l'ai voulu. Je n'ai jamais laissé quelqu'un décider à ma place. On a compris enfin que je ne trichais pas. Il va falloir y aller, tout donner [1]. »

C'est là que les difficultés commencent. C'est là, surtout, que va resurgir le vieux complexe de Vanessa : la peur de ne pas être à la hauteur. Cette appréhension qui la tétanisait lorsqu'elle devait présenter un exposé devant toute la classe. « Cela faisait longtemps que j'avais envie de monter sur scène. Pour connaître le public qui achète mes disques. Mais aussi pour montrer ce dont je suis capable. En commençant par le vérifier moi-même [2]. » Ce n'est pas pour rien si, afin de qualifier ce moment de vérité, elle utilise le mot d'« examen ». « La scène, c'est une espèce d'examen qui rend les choses parfaitement claires et nettes. Il y a plein de gens qui sont venus me voir parce qu'ils m'aiment beaucoup. Mais il y en a un tas d'autres qui ne m'aiment pas, et qui sont venus voir de quoi j'étais capable. Ils voulaient savoir s'ils se trompaient sur moi ou s'ils avaient raison. Peut-être qu'à partir de cette tournée, ils vont changer d'avis [3]... »

Vanessa le sait : elle n'a pas droit à l'erreur. Le plaisir doit l'emporter sur la peur. Mais rien n'est gagné d'avance. Afin de rassurer sa filleule, Didier Pain a pris la précaution de roder le spectacle : le 3 mars, elle chante pour le Centre international de Deauville devant quinze mille spectateurs ; ensuite, elle donne trois concerts à La Réunion.

Le 25 mars, son oncle lui a programmé une surprise : elle doit chanter devant ceux qui l'ont vue grandir, à Saint-Maur-des-Fossés, dans la salle où elle a participé, à huit ans, à son premier spectacle de danse. « Pendant le concert, j'ai reconnu plein de gens. Et après, j'ai retrouvé des amis d'enfance que je n'avais pas vus depuis des années [4]. » Une fois la représentation terminée, un cocktail permet à Vanessa de mettre des prénoms sur quelques visages. Si elle a occulté certains souvenirs, ses anciennes connaissances sont là pour lui rafraîchir la mémoire. Entre joie, pudeur et embarras, elle mesure tout le chemin parcouru.

Ces galops d'essai lui permettent de prendre ses marques avant le premier rendez-vous à l'Olympia, fixé au 30 mars. Pourtant, quelques jours avant la date fatidique, on la retrouve nerveuse sur le plateau de Michel Drucker. « Ce qui est difficile, dit-elle, quand un projet vous tient à cœur, c'est qu'on a envie de s'occuper de tout. Et c'est une vraie prise de tête ! Les répétitions, les costumes, les musiciens, les lumières. Tout arrive en même temps ! Ça vous empêche de dormir la nuit. Alors, au niveau de la santé, c'est compliqué[5]... » Gagnée par le stress, Vanessa est une vraie boule de nerfs. Et si elle suit à la lettre une préparation physique intensive, elle cale parfois devant son assiette de féculents censés l'aider à tenir le choc. Elle n'oublie pas, toutefois, d'avaler un cocktail de vitamines, qui doit booster son énergie et ses défenses immunitaires.

Le 30 avril, avant d'entrer sur scène, elle est morte de trac. « C'était comme si mon cœur battait dans mon ventre », dira-t-elle. La silhouette nimbée d'une lumière rouge, elle fredonne d'une voix sensuelle les premières notes de *Natural High*. Elle porte un long manteau violet et un chapeau mou qui, pourtant, la protègent. C'est elle qui a tenu à ne pas s'effeuiller trop vite, à ne se donner qu'une fois échauffée et à l'aise face au public. Pour la quatrième chanson, *Sunday Mondays*, elle ôte manteau et chapeau, dévoilant une robe moulante pailletée couleur chair et des platform bottines. Face à l'enthousiasme des spectateurs, elle sent peu à peu monter le plaisir.

Pour sa toute première scène, Vanessa Paradis offre un show aux accents seventies, entourée de musiciens américains choisis par Lenny Kravitz. Un combo classique, une basse, deux guitares (l'un des guitaristes porte un bandana à la Jimi Hendrix), un saxophone, mais aussi deux choristes black arborant boléros et pantalons pattes d'eph : l'atmosphère psychédélique de l'album est parfaitement restituée. Si le tracklisting fait la part belle au répertoire anglais, la chanteuse n'en oublie pas moins ses tubes français, dont une version planante, très réussie, de *Joe le taxi*. Deux reprises, également : *As Tears Go By*, de Marianne Faithfull, et *Les Cactus* de Jacques Dutronc, qui résume si bien la période de sa vie où elle s'est sentie rejetée.

Pas de chorégraphie millimétrée à la Madonna : Vanessa préfère « vivre » ses chansons, quitte à se déhancher si nécessaire ou à marquer le rythme en maniant un tambourin, comme sur *Just As Long As You Are There*, qui bénéficiera d'un clip *live* capté façon vintage par Mathias Ledoux. Pour les changements de costumes, pas de scénographie spectaculaire non plus. Malgré tout, la garde-robe tient ses promesses. Pantalon tulipe et top transparent, minishort et soutien-gorge en maille et, pour le final, une robe blanche portée pieds nus : sans jamais donner l'impression d'un défilé de mode, la chanteuse se montre tour à tour sexy, baba cool ou rétro.

Si elle a autant le trac, c'est parce que toute la presse se trouve dans la salle. Toute la presse, et aussi de nombreuses personnalités amies, dont Guesch Patti, Antoine de Caunes, Vincent Lindon, Alain Lanty, mais encore Florent Pagny – décidément beau joueur. Lenny, en revanche, n'est pas venu. Une absence d'autant plus cruelle que tout, dans ce show, porte son empreinte. Vanessa songe-t-elle à Kravitz lorsqu'elle verse des larmes chaudes en fredonnant *Lonely Rainbows*, à l'occasion du rappel ? En tout cas, l'émotion est suffisamment intense pour qu'elle s'effondre en balbutiant un « merci » bouleversant. Merci au public de lui apporter tant d'amour, alors que l'homme qu'elle aime a, une fois de plus, disparu dans la nature.

Pour la presse, l'« examen » a été réussi avec brio. « Ce qui est remarquable chez Vanessa, c'est son incroyable facilité à faire juste, chanter comme sourire, marcher comme vibrer », s'enthousiasme Alain Morel dans *Le Parisien*[6]. Même satisfecit pour Didier Vallée, qui écrira dans *VSD* : « Vanessa Paradis a gagné ses galons de star. C'était l'épreuve du feu, le concours général, le bac et le permis de conduire réunis… Elle a tout réussi d'un seul coup, au premier tour[7]. » Les médias s'inclinent devant la présence scénique de la chanteuse, tantôt « torride et fraîche », tantôt « instinctive et animale ».

Au fil des représentations, Vanessa prend goût à cette forme de contact, de communion parfois, avec le public. D'un geste tendre, il lui arrive de frôler les mains qui se tendent vers elle depuis la fosse. « Sur scène, il n'y a aucun tabou, aucune limite, aucune frontière, confiera-t-elle. Les chansons, je les leur chante dans les yeux et ça ne me gêne absolument pas. Communiquer à ce point-là avec les gens, ça ne m'était jamais arrivé ailleurs[8]. »

Parfois, elle ne vibre que pour une seule personne présente dans la salle. Ainsi, le 3 avril, elle lance des sourires affectueux, au troisième rang, à sa petite sœur Alysson, dix ans, venue l'applaudir. Le 10 avril, elle chante fièrement devant Germaine Pain, sa grand-mère maternelle.

Peu à peu, elle gagne en assurance. En spontanéité, aussi. Sans cesser d'être traqueuse, elle parvient à émouvoir en mettant sa sensibilité à nu. À tel point que Didier Pain lui-même finit par être bluffé par son charisme. « Il y a un moment fétiche, racontera-t-il, qui a eu lieu le soir de la dernière à l'Olympia, et qui m'a fait prendre conscience qu'elle pouvait aller loin. Ce soir-là, elle a entamé une chanson à la fin du spectacle, a capella. Elle a chanté la première phrase avec le micro, puis elle l'a retiré. Elle a chanté avec la salle, sans rien. De vivre ce moment avec elle, les larmes me sont venues et j'avais les poils tout droits sur les bras [9]. »

Le 14 avril, après un break de trois petits jours, la tournée débute à Lyon. Sur les cinquante-six dates annoncées, seules deux salles, à Strasbourg et Mulhouse, n'affichent pas complet. La chanteuse découvre un nouveau style de vie, itinérant. Dans le car spécialement affrété pour la tournée, elle partage des moments privilégiés avec les musiciens. Chaque soir, dans sa loge, histoire de mettre toutes les énergies à l'unisson, elle recrée cette ambiance conviviale en fredonnant des refrains. « On chante des chansons du spectacle ou n'importe quoi », confiera-t-elle à la journaliste Nicole Korchia [10].

Le 16 avril, à Grenoble, un incident relayé par la presse locale contrarie le staff de Vanessa. Comme à chaque représentation, après avoir interprété *I'm Waiting For The Man*, elle lance son harmonica dans la fosse. Mais, cette fois, le lendemain, un étudiant prétend avoir été grièvement blessé à l'œil à cause d'elle. Fort heureusement, on apprendra, grâce à un autre spectateur grenoblois, faisant savoir au promoteur de la tournée que c'est lui qui se trouve en possession du fameux harmonica, que le jeune homme prétendument blessé a tout inventé pour faire parler de lui.

La tournée impose son rythme, et Vanessa apprivoise tant bien que mal ses nouvelles contraintes. Lever vers 12-13 heures, promenade dans la ville où le spectacle doit être donné, découverte de la salle avec, souvent, une mini-conférence de presse, réglages du son, repas aux alentours de 17 heures, puis maquillage et chauffage de la voix. Pour être au top vocalement, la chanteuse sirote un thé aux herbes naturelles acheté à New York, y ajoutant du miel et une tranche de citron. Et, pour conjurer le sort, elle a besoin, comme tous les artistes, de rituels rassurants. Entre Vanessa et son oncle, quelques mots échangés suffisent. « Il y a quelques secondes qui nous appartiennent à tous les deux et quelques mots que je ne dirai pas, explique Didier Pain. À part le “merde” traditionnel. On est fétichistes, alors on garde ça pour nous [11]. »

Si la chanteuse est désormais à l'aise face au public, le temps de l'avant-scène lui semble souvent pesant. « Toute la vie avant le concert est perturbante, très déséquilibrante, parce qu'on se laisse envahir par ses problèmes, par son moral, par sa fatigue, par les problèmes techniques, ceci, cela. Et puis arrive un moment où, quel que soit le contexte, il se passe quelque chose dans la salle et sur scène. Même si ça retombe ensuite. En sortant de là, j'ai toujours du mal à aller me coucher [12]. »

C'est le prix à payer lorsqu'on atteint de telles cimes : l'atterrissage est difficile. Malgré l'affection de Didier Pain qui, blouson de cuir et catogan de rock star, ne la lâche pas d'une semelle, Vanessa se sent prise de vertige, vidée, déboussolée. Quand la solitude est trop lourde après le concert, Nelson est le meilleur des remèdes. C'est son oncle qui lui a offert ce chiot durant les représentations à l'Olympia. Et il va suivre Vanessa durant sa tournée – une vraie mascotte. Il aura même l'honneur de figurer dans l'ouvrage de photographies consacré par Claude Gassian à la tournée [13]. « Nelson a sept mois et adore les voyages, il les aime tous, surtout si on est tous les deux », écrira à la main la chanteuse comme légende sous un cliché où elle le berce dans ses bras comme un bébé.

Accompagnant la chanteuse sur plusieurs dates, le photographe a privilégié les clichés d'ambiance, saisis sur le vif, dans le mouvement. On découvre dans son livre une Vanessa frêle et rock, nombril à l'air, tantôt rieuse, tantôt boudeuse, debout devant la cabine de douche de sa chambre d'hôtel, agenouillée sur un terrain de tennis, clope au bec, ou encore tentant de trouver le sommeil dans le car de la tournée.

Sur ces photographies, on comprend mieux, aussi, l'état de grande fatigue dans laquelle la plonge ce tour de France. À Montpellier, où elle découvre la salle vide, la veille du concert qu'elle doit donner, un cliché de Vanessa, de dos, la montre ultra-mince, flottant dans son jeans. Épuisée par la scène et le manque de sommeil, elle a perdu plusieurs kilos en seulement quelques semaines. Et son état de grande nervosité a tendance à lui couper l'appétit.

Le 31 mai, à Toulon, après avoir interprété seulement quatre chansons, elle s'évanouit sur scène. Alors que le public est sous le choc, une annonce précise que « Vanessa a été victime d'un malaise ». Rideau.

Le médecin de la tournée diagnostique une chute de tension due au surmenage. Vanessa doit impérativement se reposer et s'alimenter. Sa mère et son oncle, préoccupés, l'installent pour quelques jours dans un hôtel de Saint-Tropez, Le Provençal, à l'abri des regards. La nouvelle, heureusement peu relayée dans les médias, ne doit pas hypothéquer la suite de la tournée, qui est loin d'être achevée. Malgré tout, Didier Pain ne cache pas son inquiétude. Il cherche à comprendre pourquoi sa filleule a flanché. « C'est une gamine, elle a vingt ans et cette tournée avec cet album, la pression que ça suppose, ça représente pour elle deux ans d'un travail intensif. Et la pression est sans doute plus difficile à supporter que toutes ces fatigues physiques qu'on peut avoir au cours de ce genre d'expérience [14]. »

Le 4 juin, la chanteuse assure néanmoins avec panache le concert du Zénith de Paris, puis reprend avec une volonté de battante ce qui ressemble de plus en plus pour elle à un chemin de croix. Les 5 et 7 juillet, elle donne deux représentations au Québec, devant un public subjugué. Le 11, elle se produit à Londres au London Forum. Mi-juillet, elle fait sensation aux Francofolies de La Rochelle.

Le 23 juillet, toutefois, une dépêche de l'AFP annonce l'interruption définitive de sa tournée. « Repos forcé pour Vanessa Paradis qui annule toutes ses activités professionnelles. Son état n'inspire pas d'inquiétude mais exige un repos complet et prolongé ». Jusqu'au bout, elle a essayé d'honorer ses engagements. Mais, alors qu'elle a assuré les trois quarts des représentations prévues, Didier Pain juge plus raisonnable d'arrêter les frais.

Elle-même reconnaîtra avoir trop tiré sur la corde, surestimant ses forces. « La tournée a été un grand choc pour moi. C'était très difficile. Après ça, repartir et mettre autant d'amour et de sincérité dedans, je n'en avais pas la force. Certains soirs, je n'avais plus de voix. J'étais faible, de plus en plus faible. Heureusement, parmi mes proches, des gens sensés m'ont fait comprendre que je risquais de m'abîmer irrémédiablement. De casser ma voix, ma santé, tout le reste. Ma mère était morte d'inquiétude. J'avais perdu du poids [15]. »

La fatigue est-elle la seule raison qui a contraint la star à tout arrêter ? Des rumeurs circulent, mais elles sont invérifiables. Une chose est sûre : tirant la leçon de cette expérience, la chanteuse refusera par la suite de s'engager dans des tournées marathons. Pas question de se prendre pour Madonna. Le « Natural High Tour » lui aura au moins appris à mieux se connaître en fixant elle-même ses propres limites.

C'est d'abord à New York qu'elle va reprendre son souffle, histoire de savourer une fois de plus un anonymat qui lui fait du bien. Et aussi pour y retrouver Lenny Kravitz, qui lui a tellement manqué durant la tournée, même s'il lui a fait la surprise de venir chanter en duo sur scène avec elle le 21 mai à Nancy. Une fois de plus, il se montre insaisissable et fuyant. Déçue, Vanessa poursuit sa convalescence à Formentera, dans les Baléares, entourée de plusieurs amis fidèles, parmi lesquels Alain Lanty.

Tirant sur une cigarette, tandis qu'elle observe le soleil rouge plonger dans la mer, elle fait le vide dans sa tête. Lorsqu'elle sent son cœur « sur la lame d'une vague de froid », la chanteuse peut heureusement compter sur une dizaine d'amis fidèles, toujours prêts à la réconforter. Des hommes pour la plupart, artistes pétris de doutes, avec des profils d'écorchés vifs, des parcours hors-norme, toujours plus âgés qu'elle. Elle les appelle, leur demande conseil. Inlassablement, elle veut savoir ce qu'il faut faire pour retenir l'homme qu'elle aime et qui se dérobe. Parfois, ils trouvent les mots pour la rassurer.

Si Vanessa récupère ses forces à Formentera, le repos ne sera que de courte durée. Alors qu'elle doit préparer son premier album *live,* enregistré à l'Olympia, dont la sortie est prévue pour le 21 février 1994, un projet l'attend au cinéma. Un rôle sur mesure. Un nouveau coup de maître, surtout, orchestré par Didier Pain. Au printemps 1994, alors que sa reprise des *Cactus* de Jacques Dutronc inonde les ondes, la chanteuse démarre le tournage d'*Élisa*, de Jean Becker.

21

ÉLISA

« Depardieu n'est qu'amour. Et il n'a pas les mains qui dépassent du tout, pas avec moi, en tout cas. »

Vanessa Paradis

Depuis le succès de *Noce blanche*, cinq années se sont écoulées. Cinq années durant lesquelles Vanessa a reçu des dizaines de scenarii. Des propositions de rôles balayées d'un revers de main, calquées sur sa prestation d'ado paumée dans le film de Brisseau. La jeune femme veut revenir au cinéma par la grande porte. Surtout, elle souhaite incarner un personnage fort, qui prenne son destin en main, pas une victime détruite par la fatalité.

À Didier Pain de lui trouver « le » rôle dont elle rêve. Ça tombe bien : depuis qu'il a tourné dans *Justinien Trouvé ou le Bâtard de Dieu,* il a sympathisé avec le réalisateur du film, Christian Fechner, qui est l'un des producteurs poids lourds du cinéma hexagonal – on lui doit notamment *Papy fait de la résistance* ou *Camille Claudel.* C'est donc une nouvelle fois grâce au carnet d'adresses de l'oncle providentiel que les portes du cinéma vont se rouvrir pour Vanessa.

Le pari de Fechner ? Convaincre Jean Becker, qui a cartonné avec *L'Été meurtrier* en 1983, de reprendre le chemin des studios en écrivant un film sur mesure pour la chanteuse. Pour lui, l'association Becker-Paradis est l'équation parfaite du succès. La jeune femme est emballée. Reste à convaincre le metteur en scène.

Comme toujours, Vanessa appréhende la rencontre. La scène a beau l'avoir libérée, sa réserve vis-à-vis de ceux qui représentent des « chances » pour elle demeure intacte. La première entrevue avec Jean Becker, dans les bureaux parisiens de Christian Fechner, ressemble à un dialogue de sourds. « En fait, on n'arrivait pas à se parler, c'était insupportable. On était assis l'un à côté de l'autre, il me disait quelque chose et je n'arrivais pas à lui répondre. Je me disais : "On n'a rien à se dire, il ne me sent pas, je ne le sens pas." Je n'arrivais pas à croire qu'il pourrait se passer quelque chose de créatif entre nous [1]. »

Au contraire, la timidité de Vanessa va jouer comme un déclic pour le réalisateur, qui projette d'emblée sur elle un personnage auquel il songe depuis longtemps et qui, soudain, prend vie sous ses yeux. « C'est exactement ce que j'attendais depuis cinq ans [2] », dira-t-il, avant de retourner dans sa maison de province pour reprendre l'écriture du scénario avec son complice Fabrice Carazo. Face à lui, au-dessus de son bureau, une photographie de Vanessa, fière et vulnérable, le surplombe de sa *Natural High*. « Le film n'a pas vraiment été écrit sur mesure, confiera-t-il à Jean-Pierre Pasqualini dans *Platine*, mais comme nous avions décidé de le faire avec elle, Vanessa nous a influencés [3]. » Autre source d'inspiration : la chanson *Élisa* de Gainsbourg, que Becker écoute en boucle, même si son projet a pour titre provisoire *Joyeux Noël*.

C'est dans ce contexte que naît Marie, adolescente rebelle qui, au sortir de la DDASS, veut punir son père qu'elle juge responsable du suicide de sa mère. Une jeune femme tiraillée entre fragilité et violence qui va permettre à Vanessa de montrer une palette d'émotions plus large que dans *Noce blanche*. Lorsqu'elle reçoit, trois mois plus tard, le scénario, auquel il manque pourtant les vingt dernières pages, elle est sous le choc. Son personnage de mineure livrée à elle-même, qui insulte ses grands-parents, sème la panique à un mariage, ou encore vole une voiture après avoir menacé ses occupants, la séduit immédiatement. Déboussolée par l'arrêt de sa tournée et sa relation compliquée avec Lenny Kravitz, elle sent que Marie peut l'aider. « Je ne pensais qu'à ce film, je n'avais que ça dans ma vie [4] », confie-t-elle à l'époque.

À peine le contrat signé, elle bûche son personnage, veut tout savoir de la Marie qu'elle doit incarner. Comme toujours, parce qu'elle manque de confiance en elle, elle compense ses doutes en travaillant davantage. Hantée par ce rôle, auquel elle désire tout donner, elle en rêve la nuit, en perd parfois le sommeil. Pas facile pour Vanessa, qui a été si choyée, si gâtée, de devenir une adolescente déracinée. Afin de mieux comprendre ce que signifie l'abandon, elle rencontre des enfants issus de la DDASS. « Même s'ils devaient un jour retrouver leurs parents, il y aura toujours quelque chose qui manque, une espèce de blanc, expliquera-t-elle. Ça m'a servi pour jouer cette espèce de douleur et de solitude [5]. »

Pour donner la réplique à Vanessa, Didier Pain et Christian Fechner pensent à Gérard Depardieu. Mais l'agenda de l'acteur, qui enchaîne les tournages avec un appétit d'ogre, est tellement surbooké que le projet manque de capoter. Finalement, il parvient à se libérer une petite semaine. Jean Becker décide alors de bouleverser le planning du tournage, quitte à commencer le film par la fin, afin de mettre en boîte les séquences où il apparaît. Le 25 avril 1994, l'équipe s'installe sur l'île de Sein, dans des conditions extrêmes à cause du vent, des embruns et du crachin.

Une décision qui déstabilise Vanessa, et pour cause : lors de cette confrontation, Marie, qui est venue sur l'île de Sein afin de tuer son père, tente d'attirer par tous les moyens l'attention de ce misanthrope bourru et alcoolique, même s'il lui faut se déshabiller entièrement devant lui. Pas évident de démarrer un tournage par une scène de nu… Et de renier la promesse qu'elle avait formulée après le tournage de *Noce blanche*. « Je l'ai montré une fois, mon petit cul. Profitez-en bien, parce qu'il y a toutes les chances pour que vous ne le voyiez plus [6] », avait-elle alors déclaré, écœurée par ce tournage.

Cette fois, heureusement, tout se passe bien : Vanessa travaille en confiance avec Jean Becker, qui la traite avec respect. Et la séquence où, après avoir multiplié les acrobaties sur son vélo, la jeune actrice retire sa robe à fleurs pour se planter devant un Depardieu qui joue l'indifférent reste l'une des plus savoureuses du film. De son côté, l'acteur phare du cinéma français se montre paternaliste avec « la petite ». Dès leur première rencontre, il lui ouvre les bras. « C'était très généreux et protecteur de sa part, juste pour me mettre à l'aise immédiatement [7]. »

Impressionnée par sa stature et la justesse de son jeu, la chanteuse n'ignore pas non plus sa réputation de séducteur sur un plateau de cinéma : Depardieu étreindrait ses partenaires avec autant de fougue que ses rôles. Réalité ou légende ? « Il n'est qu'amour, racontera Vanessa des années après. Et il n'a pas les mains qui dépassent du tout, pas avec moi, en tout cas. Il me faisait hurler de rire, même si nous n'avions pas que des choses légères à nous dire dans les scènes. À l'époque, il était au régime et il mangeait de l'ail cru toute la journée [8]. »

C'est avec Depardieu qu'elle tourne la scène la plus bouleversante du film, l'instant où Marie reçoit enfin tout l'amour qu'elle a si longtemps cherché en vain. « Tu pourrais m'aimer ? », supplie-t-elle, après s'être allongée, dénudée, sur son père, dans un geste désespéré qui flirte avec l'inceste. « Mais je t'aime », répond le père. Trois mots qui vont tout changer dans le cœur de Marie. Contrairement au personnage d'Éliane, incarné par Isabelle Adjani dans *L'Été meurtrier*, qui sombre dans la folie après avoir découvert la vérité sur ses origines, Jean Becker a décidé que l'histoire de Marie connaîtrait une fin heureuse.

Après la parenthèse éclair avec Depardieu sur l'île de Sein, la suite du tournage se déroule à Paris, dans des conditions idylliques, comme le relatera Vanessa presque désolée, pendant la promotion du film, de tenir un discours aussi sirupeux. « Bon, ça m'énerve toujours de dire que ça s'est bien passé comme ça, parce qu'on ne peut pas comprendre, en fait. On ne peut pas transmettre le bonheur que ça a été [9]. » Pour Patrice Leconte, si la jeune femme vit une aussi belle aventure, c'est aussi « parce qu'elle a beaucoup souffert sur *Noce blanche* et qu'elle découvre avec bonheur qu'on peut faire un film dans une atmosphère saine et sereine [10]. »

Très investie dans son rôle, Vanessa se lie d'amitié avec Florence Thomassin, qui incarne sa mère, troublée par leur ressemblance physique. « Jean Becker trouvait qu'on avait un peu le même genre de visage. Quand on a fait les essais pour le maquillage, on s'est toutes les deux tiré les cheveux en arrière, et c'était vraiment flagrant [11]. » Lorsque Vanessa confie à son aînée ses doutes sur sa façon d'aborder une scène, elle trouve en écho une oreille bienveillante. « Florence Thomassin est une pure merveille, en tant qu'amie, qu'actrice, et que sculpteur de grand talent, dira-t-elle dix ans plus tard. Une personne sublime, au grand cœur, belle dedans et belle dehors [12]. »

Avec Clotilde Courau, qui joue Solange, la meilleure amie de Marie, la chanteuse devient aussi très copine. Toutes deux partagent une complicité générationnelle évidente. Certains soirs, après le travail, Vanessa se mue en véritable locomotive : toute l'équipe, acteurs et techniciens, est alors conviée à faire la fête en chantant et en dansant sur les disques qu'elle a apportés. Pour elle, qui a grandi dans une ambiance festive, avec du monde à la maison, des éclats de rires et de bonnes bouteilles, ces parenthèses sont essentielles. Les deux copines auront d'ailleurs du mal à se séparer, s'effondrant en larmes dans les bras l'une de l'autre, lorsque Clotilde jouera sa dernière séquence.

Si la chanteuse vit un tournage aussi merveilleux, c'est aussi parce que son personnage lui permet d'exorciser les émotions enfouies au fond d'elle. Parce qu'elle n'a pas eu le temps de digérer ce qui lui est arrivé, ce rôle est une occasion de hurler toute la rage emmagasinée. « Grâce à Marie, j'ai évacué, dira-t-elle. J'ai osé. En m'abritant derrière une histoire, des vêtements, un autre prénom, j'ose exprimer ce que je ne m'autorise pas dans la vie, ou seulement dans ma vie privée : des crises de bonheur, de larmes, d'hystérie [13]. »

Au fond, Marie l'aide à exprimer ce qu'elle s'interdit, à incarner une fille aux antipodes de son tempérament. « Ça me plaisait de jouer une menteuse, de me déguiser, de hurler… J'étais très heureuse de ça [14]. » Plutôt que de s'allonger sur le divan d'un psychanalyste afin de mieux connaître ces fêlures qui l'empêchent d'être vraiment légère, elle profite de ce rôle pour faire un bout de chemin intérieur. « Il y a quelque chose de complètement thérapeutique. C'est l'opportunité d'expérimenter de nouvelles choses… Vous avez un tas d'excuses quand vous jouez la comédie, vous dites des mots qui ne sont pas les vôtres, vous êtes habillée différemment [15]. »

En passant tout ce temps avec Marie, elle se nourrit aussi d'un être de chair et de sang qui lui semble plus construit qu'elle-même – comme si la précocité de sa carrière faisait d'elle un être inachevé. C'est pourquoi elle se montre intarissable sur son personnage. « En un quart de seconde, elle passe de l'état de quelqu'un de profondément méchant et de très très dur – elle fait des trucs carrément honteux parfois – à celui de quelqu'un d'angélique et de très fragile [16]. »

Que Vanessa ne se sente pas encore une vraie actrice, malgré son don indéniable pour la comédie, elle en apporte la preuve en dévoilant qu'une scène du film a été particulièrement pénible pour elle : celle où elle humilie l'un des anciens clients de sa mère, qui se prostituait pour gagner sa vie. « Je le rabaisse horriblement sans que jamais la haine s'extériorise complètement. À la fin, j'avais des nœuds dans le ventre et la tête qui tournait. C'était vraiment dur [17]. » Au fond, la chanteuse n'est jamais totalement dans le jeu : si elle donne une part d'elle-même à son personnage, elle éprouve un embarras à se comporter devant les caméras en désaccord avec ses valeurs intimes.

Lorsque le tournage s'achève, le 22 juillet 1994, Vanessa ressent un immense vide. Parce que la fête s'achève, cette vie en collectivité au milieu d'une équipe chaleureuse qui l'aura portée trois mois durant. Mais aussi parce qu'elle se retrouve face à elle-même, une artiste de vingt et un ans au destin flamboyant certes, mais qui ne sait pas encore qui elle est. Malgré cette reconnaissance, quand elle retrouve ses parents, ce couple soudé et toujours amoureux, elle sent qu'il lui manque l'essentiel.

Au moment où le film envahit les écrans, le 1er février 1995, la chanteuse s'acquitte avec sérieux de la campagne promotionnelle qui l'accompagne. Dès le jour de la sortie, les retours sont excellents : le public, curieux de la revoir au cinéma, lui réserve un accueil triomphal. Didier Pain, l'instigateur de ce joli coup, se frotte les mains d'avoir investi ses propres deniers en devenant coproducteur : *Élisa* totalisera plus de deux millions et demi d'entrées et sera vendu partout dans le monde, suscitant de nouvelles attentes autour de l'actrice Paradis, qui signe, dans la foulée, un contrat d'exclusivité avec Christian Fechner pour ses trois prochains rôles.

Peu importe, au fond, si *Élisa* n'est pas un chef-d'œuvre, comme le soulignera une critique pas vraiment unanime. Son côté brouillon, bruyant, désordonné, décousu, s'explique sans doute par la précipitation dans laquelle le long-métrage a été écrit. Malgré tout, même si Vanessa en fait parfois trop dans le registre de la colère, jusqu'à faire dérailler sa jolie voix sucrée, elle y est éblouissante de beauté. Inspiré par son actrice, Jean Becker a su la sublimer, filmée en gros plan ou promenant sur le bitume sa silhouette sexy, moulée dans son minishort et perchée sur des escarpins vertigineux.

Paradoxalement, cette expérience exaltante ne suscite pas chez Vanessa une boulimie de cinéma. « C'était une période où je n'allais pas très bien, confiera-t-elle. Après la promotion, la sortie, les séances photos, les interviews, je me suis sentie complètement perdue, comme si je ne savais plus ce que je voulais faire. J'avais des scénarios, des propositions, et je disais non tout le temps. Parce que je doutais. C'était comme si mon instinct qui, jusque-là, ne m'avait jamais fait défaut, faiblissait. Ce n'était pas agréable du tout [18]. »

Symptôme de cette période trouble qu'elle traverse, le 16 février 1995, alors qu'elle s'est envolée pour trois jours à Montréal afin de promouvoir *Élisa* au Québec, la presse canadienne révèle qu'elle est arrêtée à l'aéroport de Dorval en possession de trois grammes de haschich [19].

22

EXIT LENNY KRAVITZ

« Vanessa était la femme parfaite, mais elle est arrivée au mauvais moment. Je le regrette. »

Lenny Kravitz

Par chance, l'incident est passé plutôt inaperçu en France. Sans doute parce qu'il s'est déroulé loin de nos frontières, il n'a eu aucune incidence négative sur le destin d'*Élisa* dans les salles. Par chance aussi, il égratigne à peine l'image consensuelle de la chanteuse, appréciée de toutes les générations. À Pascale Clarke, qui lui demandera en 2003 s'il est exact que « l'affaire » lui a coûté son contrat avec Chanel, Vanessa répondra que, de toute façon, ce contrat venait de prendre fin.

Le 14 février, invitée à Montréal durant trois jours afin d'assurer la promotion de son film, la chanteuse est accompagnée de Jean Becker et de son parrain, Didier Pain. Pourtant, c'est seule qu'elle se rend le 16 février, tôt le matin, à l'aéroport de Montréal-Dorval : alors que le réalisateur et le manager se sont déjà envolés pour Paris, elle a réservé un billet sur le vol de 8 h 50 d'Air Canada à destination des Caraïbes, avec escale à Miami. Ce jour-là, elle part retrouver Lenny Kravitz, qui se partage entre la Floride, où il enregistre de nouveaux titres, et les Bahamas, où vit une partie de sa famille.

Au moment où elle s'apprête à franchir le point de fouille de l'immigration américaine, on lui demande de présenter ses papiers d'identité. Un agent des douanes l'invite à ouvrir son sac à main : une boulette de haschich de trois grammes s'en échappe par accident et tombe sur le comptoir. Aussitôt mise en état d'arrestation – information transmise aux médias par l'inspecteur Raymond Thibodeau, chef enquêteur de la section des stupéfiants au quartier général de la Gendarmerie royale du Canada –, la chanteuse s'acquitte d'une amende de cinq cents dollars canadiens. Mais elle ne sera remise en liberté qu'après avoir payé une seconde caution de cinq cents dollars [1].

Financièrement, la facture est légère. Professionnellement, la sanction est autrement plus préjudiciable : Vanessa Paradis se voit interdite d'entrée sur le territoire américain. Un sacré handicap pour une artiste qui, deux ans plus tôt, a démarré une carrière internationale. Didier Pain ne décolère pas. Finalement, l'affaire sera jugée quelques mois plus tard, le 13 mars 1996, au palais de justice de Montréal, où la chanteuse préférera être représentée par son avocat. L'interdiction de séjour sur le territoire américain sera levée dans la foulée, en échange d'une lourde amende, réglée sans discussion. Dans *Libération*, le journaliste Gérard Lefort dénonce une sanction disproportionnée, pour une quantité de haschisch ne pouvant assurer que « trois petits joints ». « Vanessa dangereuse trafiquante ? Vanessa bourrée de drogues dures ? Ses valises débordant de coke ? Des seringues d'héro plantées dans le bras ? », écrit-il, raillant l'hypocrisie des médias, qui n'ont pas pris la défense de la chanteuse [2].

Pour ceux qui dévorent la presse people, cette arrestation ne serait pas sans rapport avec la liaison orageuse de Vanessa et Lenny Kravitz. Le musicien n'est-il pas un inconditionnel de Bob Marley, qui considérait le haschich comme un révélateur de la personnalité de chacun ? « Je fume un peu d'herbe », reconnaît-il d'ailleurs à l'époque, s'inscrivant dans la tradition des rockeurs qui, de John Lennon à Amy Winehouse, ont succombé à l'attrait des substances illicites. « Besoin de rien d'autre. J'ai déjà le cerveau assez fêlé comme ça [3] », ajoute Kravitz avec humour.

Aux yeux de Vanessa, la drogue n'a jamais été un sujet tabou : enfant, il lui arrivait d'évoquer librement ces questions à la maison. Ses parents lui expliquaient alors, dans un esprit de tolérance, que certaines substances n'étaient guère plus nocives que le tabac ou l'alcool, alors que d'autres pouvaient provoquer une accoutumance dangereuse, voire fatale. Si la chanteuse n'avait pas été aussi lucide sur ces questions dès ses dix ans, sans doute n'aurait-elle pas aussi bien géré la surexposition consécutive au carton de *Joe le taxi*. « Par miracle, elle n'a jamais sombré, note Joshua Darche. Elle n'a pas fini droguée ou suicidée comme tant d'autres artistes précoces détruits par le succès [4]. »

Si son entourage familial a protégé Vanessa de certaines dérives, le fait qu'il ait posé si peu d'interdits a aussi permis à la chanteuse de vivre sans tabou certaines expériences, comme de fumer dès l'âge de quinze ans. Ou encore de vivre sa première grande histoire d'amour avec un homme de onze ans plus âgé qu'elle. Lorsque je demande à Bernard Mouillon si Florent Pagny consommait parfois des produits illicites, il est catégorique : « Dans le milieu où il évoluait, on fumait juste des joints de temps en temps [5]. » Vanessa participait-elle à ces moments de détente partagés par toute une génération d'artistes ?

Ce qui est certain, c'est qu'avec Lenny Kravitz, elle est montée de plusieurs crans dans la rock'n'roll attitude – l'épisode de Montréal l'atteste. Malgré les rumeurs, un proche du clan Paradis dément l'idée d'une Vanessa attirée par d'autres substances. « Les Paradis sont des jouisseurs, mais ils n'ont rien de *destroy*, explique-t-il. Vanessa n'était pas calibrée pour sombrer dans le trash. Son univers de référence, c'est Disney. C'est sans doute pour ça, d'ailleurs, que ça ne pouvait pas coller avec Lenny Kravitz [6]. »

Pourtant, le 18 février, soit deux jours après son arrestation à Montréal, la chanteuse rejoint Lenny Kravitz à Nassau, dans les Bahamas, où il a loué une maison avec des amis musiciens. Des vacances qu'elle entend vivre comme des retrouvailles, mais qui vont se révéler désastreuses. Depuis leur rencontre, qui remonte au mois de mai 1991, difficile de parler de « couple » lorsqu'on évoque la muse et son nouveau pygmalion. Si, dans un premier temps, leur histoire a été vécue dans la clandestinité, Vanessa n'a pas longtemps caché à ses proches qu'elle était folle amoureuse du musicien.

Des sentiments qui, loin de la combler, la rendent vulnérable. Car si elle brûle de construire un foyer, Kravitz ne pense qu'à jouer les musiques qui résonnent en lui. À cause de ce malentendu profond, leur relation sera toujours déséquilibrée. Malgré les compromis, les stratégies de reconquête, malgré l'incroyable entêtement de Vanessa, sa sensualité sauvage qui rend son amant accro à leurs rendez-vous, Lenny finit toujours par lui échapper.

Alors qu'il avait été absent du « Natural High Tour », la tigresse Vanessa, qui ne désespère pas d'apprivoiser son homme, croit enfin être parvenue à ses fins lorsque, en octobre 1994, tous deux partagent un appartement parisien situé au cœur du Quartier latin. Durant quelque temps, les apparitions publiques du couple semblent prendre la voie d'une officialisation. On les voit assister ensemble, complices et câlins, aux défilés de mode de Vivienne Westwood puis de Corinne Cobson, une amie de la chanteuse. De même, c'est main dans la main qu'ils se rendent au vernissage de l'exposition de Stéphane Coutelle, le mari de la photographe Bettina Rheims. Une rumeur, totalement infondée, évoque encore un projet de « mariage » entre eux.

L'état de grâce, pourtant, sera de courte durée. Kravitz est incapable de s'engager dans le genre de vie dont rêve sa partenaire. « J'étais fou amoureux d'elle, expliquera-t-il en 2009, dans les colonnes de *Paris Match*. Mais j'avais alors beaucoup de mal à gérer certains démons, et notamment celui de ma relation avec mon père[7]. » À l'époque, en effet, cet enfant gâté se sent en opposition avec son père, producteur de télé juif américain qui incarne, selon lui, l'acceptation d'un système soumis à la loi de l'argent. Et la musique, qui le rapproche des origines de sa mère, actrice afro-américaine, sert d'exutoire à sa révolte : il y projette des messages d'amour et de fraternité. Impossible pour cet artiste qui récuse le modèle parental d'envisager à ce moment-là de fonder une famille.

À Nassau, tout commence comme dans un rêve pour Vanessa. Des photos non autorisées, publiées dans *Voici*, montrent d'ailleurs le couple enlacé, dans le plus simple appareil, sur la plage. Ce samedi-là, précise l'article, les amoureux se sont levés tard avant de s'adonner au bronzage intégral et, l'après-midi, ils ont opté pour un tour en ville à bord d'une Jeep en mettant la musique à fond les ballons.

C'est ensuite que tout se serait dégradé : pour Lenny en effet, ce séjour aux Bahamas était d'abord un retour aux sources destiné à favoriser son inspiration. Après avoir assisté à la messe dominicale, ce musicien très pratiquant qui, selon la légende, se prend pour Jésus Christ depuis l'âge de treize ans, va d'ailleurs s'adonner durant trois jours à la musique, sa religion personnelle. Et Vanessa dans tout ça ?

Au printemps, le déclic tant attendu par son entourage se produit enfin. Elle lâche prise. Et tant pis si l'avenir est incertain.

Le 17 mai 1995, lors de la cérémonie d'ouverture du Festival de Cannes, c'est une Vanessa bouleversante, fragilisée par la rupture, qui a préparé une surprise pour la présidente du jury, Jeanne Moreau. Trois jours plus tard, Lenny Kravitz s'affiche à Londres avec Naomi Campbell lors d'une apparition publique. Cette fois, toute réconciliation semble irréversible.

Le seul qui parviendra à réunir les amants terribles sera Nagui, le temps d'un duo dans l'émission *Taratata,* enregistrée le 21 février 1996 et diffusée le 10 mars suivant. Pour leur unique prestation ensemble, tous deux interprètent *Silver and Gold* dans les conditions du direct. S'ils se tiennent à distance l'un de l'autre durant la chanson, Lenny serre longuement Vanessa dans ses bras lorsqu'elle s'achève. Un cadeau de rupture avant l'éloignement définitif ? À partir de ce moment-là, en tout cas, Vanessa coupe les ponts, quitte à déstabiliser Kravitz, qui ne s'y attendait absolument pas. « Depuis, je ne l'ai jamais revue, confiera-t-il. Elle n'est pas venue à mes concerts, nous n'avons plus eu de contacts.

Je ne peux que lui souhaiter d'être heureuse. Mais je ne suis pas inquiet. Je sais qu'un jour nous tomberons l'un sur l'autre. Et il sera temps de parler de tout ça [8]. »

Dans le même entretien à *Paris Match*, qui date de 2009, le musicien lance même un appel à son ex-muse. « Vanessa était la femme parfaite, mais elle est arrivée au mauvais moment. Je le regrette. Et j'espère qu'elle lira ces lignes [9]. » Bien sûr qu'elle a lu ces lignes. Avec le sourire d'une amoureuse qui a tellement souffert que son silence constitue son arme la plus cinglante. Malgré tout, Kravitz ne cessera de tresser des louanges à l'adresse de la Française. Ainsi, deux ans plus tard, face aux caméras d'une émission de télévision, il ne retiendra que le positif de leur aventure à deux. « On a passé de bons moments. On a fait de bonnes chansons. Je me sens toujours privilégié d'avoir vécu cette histoire avec Vanessa [10]. » Près de vingt ans après, il semble avoir évacué tout espoir d'un retour de flamme.

23

Le Tourbillon de la vie

« Mon regard est tombé dans le sien.
Jeanne Moreau est venue vers moi et, tout à coup,
il n'y avait plus que nous deux. »

Vanessa Paradis

Personne ne devait savoir qu'elle serait à Cannes ce jour-là. Pour ménager le suspense, elle est entrée au palais des Festivals par une porte dérobée et s'est réfugiée dans sa loge. Elle a ôté ses chaussures, enfilé une robe blanche décolletée, puis s'est cachée en coulisses, un micro à la main, après avoir traversé, sans ouvrir la bouche, de longs couloirs où serpentent des dizaines de câbles.

À l'occasion de la 54e édition du Festival de Cannes, Jeanne Moreau, la très médiatique présidente du jury, est assise au premier rang, royale, ignorant ce qui se trame. En revanche, Carole Bouquet, qui officie en tant que maîtresse de cérémonie, est dans la confidence. Malgré tout, la « surprise » ne va pas se dérouler comme prévu.

« Elle avait des bagues à chaque doigt… » Lorsque la voix sucrée de Vanessa entonne les premiers mots du *Tourbillon de la vie,* la chanson culte de *Jules et Jim,* le film de François Truffaut, le visage de Jeanne Moreau s'illumine. Pieds nus, la chanteuse, longue crinière ondulée, s'avance à petits pas et plante son regard vert dans celui de son aînée. Au bout de trente secondes, cette dernière porte son micro à ses lèvres et se met à chanter elle aussi. Après le premier refrain, les deux femmes se font face avec une rare intensité. « Mon regard est tombé dans le sien. Elle est venue vers moi et, tout à coup, il n'y avait plus que nous deux [1] », racontera Vanessa.

Au second couplet, la présidente du jury se lève de son fauteuil et la chanteuse s'agenouille, comme pour appuyer son hommage. Leurs deux mains gauches se joignent alors et, à l'instant où la chanson s'achève, Jeanne Moreau baise la main de Vanessa. Avant de monter sur scène, ce qui n'était pas prévu non plus, et de serrer dans ses bras, sous un tonnerre d'applaudissements, celle qu'elle n'a pas quittée des yeux. Une image forte, canardée par les photographes, où l'on sent une filiation évidente entre les deux femmes. « Merci Vanessa, merci Jeanne pour ce moment... magique », commente au micro une Carole Bouquet conquise.

« Magique... » L'adjectif est bien choisi, en effet. Même si la magie en question a été provoquée par un prestidigitateur de génie : Didier Pain. Après le carton *Élisa,* qui fait de sa filleule l'une des actrices françaises les plus sollicitées du moment, il a déjà programmé son prochain « coup ». Six mois plus tard, Vanessa et Jeanne Moreau doivent en effet tourner ensemble. En apprenant que l'interprète de *Jules et Jim* serait la présidente du jury du Festival de Cannes, il lui vient une idée. Avec son opportunisme légendaire, l'oncle propose que Vanessa prépare une surprise à Jeanne Moreau. Et quoi de mieux que de reprendre une chanson entrée dans la légende pour marquer les esprits ?

Son pari ? Présenter le tandem Moreau-Paradis comme un ticket gagnant – le même genre de scène avait déjà fonctionné lorsque la chanteuse avait repris *La Javanaise* aux Victoires de la musique avant de faire « son » album avec Gainsbourg. Cette fois encore, le duo partagé entre les deux femmes a suscité un indéniable instant de grâce télévisuel. « C'est un des moments les plus forts que j'ai vécus sur scène [2] », confiera Vanessa. Et si la chanteuse était la digne héritière de l'immense Jeanne Moreau ? Tel semble le message subliminal de cette rencontre au sommet. De fait, ces images ont rejoint dans la mémoire collective d'autres séquences qui, additionnées, forment la mythologie Paradis. Une particularité unique de cette artiste, capable de susciter de belles émotions grâce à l'intensité de sa présence et de sa voix. Si son interprétation est si marquante, c'est aussi parce que sa romance avec Lenny Kravitz, avec ses incessants rebondissements, lui donne le vertige... De ce duo en chanson, en tout cas, naît l'envie de voir fonctionner le duo au cinéma. Et Didier Pain entend bien battre le fer tant qu'il est encore chaud.

Le projet va se concrétiser en peu de temps. Parmi tous les scénarios que Vanessa a reçus ces derniers mois, il en est un qui a retenu son attention. Un rôle de gentille sorcière dans une comédie fantastique et familiale, aux antipodes des héroïnes névrosées qu'elle a incarnées auparavant. « J'ai joué des adolescentes un peu rebelles, noires, agressives, chargées... Je voulais changer, sauter dans un univers différent. J'avais besoin d'être lumineuse et légère [3]. » Si elle choisit ce film, qui s'intitule *Un amour de sorcière,* plutôt qu'un autre, c'est donc d'abord pour changer d'univers, secouer la gravité où elle s'enfonce parfois.

Pourtant, l'idée de jouer dans une comédie ne la rassure guère. C'est un genre périlleux qui impose son rythme, déteste l'à-peu-près, exige un jeu d'une mécanique précise. « Je ne me sens pas spécialement à l'aise dans la comédie, dira Vanessa, modeste. C'est beaucoup plus difficile de faire rire que d'exprimer la souffrance, la violence, les pleurs, l'agressivité. Mais comme pour tout, il faut se jeter à l'eau [4]. »

La personnalité attachante de René Manzor, le réalisateur, achève de la convaincre. Spécialiste des contes de fées décalés, ce cinéaste iconoclaste a connu un grand succès en enrôlant Alain Delon en 1986 dans *Le Passage,* film que la chanteuse a adoré. Pour toutes les scènes de magie, il décide de ne pas recourir aux effets spéciaux, mais aux seuls « trucs » des prestidigitateurs.

Lorsque Jean Reno accepte de rejoindre le casting, dans un rôle de méchant, Didier Pain et Christian Fechner jubilent. Sûrs de leur coup, ils décident de tourner le film en anglais pour lui assurer un retentissement planétaire et ne regardent pas à la dépense, multipliant les lieux de tournage exotiques : en dehors de Paris et du Pays basque, où se trouve le manoir des sorcières, les équipes se déplacent à New York, Venise et même en Namibie. Rien n'est trop beau pour servir d'écrin à Vanessa !

Janvier 1996. Quand le tournage démarre, il s'apparente à un véritable enchantement. Impressionnée par Jeanne Moreau, dans le rôle de sa grand-mère Églantine, qui lui ouvre les bras avec tendresse, sa jeune partenaire n'en mène pas large. « Je ne parlais pas beaucoup et je la regardais. Je regardais ses yeux : elle a les yeux d'une gamine de quatorze ans [5]. » De son côté, l'interprète de *Jules et Jim* observe avec bonheur une Vanessa enjouée, qui s'amuse beaucoup sur le plateau. « Ce fut pour moi comme un spectacle de la regarder tourner, un émerveillement permanent. Elle est tellement spontanée, comme une espèce de gaieté permanente, un vrai délice [6]. » Maternelle, elle la couve d'attentions et fait tout pour la mettre à l'aise. Certains soirs, elle lui masse même les mains avec de la crème hydratante.

Enivrée par son plaisir de jouer, la chanteuse enchaîne les séquences avec frénésie sans trop se soucier du scénario : l'histoire de la sorcière Morgane qui a choisi un parrain humain pour son fils Arthur afin de le préserver du courroux de Bollock, son cousin qui a succombé aux forces du Mal. Même si l'intrigue est rocambolesque à souhait, le réalisateur lui inspire confiance. « René Manzor est un mec insensé, d'un sang-froid extraordinaire. Qu'il pleuve, qu'il grêle, qu'il y ait une catastrophe inimaginable, qu'il soit au bord du précipice, il reste toujours extrêmement calme et concentré [7]. »

Jouer avec Jean Reno, qu'elle connaissait déjà, contribue à lui offrir un vrai confort affectif. « C'est quelqu'un de concentré, mais détendu, et qui a beaucoup de force. Il est très naturel et pas du tout personnel dans son jeu. Je l'aime beaucoup [8]. » Grâce à lui, alors qu'elle se perd parfois dans le dédale de l'histoire, tout devient limpide. « Reno est quelqu'un d'extrêmement précis, qui sait exactement où il va, qui a détaillé le storytelling, qui arrive à penser à tout à la fois, et Dieu sait si sur ce tournage c'était nécessaire [9]. »

Encore débutante au cinéma, Vanessa ignore que l'ambiance du tournage, aussi radieuse soit-elle, ne préjuge en rien de la qualité d'un film. Et lorsqu'*Un amour de sorcière* sort dans les salles, le 17 mars 1997, soit près d'un an après la fin du tournage, il est assassiné par la critique. Et pour cause : non seulement le scénario ne tient pas la route, mais le jeu des acteurs, parasité par un insupportable doublage, ne parvient pas à rendre les personnages attachants. La voix de Vanessa, si mélodieuse d'habitude, y devient presque nasillarde. Sans doute parce que René Manzor est plus à l'aise dans le mélodrame, sa comédie ne prend pas, en dépit de quelques scènes réussies entre la chanteuse et son partenaire canadien, Gil Bellows – comme celle où Morgane fait danser les spaghettis dans son assiette afin de lui prouver qu'elle est une véritable sorcière.

Dans l'écurie Paradis, c'est la douche froide. Un article dans *Les Échos* estime même que Vanessa a perdu dans l'aventure « une parcelle de sa grâce [10] ». Bien qu'il soit éreinté par la critique, qui évoque au mieux la « naïveté », au pire le « ridicule » de l'intrigue, *Un amour de sorcière* attirera tout de même près d'un million de spectateurs dans l'Hexagone, mais ne sera pas commercialisé sur le marché anglo-saxon – un comble pour une production tournée en anglais. Quant à Vanessa, si elle joue le jeu de la promotion au moment de la sortie, elle finira par confier, elle aussi, après coup, sa déception. « Je n'aime pas dire du mal, mais bon… Travailler avec Jeanne Moreau restera un formidable souvenir. Rien que pour elle, je ne regrette pas de l'avoir fait. Mais je n'en suis pas très contente. Au départ, ce devait être un film sur la magie pour les sept à soixante-dix-sept ans, une histoire d'amour, avec une sorcière, une grand-mère. Le scénario donnait envie. Après, il faut encore réussir le film [11]… »

Pour Didier Pain, qui a investi ses propres deniers dans l'histoire, la note est salée. Afin de rentabiliser ce projet coûteux, il aurait fallu dépasser la barre des deux millions de spectateurs.

Désireux de faire oublier très vite cet échec, qui fait pâlir l'aura de Vanessa au cinéma, Christian Fechner va devoir penser à un nouveau « coup ». Ce sera sans l'oncle de Vanessa, qui a perdu trop de plumes dans l'aventure. Cette fois, le producteur entend miser sur un réalisateur chevronné : Patrice Leconte. Il a même une idée qui, selon lui, ne peut que lui rapporter le jackpot. Mais, auparavant, Vanessa va rappeler à son public, au cas où il l'aurait oublié, qu'elle est d'abord une chanteuse.

24

En mémoire de Virginie

« Ça faisait huit ans que je travaillais à deux cents à l'heure. Et tout à coup j'ai eu comme un manque d'envie. J'étais perdue. »

Vanessa Paradis

Tout a commencé par un coup de fil. Début 1995, un certain Christophe Charlet insiste pour parler à Vanessa Paradis. L'appel est urgent. Un an plus tôt, le 5 février 1994 très exactement, cet homme installé à Trévoux, dans l'Ain, a déposé les statuts d'une association baptisée « Rêves », qui a pour vocation de réaliser les souhaits les plus chers d'enfants ou d'adolescents hospitalisés à la suite de pathologies graves (leucémies, cancers, myopathies), pour lesquelles le pronostic vital est réservé. Si Christophe Charlet cherche à contacter la chanteuse, c'est parce que le vœu exprimé par Virginie, une jeune malade condamnée, serait de rencontrer son idole.

Par le biais de Corinne, sa maman, un rendez-vous est fixé dans l'urgence. Ce jour-là, le fondateur de l'association est ébloui par la personnalité solaire de la chanteuse. Il lui explique qu'il a envoyé plus de deux cents courriers restés sans réponse à des célébrités et que la seule artiste qui ait accepté de soutenir Rêves, Jeane Manson, ne peut malheureusement pas s'investir davantage. « Avant cette rencontre, raconte-t-il, il ne m'était pas venu à l'idée de demander à Vanessa d'être la marraine de Rêves, notamment à cause de son jeune âge. Ce jour-là, j'ai découvert quelqu'un de sensationnel, d'une grande maturité et avec un cœur énorme. Ce constat s'est ensuite confirmé par les relations qu'elle a entretenues avec Virginie [1]. »

Alors qu'elle traverse un passage à vide, fragilisée par une vie amoureuse chaotique, la chanteuse est bouleversée par sa première entrevue avec la fillette. Lorsqu'elle pénètre dans sa chambre d'hôpital et qu'elle voit une étincelle de joie illuminer le regard de cette enfant pâle, Vanessa est touchée en plein cœur. Cette confrontation lui remet aussitôt les idées en place. Les doutes qui la minent depuis des mois lui semblent totalement vains, balayés d'un coup par une évidence : sa présence apporte du bonheur à Virginie. Elle s'assoit à côté d'elle, lui parle comme à une sœur, s'éclipse lorsqu'elle la sent fatiguée, lui promet de revenir la voir. Et s'effondre en larmes en sortant de l'hôpital.

Elle demande à l'homme qui les a mis en contact de revoir Virginie : elle veut nouer avec elle une relation personnelle, amicale. Dans la foulée, elle accepte de devenir la marraine de l'association. « Je suis persuadé que sa décision a été motivée par le fait qu'elle a pu se rendre compte elle-même de ce que la réalisation d'un rêve pouvait apporter à un enfant malade [2] », explique Christophe Charlet. Même si ses visites à l'hôpital lui coûteront bien des pleurs, Vanessa va tenir parole au-delà des espérances de la jeune malade, qui s'éteindra malgré tout quelques mois plus tard. « Avec Virginie, elle a entretenu une relation très forte, très intense, mais malheureusement très brève », me confie Olivier Bererd, qui a succédé à Christophe Charlet comme directeur de l'association [3].

Après la disparition de Virginie, Vanessa se sent investie d'une mission : elle veut aider Rêves à se développer afin de pouvoir exaucer d'autres souhaits d'enfants malades. Très vite s'impose l'idée d'un concert unique dont les bénéfices seront reversés à l'association. Mais Vanessa n'a pas sorti d'album depuis trois ans. Pas grave : le geste, totalement désintéressé, n'en sera que plus beau. Et pour que le concert soit événementiel, Corinne demande à son frère Didier Pain d'appeler ses amis de Canal +. Ils acceptent de diffuser le show en direct dans la grille de leurs programmes cryptés, apportant une visibilité maximale à l'association. Christophe Charlet est fou de joie : il ne pouvait pas trouver marraine plus impliquée.

Le 3 mai 1996, alors que le tournage d'*Un amour de sorcière* s'est achevé un mois plus tôt, Vanessa Paradis fait donc son retour en chansons dans un « concert privé » unique en son genre. Un spectacle très attendu par les fans, qui ont le sentiment que leur idole s'est éclipsée depuis trop longtemps. « Je donnais l'impression que je n'en foutais pas une, confiera-t-elle à Laurent Boyer. En fait, j'ai accompagné partout le film *Élisa*, jusqu'au Japon et au Canada [4]. » Dans le même entretien, la chanteuse reconnaît avoir traversé une période très difficile, limite dépressive. « Ça faisait huit ans que je travaillais à deux cents à l'heure et, tout à coup, j'ai eu comme un manque d'inspiration, d'envie. J'étais perdue. C'est la première fois que ça m'arrivait depuis que j'avais quatorze ans, et c'était un peu effrayant. Les idées, mon instinct, tout ça ne me suivait plus. C'était assez perturbant, cette période [5]. »

Dans ce contexte, la rencontre bouleversante avec Virginie puis le projet de ce concert caritatif lui redonnent du baume au cœur. Le simple fait de devoir concevoir ce spectacle, de travailler avec des musiciens, constitue pour elle « un nouveau moteur ». « En le faisant pour l'association, j'ai reçu un cadeau : ils m'ont redonné envie, même si, au départ, je me suis un peu forcée [6]. » Joli paradoxe qui renverse le schéma attendu. En offrant son temps et son énergie, la chanteuse a reçu en échange un présent plus précieux encore : elle a repris goût à la musique.

Durant un mois, elle s'investit dans la préparation du show, choisissant les titres en fonction de ses envies. Cette fois, ce sont les chansons des autres qu'elle brûle surtout de fredonner : sur les seize du tracklisting, la moitié seulement sera du Paradis pur sucre. Gonflée, elle démarre le concert par une reprise des *Histoires d'A.*, des Rita Mitsouko. Comme un exutoire après sa rupture avec Lenny Kravitz, elle martèle : « Les histoires d'amour /

Finissent mal / En général. » Ensuite, si l'on excepte *Malaise en Malaisie,* d'Alain Chamfort, ou *Les Cactus* de Jacques Dutronc, déjà chantés sur le « Natural High Tour », elle réserve la part belle aux standards anglo-saxons : *Get Off My Cloud* des Stones, *Across The Universe* des Beatles, *All Day and All Of The Night* des Kinks, ou encore *Waiting on An Angel,* sublime ballade signée Ben Harper, fredonnée comme une prière pour trouver l'âme sœur.

Intimidée par ses retrouvailles avec le public, elle a parfois du mal à trouver les mots pour exprimer son émotion. « Je vais arrêter de parler parce que ce n'est pas ce que je fais de mieux », lâche-t-elle entre deux titres au milieu du concert. Même si elle n'a que vingt-trois ans, tous les ingrédients qui signent sa présence scénique sont déjà là : une intensité mêlée de pudeur, un professionnalisme qui n'empêche pas la spontanéité. Une manière de prendre soin du public aussi, tout en délicatesse, lorsqu'elle murmure, à l'instant de quitter la scène : « Faites de beaux rêves. À bientôt. »

« C'est une fille passionnée qui ne fonctionne qu'à la passion, s'enthousiasme Didier Pain. Au-delà de ça, c'est une grande généreuse. Mais tout le monde ne s'en rend pas compte, parce qu'elle est en même temps une grande timide, et que sa générosité a parfois du mal à s'exprimer[7]. » La cinquantaine de fans venus assister à l'événement ne doute pas, elle, de ses qualités de cœur : Vanessa les accueille après le show et se montre très chaleureuse, claquant la bise, parlant avec simplicité et signant des autographes sans jamais montrer le moindre signe de lassitude.

Ce n'est pas la première fois que Vanessa Paradis est sollicitée pour des causes humanitaires. Mais c'est la première fois qu'elle place cette préoccupation en tête de ses priorités. En 1993, elle s'était montrée très impliquée dans le spectacle *Les Enfoirés chantent Starmania,* interprétant *Les Uns contre les Autres.* Lors d'autres spectacles organisés pour les Restos du Cœur, elle multipliera les duos avec les plus grands artistes hexagonaux, Alain

Souchon, Laurent Voulzy, Jane Birkin, Étienne Daho, ou encore Francis Cabrel, en 1997, avec lequel elle entonnera un *Tandem* endiablé. Le 7 février 1998, alors qu'un grave accident de scooter des neiges, au Québec, lui vaut d'avoir la jambe immobilisée dans un plâtre, nul n'oubliera son duo avec Maxime Le Forestier sur *Mistral Gagnant,* de Renaud. Posée sur un piano par deux porteurs, elle n'aurait pour rien au monde annulé sa participation au concert. La veille de sa prestation, Christophe, un fan de la star, s'est rendu, inquiet, accompagné d'une amie, à la Pitié-Salpêtrière où Vanessa a été admise. Là, il est tombé nez à nez avec André, son papa. « Après nous avoir reconnus, il nous a dit que sa fille se reposait, mais qu'il ne fallait pas s'inquiéter : malgré son plâtre, elle chanterait avec les Enfoirés le lendemain [8]. »

Le 6 juillet 2007, la chanteuse sera, à l'initiative d'Antoine de Caunes et aux côtés de Yannick Noah, la marraine d'un concert organisé à l'Olympia par Solidarité Sida afin de récolter des dons pour acheter des médicaments destinés à la population africaine. Un concert marquant pour l'association, qui permettra de récolter 700 000 euros.

En tant que marraine de Rêves, la chanteuse va s'impliquer durablement, n'hésitant pas, en plus de prêter son nom, à multiplier les dons. « Pendant des années, m'explique l'actuel président, elle nous a même reversé une partie des sommes gagnées lors des procès contre la presse people [9]. » Sachant qu'elle fait partie des célébrités les plus procédurières, on peut en déduire que cette manne providentielle n'a pas été négligeable.

Chaque fois qu'elle en a eu l'occasion, Vanessa a défendu son « bébé », posant parfois comme condition préalable à une interview de pouvoir citer Rêves. Ainsi, dans le mensuel *DS* en 2000, elle n'hésitera pas à solliciter la générosité des lecteurs. « Cette association propose de réaliser des rêves d'enfants malades et hospitalisés. Leurs désirs sont très variés : voir un cheval, rencontrer un artiste, avoir une console vidéo, un livre... N'importe qui peut aller aider cette association en donnant un peu de son temps, en allant, par exemple, raconter sa passion, son métier [10]. »

En décembre 2001, elle participe encore à l'album *Ma chanson d'enfance,* commercialisé au profit de l'association. Non seulement, elle y interprète *Le Tourbillon de la vie,* mais sa notoriété contribue à réunir de grands noms de la chanson autour du projet, qui invite chaque artiste à enregistrer un titre ayant marqué son enfance. Johnny Hallyday, Alain Bashung, Jane Birkin, Eddy Mitchell, Calogero, ou encore Maxime Le Forestier seront de l'aventure, tout comme Elsa, la « rivale » des débuts, que Vanessa n'a jamais perdu de vue.

En 2003, elle confiera à Pascale Clarke dans *En Aparté,* sur Canal +, qu'il lui arrive parfois de transmettre, grâce à son carnet d'adresses, les coordonnées d'artistes que les enfants malades souhaitent rencontrer, lorsque les organisateurs ont du mal à les joindre. Le 24 novembre 2007, à Bordeaux, une rencontre exceptionnelle est planifiée juste avant un concert qu'elle donne dans la ville. « Nous avons organisé un goûter, relate Olivier Bererd, et Vanessa s'est prêtée au jeu avec beaucoup d'authenticité [11]. »

Depuis 2012, toutefois, la chanteuse a cessé d'être la marraine de Rêves. « En s'exilant aux États-Unis, elle s'est un peu éloignée de nous, explique son actuel directeur. Et puis, les enfants d'aujourd'hui ne rêvent pas forcément de la rencontrer : ils ont d'autres idoles, comme Matt Pokora, Gad Elmaleh ou Sébastien Loeb. Malgré tout, Vanessa reste l'une de nos meilleures ambassadrices et nous gardons le contact avec elle grâce à Corinne, sa maman. Si elle peut aider un enfant, nous savons qu'elle ne dira jamais non [12]. » Sans l'impulsion et l'implication de la chanteuse, l'association, qui se répartit désormais en trente-deux délégations régionales, pourrait-elle se targuer d'avoir réalisé 3 300 rêves depuis sa création, dont 238 rien qu'en 2012 ?

Ce qui est certain, c'est que cette expérience de partage a permis à Vanessa de reprendre le fil de sa carrière en regoûtant au plaisir de chanter. En aidant la petite Virginie, elle a reçu un vrai cadeau du ciel : elle a retrouvé une lueur d'espoir qui semblait avoir déserté sa vie. Les prières qu'elle adresse à Dieu, un dieu qui n'appartient à aucune religion établie, finiront sans doute par être entendues. « Il fait partie de ma vie, je le sollicite tout le temps [13] », dira-t-elle avec aplomb, face à un Laurent Boyer médusé. Oui, Vanessa prie. Oui, cette artiste qui semble avoir tant reçu se tourne vers Dieu pour qu'il exauce son « rêve » à elle. Un jour, son prince viendra. Puisqu'elle a de nouveau ouvert son cœur grâce à Virginie, elle sait que de belles rencontres l'attendent encore.

25

Une chance sur deux

« Delon a été un amour. Il s'est comporté comme un vrai papa. Belmondo, bizarrement, était plus difficile d'accès. »

Vanessa Paradis

Rien qu'à l'idée de parler d'elle, il ne peut pas refréner un large sourire. Patrice Leconte est le seul réalisateur à avoir tourné deux films consécutifs avec Vanessa Paradis. C'est au créateur des *Bronzés*, auréolé par le succès critique de *Ridicule*, sorti en 1995, que Christian Fechner songe pour la suite de la carrière de sa petite protégée. Même si *Un amour de sorcière* n'a pas tenu ses promesses, le producteur n'a pas l'intention de lâcher Vanessa. « C'est quelqu'un de bien, de rare dans le métier, dira de lui la chanteuse. Il a continué à croire en moi, pas seulement sous l'effet d'un coup médiatique [1]. »

Cette fois, Fechner est certain d'avoir trouvé une idée de génie : orchestrer, trente ans après *Borsalino*, le retour en fanfare de Delon et Belmondo au cinéma par l'entremise de Vanessa. Il parle de son projet à Patrice Leconte, qui songe assez vite à l'histoire d'une fille écartelée entre deux hommes dont chacun des deux pourrait être son père. Évidemment, avec de tels monstres sacrés, il ne pourra s'agir que d'un film d'action, sur le ton de la comédie – le producteur n'oublie pas que son metteur en scène a attiré plus de cinq millions de spectateurs avec *Les Spécialistes,* en 1985, dont Gérard Lanvin et Bernard Giraudeau partageaient l'affiche.

Quelques jours plus tard, un nouveau rendez-vous de travail est fixé. « Il faisait un peu sombre dans la pièce, raconte Patrice Leconte. Il y avait une petite silhouette assise que je n'ai pas aperçue tout de suite, et Christian Fechner m'a dit : “Je crois que vous ne connaissez pas Vanessa Paradis.” Il avait organisé ce faux rendez-vous imprévu comme si c'était le hasard, juste pour que nous fassions connaissance. J'étais cueilli, surpris, charmé, intimidé. Ce qui m'a amusé, c'est qu'elle était aussi intimidée que moi. Après, on s'est beaucoup désintimidés [2] ! »

Entre Vanessa et le réalisateur, en effet, la complicité est immédiate. « Au départ, ce qui m'a attiré chez elle, c'est qu'elle était une personne attirante. Pour être sincère, je ne me suis intéressé à la chanteuse que dans un second temps. C'est la comédienne, son émotion, son intensité, sa vérité qui m'intriguait. Elle avait quelque chose d'irremplaçable [3]. »

Avec l'aide de deux collaborateurs, Patrick Dewolf, qui avait déjà signé les scènes d'action dans *Les Spécialistes,* et Serge Frydman, pour installer de l'humour dans les dialogues, Leconte s'attelle à l'écriture du scénario. Il a déjà son titre, *Une chance sur deux*, et veut une intrigue simple, dans le pur style des années 1970, avec force courses-poursuites, cascades et explosions. Pour éviter le côté réunion d'anciens combattants, Vanessa apportera sa fraîcheur et sa jeunesse. Elle incarne Alice, une fille qui sort de prison après avoir purgé une peine de huit mois ferme pour vol de voiture. Sa mère, qui vient de mourir, lui a laissé une cassette dans laquelle elle lui révèle le mystère de sa naissance. Vingt ans auparavant, elle a aimé deux hommes en même temps ; l'un des deux est son père, mais lequel ? Alice va découvrir deux gros gabarits, Léo Brassac et Julien Vignal, qu'elle entraînera malgré elle dans une aventure riche en rebondissements où surgiront de dangereux trafiquants russes.

Sûr de son coup, Fechner n'a aucun mal à convaincre Alain Delon et Jean-Paul Belmondo. Lorsque le tournage débute, au printemps 1997, Vanessa est impressionnée par les deux monstres sacrés qui l'ont rejointe sur le tournage. « Delon a été un amour. Avec moi, il s'est comporté comme un vrai papa. Il a été très protecteur. Belmondo, bizarrement, était plus difficile d'accès [4]. » Plus distant, Bebel, qui passe pourtant pour un joyeux drille ? La jeune actrice lui trouve immédiatement des excuses. « Contrairement à Delon, Belmondo était très entouré, donc je comprends qu'entre les prises il ait préféré passer du temps avec ses amis plutôt qu'avec moi [5]. »

Quand les journalistes lui demandent lequel des deux elle a finalement préféré, elle évite de tomber dans le piège qu'on lui tend. « Comme Belmondo, j'aime m'amuser et rigoler pendant un tournage, et comme Delon j'ai le souci du détail. Ils sont à la fois très proches et complètement différents. Ainsi, Jean-Paul, qui paraît le plus extraverti, n'est pas forcément le moins timide. Quant à Alain, qui peut être d'un abord très froid, il a pris de mes nouvelles après le tournage [6]. »

Pour Vanessa, la vraie rencontre du tournage se situe ailleurs, dans la confiance que lui témoigne Patrice Leconte. Lequel ne se lasse pas de contempler sa nouvelle muse, dont le moindre battement de cils le fascine. « Ce que je perçois d'elle et qui m'enchante, c'est qu'elle a une gaieté en elle, une légèreté. C'est la fée Clochette. Elle vous parfume la vie d'une manière magnifique par son comportement, son côté très enfantin aussi [7]. » Tel un ciel normand, Vanessa peut changer de couleur en un éclair. « Elle est multicolore. Elle peut être très sombre et très rieuse en l'espace de deux secondes et demie. »

Lorsque j'insiste pour que le réalisateur me cite un défaut, il me parle de son tempérament obstiné. « Elle est têtue, c'est vrai, mais cette forme d'entêtement lui a permis de surmonter toutes les épreuves de sa vie. » Pour elle, le monde se divise en deux : ceux qui l'apprécient et les autres. « Elle a des antennes et elle sait d'instinct quand on ne l'aime pas. Là, elle ne fait aucun effort. » Inversement, ce sont les belles rencontres qui galvanisent Vanessa et lui donnent envie de se surpasser.

Ainsi, dans *Une chance sur deux,* elle se prête avec courage à certaines cascades qui lui valent quelques sueurs froides. « On a hésité à tourner la scène dans laquelle je vole un hélicoptère, racontera-t-elle. J'en ai une peur bleue. Un vrai calvaire ! En revanche, j'ai adoré conduire à deux cents à l'heure une voiture de course. Je me suis entraînée. J'ai suivi un stage sur le circuit Beltoise [8]. »

Soucieuse de bien faire, Vanessa se montre d'une touchante humilité. « Dans son comportement humain, elle n'a aucune arrogance. Sans doute parce qu'elle se considère comme une apprentie. Je ne l'ai jamais vue rouler sa caisse, du genre : “Poussez-vous de là, je suis Vanessa Paradis !” Elle a peur de ne pas être à la hauteur de ce qu'on lui demande. En même temps, ce n'est pas quelqu'un d'ombrageux. Jamais je ne l'ai entendue dire : “Attends, là, on la refait, ce n'est pas très bien.” Quand elle aime les gens, elle fait confiance. Elle me disait tout le temps : “Si tu me dis que c'est bien, alors ça va [9].” »

Malgré cette joyeuse complicité, malgré un scénario bien ficelé, malgré une affiche alléchante, et malgré une critique assez favorable, lorsque le film sort sur les écrans, le 25 mars 1998, la sauce ne prend pas : *Une chance sur deux* est un échec retentissant dans les salles. Au terme de son exploitation, il dépassera tout juste le million d'entrées, ce qui s'avère insuffisant pour rentabiliser son budget.

Un verdict public qui va beaucoup affecter Patrice Leconte. « N'ayant pas imaginé une seconde que le film ne marcherait pas, je suis tombé de très haut. Ce n'est pas une daube, c'est un divertissement honnête qui tient ses promesses, un très bon film du dimanche soir. Simplement, les gens ne s'y sont pas intéressés. Au fond, si on avait fait un sondage, on n'aurait pas fait le film. Parce que les jeunes se fichaient de voir Delon et Belmondo au cinéma [10]. » Blessé dans son orgueil, le réalisateur refusera, cette année-là, la proposition d'être membre du jury au Festival de Cannes, comme pour se punir d'avoir failli à sa mission. « Dans l'état où j'étais, je n'étais pas capable d'aller affronter le milieu du cinéma à Cannes. Sortant d'un terrible échec, de quel droit aurais-je pu juger le travail des autres [11] ? »

Avec le recul, *Une chance sur deux* a sans doute pâti de son côté décalé, truffé de références à un cinéma d'humour et d'action obsolète. Accaparé par son actrice, Leconte a renoncé à diriger les deux monstres sacrés qu'il remettait en selle, et qui s'amusent en toute liberté à se pasticher eux-mêmes – c'est flagrant lorsque, suspendu à un hélicoptère par une échelle de corde, Belmondo s'exclame : « Je vous préviens, c'est la dernière fois. » Au total, malgré ses clins d'œil malicieux et son rythme haletant, l'exercice cinématographique a pu paraître un peu gratuit.

Si « honnête » soit-il, ce projet a vraisemblablement souffert de son côté « film de commande ». À vouloir maîtriser les ingrédients du succès, Christian Fechner a produit une œuvre trop lisse. Et puis, surtout, durant tout le tournage, Patrice Leconte songeait à une autre histoire qui l'enthousiasmait davantage : le film d'après, qu'il allait également tourner avec Vanessa Paradis. Une histoire qu'il avait développée, un an plus tôt, avant même de rencontrer son actrice, avec la complicité de Serge Frydman. Son titre ? *La Fille sur le pont*. La rencontre de deux êtres paumés dont les destins vont s'aimanter. Une histoire qui s'est invitée sur le tournage d'*Une chance sur deux*. Pas impossible que le film réunissant Delon et Belmondo ait souffert de cette concurrence déloyale…

26

La Fille sur le pont

« Le rôle d'Adèle est le plus magique que j'aie eu à jouer. »

Vanessa Paradis

C'est leur plus beau projet. Sur le plateau, entre deux séquences d'*Une chance sur deux,* alors qu'Alain Delon et Jean-Paul Belmondo répètent leurs dialogues, Patrice Leconte et Vanessa Paradis ne parlent que d'Adèle. Le personnage de *La Fille sur le pont* les fait vibrer à l'unisson. Elle connaît son rôle par cœur et il supplante déjà, dans son cœur, celui d'Alice, la voleuse de voitures de luxe ignorant qui est son père.

Un rôle sur mesure, que le duo Leconte-Frydman a écrit pour la chanteuse, alors qu'elle n'était que pur fantasme à leurs yeux. « Quand on a commencé à penser à cette histoire de lanceur de couteaux et de fille qui a le goût du malheur, on a pensé à elle. Et elle nous a inspirés ! Au-dessus du bureau de Serge Frydman, on avait punaisé une photo en noir et blanc de Vanessa. Lorsqu'on était un peu en panne d'inspiration, il nous suffisait de regarder la photo [1]. »

Lors de leurs séances de travail, les deux complices se sentent pousser des ailes. Une fois les vingt-cinq premières pages du scénario écrites, ils décident de les envoyer à Christian Fechner. « Après les avoir lues, il a dit : “C'est magnifique, je paye pour que vous écriviez la suite." » Mais, auparavant, le producteur a enrôlé Patrice Leconte dans son projet de come-back Delon-Belmondo.

La chanteuse, elle aussi, est emballée par le sujet du film. « Dans certains scénarios, il y a parfois des répliques à modifier, des mots que je n'aime pas dire. Là, rien. J'ai lu et relu le scénario dans tous les sens : l'histoire, les dialogues, les situations, tout était formidable [2]. » Surtout, elle se passionne pour son personnage, à contre-emploi total : une poisseuse qui rate tout ce qu'elle entreprend. « Le rôle d'Adèle est le plus magique que j'aie eu à jouer [3]. »

Pourtant, il est un détail qui chiffonne la jeune actrice : son personnage doit avoir les cheveux courts. Et le réalisateur, qui ne veut pas transiger là-dessus, va devoir déployer des trésors de diplomatie pour atteindre son but. « Ça a été trois mois de boulot ! Chaque fois que je lui parlais de se couper les cheveux, elle bottait en touche. Et moi, je revenais à la charge. Un jour, pourtant, alors qu'on devait faire un essayage pour un costume, elle est arrivée avec un gros bonnet de laine sur la tête. Je lui ai dit : "Au fait, on fait quoi pour tes cheveux ?" Là, elle a retiré son bonnet, comme si elle déballait un cadeau : elle s'était fait couper les cheveux. Je suis tombé à la renverse de bonheur [4]. »

Pour donner la réplique à Vanessa, dans le rôle de Gabor, le ténébreux lanceur de couteaux qui va lui proposer de devenir sa cible, Leconte songe d'abord à Jean-Pierre Marielle. Mais celui-ci, après avoir donné son accord de principe, se rétracte à la lecture du scénario : il craint que le duo ne fonctionne pas à cause de la différence d'âge. « Je ne veux pas être un vieux de plus dans la carrière de Vanessa Paradis, après Crémer, Delon, Belmondo, explique-t-il. Cessons de la marier avec des gérontes. C'est malsain. » Rallié à ses arguments, le réalisateur contacte alors Daniel Auteuil, qui se montre emballé par le projet.

Un projet décidément atypique puisque Patrice Leconte entend tourner son film en noir et blanc. Est-ce à cause du cliché de Vanessa épinglé sur le mur du bureau de Serge Frydman ? « Je n'ai aucune raison logique à fournir. J'ai eu envie du noir et blanc parce qu'il y avait là comme une évidence de l'ordre de l'injustifiable. » Sûr de lui, le réalisateur parvient à convaincre Christian Fechner que *La Fille sur le pont* doit sortir dans les salles en noir en blanc – un pari risqué sur le plan commercial. Malin, il signe également un accord qui autorise les chaînes de télévision à coloriser le film pour une diffusion grand public. Dans le même temps, il s'offre les services de Jean-Marie Dreuzon, un directeur de la photographie qui maîtrise parfaitement la grammaire subtile du noir et blanc. À lui de créer une atmosphère envoûtante et poétique.

Lorsque débute le tournage, qui doit emmener toute l'équipe, durant deux mois, de Paris à Istanbul, en passant par Venise et la Grèce, mais également en croisière sur la Méditerranée, tous les ingrédients sont réunis pour créer une ambiance idyllique. Pourtant, le premier jour, Vanessa se montre glaciale. Si enjouée d'habitude, elle fait ostensiblement la gueule à son metteur en scène et s'offre même le caprice de quitter le plateau sans dire au revoir. « Je n'ai pas senti le coup venir. Alors j'ai téléphoné à Charlotte, son amie habilleuse, qui m'a dit qu'elle s'était sentie abandonnée. Comme c'était la première fois que je travaillais avec Daniel Auteuil, j'étais aux petits soins pour lui. Et Vanessa en a pris ombrage [5]. »

Heureusement, dès le lendemain, tout va s'arranger. « En deux phrases et trois sourires, tout est rentré dans l'ordre. Je lui ai dit : "Je te demande pardon, je suis le roi des cons." C'est le seul couac que nous avons eu. Mais ça m'a bien servi de leçon [6]... » Un incident que l'actrice relatera elle aussi. « Je n'ai compris qu'après qu'il avait besoin d'apprendre à connaître Daniel. Mais comme j'avais l'impression de ne plus exister pour lui, je suis devenue odieuse [7]. » Preuve que la délicieuse fée Clochette peut aussi se muer en démoniaque fée Carabosse.

Si Vanessa a tant besoin d'être choyée par son metteur en scène, c'est parce qu'une séquence la tracasse : le film démarre par un monologue de huit minutes qui lui vaut des sueurs froides. « Si, au bout de deux minutes, j'emmerde tout le monde, c'est mal barré pour la suite. Ça plombe le film [8]. » Afin de se donner toutes les chances de relever ce défi, elle met en place un drôle de rituel. « Une fois maquillée et coiffée, j'ai essayé de me concentrer dans ma loge. J'avais allumé plein de bougies, j'étais dans le noir et j'écoutais Tom Waits. Et là, Patrice est entré ! Quand il m'a vue comme ça, il s'est foutu de moi. J'ai rigolé. Ça m'a aidée à être plus légère [9]… »

Conscient que son actrice s'impose une pression énorme, Leconte la met à l'aise autant que possible. « Je lui ai dit : “On a tout notre temps, c'est quand tu veux.” Et j'ai demandé à l'équipe de respecter sa concentration. Quand j'ai vu sa silhouette fragile arriver sur le plateau, quand je l'ai entendue donner ce qu'elle a donné, j'ai été cueilli. À la fin j'avais les larmes aux yeux. Je n'arrivais plus à cadrer [10]. »

Durant ce monologue, sans doute la séquence la plus émouvante jouée à ce jour par Vanessa Paradis, Adèle raconte son destin de fille malchanceuse. « Je n'ai jamais rien eu à moi à part mon manque de bol », dit-elle avec une gouaille qui rappelle Arletty. Patrice Leconte est bouleversé. « Quand elle a eu fini, j'ai dit “Coupez !” d'une voix étranglée. Je suis allé vers elle, je l'ai serrée dans mes bras et je lui ai dit en pleurant : “Je ne te remercierai jamais assez [11].” » La chanteuse, elle, est presque déçue, après avoir tant répété, que tout soit parfait dès la première prise. « Elle m'a dit : “On va quand même en faire une seconde.” Je lui ai dit oui pour lui faire plaisir mais, bien évidemment, j'ai gardé la première. Ce qu'elle m'a donné en direct, j'en ai encore la chair de poule rien que d'y penser. »

Daniel Auteuil gardera lui aussi un agréable souvenir de leur collaboration. « C'est une actrice et une personne tout à fait miraculeuse. Sur un plateau, c'est la joie de vivre pour tout le monde. C'est vraiment un rayon de soleil. Une fille charmante, drôle, attentionnée [12]. » Un compliment que sa partenaire lui retourne volontiers : « Il est très facile à vivre, très gai, et il m'a fait beaucoup rire pendant le tournage [13]. »

Ce qu'elle oublie de raconter, c'est que l'acteur l'a beaucoup rassurée au début, lui conseillant de ne pas tout lâcher d'un coup. « Je lui ai dit : “Ne gaspille pas toutes tes cartouches à la première prise [14].” » Mais Vanessa n’est pas de ces comédiennes qui jouent à l’économie, histoire de doser leur effet : elle donne tout sans compter. « C’est quelqu’un d’absolument entier [15] », confirme son ami Serge Frydman, le dialoguiste du film.

En visionnant les rushes du film, à l’invitation de Patrice Leconte, Vanessa, si pétrie de doutes, reconnaît qu’elle a réussi son pari : elle a donné vie à Adèle, ce personnage qui lui ressemble si peu. « Je ne me regardais pas moi, avouera-t-elle, mais le personnage que je jouais et le personnage en face de qui je jouais, et j’étais touchée par eux. C’est la première fois que ça m’arrivait [16]. »

Sorti le 31 mars 1999, *La Fille sur le pont* va s’imposer en douceur, sans tapage, dans le cœur du public, réunissant au total près de 900 000 spectateurs dans l’Hexagone – une jolie prouesse pour un film en noir et blanc. Même si *Télérama* parle d’une « fantaisie gratuite » et *Le Monde* d’un « montage à l’esbroufe », l’ensemble de la critique est largement favorable. « Le noir et blanc sied à Vanessa Paradis et à Daniel Auteuil. Il contribue à donner à cette *Fille sur le pont* une soyance, une brillance, un charme fou. », s’enthousiasme Alain Riou dans *Le Nouvel Observateur.* « Leconte peut embrasser les anges. Il a tiré sans viser, avec le cœur, et s’est enfoncé profond dans le nôtre », écrit Jean-Jacques Bernard dans *Première.*

Acclamé comme un film à part, il récoltera huit nominations aux César, dont celle de la meilleure actrice pour Vanessa. Pourtant, le 19 février 2000, au Théâtre des Champs-Élysées, alors que Daniel Auteuil reçoit le César du « meilleur acteur », sa partenaire, elle, voit le trophée lui échapper au profit de Karin Viard dans *Haut les cœurs !* de Sólveig Anspach. « J’aurais adoré qu’elle ait le César », me confie le cinéaste, plein de regrets.

En juillet 2000, le film sortira aux États-Unis sous le titre *The Girl on The Bridge,* et rencontrera un succès honorable en salles, réalisant 1 500 000 dollars de recettes. Surtout, il décrochera une nomination pour le prix du meilleur film étranger aux Golden

Globes. Au total, son exploitation internationale permettra de doubler son audience hexagonale. Et il vaudra à Patrice Leconte une pluie de récompenses en tous genres dans de nombreuses manifestations, dont le prix du public au festival Cinemania de Montréal et le prix Don Quichotte au Festival de Karlovy Vary, en République tchèque.

Mais si Vanessa est radieuse dans *La Fille sur le pont*, c'est aussi pour une raison qui n'apparaît pas à l'écran : elle est amoureuse. Et, comme pour décupler encore ce grand bonheur, elle attend son premier enfant. Bien sûr, toute l'équipe du film connaît l'identité de l'homme qui la rend si heureuse : dès que ses obligations professionnelles le lui permettent, il est présent sur le tournage. La seconde nouvelle, elle, est encore totalement confidentielle.

Un jour, pourtant, ne parvenant plus à contenir sa joie, Vanessa s'ouvre à son ami réalisateur. « Elle me dit : "J'ai un secret à te confier, mais tu ne dois le répéter à personne." Je lui réponds : "Je suis une tombe." Et là, elle m'annonce qu'elle est enceinte. J'ai trouvé ça merveilleux parce que c'était une preuve de confiance. Elle avait envie de le dire, mais pas de le clamer à la terre entière. Après ça, j'ai été attentif à son petit ventre. Dans certaines scènes, avec son costume très ajusté, ça commençait à tirer un peu sur les coutures [17]. »

Une histoire d'amour qui démarre en trombe et, déjà, la promesse d'un bébé. Pour Vanessa, tout s'accélère en quelques semaines. Mais le plus extraordinaire, dans cette histoire, reste l'identité de l'amoureux et futur papa. L'un des acteurs les plus emblématiques de Hollywood. Un nom qui va faire pâlir de jalousie toutes les femmes de la planète : Johnny Depp.

27

Johnny Depp

« Il m'a fait de l'effet dans le noir, c'était chimique, je n'ai même pas vu sa tête. »

Vanessa Paradis

Elle a connu un succès planétaire à quatorze ans, fait des albums avec Gainsbourg et Kravitz, cartonné au cinéma dès ses seize ans. Mais, pour les Français, l'exploit le plus fantastique de Vanessa Paradis restera d'avoir décroché Johnny Depp. Un coup de foudre lié à cette chance insolente qui semble ne jamais la quitter ? Pas exactement. Derrière la légende d'une rencontre à l'improviste à Paris se cache la détermination d'une femme qui s'est battue pour vivre une passion dont elle rêvait depuis longtemps. « Cette histoire m'a bluffé, reconnaît Olivier Nuc, son copain de lycée. Tout ce qu'elle a voulu, Vanessa l'a obtenu, y compris Johnny Depp. C'est la différence avec la plupart des gens, qui se laissent porter par les événements. Elle, elle va jusqu'au bout : rien ne l'arrête [1]. »

Si tout commence début juin 1998 dans un salon ouaté de l'hôtel Costes, ça fait des années, en réalité, que Vanessa « veut » Johnny Depp. Elle n'est pas la seule mais, à la différence de tant de groupies, elle ne va pas lâcher l'affaire. Sa première rencontre avec l'acteur a lieu à Los Angeles, quatre ans plus tôt, au Viper Room, un club new-yorkais situé sur Sunset Boulevard, dont

Depp est l'un des principaux actionnaires, et qui accueille tout le gratin de Hollywood.

Ce soir-là, elle est accompagnée de Lenny Kravitz, dont la présence attire les filles comme des mouches, des filles plus sexy les unes que les autres, qui se pressent pour l'aborder, grimaçant lorsqu'il leur présente Vanessa comme sa « girlfriend ». Un ballet ayant le don d'énerver la chanteuse, qui s'impatiente déjà de rentrer à la maison afin d'avoir son mec pour elle toute seule. Ce soir-là, elle serre des mains, mollement, sans toujours prendre la peine de regarder en face son interlocuteur, boudeuse et mal à l'aise. L'atmosphère est plutôt sombre dans cette discothèque éclairée par des néons verts, et les vibrations de la musique réduisent à néant toute conversation.

Soudain, un contact électrise Vanessa. Une main d'homme dont elle n'a pas reconnu le visage. Une silhouette mince et pas très haute. « On s'est serré la main, je n'ai pas vu qui c'était. Et ça m'a fait quelque chose dans les doigts, dans le bras, dans tout le corps [2]. » En levant les yeux, elle croise pour la première fois le regard de Johnny Depp. Accrochée à son bras, une brindille blonde et sublime, un verre de whisky à la main, Kate Moss. Pour la énième fois de la soirée, la chanteuse entend Lenny Kravitz prononcer son nom : « Vanessa Paradis. » Pas sûr que l'acteur l'ait retenu. Davantage encore que les traits de son visage, c'est ce frisson provoqué par le contact de leurs mains droites que la jeune femme, elle, n'oubliera pas. « Il m'a marquée dès cette première rencontre, dira-t-elle des années plus tard, toujours sous le choc. Pendant mes années de solitude, il n'a jamais quitté mes pensées [3]. » Sur le plateau de Pascale Clark, sur Canal +, dans un numéro d'*En Aparté* qui fera date, elle évoquera encore ces instants à jamais gravés dans sa mémoire. « Il m'a fait de l'effet dans le noir, c'était chimique, je n'ai même pas vu sa tête [4]. »

Ce souvenir ne va cesser d'obséder Vanessa. Lors d'une interview sur Europe 1 pour la sortie du film *Élisa*, en 1995, alors que l'animatrice Maryse lui demande si elle est amoureuse, Clotilde Courau, qui partage l'affiche avec elle, vend la mèche, lâchant que sa partenaire « rêve de Johnny Depp ». Un rêve qui vire à l'idée fixe lorsque, quelques mois après sa rupture avec Lenny Kravitz, elle lit avec jubilation dans les magazines people que tout est fini entre l'acteur et Kate Moss. Nous sommes en 1997 et la chanteuse, qui n'est pas du genre à laisser passer sa chance, va s'efforcer de revoir l'homme qui a produit un tel effet sur elle. Corinne, sa maman à laquelle elle confie tout, n'essaie même pas de la raisonner : depuis toujours, ce que sa fille veut est sacré...

Très vite, une opportunité se présente. Le 27 juin 1997, François-Marie Banier fête ses cinquante ans à Brouzet-lès-Quissac, un hôtel particulier niché en pleine campagne, à la frontière du Gard et de l'Hérault. C'est un événement mondain très couru, une fête mémorable, à laquelle sont conviés une centaine d'invités triés sur le volet, parmi lesquels Caroline de Monaco et Ernst-August de Hanovre, Liliane Bettencourt, Patrice Chéreau, mais surtout Johnny Depp. Pour célébrer le demi-siècle du photographe mondain, un orchestre a été spécialement affrété d'Italie.

Cette semaine-là, Vanessa tourne *Une chance sur deux* de Patrice Leconte, sur la Côte d'Azur. Johnny Depp doit être de la *birthday party*, et la chanteuse s'arrange de son côté pour se faire inviter. Accompagnée d'une copine, elle débarque dans la propriété surnommée « le Mas du patron » avant d'apprendre que l'acteur s'est décommandé au dernier moment.

Le visage fermé, elle assiste au clou de la soirée : dans le parc, au moment où François-Marie Banier enfourche le cheval blanc qu'il vient de recevoir en cadeau, un orage éclate – comme s'il avait été déclenché par des artificiers. Toutefois, alors que les festivités se poursuivent le lendemain par un déjeuner raffiné, Vanessa décide de quitter le soir même la propriété du photographe.

Le temps presse : un sex-symbol comme Johnny Depp ne restera pas longtemps célibataire. Bientôt, l'entourage de la chanteuse apprend que l'acteur tourne dans la capitale *La Neuvième Porte* de Roman Polanski. Alors que de nombreuses séquences sont filmées en région parisienne, c'est à l'hôtel Costes que séjourne Johnny Depp lorsqu'il quitte le plateau.

Vanessa n'ignore rien de ce projet : lorsqu'elle a appris son existence, des mois auparavant, elle a contacté le réalisateur pour passer une audition. Bien que, jusqu'ici, elle se soit exclusivement octroyé des rôles principaux au cinéma, elle était prête, pour partager l'affiche avec l'interprète d'*Edward aux mains d'argent,* à jouer un rôle secondaire. Malgré son insistance, elle n'a pas été retenue, les deux rôles féminins étant confiés à la Suédoise Lena Olin ainsi qu'à Emmanuelle Seigner, compagne de Polanski.

Toutefois, Vanessa n'a pas dit son dernier mot. Johnny Depp à Paris pour plusieurs semaines, encore une occasion. Alors qu'elle tourne *La Fille sur le pont*, l'homme qu'elle convoite donne un dîner privé dans le salon Herbier du palace parisien. Le nom de Vanessa est inscrit, au dernier moment, sur la liste de la douzaine de convives. Une information confirmée au téléphone par Isabelle Privat, la directrice de l'hôtel Costes : « C'était un dîner en petit comité et Vanessa Paradis avait bel et bien été invitée [5]. »

La chanteuse, qui a les cheveux courts à l'époque, porte une robe ouverte dans le dos. Et lorsqu'elle fait son entrée, l'acteur est en pleine conversation. Pour lui, en revanche, la surprise va être totale, comme il le racontera à la télévision, face à Oprah Winfrey. « J'ai vu son dos à vingt mètres de moi. J'étais hypnotisé par ce dos. Quand ce dos s'est retourné, j'ai vu son visage. Elle est venue directement sur moi, elle m'a dit bonsoir et j'ai su que c'était la femme de ma vie [6]. » Intimidé, l'acteur charge un de ses amis de proposer à Vanessa de s'asseoir tout près de lui. « Je n'osais pas le faire, dira-t-il. Elle m'a alors demandé si je me souvenais bien d'elle. Évidemment que oui [7] ! »

Si Johnny Depp n'a pas oublié leur première rencontre, quatre ans plus tôt, à New York, au Viper Room, il ignore que la petite Française que lui a présentée Lenny Kravitz n'a cessé de penser à lui depuis. Son coup de foudre à lui commence à la seconde où le regard brûlant de Vanessa plonge dans le sien. « Je suis certain que notre rencontre ne relève pas du hasard, mais qu'une puissance supérieure a guidé mes pas pour me conduire jusqu'à elle[8]. » Ignore-t-il comment ce rendez-vous a été programmé ? Pas impossible… En tout cas, la jeune femme, elle, sait d'expérience que la chance n'est rien si on ne lui donne pas un sérieux coup de pouce. Pourtant, la légende ne cessera de présenter cette rencontre comme un pur hasard.

Assise tout près de l'acteur dans ce salon dont les murs sont ornés d'herbiers encadrés, elle s'adresse à lui, les yeux dans les yeux, sourire étincelant, comme si elle savait déjà tout de lui, fascinée de vivre son rêve éveillé. Ce n'est pas un numéro de charme, c'est son cœur qu'elle lui offre. À la fin du dîner, les amis de l'acteur présents à sa table s'éclipsent, et il ne reste qu'eux deux, aimantés l'un par l'autre, évoquant leur quête d'intensité dans l'existence. Rien de superficiel dans ce premier échange. « Avant qu'on s'embrasse, avec mon amoureux, confiera-t-elle à *Paris Match*, je me rappelle que la chose qui m'a le plus séduite en lui, encore plus que son apparence sublime, c'était : “Ah ! lala ! que c'est agréable de pouvoir parler comme ça !” Avant même qu'il devienne mon amoureux, il m'intéressait. On ne se parlait pas de la pluie et du beau temps, on se parlait vraiment[9]. » De son côté, Johnny Depp est séduit par l'accent si craquant de la Française, mais surtout par sa sincérité désarmante. « Elle ne joue pas, ne calcule rien, ne triche pas, ne ment pas. » De fait, c'est sa vie qu'elle joue devant cet acteur rompu aux artifices de la séduction.

Ce qui fait le sel de ce dîner, c'est aussi, bien sûr, la force du désir qui s'invite entre eux deux. Vanessa ne s'en est d'ailleurs jamais cachée : « On était libres et alors on s'est sauté dessus ! C'est pas joli de dire ça, mais ça n'a pas pris longtemps[10]. »

Le lendemain, elle raconte à sa mère que ça y est, elle vit enfin « son » histoire avec Johnny Depp. Corinne Paradis a-t-elle vraiment pensé que le rêve tellement fou de sa fille deviendrait réalité ? Elle n'est pas la seule, en tout cas, à être bluffée. « J'ai trouvé ça dingue[11] ! », dira Valérie Archeno, son amie d'enfance. Et, lorsque la chanteuse se confiera à Patrice Leconte sur le tournage de *La Fille sur le pont*, il n'en croira pas non plus ses oreilles.

« J'étais sur le cul. En même temps, ça m'a plu que ça lui arrive. C'est un coup de foudre comme dans les romans de gare, comme dans la collection Harlequin [12]. »

Bien que cette *love story* démarre sur les chapeaux de roues, elle n'en reste pas moins discrète. Christophe, fan de la star, sera témoin d'une scène de ce genre, un matin où il s'est posté devant l'entrée de l'établissement avec une amie pour voir son idole. « Nous avons vu sortir Vanessa, accompagnée de Charlotte, son habilleuse au cinéma, qui nous a adressé des baisers de la main en découvrant notre présence. Il y avait aussi des paparazzi, auxquels elle a fait des doigts d'honneur. Johnny Depp, lui, n'est sorti qu'un quart d'heure après [13]. »

Patrice Leconte protège lui aussi de son mieux cette idylle naissante. « Comme il était accaparé par le tournage de *La Neuvième Porte* et que nous tournions *La Fille sur le pont*, Johnny prenait des jets privés pour la rejoindre aussi souvent que son plan de travail le lui permettait. Très discret, il n'était pas du genre à débarquer sur le tournage [14]. »

Au-delà de l'aspect charnel qui scelle leur romance en seulement quelques jours, ce qui prédomine pour Vanessa, c'est le sentiment d'avoir enfin trouvé l'homme de sa vie : celui que cette jeune femme, qui a grandi dans le culte des comédies musicales et des contes de fées estampillés Disney, n'a jamais cessé de chercher, en dépit des désillusions qui jalonnent déjà sa courte existence. À côté de ce qu'elle ressent désormais, ses histoires d'amour précédentes ne font pas le poids. « Bien sûr que ça m'est arrivé avant lui de tomber amoureuse, pas souvent d'ailleurs, mais avec lui, ça a été magnétique ! Et ça s'est passé dans les premiers instants. On sait tout de suite qu'on a rencontré la personne qui va être celle qui vous réconforte, celle à qui on va raconter ses bonheurs, celle avec qui on va tout partager, parler de tout, du monde, de la musique, des gens [15]. »

Le premier week-end d'été, celui du 21 juin, Vanessa s'échappe de Paris le temps d'une escapade à Deauville avec Johnny. Même si la mer est grise et le vent un peu frisquet, l'acteur savoure le romantisme du décor. Quelques jours plus tard, lassé du ballet des paparazzi planqués devant l'hôtel Costes, l'acteur décide de louer un appartement à Montmartre, un des quartiers de Paris qu'il préfère. Fou amoureux, il multiplie les coups d'éclat pour épater sa petite Française. Début juillet, il affrète un jet privé pour lui offrir un week-end de folie. Première escale : Les Eurockéennes de Belfort, où le couple assiste, main dans la main, au concert d'Iggy Pop. Seconde escale : Rome pour deux jours de rêve en tête à tête.

Sûre d'elle et de la force inouïe de sa nouvelle histoire d'amour, Vanessa se sent invincible. Ce que ses parents ont pu vivre, ce qu'elle leur a tant envié, est enfin à sa portée. « Johnny est l'homme de ma vie, répétera-t-elle sans l'ombre d'un doute. Je suis sûre de cela : nous sommes faits l'un pour l'autre. J'ai souvent aimé, mais je n'ai jamais eu de relation aussi intense qu'avec lui. Je veux passer le reste de ma vie à ses côtés [16]. » Des phrases qui peuvent sembler presque naïves, surtout lorsqu'on sait avec le recul que la *love story* finira par se fissurer, mais qui correspondent pleinement au bonheur qu'éprouve Vanessa à ce moment-là.

Un bonheur dont la quête a toujours été problématique. « C'est difficile, explique Jean-Pierre Pasqualini, d'être heureux quand on ne peut pas faire abstraction de son personnage public. Sa vie de femme n'a jamais été une vie de femme anonyme. Comment voulez-vous qu'elle puisse avoir un bonheur simple [17] ? » Justement, c'est la vérité de cette histoire naissante qui la galvanise. Johnny Depp n'a pas craqué pour elle à cause de son statut de star – elle est une quasi inconnue aux États-Unis. Il l'aime pour elle-même, l'effet qu'elle provoque sur lui, cette forme d'évidence qu'elle incarne. « Elle me rend heureux comme personne avant elle. Elle possède un don particulier. C'est quelqu'un de généreux qui donne beaucoup. Un remède contre le spleen [18]. »

Intarissable sur ses sentiments, Vanessa lève au passage un coin du voile sur les coups de blues qui ont assombri son moral, en dépit de son succès insolent, jusqu'à ce coup de foudre. « Je suis la même personne sauf qu'avant de le rencontrer j'étais triste tout le temps. Pourtant, j'avais tout pour être heureuse : la santé, une vraie passion pour mon travail, la réussite, l'amour de mes parents. Mais il me manquait quelque chose [19]. »

« Triste tout le temps… » Son entourage en sait quelque chose, tant il a fallu la réconforter. Durant de longs mois, minée par une forme de déprime chevillée au cœur, la chanteuse ne s'est pourtant jamais laissé abattre : en vaillant petit soldat, elle a mené sa carrière tambour battant, affichant un sourire solaire qui masquait un vide profond. Entourée de l'affection de sa famille, de ses amis, adulée par ses fans, il lui fallait encore l'amour d'un homme pour se sentir pleinement vivante.

La révélation dans les médias de cette *Divine Idylle*, qui ne porte pas encore son nom, aura, bien sûr, l'effet d'une bombe. En France, le magazine *Voici* distille les détails de leur coup de foudre dans son édition datée du 13 juillet 1998. Trois jours plus tard, *The Sun*, au Royaume-Uni, souligne la ressemblance de la nouvelle conquête de Johnny Depp avec Kate Moss. Dans l'Hexagone, que la petite Française qui chantait *Joe le taxi* ait réussi à séduire « l'homme le plus sexy de la planète », selon un sondage auprès des lectrices de *Cosmopolitan*, va être applaudi comme un véritable exploit. À ce moment-là, la chanteuse devient une personnalité d'envergure internationale.

Dès lors, les magazines people vont faire leurs choux gras de cette incroyable romance. Le 6 mars 1999, lors de la cérémonie des César du cinéma, au Théâtre des Champs-Élysées, c'est Pascal Greggory qui, au moment de remettre un trophée d'honneur à son ami américain, officialise une liaison qui fait grand bruit. Ce que le public ignore, c'est que le discours de remerciement de l'acteur, enregistré en français sur un petit magnétophone, a été préparé en collaboration avec Vanessa. « C'était une idée de lui, révélera-t-elle. Il était mort de trac. Il avait envie qu'on le comprenne, on a beaucoup répété ensemble [20]. »

Pour la photo, en revanche, les médias devront attendre plus d'un an avant que le couple fasse sa première apparition publique. Le 16 novembre 1999, la chanteuse accompagne son amoureux sur Hollywood Boulevard où il reçoit son étoile. Timide, l'acteur, qui n'aime guère les mondanités, cache son embarras derrière des lunettes de soleil. Agenouillée à sa gauche, Vanessa, dont les cheveux ont repoussé jusqu'aux épaules, et qui porte une robe noire toute simple en velours, irradie de bonheur. Pour elle, être la compagne de Johnny Depp n'a rien de l'exploit décrit dans les tabloïds : c'est juste l'apothéose de sa vie, une joie de chaque instant. Voilà pourquoi elle donne toute son énergie à son couple. Elle a tout programmé dans sa tête depuis si longtemps. Les applaudissements et les honneurs, elle connaît déjà par cœur. Ce qu'elle veut, désormais, c'est cultiver son jardin personnel. Pleine d'un enthousiasme contagieux, elle est convaincue qu'elle saura garder cet homme dont elle connaît pourtant le parcours amoureux chaotique.

Marié à l'âge de vingt ans à Lori Anne Allison, une maquilleuse qui était sortie avec Nicolas Cage, l'acteur, en effet, a la réputation d'être un véritable cœur d'artichaut. Depuis qu'il a explosé, en 1987, dans la série *21 Jump Street*, sa cote amoureuse a grimpé en flèche. Avant Kate Moss, qui a partagé sa vie trois ans durant, Sherilyn Fenn, Jennifer Grey, ou encore Winona Ryder figurent sur la liste non exhaustive de ses conquêtes. Pour la dernière, l'acteur s'est même fait tatouer « Winona Forever » – qui deviendra, après leur rupture, « Wino Forever » (« Alcoolo pour toujours »). La preuve que, chaque fois qu'il tombe amoureux, c'est pour la vie.

Comment Vanessa pourrait-elle réussir là où tant d'autres filles se sont cassé les dents ? C'est la question que se posent avec perfidie les magazines people. Et pourtant… Force est de constater que la chanteuse possède en la matière un indéniable savoir-faire. « Tout s'est fait sans peur, et sans inconscience non plus [21] », dira-t-elle avec le recul. En vérité, elle a tant attendu pour vivre sa grande histoire qu'elle brûle de rattraper le temps perdu.

Une histoire à deux qui va bientôt se décliner à trois. Moins de deux mois après leur rencontre à l'hôtel Costes, Vanessa découvre qu'elle est enceinte. Pour elle, c'est bien la confirmation que Johnny est l'homme de sa vie.

28

FIRMAMAN

« Les enfants changent toutes les priorités de la vie. Ils changent notre égoïsme et nous rendent forcément meilleurs. »

Vanessa Paradis

À cause des douze ans qui la séparent d'Alysson, Vanessa a très tôt joué à la maman avec sa petite sœur. Dès la fin des années 1980, alors adolescente, elle avait évoqué dans plusieurs interviews son amour pour les enfants et sa fascination pour les femmes enceintes. Galvanisée par son histoire avec Florent Pagny, elle éprouvait déjà, à seize ans, le désir d'être mère. C'est dire combien la chanteuse, qui a tout réussi avec une précocité hors norme, était impatiente de savourer l'expérience de la maternité. Alors quand cet horizon s'offre enfin à elle, elle n'a pas l'intention de bouder son plaisir. « Élever un enfant peut être le meilleur moyen de réparer ses propres blessures d'enfance », note le pédopsychiatre Stéphane Clerget [1].

Le 27 mai 1999, à 20 h 25, la chanteuse donne naissance à Lily-Rose Melody – le dernier prénom ayant été choisi en hommage à Serge Gainsbourg. Afin d'être entourée des siens, notamment de sa maman, elle a préféré accoucher en France, dans le confort ouaté de l'Hôpital américain de Neuilly. C'est un petit natif du Gémeaux qui a les yeux de son papa et un léger duvet blond. Dès le premier contact avec sa fille, Vanessa est submergée par l'émotion : ce qu'elle ressent est plus puissant que tout ce qu'elle avait vécu jusqu'alors, y compris sur scène. « Les bébés m'ont toujours fait rêver, alors un premier enfant, avec l'homme que j'aime, il ne pouvait rien y avoir de plus fort pour moi [2] », expliquera-t-elle.

Soudain, un petit être compte davantage que sa propre existence. Pour cette enfant gâtée qui a toujours été au centre de toutes les attentions, c'est une révolution salutaire. « Les enfants changent toutes les priorités de la vie. Ils changent notre égoïsme et nous rendent forcément meilleurs. On sait pourquoi on se lève le matin [3]. » Ce que Vanessa découvre, c'est une tyrannie plus forte que celle de son propre désir, celle d'un nouveau-né qui impose la loi de ses besoins. Lily-Rose, qui pleure lorsqu'elle a faim, l'arrache au confort de sa petite personne. « Quand on est fatigué, de mauvaise humeur, qu'on a mal au dos, il faut oublier ! C'est facile parce que, même quand on a un cafard monstre, il suffit de regarder son enfant pour que ça passe [4]. »

Pour cette artiste parfois enfermée dans la contemplation de ses états d'âme jusqu'à se fatiguer d'elle-même, c'est mieux qu'une diversion : un nouveau but dans l'existence. « Au lieu de passer deux heures dans un bain, de regarder mon nombril, je la regarde vivre, c'est bien plus précieux, non [5] ? » Et peu importe si ce petit être bouleverse aussi sa relation avec son amoureux. « Un enfant, ça change tout et en mieux, assure-t-elle. Vous n'êtes plus un couple, vous ne vous regardez plus en face à face, mais vous regardez ensemble un bébé [6]. » Après s'être découvert l'un l'autre, Vanessa et son amoureux semblent subjugués par le mystère de cette petite fille qu'ils vont apprendre à connaître. « On est fa-sci-nés ! Elle est notre sujet de conversation favori [7]. » Autant dire que Lily-Rose est observée comme une vraie merveille : ses moindres gestes, ses moindres regards sont scrutés à la loupe. Lorsqu'elle prononcera ses premiers mots, ses parents seront là pour les décrypter. « Pas une seule de ses phrases ne tombe dans le vide, la pauvre [8] ! », avouera Vanessa avec humour.

Pour Johnny Depp aussi, l'expérience de la paternité s'impose comme une révélation quasi mystique. « J'ai vécu trente-six ans dans le brouillard, il n'y avait rien d'important dans ma vie, confiera-t-il. Puis je suis tombé amoureux de Vanessa, et elle est tombée enceinte [9]. » Pour cet acteur torturé, en proie à de violentes crises d'angoisse, la présence du bébé agit comme un antidépresseur puissant. « Je ne sais pas si je serai complètement apaisé un jour, mais ma fiancée et moi avons fait naître Lily-Rose autant qu'elle nous a fait naître, dit-il alors. Elle nous a donné la chance de pouvoir respirer différemment. C'est un cadeau énorme et magnifique. » Johnny Depp vit sa paternité comme une véritable naissance : jamais il n'avait atteint une telle plénitude.

Se comporte-t-il avec le bébé comme un père autoritaire ? Absolument pas. Du moins c'est ce que révèle avec finesse son ami Pascal Greggory. « Étant une sorte d'enfant lui-même, il est comme un frère pour cette enfant. Dans cette relation, Vanessa est la meneuse. Elle est très forte. C'est pour cette raison qu'ils sont si bien ensemble : il est le poète et elle assure. Ils se complètent à merveille [10]. » Tout poète qu'il soit, l'acteur participe aux tâches quotidiennes qui incombent aux jeunes parents : il change sa fille, l'habille, la fait manger ; mais ce qu'il préfère pardessus tout, c'est la faire rire.

En fait, Lily-Rose permet à son papa de rester davantage encore connecté avec l'enfance, période dont il est nostalgique. En 1978, en effet, le divorce de ses parents, alors qu'il n'avait que quatorze ans, fut un traumatisme pour l'adolescent, déjà secoué par des déménagements à répétition en raison des obligations professionnelles de son père, ingénieur. Alors que sa mère sombre dans une lourde dépression, Johnny se fera un devoir de la soutenir – jusqu'à faire tatouer son prénom, Betty Sue, sur son bras gauche. La naissance de sa fille provoque un autre choc émotionnel aussi fort, mais positif cette fois. « C'est Lily-Rose qui m'a repêché, confiera l'acteur. À sa naissance, j'ai dû revoir de fond en comble mon mode de vie. Grâce à elle, j'ai même réussi à diminuer de moitié ma consommation de cigarettes [11]. »

Pendant que son amoureux se sent renaître au contact de sa fille, Vanessa, elle, assure ! La fibre maternelle qui végétait en elle, et qui désormais explose, va de pair avec un grand sens pratique au quotidien. Pour profiter à fond de ses nouvelles sensations, elle décide d'allaiter Lily-Rose durant plusieurs mois. Et se lève la nuit sans rechigner, aux moindres pleurs, elle qui a toujours regardé son sommeil comme sacré. Pour être d'attaque au petit matin, elle n'hésite pas à sacrifier ses soirées de noctambule : lorsque la petite s'est enfin endormie, elle pique du nez devant la télé, morte de fatigue mais ivre de bonheur. Le visage rond de son bébé blond en vaut la peine. « C'est l'amour absolu, tout est vrai, confiera-t-elle dans *Elle* moins d'un an après l'accouchement. Rentrer le soir à la maison et voir des étoiles dans les yeux de ma fille, je n'ai rien vécu de plus fort. Toutes les mamans me comprendront. Les premiers mois, on ne dort pas, on n'arrête pas une seconde. Moi, j'ai allaité longtemps, j'avais l'impression d'être un sein ambulant. Mais en même temps, j'adorais ça [12]. »

Les couches, le bain du matin, les rendez-vous chez le pédiatre : Vanessa gère tout comme une pro. Et Johnny Depp découvre des qualités qu'il ne soupçonnait pas chez sa petite Française. Lui qui a si longtemps souffert d'instabilité affective se sent, pour la première fois de sa vie, ancré dans un foyer dont Vanessa possède les clés. C'est si bon de pouvoir enfin poser ses valises.

Pour l'éducation, en revanche, la jeune maman doute beaucoup. Faut-il résister aux pleurs de Lily-Rose, la nourrir à heures fixes afin de lui donner un cadre rassurant ou, au contraire, accourir au moindre chouinement ? La chanteuse, qui a grandi dans un esprit libertaire, pencherait plutôt pour la seconde option. Ce qu'elle privilégie, c'est la transmission de valeurs. « On ne veut pas qu'elle soit mal élevée, on aimerait qu'elle devienne quelqu'un de bien. Ce sera facile, car elle a un très joli fond. Elle nous apprend beaucoup [13]. »

Toujours ce désir chez Vanessa de progresser, crucial pour elle qui a quitté l'école si tôt… Afin de mieux embrasser son rôle de maman, pas question de laisser la petite entre les mains d'une nounou. Si le couple a bel et bien recruté une jeune femme pour veiller sur Lily-Rose, ce n'est pas pour fuir ses responsabilités parentales. « Je ne veux rien perdre, rien rater [14]. » Rien n'est plus précieux pour la chanteuse que d'épier les moindres soupirs de sa fille lorsqu'elle s'est enfin endormie. Rien ne lui donne plus de force que de la couver, la protéger, en l'empêchant, par exemple, « de se faire mal en tombant contre le coin d'une table [15] ».

Alors qu'elle profite au maximum des apprentissages fondamentaux des deux premières années, cette bulle à trois où il lui semble boire le bonheur à sa source, elle s'angoisse déjà à l'idée que Lily-Rose devra bientôt quitter la maison pour se rendre à l'école. Un questionnement qu'elle partage avec Johnny Depp. « La première chose qui nous fait peur, c'est l'école, c'est l'entrée dans un monde brutal. D'un autre côté, je ne voudrais pas que ma fille ait un tuteur ou suive des cours particuliers, ce ne serait pas lui rendre service que de l'enfermer dans un monde irréel [16]. »

Si Johnny Depp est un papa fusionnel, Vanessa n'hésite pas à être autoritaire quand c'est nécessaire, même si sa fille s'effondre dès qu'on la réprimande. Est-elle trop protégée ? Vanessa ne cesse de se questionner… « Je m'interroge sur la façon de l'armer pour affronter le monde. Elle est un peu trop sensible [17]. »

Malgré tout, c'est pour mieux la protéger de la notoriété de ses parents que Vanessa a décidé de s'installer sur la côte ouest des États-Unis, à deux pas de Hollywood. Un choix qui s'est imposé naturellement, sans qu'elle se sente « sacrifiée » d'aucune façon, parce que c'est là que vit et travaille son amoureux. Elle a tellement trimé, depuis ses quatorze ans, qu'elle a bien mérité de faire une pause. Devenir une mère au foyer ne lui fait pas peur, au contraire : c'est une décision qui comble ses aspirations les plus profondes. « Je ne me suis pas retirée, mais je ne suis plus une boulimique de travail, dira-t-elle pour justifier son absence médiatique. Peut-être parce que je l'ai beaucoup été avant [18]. »

Son énergie, désormais, ce bouillonnement intérieur qui ne cesse de la faire avancer, elle va la consacrer à sa fille, quitte à s'enfermer « dans une bulle ».

C'est dans une confortable villa située à West Hollywood que la petite famille s'installe. Une ville animée et branchée qui accueille une importante communauté gay, où l'on peut faire du shopping ou sortir sans voiture, notamment au Sunset Trocadero. Vanessa s'y sent moins dépaysée que lors de son premier séjour à Los Angeles, huit ans plus tôt.

Là-bas, Johnny lui sort le grand jeu. Certains soirs, il l'invite à un dîner aux chandelles dans le fabuleux restaurant japonais panoramique logé dans une tour de verre qui surplombe la Cité des Anges. Ou encore il décide de louer une salle de cinéma rien que pour elle afin de lui projeter ses films favoris – il a une passion pour le cinéma muet. Dans cet échange qui leur permet de se dévoiler l'un à l'autre, sans jamais perdre de vue Lily-Rose, Vanessa fait elle aussi découvrir à son amoureux ses films français cultes. Parmi eux, des comédies surtout, dont *Le Père Noël est une ordure,* de Jean-Marie Poiré, ou encore les films interprétés par Louis de Funès, dont l'acteur américain deviendra un fervent admirateur.

Au côté de Johnny Depp, la jeune maman devient une autre femme. Même sa garde-robe change. Si, lors de ses apparitions publiques, elle va privilégier le style « Années folles », robe de dentelle, aigrette dans les cheveux et bandeau de perles, on la voit adopter peu à peu au quotidien la dégaine bohème chic de Johnny Depp, arpenter les avenues de West Hollywood vêtue d'un baggy, d'une chemise de bûcheron et de vieilles boots avec, autour du cou, des bijoux grigris dénichés dans les brocantes. Et lorsqu'elle va boire seule un café au Starbucks du coin, emmenant Lily-Rose dans la poussette, elle jouit d'un anonymat salutaire. Pour cette artiste au destin exceptionnel, rien ne semble meilleur que de se sentir une maman ordinaire.

C'est à cette époque que la chanteuse, bannissant le trop précieux ou le trop sophistiqué, trouve son style définitif. « La mode, d'accord, mais il faut que ce soit confortable. Que je me sente bien. Parce que les robes très belles qui grattent, ce n'est pas pour moi [19]. » Ce qui la définit le mieux ? Le bab-chic. « J'ai toujours aimé le look bohème, gitane. Les superpositions, les couleurs, les matières qui flottent et qui volent [20]. » Si l'on excepte la griffe Chanel, qu'elle place au-dessus de tout, ses stylistes préférés ont pour noms Betsey Johnson, Corinne Cobson et E2.

Même si sa fille est devenue le centre de ses préoccupations, Vanessa n'est pas du genre à se négliger. Pour entretenir sa forme et garder sa silhouette, elle s'est inscrite dans un club de gym local. Elle a beau avoir une bonne nature, Vanessa s'est toujours fait un devoir de rester aussi fine qu'à ses débuts. Chez elle, exercer un contrôle absolu sur son corps peut même virer à l'obsession.

Lorsque la jeune maman s'ennuie trop des siens, lorsque ses parents et sa sœur lui manquent, elle revient à Paris pour quelques jours. Le trio s'installe alors dans un vaste appartement de Saint-Germain-des-Prés. Dans leur grande maison de Villiers-sur-Marne, les Paradis ne manquent jamais d'organiser des rassemblements familiaux, où tout le monde est convié, y compris Raymonde, la grand-mère, qui ne manquerait pour rien au monde une occasion de voir la petite Lily-Rose. Didier Pain est là aussi, bien sûr, mais son emprise sur la carrière de sa filleule s'est émoussée ces dernières années. Malgré tout, il lui fait part de ses craintes si elle continue à s'éloigner trop longtemps de la chanson. Lorsqu'il lui propose de participer aux Enfoirés, histoire d'envoyer un signal à ses fans, elle lui adresse un « non » sans appel.

Depuis sa rencontre avec Johnny Depp, la chanteuse s'est découvert un instinct infaillible pour la vie de famille. En accord avec son homme, afin de protéger leur bonheur, elle définit des règles qui s'appliquent à tous les deux. Malgré leurs obligations professionnelles, ils ne devront pas être séparés plus de quinze jours. Elle décide également de refuser toute proposition si, au même moment, Johnny est accaparé par un tournage. Le cas échéant, d'ailleurs, Vanessa s'arrangera pour suivre l'acteur sur les plateaux de cinéma, où lui-même exige contractuellement de ne travailler que quatre jours par semaine, histoire de consacrer du temps à sa famille. Tant que ces règles d'or seront respectées, pense-t-elle, leur cocon de bonheur sera préservé.

Lorsque sa fille fête son premier anniversaire, la jeune maman découvre que l'envie de chanter est revenue. Didier Pain a raison : elle n'a pas sorti d'album depuis sept ans déjà. Johnny Depp l'encourage vivement à reprendre le fil de sa carrière. Ça tombe bien : Vanessa brûle de clamer son bonheur en chansons. Un disque qu'elle décide de concocter en famille, à sa façon. Elle a déjà un titre, qui résume l'état de plénitude qu'elle éprouve depuis que Johnny Depp lui a permis d'être maman : *Bliss*.

29

Bliss

« Ce disque, très égoïstement, je l'ai fait pour moi et pour mes proches. Je voulais que ce soit mon morceau de vie. »

Vanessa Paradis

« Il n'existe pas de mot aussi joli dans la langue française. On peut le traduire par félicité, par bonheur parfait ou encore le mieux du mieux qu'on puisse être. Je suis heureuse [1]. » Vanessa n'est pas allée chercher très loin le titre de son troisième album : *Bliss*. C'est la première fois qu'elle est habitée par une joie aussi intense. À tel point que tout le reste lui semble dérisoire. Si tant de plaisirs sont factices quand on a connu la célébrité à quatorze ans, Vanessa sait que son bonheur avec Johnny et Lily-Rose est authentique. Parce qu'elle est une artiste sincère, elle veut partager une part de ce bonheur avec son public. Laisser une trace de ces moments aussi, comme un album de photographies. « On rassemble les instants intimes, les émotions fugaces et les moments importants de sa vie pour avoir le plaisir de les regarder plus tard [2]. »

Et peu importe si un tel projet peut sembler narcissique. « Dès le début, j'avais envie de faire un album très personnel. Faire un album, c'est comme un accouchement, c'est sortir quelque chose d'enfoui dans son ventre. Ce disque, très égoïstement, je l'ai fait pour moi et pour mes proches. Je voulais que ce soit mon morceau de vie [3]. »

Même si la chanteuse n'ignore pas que ce sont souvent les instants les plus sombres qui nous incitent à créer, elle fait le pari d'arriver à exprimer l'état de grâce qu'elle ressent. « L'état dépressif pousse à saisir un crayon, un micro, un pinceau. Durant ces moments, il m'est arrivé de noter des mots, des phrases, des humeurs. Mais j'ai pu écrire aussi des sentiments gris dans un parc ensoleillé, entourée d'enfants, envahie de bonheur. Pourquoi se limiter au grave et effacer la thérapie du léger [4] ? »

Pour la première fois, Vanessa s'implique totalement dans un album, quitte à exercer un contrôle inédit sur tout. « Je n'ai rien laissé faire sans y mettre mon grain de sel. Je voulais que cet album me ressemble. J'ai peut-être été chieuse, mais, au final, c'est mon disque. Pour les autres, je m'étais contentée de choisir les chansons et de les interpréter [5]. » Cette fois, elle va non seulement choisir ses musiciens, gérer le studio d'enregistrement et peindre elle-même le livret du disque, mais également s'investir dans l'écriture, paroles et musique. Et, pour illustrer la pochette, c'est à son amoureux qu'elle confie le soin de la photographier. Il réalise un portrait d'elle en gros plan et retouche le cliché sur son ordinateur en ajoutant un « effet fuzzy ».

Pour la première fois, la chanteuse se passe des conseils de son manager historique, l'homme sans lequel elle n'aurait sans doute jamais percé : Didier Pain. « Mon oncle a eu besoin de travailler ailleurs, se justifie-t-elle. Comme j'ai fait une longue pause, il en a profité pour s'aérer. Finalement, nous ne reprendrons pas la collaboration, pas parce que nous sommes fâchés, mais simplement parce que le fait de travailler en famille peut tuer les rapports familiers. Nous avons décidé de ne pas continuer ensemble pour remettre les liens à leur place [6]. »

Selon Joshua Darche, la chanteuse a surtout éprouvé le besoin de s'émanciper de la coupe de cet oncle à poigne. « Il avait le défaut de ne pas bien parler anglais. Mais, surtout, bien qu'il soit un déconneur fini, Didier était assez directif. Il y mettait les formes, mais il ne relâchait pas la pression. Il disait : “Allez, ma chérie, on y va !” à une époque où elle voulait prendre ses décisions toute seule [7]. »

Cette rupture, douloureuse pour le parrain de Vanessa, s’expliquerait, selon d’autres sources, par des fâcheries consécutives à des histoires d’argent. Quelle part le manager s’octroyait-il sur les bénéfices de sa filleule, devenue une poule aux œufs d’or ? Aucune source n’a pu avancer un chiffre fiable. Si certaines tensions ont pu exister en raison du sens aigu des affaires de Didier Pain, que nul ne conteste, un témoin m’assure que l’oncle de la star n’a pas été écarté par le clan Paradis, du moins dans un premier temps. « Quand il a dû réapprendre à s’occuper de lui, ça n’a pas été facile parce que sa vie était dédiée à la carrière de Vanessa. Il n’était pas vraiment en colère contre elle, juste un peu paumé : l’effervescence des débuts lui manquait. Mais ils continuaient, par exemple, à passer Noël ensemble [8]. »

Toutefois, en découvrant l’album *Bliss*, Didier Pain sera blessé de ne pas être cité dans la chanson *Les Acrobates*, qui rend hommage à la famille de Vanessa, cette tribu qui la sécurise depuis toutes ces années. Après avoir évoqué sa mère, son père et sa sœur, la chanteuse fredonne : « Quand j’oublie comment je m’appelle / C’est vers vous que je guide mes pas. » Jamais elle ne dit « mon oncle ». Un « oubli » que les proches du parrain auront du mal à digérer…

Dans les années qui ont suivi, la séparation professionnelle a peu à peu dégénéré en quasi-fâcherie. Avec le recul, Vanessa en veut-elle à son oncle de l’avoir autant « poussée » à travailler pendant toutes ces années ? Elle sait pourtant que c’est à ce coaching musclé qu’elle doit en partie sa carrière…

Ce qui donne à la jeune femme la force de reprendre sa carrière en main, c’est l’amour de son compagnon. Si Johnny Depp s’est imposé comme acteur, c’est dans la musique qu’il a toujours rêvé de réussir. Adolescent, il avait quitté l’école pour jouer avec des copains comme guitariste *lead* dans un groupe appelé The

Kids. Alors, pour lui, faire un bout de chemin avec une chanteuse n'a rien d'aléatoire. C'est pourquoi, au-delà de la femme et de la mère qu'il vénère, il ne va cesser de pousser Vanessa à s'investir dans le processus de création de ses chansons. Une grande première pour une artiste qui a toujours été regardée comme une muse. « Les auteurs écrivaient ce qu'ils pensaient de moi, ce qu'ils voyaient de moi, faisaient de moi leur porte-parole. Je m'y retrouvais, oui. Mais ce n'était jamais mes mots [9]. »

Avec *Bliss*, tout change. Peu de temps après leur coup de foudre, son amoureux lui offre une guitare. D'abord intimidée, elle se souvient des cours de piano qu'elle prenait enfant, et du solfège qu'elle détestait. Cette fois, Johnny Depp lui propose d'être son professeur particulier. Avec elle, l'acteur au tempérament de feu se révèle d'une patience d'ange. « C'est vraiment Johnny qui m'a donné confiance en moi, dira-t-elle. Il m'a appris à jouer de la guitare. J'ai commencé à composer sérieusement, et c'est son regard et son envie qui ont permis à cet album de voir le jour [10]. »

Elle en rêvait sans y croire ? Johnny l'exhorte à surmonter ses blocages. « Il y a cinq ans, j'avais écrit un petit bout de chanson. C'était laborieux, difficile. Puis j'ai passé des années entières à chercher des accords, je les chantais dans ma tête, et je ne savais pas comment les reproduire. Le plaisir est d'avoir finalement réussi un truc insurmontable [11]. »

Pour les paroles, la chanteuse est encore plus inhibée. « L'écriture n'est pas mon fort [12] », a-t-elle coutume de clamer, sans fausse modestie. Et, là, son amoureux ne peut rien pour elle. Heureusement, une rencontre débloque tout. En 1997, Vanessa entend à la radio un titre qui agit sur elle comme un déclic : *Le Baptême*, interprété par un certain M, qui a sorti un premier album cette année-là, mais dont la carrière n'a pas encore explosé. Séduite par ces mots qui swinguent, elle lui laisse un message sur son répondeur. Et, lorsqu'ils se rencontrent, leurs deux personnalités s'accordent à merveille.

Comme elle, Matthieu, le fils de Louis et le petit-fils de la poétesse Andrée Chedid, est un grand timide. S'il a appris la guitare, c'est pour séduire les filles et, pour sortir de l'ombre, il s'est créé un jumeau haut en couleur, M, qui lui donne une audace insoupçonnée. Surtout, ce nounours introverti a un sens de l'écoute aussi gros que son cœur. « J'avais besoin de gens de talent, mais surtout de vrais et beaux êtres humains. Avec Matthieu, ça a collé tout de suite [13]. »

Comprenant le souhait de Vanessa de « prendre la parole » sur son prochain album, il l'encourage à écrire ses propres textes. Mieux, il l'aide à surmonter ses blocages, ce complexe qui lui fait froisser des dizaines de feuilles de papier avec le sentiment d'être « archi-nulle ». « C'est dur de ne pas arriver à traduire la beauté des sentiments, de mettre des mois à se satisfaire d'une phrase, de se dire qu'on n'est pas une merde bourrée de doutes. Avec Matthieu, j'ai appris à laisser mûrir mes idées, à les développer, mais je craignais terriblement le jour où je volerais de mes propres ailes [14]. »

De son côté, M est sous le charme de Vanessa, sensible à « son côté femme-enfant », « sa douceur extrême [15] ». Elle devient pour lui une vraie source d'inspiration. « Nous avions un rapport familial, intime. Je suis comme beaucoup d'hommes : les femmes m'inspirent. Or, Vanessa est une icône, comme Brigitte Bardot le fut en son temps. Elle a du mystère, du charisme. Elle m'insuffle son énergie, me souffle des mélodies. Elle me guide dans l'onirisme. Elle a de belles étoiles autour d'elle [16]. »

Avec le recul, le chanteur remerciera sa muse d'avoir contribué, par cette collaboration, à mettre son propre travail en lumière, lorsqu'en 1999 l'album *Je dis aime* sera plébiscité par le grand public et deux Victoires de la musique. « Vanessa a été là, à mes débuts, quand peu de gens l'étaient, elle m'a porté. Dans l'inconscient collectif, elle est considérée comme quelqu'un qui a bon goût. Alors, oui, il n'est pas faux de dire qu'elle m'a donné des ailes [17]. »

La rencontre avec Matthieu Chedid ouvre de nouveaux horizons à la chanteuse : il lui fait connaître la bande de musiciens et d'amis artistes qui gravitent dans son sillage. Parmi eux, Franck

Monnet, compositeur interprète qui signera deux textes sur l'album, et à propos duquel Vanessa est dithyrambique. « Il ne fait que des petits bijoux, il n'y a pas une chanson à jeter. Tout est magnifique, ses textes, ses mélodies, il a un phrasé de rêve [18]. » Assez vite, une belle complicité s'installe entre eux deux. « Elle a de l'humour, surtout sur elle, c'est pratique, confiera Monnet. Elle est vive et instinctive. Avec elle, on ne fait pas semblant d'être amis [19]. »

Après avoir côtoyé Vanessa durant des heures, il écrira *Pourtant*, l'une des chansons préférées de son répertoire. Et pour cause : Vanessa y livre une part d'elle-même, cet art si personnel qu'elle possède d'instinct de nourrir le lien qui l'unit à Johnny Depp afin de préserver le nid dont elle a besoin pour s'épanouir. Face à un amoureux qui semble redouter la paix du foyer, elle chante le mystère de cette flamme qu'elle ravive sans cesse. Un savoir-faire qui se moque autant des raisonnements que des recettes. « Je l'attise cet amour / Les brindilles volettent / Tu n'y vois que du feu / C'est sa vie secrète. »

Parmi les collaborateurs dont rêve Vanessa, Alain Bashung figure tout en haut de la liste. Depuis son triomphe, en 1998, avec *Fantaisie militaire*, un album qui a remporté un colossal succès critique et commercial, il est l'artiste incontournable du moment. Pourtant, le compositeur de *La nuit je mens* commence par faire la sourde oreille. Il faudra toute l'insistance de proches de Vanessa pour qu'il consente à lui envoyer une chanson, dont les paroles seront signées Didier Golemanas, *L'Eau et le vin*.

Cet auteur inspiré est également chargé de mettre des mots sur un titre rock concocté par Franck Langolff, appelé à devenir *Commando*. Après avoir été écarté de l'album signé Kravitz, l'artisan des premiers succès de Vanessa ne boude pas sa joie de retrouver sa muse. La chanson, elle, célèbre la solidarité, l'esprit d'équipe, l'union sacrée nécessaire à la fabrication d'un disque. « Elle rassemble toutes les idées de cet album qui est le gang d'amour, la solidité d'une famille et de l'amitié. Quelque chose d'indestructible [20]. » La métaphore est audacieuse, les jeux de mots fusent : l'esprit de Gainsbourg semble planer sur ce titre qui servira de fer de lance à l'album.

Mais le talent de Didier Golemanas explose surtout dans une chanson écrite sur-mesure pour Vanessa, *Que fait la vie ?* Un rôle à contre-emploi pour la star Paradis, qui évoque le quotidien d'une femme au foyer hésitant entre « faire le pressing et repasser ». Zéro gramme de glamour dans ce texte. « Je m'identifie à cette femme qui gère sa vie de famille, son boulot, ses amis, sans faire part de ses doutes ou de ses inquiétudes, pour maintenir tout cela en harmonie, dira la chanteuse. Péter les plombs, même ça, elle n'en a ni le temps ni les moyens. L'amour, c'est toutes les choses qu'on fait pour l'autre sans qu'il s'en aperçoive [21]. »

Si elle s'identifie aussi aisément à cette héroïne du quotidien, c'est aussi parce qu'elle-même l'est devenue durant les mois qui ont suivi la naissance de Lily-Rose. Un sentiment qui la relie à toutes les autres mamans. « Lorsqu'elle est devenue mère, note Christophe, l'un de ses premiers fans, Vanessa s'est définitivement réconciliée avec les femmes. Ma grand-mère, qui ne l'aimait pas, a commencé à dire du bien d'elle [22]. »

Sur l'album *Bliss*, pas moins de trois chansons seront consacrées au bonheur de la maternité. Des titres qu'elle concocte seule, demandant aux musiciens qu'elle a choisis de traduire avec leurs instruments les sentiments qui l'habitent. « J'ai travaillé avec des gens fabuleux, auxquels je n'avais pas peur d'exposer mes idées floues, et jamais ils ne m'ont regardée comme si j'étais débile ou nulle. Je joue très mal de la guitare et je ne lis même pas la musique. C'était vraiment très compliqué de leur expliquer ce que j'entendais dans ma tête. Alors nous avons inventé un vocabulaire, qui incluait des images, des extraits de films, des personnages, des disques. "Là, le piano, je voudrais qu'il évoque une sirène." Ça me paraissait aberrant, mais eux me comprenaient [23]. »

Suivant le conseil de Matthieu Chedid, elle ne laisse à personne le soin d'écrire sur Lily-Rose : ce sont ses propres mots qu'elle ose enfin poser. « Les textes sur ma fille, d'autres les auraient mieux écrits, mais moi je connais son souffle par cœur [24]. » Dans *Firmaman*, elle fait part de ses interrogations face à ce petit être, dont les gazouillis ont été enregistrés, livré sans le mode d'emploi : « J'ai peur je doute / Je pleure et j'm'embrouille / Mais mon cœur me voue / À être meilleure en tout / Pour toi qui descends du firmament. » Un hymne à l'enfant où elle clame la nouvelle direction donnée à son existence : « J'ai tout mon temps. » Lorsqu'elle fusionne avec sa fille, tout le reste peut attendre…

Avec *La Ballade de Lily-Rose*, Vanessa Paradis signe une vraie berceuse, rythmée par trois accords de guitare, qui s'achève par des « chut » de plus en plus bas et un « Mummy » prononcé par la petite. Au passage, elle dévoile un pan de sa vie intime : dès qu'elle aura trouvé le sommeil, la petite rejoindra ses parents dans leur lit pour « dormir ensemble ». « J'avais composé la musique alors que j'étais enceinte. Lorsque je me suis dit que cela ferait une jolie berceuse pour ma fille, le texte est venu très facilement. Je suis consciente que ce dernier n'est pas d'un génie prodigieux, mais il correspond à ce que je voulais [25]. »

Sur le titre *St Germain*, composé en collaboration avec Johnny Depp, Vanessa évoque la révolution provoquée par la naissance de sa fille : « Elle est bien le soleil / Puisque tout tourne autour d'elle. » Si elle a trouvé un nouveau centre de gravité autre que son nombril, c'est grâce au sentiment de renaissance que lui transmet Lily-Rose. Comme elle le fredonne dans le refrain : « Tu donnes goût à la vie / Je t'avoue je t'envie / T'es tout c'qui donne envie / M'donne la vie / Melody. »

Peu importe si certaines paroles peuvent sembler naïves, Vanessa assume ! « Être un poil brillante, sincère, mais pudique, c'était dur. Ces textes ne sont peut-être pas géniaux mais, au moins, ils sont vrais [26]. » Les dizaines de messages qu'elle recevra de la part de futures mamans conforteront d'ailleurs sa conviction d'avoir atteint son but. « Le plus beau compliment que l'on m'ait fait, c'est lorsque des femmes enceintes m'ont dit que, pendant leur grossesse, elles se retrouvaient dans les ballades que j'ai écrites sur ma fille. Je me suis dit : "Tu ne t'es pas trompée." [27] »

Désormais bilingue, Vanessa n'hésite pas à écrire une partie des textes en anglais. À force de jongler d'une langue à l'autre, les mots ne lui viennent pas toujours en français. « L'anglais, ça sonne, on peut faire passer des émotions sans être forcément brillant. En français, pour éviter que le résultat ne ressemble au journal intime d'une gamine de huit ans, il faut soigner la forme [28]. » Dans la langue de Shakespeare, la chanteuse se sent plus libre aussi d'exprimer ses sentiments envers Johnny Depp.

C'est à son amoureux qu'elle dédie la chanson *Bliss*. Une déclaration d'amour fou. L'engagement d'une femme totalement comblée par son homme. « J'ai fini de me chercher / Depuis que je t'ai trouvé », fredonne-t-elle dans le premier couplet, ajoutant : « La meilleure personne en moi / Au fond c'est toujours toi. » Preuve que Vanessa vit sa passion pour l'acteur américain en mode fusionnel, comme si elle était encore un être inachevé avant de le rencontrer. Et lorsqu'elle chante « Reste encore au creux de moi / Cinq minutes jusqu'à l'infini », il faut y voir, au-delà d'une simple allusion sexuelle, la déclaration d'une romantique qui croit en l'amour absolu.

Dans *When I say*, elle révèle à quel point elle incarne la force dans leur couple. La force de rassurer un compagnon torturé par le doute, et qui a tendance à s'enfoncer dans des crises d'angoisse où il semble replié sur lui-même, totalement autiste. « Don't give up and do not cry/ When those demons get you / I'll be yours till the end of time / Please believe me when I say you'll be fine. » (« Ne te décourage pas et ne pleure pas / Quand ces démons te gagnent / Je serai à toi jusqu'à la fin des temps / S'il te plaît crois-moi quand je dis que tout ira bien. ») Si, de son propre aveu, Johnny Depp se sent comme un enfant, il arrive à Vanessa de le consoler comme une mère.

Après huit ans d'absence, l'album *Bliss*, le quatrième seulement de la star, débarque dans les bacs le 21 octobre 2000 comme un événement musical majeur. La promotion est à la mesure de l'attente du public. Cinq jours plus tard, Vanessa est l'invitée du 20 heures de TF1 présenté par Claire Chazal. Le 19, elle est reçue sur le plateau de *Nulle part ailleurs*, sur Canal +. Le 21, elle interprète pour la première fois, dans le « Hit Machine », *Commando*, le premier single choisi, qui aura droit à un support de remix officiels. Le lendemain, elle donne une interview dans *7 à 8*, le magazine dominical de TF1.

À chaque entretien, la chanteuse se montre intarissable sur son bonheur. Sophie Fontanel, journaliste à *Elle*, se souvient de l'étincelle dans les yeux de la chanteuse lorsqu'elle évoque, face à elle, son amoureux et sa fille. « Elle ne parlait que de la façon dont Johnny jouait de la guitare, on sentait qu'elle l'adorait, qu'elle n'avait que ça en tête, sa vie de famille. Elle résistait avec un drôle d'air buté dès qu'on parlait de son boulot [29]. » Alors qu'elle avait passé sous silence ses relations amoureuses précédentes, cette fois on ne la retient plus ! « Quand on est amoureux de la bonne personne, d'une personne magnifique, on a envie de le crier sur les toits, explique-t-elle. Et si vous me faites parler de ma fille, j'aurai du mal à m'arrêter, parce que c'est mon sujet de conversation favori [30]. »

L'omniprésence médiatique fait mouche : une semaine après sa sortie, *Bliss* s'est écoulé à près de 180 000 exemplaires [31]. Un record. Pourtant, après un démarrage en trombe, les ventes ne tardent pas à s'essouffler. Même si le clip de *Commando* est multidiffusé sur les chaînes musicales, même si la chanson démarre par des scratchs accrocheurs, elle ne deviendra pas un tube. Dans la vidéo, réalisée par Pascal Venturini en août 2000, en une seule journée, dans les dunes désertiques du Grau-du-Roi, la chanteuse, moulée dans un pantalon en pan de velours, arbore une crinière lumineuse à la Bardot et ondule sur le sable, tandis que des acteurs miment autour d'elle toute la palette des émotions : la colère, le doute, l'émerveillement, le rire. Un concept qui a séduit Vanessa. « C'est John Nollet, racontera le réalisateur, qui a transmis le concept de *Commando* à Vanessa. À sa lecture, elle a immédiatement souhaité me rencontrer et m'a fait part de son coup de cœur pour mon projet, soulignant la surprenante correspondance avec ce qu'elle avait imaginé pour son clip [32]. »

Durant les huit mois que va durer la promotion de l'album, dont un passage aux NRJ Music Awards, Vanessa interprétera tour à tour trois extraits de l'album. Dès novembre, *Pourtant* est envoyé aux médias. C'est la chanson préférée d'Alysson, qui a insisté pour qu'elle figure sur l'album. « Je lui demande souvent conseil, j'ai confiance en son goût, son instinct [33] », confie la chanteuse à propos de sa petite sœur, qui a désormais seize ans. Depuis qu'elle est adolescente, après avoir suivi des cours de karaté, de danse et de poterie, Alysson rêve, comme Vanessa, de musique et de cinéma. Mais Corinne, sa maman, a été ferme : elle ne pourra suivre des cours de comédie qu'après avoir passé son bac – elle le décrochera à l'âge de dix-sept ans.

C'est Johnny Depp lui-même, caché derrière le pseudonyme de Richard Mudd, qui réalise le clip de *Pourtant*, tourné dans le domaine que le couple vient d'acquérir au Plan-de-la-Tour, une commune du Var proche de Saint-Tropez. On y voit une Vanessa nature, cheveux bouclés, se rouler dans l'herbe, parmi les fleurs des champs, avec pour décor la bâtisse aux murs de pierres apparentes habitée par le trio. Si on avance la vidéo image par image, on découvre que Vanessa et Johnny ont gratté la pellicule pour y inscrire leurs initiales ainsi que celles de Lily-Rose – version revisitée du cœur taillé sur l'écorce d'un arbre.

Pour le troisième extrait de l'album, *Que fait la vie ?*, sorti en avril 2001, l'acteur, à nouveau derrière la caméra, choisira un cadre encore plus minimaliste : la cuisine de leur maison. Un plan-séquence de quatre minutes et trente et une secondes où l'on voit la chanteuse, pieds nus, t-shirt orange et jupe bleue imprimée, se servir une tasse de thé, faire bouillir de l'eau, s'allumer une cigarette avant de s'asseoir face à la caméra. Une prestation proche de l'esthétique des vidéos d'art contemporain, qui a dérouté les fans historiques de la chanteuse. « Vanessa Paradis avec un torchon à vaisselle à la main, ça changeait de l'image ultra-glam' qu'elle avait construite avec l'album de Lenny Kravitz », note Christophe. Comment ne pas imaginer la surprise d'un Didier Pain lorsqu'il a visionné ce clip pour la première fois ?

Repliée sur son bonheur, la chanteuse semble se soucier de son image comme de sa dernière chemise. Si la vidéo colle parfaitement au thème de la chanson, elle montre surtout une Vanessa au quotidien, libre et sans artifice, en un mot la femme qu'elle a choisi d'être depuis qu'elle a fondé une famille avec Johnny Depp. Un formidable pied de nez à son passé : lorsqu'elle souriait jadis, la star cachait souvent un mal-être profond ; à présent qu'elle est heureuse, plus besoin de faire semblant.

Un message subliminal apparemment reçu cinq sur cinq. Vanessa en a-t-elle trop fait ? Le public s'est-il lassé de l'entendre se répandre sur son bonheur d'avoir fondé une famille avec l'homme le plus extraordinaire de la planète ? De fait, *Bliss* va connaître, sur la durée, un succès limité. Au total, il sera certifié double disque d'or pour 300 000 copies écoulées – soit trois fois moins que l'album produit par Lenny Kravitz. Et, dans le classement annuel des ventes pour l'année 2000, il ne figure qu'à la quatre-vingt-septième place.

Sorti en Europe, au Canada, au Japon et en Chine, le nouveau Paradis ne bénéficiera, là-bas, d'aucune promotion, la chanteuse n'ayant pas l'intention de s'éloigner de Johnny et Lily-Rose. Malgré ce semi-échec, elle ne cessera de défendre son « bébé ». « Si l'album s'est vendu moyennement, dira-t-elle, ce n'est pas parce que j'ai fait une erreur. Cet album, je l'ai conçu avec sincérité, et puis il ne faut pas oublier qu'il était quand même beaucoup moins commercial que ce que j'avais sorti auparavant. Quoi qu'il arrive, ma devise est de rester intègre, et je suis très fière de ce disque. Il représente parfaitement une certaine étape de ma vie [34]. » « Commercial » : le mot est lâché. Ces temps-ci, Vanessa veut juste être une artiste sincère. Son bonheur, lui, ne s'achète pas.

À cause de cet accueil mitigé, la chanteuse sera victime d'une méchante rumeur dans le métier. En avril 2003, un article publié dans *Le Figaro Économie* prétend que le contrat qui la lie à Universal, sa maison de disques, est en cours de réexamen. Faux ! selon Vanessa, qui réagira par un droit de réponse cinglant, évoquant une « information erronée ».

Même si on l'informe des chiffres de vente en baisse, miss Paradis n'en prend pas ombrage, affirmant au passage qu'elle n'a jamais été « une grosse vendeuse [35] ». Surtout, rien ne peut l'atteindre puisqu'elle est protégée dans sa bulle.

Alors que personne ne l'attend sur ce terrain, elle décide de se lancer dans une tournée. Mais ses nouveaux concerts n'auront rien à voir avec ceux du « Natural High Tour », sept ans plus tôt. Et pas question de partir sur les routes sans embarquer sa petite famille avec elle.

30

Une tournée en famille

« Je vais privilégier l'intimité. Là, j'ai envie que l'on se rapproche. Sans effets spéciaux ni chorégraphies. »

Vanessa Paradis

Hollywood peut bien attendre. Pour pouvoir suivre Vanessa en tournée, Johnny Depp a ajourné tous ses projets professionnels. Défendre sans lui cet album auquel il a tant participé n'aurait eu aucun sens. Lily-Rose n'est jamais loin non plus. Alors qu'elle s'apprête à fêter ses deux ans, elle est de tous les déplacements. Quand sa maman chante, elle s'endort dans les bras de son père. Ensuite, celui-ci la couche dans un lit parapluie installé dans la loge de la star. Après les rappels et les applaudissements, contempler son visage endormi est la plus belle des récompenses pour la chanteuse.

Tirant les leçons de sa première tournée, interrompue pour cause de surmenage, Vanessa a décidé, cette fois, d'alléger au maximum son planning : au total, elle donnera trente-sept concerts dans vingt-neuf villes. Afin de tenir la distance, d'avoir un timbre plus grave et plus assuré, elle prend des cours de chant. Surtout, elle propose un show intimiste, sans commune mesure avec sa tournée précédente. Ainsi, alors que sept musiciens, dirigés par Steve Nieve, l'accompagnent sur scène, elle n'a recruté aucun choriste. Pas question non plus de présenter un défilé de mode : elle portera de longues tuniques en panne de velours réalisées par la marque E2. Pour la coiffure et le maquillage, elle demande à Christophe Danchaud, rompu à davantage de démesure lorsqu'il travaille avec Mylène Farmer, d'opter pour un résultat naturel. « Je vais privilégier l'intimité, dira-t-elle. Je suis plutôt timide, je ne communique pas beaucoup avec les gens qui achètent mes disques. Là, j'ai envie que l'on se rapproche, sans effets spéciaux ni chorégraphies. Alors, il faut que ce soit riche pour qu'ils ne se disent pas : “Putain, encore combien de chansons [1] ?” » Consciente que l'ambiance ne sera pas aussi explosive que sur sa tournée précédente, elle s'empresse de préciser : « Faut pas s'attendre à un concert de heavy metal, mais c'est pas si calme que ça [2] ! »

Après un premier concert au Canet, le 6 mars, elle enchaîne six dates avant de se produire à l'Olympia, du 20 au 25 mars – toutes les places se sont arrachées comme des petits pains. Même si le budget engagé est plus modeste que celui du « Natural High Tour », Vanessa, enfermée dans une bulle depuis des mois, est tétanisée de peur. « Le trac, ça fait un peu mal au ventre. Et puis, au bout de deux ou trois chansons, ça disparaît pour laisser la place au plaisir [3]. » C'est ce qu'elle confie, au soir de la première dans la mythique salle parisienne, au 20 heures de France 2. Avant d'évoquer son privilège de pouvoir maîtriser ses choix artistiques : « La grande chance que j'ai, c'est de pouvoir choisir le moment. De pouvoir dire stop quand j'en ai envie [4]. » Consciente d'être une artiste gâtée, elle semble presque embarrassée de dire : « Avec toutes ces chances qui me sont données sur un plateau d'argent, j'ai conscience que ma vie est plus facile que d'autres [5]. » Un refrain déjà entendu, qui doit en agacer plus d'un, surtout lorsqu'elle ajoute : « Quand on est heureux, on n'a pas envie de le cacher [6]. » Ne jamais étaler son bonheur si l'on veut se préserver des jaloux…

Guidée par ses envies, Vanessa compose un tracklisting qui lui ressemble. Sur les dix-neuf titres retenus, elle laisse la part belle, bien sûr, à son nouvel album. De ses premiers succès, elle ne retient que *Joe le taxi*, *Tandem* et *Marilyn & John.* Si elle gomme toute référence à son album américain, comme si elle avait tourné la page Kravitz, ne sauvant que *Sunday Mondays*, elle s'enthousiasme de reprendre le répertoire des artistes qu'elle affectionne : deux chansons de Gainsbourg *(L'Eau à la bouche* et *Requiem pour un con),* une de Lou Reed qu'elle a souvent chantée *(Walk On The Wild Side),* et un titre des Zombies *(This Will Be Our Year).* Lors de la dernière représentation à l'Olympia, à la stupéfaction des spectateurs, Johnny Depp la rejoint sur scène pour l'accompagner à la guitare alors qu'elle reprend *Fais pas ci, fais pas ça,* un succès de Jacques Dutronc.

Le 30 mai, sa tournée repasse par Paris via le Zénith – un show qui sera capté pour l'album *live.* Ce soir-là, son ami Matthieu Chedid lui fait la surprise de l'accompagner à la guitare sur la chanson *Pourtant.* Ce soir-là aussi, comme tant d'autres, le public lui hurle son amour et prononce le prénom de Lily-Rose. Puisque le bonheur lui donne des ailes, cette timide contrariée ne peut s'empêcher d'évoquer sa fille : « J'ai un soleil qui brille à la maison, le jour, la nuit, et tous les jours c'est comme ça [7]... »

Mais c'est à Johnny Depp qu'elle ne peut s'empêcher d'adresser un long message, sans jamais le citer, souhaitant à chacun de ses fans de vivre, comme elle, le grand amour. « Je voudrais vous parler d'une personne exceptionnelle, qui existe dans ma vie, mais qui est une personne multiple qui existe partout dans le monde. Enfin, on va plutôt dire qu'il y en a une pour tout le monde, parce que la mienne, franchement, je me la garde pour moi toute seule... C'est une personne qui déboule dans votre vie comme ça par surprise et qui balaye le superficiel pour qu'il ne reste plus que l'essentiel, des choses magiques et merveilleuses. En fait, c'est vraiment à partir de ce moment-là que la vraie vie commence. Et cette personne, il y en a forcément ici, ce soir, qui l'ont trouvée. Et tant mieux pour vous. Gardez-la bien, cette personne ! Et à ceux qui ne l'ont pas encore trouvée, je voulais dire de ne pas s'en faire : une personne pareille, on en mérite tous une et elle ne va pas tarder à venir. Voilà, je voulais que vous ne vous inquiétiez pas trop [8]. »

Une déclaration tendre, pleine d'empathie envers son public, où Vanessa, une fois de plus, réécrit l'histoire. Car, on l'a appris dans ces pages, Johnny Depp n'a jamais débarqué « par surprise dans sa vie ». Mais peu importe, au fond, si la chanteuse a besoin de repeindre sa *love story* aux couleurs d'un conte de fées. Son bonheur, lui, est bien réel, et elle le partage sans modération avec les spectateurs. Chaque fois qu'elle prend la parole, c'est pour transmettre les bonnes ondes qui la traversent. Ainsi, avant d'interpréter *Dis-lui toi que je t'aime*, elle trouve les mots justes pour évoquer la mémoire de Gainsbourg. Depuis des années, Vanessa croit à la force de la prière et à la communion des cœurs, y compris par-delà la mort. Avec un destin aussi exceptionnel, comment ne pas penser qu'un ange gardien la protège ?

En même temps, ce torrent de bons sentiments n'exclut pas l'humour. Ainsi, pour le second rappel, elle revient sur la scène, seule avec la guitare que lui a offerte Johnny Depp, pour interpréter *Les Acrobates*, la chanson hommage à sa famille. Là, un sourire aux lèvres, elle prévient le public : « Moi, toute seule à la guitare, avec vous, je vous assure que c'est pas un cadeau [9]. »

Après une représentation au Forest National de Bruxelles, le 1er juin, la tournée s'achève. Prolongeant le plaisir du contact avec son public, Vanessa répondra tout de même présente à l'invitation de plusieurs festivals, dont celui des Vieilles Charrues, à Carhaix, dans le Finistère, le 22 juillet. Un moment qu'elle n'oubliera pas de sitôt. « Je devais chanter devant quatre-vingt mille personnes. Il fallait les convaincre. Miracle, ça a marché ! À la fin du concert, à perte de vue, tout le monde avait les bras en l'air, j'ai vécu un moment très beau. Ça, c'est mon côté *peace and love* [10]. »

Quelques semaines après la fin de cette tournée, Vanessa apprend qu'elle est enceinte. Avec cet heureux événement à l'horizon, elle sent que le bonheur n'a pas fini de jouer les prolongations. Comblée par sa vie de famille, elle va en négliger sa carrière au cinéma.

31

Rendez-vous manqués au cinéma

« Elle aurait pu avoir une plus belle carrière si elle avait fait de meilleurs choix. »

Jean-Claude Brisseau

Fin octobre 2001. Vanessa est attendue à Madrid. Sur le plateau de *L'homme qui tua Don Quichotte*, une assistante fait part au réalisateur Terry Gilliam de son agacement : l'actrice n'a aucune flexibilité dans son agenda, ce qui met en péril le planning du tournage. Impossible de réunir les acteurs principaux du film pour les répétitions. En réalité, la chanteuse ne joue nullement les divas : elle vient de sortir son album *Bliss* une semaine plus tôt, et ne peut se soustraire à une promotion marathon.

Ce film, elle a pourtant très envie de le tourner, consciente qu'il pourrait lui ouvrir une carrière internationale. Surtout, elle va partager l'affiche avec Johnny Depp. « Je joue pour la première fois avec mon fiancé. Ce n'est pas une chose après laquelle on courait, mais là on n'a pas réussi à dire non. Parce que c'est un super-scénario, un super-metteur en scène et que c'est Jean Rochefort qui joue don Quichotte ! En même temps, c'est assez effrayant de jouer en face de l'homme de ma vie [1]. »

C'est après avoir vu *La Fille sur le pont* que Terry Gilliam décide d'associer Vanessa à son projet, librement inspiré du chef-d'œuvre de Cervantes, et qu'il a mûri pendant dix ans. Elle sera

Isadora, la fiancée de Toby Grosini, incarné par Johnny Depp, personnage que don Quichotte prend pour Sancho Pança. Après l'échec plombant des *Aventures du baron de Münchhausen*, le cinéaste, jugé trop dépensier, a dû se rabattre vers une production européenne pour financer son projet. Afin de ne pas grever le budget du film, qui s'élève à trente-deux millions de dollars, les acteurs ont revu leur cachet à la baisse. Jean Rochefort, qui voit ce rôle comme le couronnement de sa carrière, a peaufiné son accent anglais durant sept mois. Quant à Vanessa, elle a pris des cours d'équitation pour incarner Isadora.

Seulement voilà, rien ne se passe comme prévu. Il semble même que *Don Quichotte* soit victime d'une véritable malédiction. C'est, du moins, ce que montre le documentaire *Lost In La Mancha,* sorti en 2003, qui devait être au départ un simple « making-of » dans le sillage du long-métrage. Si Vanessa finit par faire une apparition éclair à Madrid, essayant costumes, coiffure et maquillage, c'est Jean Rochefort qui va, à son tour, faire attendre la production : une infection de la prostate le retient à Paris.

Terry Gilliam n'est pas au bout de ses peines. Alors que le tournage est prévu, en plein été, dans les Bardenas, une région aride située à quatre heures de Madrid, un orage torrentiel éclate dès le deuxième jour, entraînant des coulées de boue qui détruisent une partie du décor et des machines. Deux jours plus tard, le soleil n'est toujours pas revenu et, plus grave, Jean Rochefort, cavalier émérite, souffre d'un violent mal de dos qui l'oblige à regagner Paris et consulter son médecin, immobilisant le tournage. Après une semaine de doute, le diagnostic tombe : double hernie discale assortie d'un mois d'arrêt de travail. Confronté à d'insolubles problèmes d'assurance, Terry Gilliam, qui refuse de remplacer son acteur principal, jette l'éponge. Depuis, il n'a toujours pas pu racheter les droits de son film, qui appartiennent à la compagnie d'assurances.

Fataliste, Vanessa tire la leçon de cette expérience. « Que le film ne se soit pas fait a sonné comme un rappel à l'ordre : Johnny et moi, on ne devait pas travailler ensemble [2]. » S'ils ont conçu l'album *Bliss* dans une forme de communion, une collaboration au cinéma pourrait, selon elle, troubler leur *love story.* « Nous préférons éviter ce genre de situation. Ça nous paraît bizarre de jouer parce que nous avons plutôt envie, concernant notre couple, de privilégier la vraie vie. On s'aime, on est dans la vérité tout le temps. Nous retrouver dans un univers qui n'est qu'illusion nous fait peur [3]. »

Meme si elle ne cherche pas à partager l'affiche avec Johnny Depp, Vanessa pourrait-elle résister à la proposition d'un grand réalisateur ? « Ça nous fait un peu peur, mais si une bonne occasion se présente, pourquoi pas [4] ? », concédera-t-elle en 2004. L'occasion a d'ailleurs failli survenir cette année-là lorsque le chorégraphe Philippe Decouflé ambitionne d'adapter au cinéma *La Malédiction du gitan*, le roman noir de Harry Crews. Dans un premier temps, il souhaite recruter le couple Paradis-Depp, avant de remplacer le compagnon de Vanessa par Harvey Keitel, puis d'abandonner son projet, faute de financement.

Puisque le public semble rêver de voir ces deux-là réunis sur un même écran, d'autres tentatives surgissent. Ainsi, en 2010, Lasse Hallström, réalisateur suédois qui a déjà dirigé Johnny Depp dans *Le Chocolat,* envisage de recruter le couple dans *My American Lover,* un film qui relate la liaison passionnelle entre l'écrivain Simone de Beauvoir, interprétée par Vanessa, et Nelson Algren, que doit jouer le père de ses enfants. « Je croise les doigts pour qu'on fasse le film ensemble », dira la chanteuse, qui rêve de se glisser dans la peau de la compagne de Jean-Paul Sartre. Encore une fois, le projet restera lettre morte.

De fait, le parcours de Vanessa au cinéma est jalonné de rendez-vous manqués. Avec le recul, même les cinéastes qui l'ont dirigée reconnaissent qu'elle aurait pu, après des débuts aussi fracassants, aligner une filmographie plus convaincante. « On pouvait sans doute attendre autre chose d'elle [5] », reconnaît Patrice Leconte avec tendresse. « Elle était douée pour le cinéma. Elle aurait pu avoir une plus belle carrière si elle avait fait de meilleurs choix [6] », assène Jean-Claude Brisseau.

Le producteur Christian Fechner, qui l'a tant soutenue dans ses premiers rôles, reconnaît lui aussi l'écart entre les promesses qu'elle incarnait et ses performances en salles sur le long terme : une quinzaine de films dont près de la moitié ont été des échecs commerciaux. Pour lui, cet itinéraire en demi-teinte s'explique en partie par l'intransigeance de Vanessa. Dès le succès de *Joe le taxi*, elle commence à recevoir des propositions. « Je rêvais de faire du cinéma depuis toujours. On m'a proposé des rôles dans le style de *La Boum*, des histoires bancales et mal écrites. J'ai eu la sagesse d'attendre [7] », dira-t-elle. Obsédée par son modèle, Marilyn Monroe, elle ne veut surtout pas commettre de faux pas. Le succès de *Noce blanche* lui confirme qu'elle doit suivre son intuition. « Elle préfère dire non plutôt que de se tromper [8] », explique Patrice Leconte.

Pourtant, à dire non à tout, on peut aussi commettre des erreurs. La preuve ? En 1991, lorsque Jacques Doillon la contacte pour jouer dans *Le Petit Criminel*, elle décline son offre : c'est finalement la jeune Clotilde Courau qui décrochera le rôle, et le film sera récompensé par le prix Louis-Delluc. L'année suivante, elle est en passe d'incarner un personnage qui peut changer le cours de sa carrière : Adrian Lyne songe à elle pour le rôle principal féminin de *Proposition indécente* où elle doit donner la réplique à Robert Redford. Le réalisateur choisira finalement Demi Moore, jugeant la Française un peu trop jeune.

Après le triomphe en salles d'*Élisa*, la boîte aux lettres de Vanessa est au bord de l'explosion. « Je pense qu'elle a été la comédienne la plus sollicitée de sa génération, par les plus grands metteurs en scène du monde, reconnaît Christian Fechner. Mais elle a toujours refusé de s'engager sur un scénario qui n'était pas écrit [9]. » À cette époque, en effet, deux grands cinéastes l'approchent : Bertrand Blier pour un projet avec Anouk Grinberg et, surtout, Pedro Almodovar. Mais elle reste sourde à des propositions qui lui semblent trop floues.

Elle préférera rejoindre l'écurie Leconte pour tourner deux films consécutifs, avant de s'exiler à Los Angeles avec Johnny Depp. « Après *La Fille sur le pont*, raconte le cinéaste, Vanessa a un peu disparu de la circulation. On ne savait pas trop comment la joindre, lui envoyer des projets. J'avais des collègues qui me demandaient où la contacter, mais je bottais en touche : je savais que ce qui comptait pour elle, c'était d'être une maman. Elle vivait des choses plus belles que le cinéma [10]. »

En 2000, elle passe à côté du rôle de sa vie en refusant *Le Fabuleux Destin d'Amélie Poulain*, qui attirera au total plus de 32 millions de spectateurs dans le monde – un phénomène unique dans l'histoire du cinéma. C'est en effet d'abord à elle que Jean-Pierre Jeunet a pensé en écrivant le rôle, mais c'est Audrey Tautou, une brunette encore méconnue à la silhouette aussi gracile que Vanessa, qui va incarner l'héroïne au grand cœur de Montmartre. Occupée à défendre son album *Bliss*, la chanteuse a décliné la proposition du cinéaste.

Nouveau revers en 2002 : alors qu'elle doit interpréter le rôle principal féminin dans *Nathalie* d'Anne Fontaine, face à Gérard Depardieu et Fanny Ardant, elle se retire du projet lorsqu'elle apprend qu'elle est enceinte de Jack. Emmanuelle Béart la remplacera au pied levé. La même année, elle consentira seulement à tourner un court-métrage de Fernand Béranger dans le cadre du festival « Paris, capitale du cinéma d'art et d'essai ».

Un jour, durant sa grossesse, elle reçoit un drôle de colis dans sa boîte aux lettres. Une sorte de pochette-surprise avec, à l'intérieur, des photos, des dessins, des lunettes 3D et un mystérieux message : « scénario à suivre ». Au fond du carton, Vanessa découvre aussi une bande démo de Didier et Thierry Poiraud, les auteurs de cette joyeuse farce. Deux frères réalisateurs originaires de Nantes, connus pour leurs films publicitaires à grand spectacle – nul n'a oublié la statue de la Liberté qui plonge nue dans le Hudson pour Hollywood Chewing-Gum. Ils n'ont encore jamais réalisé de long-métrage, mais veulent tourner avec Vanessa. « C'est notre star internationale à nous [11] », dira Thierry.

Quelques jours plus tard, lorsqu'elle réceptionne le scénario promis, la chanteuse est scotchée. L'histoire, qui se situe dans un village mi-français mi-américain, Skotlett City, met en scène Concia, une apprentie chanteuse rêvant de signer un contrat avec une major du disque, aux prises avec un fiancé qui sort de prison, un imprésario véreux et des extraterrestres ! « Quand j'ai lu le scénario des frères Poiraud, j'ai hurlé de rire ! Je n'avais jamais vu un truc pareil. L'histoire mélangeait tous les genres, c'était gonflé [12]. » Deux jours plus tard, elle appelle les auteurs de cette épopée totalement barjo. « Elle a été la première à nous dire oui. Elle a d'abord tout vérifié, superpro, et puis elle s'est lancée sans hésiter. Je crois quelle voulait vraiment s'amuser [13]. »

La rencontre avec les réalisateurs conforte sa décision. Séduite, Vanessa a envie de faire confiance à ces « deux enfants attardés qui font des histoires de débiles pour adultes [14] ». Consciente du risque pour elle d'interpréter une chanteuse, elle se dit que le projet est tellement décalé que personne ne la confondra avec son personnage. « C'est la première fois que j'accepte de chanter dans un film, expliquera-t-elle. Je voulais interpréter des choses différentes. Si je fais un film, c'est pour être quelqu'un d'autre [15]. » La bande originale du film est confiée aux Little Rabbits – elle interprète six des chansons figurant sur l'album du film, dont *Ma Pétroleuse,* qui sortira en single.

Si la chanteuse se lance avec autant d'enthousiasme dans le projet, c'est aussi parce que le tournage va lui permettre de passer neuf semaines au Portugal. Après quelques jours à Cologne, en Allemagne, puis à Paris, c'est donc sous un soleil de plomb que Vanessa s'installe – bien entendu, elle s'arrange pour que sa petite famille puisse la rejoindre sur place. Là, elle donne la réplique à Benoît Poelvoorde, qui l'impressionne par son énergie démesurée et son côté grande gueule. « Il se radoucissait quand il était avec moi, dira-t-elle. Bon, parfois, ça lui échappe, il se remet à parler fort, une fraction de seconde, mais ça ne dure pas. Il est intelligent, généreux, doué et drôle, évidemment [16]. »

De son côté, l'acteur belge est surpris par l'extrême timidité de sa partenaire. « La première fois qu'on rencontre Vanessa, on ne la reconnaît pas, elle est super-discrète. Pour moi, c'était une icône. Quand on m'a dit que j'allais tourner avec elle, je me suis dit : “Ça peut être une source d’emmerdes, parce qu’il y a des stars très emmerdantes.” *Atomik Circus,* c’est un tournage qui sentait le vestiaire de garçons. Et puis, tu avais cette espèce de princesse qui, alors qu’elle manque de confiance en elle, traversait le cadre avec un aplomb incroyable [17]. »

Sur le tournage, Vanessa est frappée par l’organisation sans faille des frères Poiraud, qui maîtrisent leur planning avec une rigueur insoupçonnée. Toutefois, un drame vient endeuiller le plateau : le 23 mai 2003, Jean Yanne, qui doit incarner le père de Concia, succombe à une crise cardiaque, à soixante-neuf ans, chez lui, dans sa propriété de Morsains. Les frères Poiraud contactent alors Jean-Pierre Marielle, qui n’accepte de le remplacer au pied levé que parce que les deux acteurs étaient amis.

Sur le plateau, Vanessa se montre chaleureuse et généreuse. « Elle a été carrément adorable : elle maternait tout le monde, des acteurs à la régie [18] », raconteront les réalisateurs.

C’est après le tournage que les choses se gâtent. En effet, le montage présenté par les frères Poiraud ne convainc pas le distributeur du film. Sceptique sur le potentiel commercial de cet ovni cinématographique, celui-ci décide de le sortir en plein été, le 21 juillet 2004. Pour limiter les dégâts, il mise sur une affiche sexy où les jambes nues de l’actrice, de dos, font face à des créatures munies de tentacules.

Des choix qui vont révolter Vanessa. « J’étais très en colère, confiera-t-elle. Le film a été trucidé avant même sa sortie. Personne n’a été consulté, par exemple, pour l’affiche, pas même les frères Poiraud. Ajoutez à cela la quasi-absence de bandes annonces et la date de sortie. L’été, les gens ont plus envie d’être à la plage que de s’enfermer dans une salle de cinéma. On se plaint qu’en France tous les films se ressemblent. Celui-ci était, pour le coup, vraiment atypique, à l’image de ses auteurs. Je suis surtout déçue pour eux [19]. »

La critique, elle, hurle au « grand n’importe quoi », à l’image des *Inrockuptibles,* qui qualifient *Atomik Circus* de « film pantagruélique, qui laisse pourtant bizarrement le spectateur sur sa faim, à trop vouloir le gaver ». À propos de Vanessa, *Le Figaro* évoque une « icône du show-biz égarée dans une farce rock'n'roll comme une robe de mariée au milieu d'une poubelle[20] ». Si certains reconnaissent au long-métrage des frères Poiraud « un esprit potache assumé », si la revue *Positif* le défend comme « une œuvre essentielle » qui marquera l'histoire du cinéma, les spectateurs, eux, semblent déboussolés par le mélange des genres, entre comédie musicale et science-fiction. Restent quelques clins d'œil savoureux, comme la séquence où Concia explique qu'elle écrit les paroles de ses chansons en les empruntant à des conversations de rues, ou sa déclaration à l'imprésario Alain Chiasse : « Moi, ce que j'aimerais, c'est jouer dans une comédie musicale. » De jolis moments qui ne suffisent pas à séduire les spectateurs. Malgré son casting attractif, ils ne seront que 240 000 à se rendre dans les salles – une déception compte tenu du budget engagé.

Envers et contre tout, Vanessa continuera, elle, à défendre son « bébé », quitte à n'en retenir que le meilleur : des magnifiques souvenirs de tournage. « Quand je revois ce film, c'est un peu comme un film de vacances. Je reconnais la cabane où je somnolais entre les prises. Et puis, il y avait la mer. On se sentait vraiment heureux. » Étrangement, d'ailleurs, cet échec n'entamera en rien son capital sympathie : à l'automne 2004, un sondage réalisé par le magazine *Studio* la placera en troisième position parmi les actrices préférées des quinze/vingt-cinq ans. Preuve de sa fidélité en amitié, la chanteuse confiera aux frères Poiraud le soin de filmer son *Divinidylle Tour* en 2006.

Selon Marceline Lenoir, qui veille toujours sur la carrière au cinéma de la chanteuse, Vanessa ne retrouvera le chemin du succès que si on lui écrit un film sur mesure, comme ce fut le cas pour *Élisa* et *La Fille sur le pont*. Sûre de son fait, elle pousse sa protégée à travailler avec Serge Frydman, le scénariste de Patrice Leconte, qui n'a encore jamais réalisé de film. Celui-ci s'attelle au projet avec un mélange de bonheur et d'appréhension. Son point de départ ? L'image d'une jolie fille dénudée dans une vitrine, comme ces prostituées d'Amsterdam qui vendent leurs charmes aux passants. Un personnage embarqué dans une histoire qui l'empêche de vivre la sienne. « Je n'ai jamais été capable d'imaginer une histoire avec Vanessa dans la vie de tous les jours, en pharmacienne, en femme flic, en postière ou en serveuse, me confie Serge Frydman. J'ai toujours eu l'impression que c'était une personne à part et qu'il fallait la mettre dans un monde à part [21]. »

En découvrant le scénario, la chanteuse est emballée par la virtuosité des dialogues et la force de caractère de Colette, qui va devoir prendre en charge un adolescent, Billy, alors qu'elle-même est taraudée par un désir de maternité. Mieux, elle pense avoir trouvé un rôle grave, à la Romy Schneider, l'une de ses idoles au cinéma. Ce qui ne l'empêche pas de douter d'elle-même. « J'ai lu la peur dans ses yeux, la peur de ne pas être à la hauteur de ce que j'attendais d'elle [22] », raconte le réalisateur.

Claudie Ossard, qui a notamment produit *Le Fabuleux Destin d'Amélie Poulain,* séduite elle aussi par les cent vingt pages de cette histoire à la Antoine Blondin, pousse Frydman à passer derrière la caméra. « Je n'imaginais pas que quelqu'un d'autre que Serge puisse tourner cette histoire, la sienne, parce qu'il savait le film que lui et moi avions envie de voir, parce qu'il l'a écrit pour Vanessa Paradis et qu'il leur appartient [23]. »

Pour incarner Billy, après avoir auditionné de nombreux comédiens, le cinéaste choisit Vincent Rottiers, un jeune acteur de dix-sept ans. Sur le tournage, la chanteuse fait tout pour le mettre à l'aise, même si elle-même est pétrie de questionnements sur son propre jeu. Certaines séquences sont tournées à Bruxelles, mais le plus gros du film se situe à Amsterdam, dans une atmosphère parfois proche de la paranoïa – les médias ont appris que Johnny Depp et les enfants étaient présents dans la ville.

Jour après jour, l'amitié entre Serge Frydman et Vanessa se consolide. Au contact de la chanteuse, le réalisateur découvre que la plupart des idées reçues sur elle sont totalement erronées. « On pense que c'est Greta Garbo et qu'il faut mettre un hélicoptère à sa disposition. Il n'y a rien de plus faux ! Je connais des acteurs avec lesquels tout est compliqué. Elle, c'est le contraire :

elle vous donne tout sans compter[24]. » Si la chanteuse a pu bouder sur le plateau de *Noce blanche*, elle irradie sur celui de *Mon Ange*. « Cette fille-là, c'est un Père Noël, jure le cinéaste. Elle est très attentive aux gens autour d'elle, comme une infirmière, d'une bienveillance extrême lorsque la confiance est acquise. Elle a d'ailleurs davantage le souci de protéger les autres que de se protéger elle-même[25]. » Ce que partagent, au fond, Serge Frydman et Vanessa, c'est un fâcheux manque d'assurance : leurs doutes les soudent.

« C'est un bulldozer en porcelaine », résume le réalisateur. Avant d'ajouter : « Elle ne se dit pas : "Je ne suis pas bonne", mais : "Je ne vais pas être bonne." Ce qui la pousse à se donner davantage. C'est parce qu'elle ne se prend pas pour la plus grande actrice du monde qu'à chaque fois elle doit faire ses preuves. » Lequel des deux est le plus paralysé par l'angoisse de ne pas être à la hauteur ? Serge Frydman, indéniablement. D'ailleurs, Vanessa est la première à le rassurer. « Elle m'a dit : "Tu trouveras toujours sur ta route des gens qui essaieront de te faire perdre confiance. Ne les écoute pas, avance[26] !" »

Sur Vanessa, le cinéaste est intarissable. Leur amitié lui a permis d'avoir accès au côté sombre de la chanteuse. « Le propre des grands artistes, c'est de nous donner l'illusion de la facilité. Mais, en réalité, ça ne l'est pas du tout. Vanessa est quelqu'un qui marche au-dessus du vide, avec une peur, des doutes, un manque d'assurance. » Néanmoins, elle trouve toujours en elle la force de dépasser ces freins. « Cette gravité permanente ne l'empêche pas de vivre. Elle attend beaucoup de la vie et prend tout ce que la vie peut lui donner sans jamais le subir. » Pour le pédopsychiatre Stéphane Clerget, ces coups de blues chroniques peuvent provenir de la précocité de sa carrière : « Elle n'a pas eu le temps de rêver sa réussite[27] », explique-t-il.

Ce que Serge Frydman apprécie également dans le tempérament de Vanessa, c'est sa franchise, inhabituelle dans ce milieu très policé, voire hypocrite. « Si elle a un truc à vous dire, même "merde", elle vous le dit en face. » Et puis, surtout, il souligne son humour, cette faculté de rire des autres et d'elle-même :

malgré le sérieux qu'elle met dans son travail, elle ne se prend jamais vraiment au sérieux. « On rigole beaucoup avec elle. Elle adore déconner. Elle se fout de la gueule de tout le monde, de la mienne comme de la sienne. On s'envoie à la figure les pires grossièretés. Un jour, quelqu'un ouvre une porte et, derrière, Vanessa s'était déguisée en fée Carabosse. Tout le monde a éclaté de rire [28]. »

Un humour qui peut parfois être involontaire. Ainsi, nul n'a oublié sa gaffe monumentale lorsque, remettant en 1991, le César du meilleur espoir féminin, elle a annoncé « Judith Godrèche » au lieu de « Judith Henry », avant de s'exclamer : « Oh merde ! Je suis désolée… » Si la salle a été secouée d'éclats de rire, l'actrice à laquelle le trophée a échappé en voudra longtemps à Vanessa de cette regrettable boulette.

En dépit de l'harmonie du tournage, *Mon Ange* ne va pas tenir ses promesses en salles. Pourtant, la chanteuse, se prête au jeu de la promotion comme rarement, et sa sortie, le 19 janvier 2005, s'accompagne d'un énorme battage médiatique. Michel Drucker lui réserve notamment, dix jours plus tôt, un spécial *Vivement dimanche* qui restera dans la mémoire des fans. Christophe, sollicité par la production pour préparer l'émission, raconte comment il a pu, ce jour-là, rencontrer son idole. « En échange d'images que j'avais fournies à l'assistante de Michel Drucker, j'ai proposé que soient invités les membres du forum que j'animais. J'ai même pu voir Vanessa trois minutes en tête à tête. Je lui avais apporté des chocolats. Après l'émission, elle a passé une heure avec les fans, très disponible, adorable [29]. »

Malgré la bienveillance coutumière de Michel Drucker, *Mon Ange* ne trouve pas son public : seuls 174 000 spectateurs se déplaceront dans les cinémas pour découvrir le film. Même si la performance de Vanessa est en général épargnée par la critique (on la trouve « gracieuse », « émouvante », parfois même « inspirée »), le premier long métrage de Serge Frydman est jugé « trop écrit », « trop esthétisant ». Selon *Télérama*, le réalisateur s'intéresse plus à la « poésie de ses dialogues, à la tournure de ses phrases qu'à l'authenticité de ses personnages ou de l'intrigue ».

Avec le recul, Serge Frydman lui-même ne sera pas tendre avec son film. « Vanessa incarnait un personnage très fermé, crispé sur son désir d'enfant, presque agressif, et c'était sans doute une erreur, du point de vue du public. » Malgré tout, *Mon Ange* reste une œuvre attachante, tendre et désespérée, dont la virtuosité des dialogues n'est pas très éloignée du cinéma de Bertrand Blier. Et puis, ce film n'entame pas le crédit de Vanessa Paradis comme actrice, au contraire. « C'est un cocktail d'Arletty, de Simone Signoret et de Gene Tierney, analyse Serge Frydman. Elle fait partie de ces gens qui nous donnent une impression de plus grande intensité que la vie de tous les jours. »

Comment expliquer, alors, ces rendez-vous manqués au cinéma, et cette carrière en demi-teinte ? « Il y a une crainte, une frilosité à son sujet de la part des scénaristes et des metteurs en scène, explique l'auteur de *Mon Ange*. Elle n'est pas très intégrée au milieu. Et le fait qu'elle ait refusé beaucoup de films n'a rien fait pour annuler cette forme de distance. »

À force de décliner les rôles qu'on lui propose, la chanteuse aurait donc fini par irriter le milieu du cinéma. Plutôt que de faire appel à elle et de courir le risque de s'entendre dire non, il est probable que certains réalisateurs, en effet, l'aient zappée de leurs plans. Ce qui est certain, c'est que tous, au début des années 2000, ont senti que Vanessa se trouvait ailleurs, hors d'atteinte. « Elle adore ce qu'elle fait, reconnaît Serge Frydman, mais pas au détriment de ce qu'elle doit vivre. De la chanson, qui la remplit de bonheur et d'intensité. Et du reste [30]… »

Le reste, c'est ce jardin secret qu'elle entretient avec constance et passion, ce puits d'amour qui la rend imperméable aux échecs. Qu'un film marche ou non, évidemment ça la touche, mais ça ne la détruit pas, tant que perdure son bonheur en famille. « Elle se casse la gueule, et puis elle repart. Cet extrême déséquilibre, on le sent dans les films, même si parfois ça frôle quelque chose d'un peu faux. Comme actrice, elle est loin d'être irréprochable, mais c'est ce qui la rend si confondante de grâce [31]. » Pour Serge Frydman, si Vanessa n'est pas une technicienne qui maîtrise l'art dramatique à la perfection, elle possède des qualités qui la rendent rare. « Il y a une vérité et une sincérité qu'on ne trouve pas chez d'autres. Elle n'est qu'émotion, comme Simone Signoret ou Romy Schneider. »

Ce n'est sans doute pas un hasard si la chanteuse prend des risques dans le choix de ses rôles. Chaque fois, c'est comme si elle voulait rejouer son destin, jeter à nouveau les dés, quitte à tout perdre. « Une première fois au cinéma, dit-elle, c'est comme dans tous les domaines : on réfléchit moins, on fonctionne plus à l'insouciance, à l'envie et à l'énergie. Je trouve ça terriblement flatteur et excitant [32]. » Alors, peu importe si, avec le recul, certains emballements semblent erratiques. Ce qui compte pour elle, c'est l'intensité du désir, la sincérité du moment présent. Patrice Leconte l'a bien compris : « Elle a fait des choix qui étaient des bons choix pour elle, dans la mesure où elle y a toujours cru. Mais le résultat n'était pas toujours convaincant. D'ailleurs, alors que je l'adore, je n'ai pas vu tous ses films. » Même Didier Pain, dès ses débuts, lui a appris à ne pas courir frénétiquement après le succès. « Si on est condamné à une obligation de résultat, on n'est plus un artiste, on est un produit. Et Vanessa n'est pas un produit : c'est une vraie artiste [33]. »

En même temps, ce sentiment d'une carrière inachevée, qui nous laisse sur notre faim, lui donne aussi un statut à part, fait d'elle une ébauche d'actrice, quelqu'un dont on attend encore beaucoup. « Elle fonctionne sur le modèle de l'iceberg : il y a toujours une partie inexplorée d'elle dans son jeu », analyse Serge Frydman. Comme nous, le cinéaste se prend à rêver que Vanessa finisse par livrer le potentiel qu'on ne cesse de lui attribuer. « Je ne peux qu'espérer que les 85 % de l'iceberg finissent par sortir, petit à petit. »

Ce sentiment d'inachèvement explique sans doute la boulimie de cinéma qui va saisir la chanteuse à l'aube des années 2010. Comme si elle savait qu'elle doit encore faire ses preuves pour gagner pleinement ses galons d'actrice. Mais, pour l'heure, elle privilégie Johnny Depp et ses enfants. Son projet le plus impérieux dans la vraie vie.

32

Quatre à la maison

« Mon identité, ici, c'est avant tout celle d'une maman. Je vis un peu dans ma bulle, focalisée sur mon noyau familial. »

Vanessa Paradis

Si la naissance de Lily-Rose a révolutionné l'existence de Vanessa, celle de Jack va consolider son sentiment d'avoir réussi à bâtir une vraie famille. Et pourtant, au moment où elle apprend qu'elle est enceinte, la chanteuse est assaillie par le doute. « Comme toutes les mères, je me demandais comment j'allais pouvoir aimer un autre bébé [1]. » Son lien à Lily-Rose est tellement fusionnel qu'elle craint de ne plus avoir d'amour en réserve pour un deuxième enfant. Des interrogations qui s'évanouissent comme par magie le jour de l'accouchement. « Et puis Jack est né et mon cœur s'est agrandi [2]. »

Le 9 avril 2002, un petit garçon prénommé Jack John Carpenter III voit le jour à l'Hôpital américain de Neuilly. « C'est un prénom pur et dur et Jack Kerouac est l'un des écrivains préférés de Johnny [3] », explique la chanteuse. Fou de l'écrivain de la « beat generation », l'acteur est prêt à acquérir à prix d'or des lettres manuscrites de son auteur fétiche. Un autre argument a plaidé en faveur de Jack : Depp vient de signer avec les studios Disney pour l'adaptation au cinéma de l'attraction

« Pirates des Caraïbes », où l'acteur doit incarner un certain Jack Sparrow.

Avec ce petit gars, Vanessa découvre que tous les bébés sont uniques. Comme pour Lily-Rose, qui a désormais trois ans, elle ne peut s'empêcher d'épier le moindre de ses gestes, de le regarder dormir durant des heures. « C'est un rayon de soleil, un vrai petit mec, une petite brute qui ne fait pas dans la dentelle, mais si heureux de vivre [4]. » Pressé de se tenir debout pour marcher, Jack n'a apparemment peur de rien, comme le confirme son papa. « C'est un enfant très solide, un vrai petit dur qui fonce comme un bolide. Un pitbull dans un magasin de porcelaine. Il touche tout, casse tout, court sans s'arrêter, tombe et pleure. C'est drôle, parfois, j'ai l'impression qu'il est un peu ivre [5]. » Heureusement, sa sœur veille sur lui. « Lily est plus calme et pondérée. Elle est très protectrice avec Jack. Il faut l'entendre le sermonner avec sa petite voix : c'est un peu sa conscience, son Jiminy Cricket [6]. »

Le mot d'ordre des Paradis-Depp ? Se séparer le moins possible, histoire de préserver cette « bulle » que Vanessa couve avec tant d'attention. Pour la petite famille, le point d'ancrage sera Los Angeles. « Mon mari travaille beaucoup là-bas [7] », explique la star, montrant au passage qu'elle se considère comme mariée même si leur histoire d'amour ne sera jamais officialisée. Si Vanessa goûte peu le quotidien à Los Angeles, où les saisons et les terrasses de café lui manquent, elle lui reconnaît un avantage majeur. « Je m'y sens extrêmement protégée. C'est une grande ville, mais les regards ne se posent pas sur moi comme à Paris [8]. » Surtout, le décalage horaire lui permet de filtrer la pression professionnelle qui vient de France et de se consacrer au maximum à sa vocation maternelle.

« Mon identité, ici, c'est avant tout celle d'une maman. Ma vie est rythmée par les cours de danse et les ateliers d'arts plastiques de mes enfants, les visites chez le pédiatre, les sorties au parc, les copains. Je vis un peu dans ma bulle, focalisée sur mon noyau familial [9]. » Certes, la France lui manque, mais Vanessa reconnaît aux écoles de la côte ouest le mérite de développer, davantage que dans l'Hexagone, les aptitudes artistiques des enfants. « Elle n'a jamais oublié que l'école de son enfance ne l'avait pas reconnue, analyse Catherine Schwaab. Sa réussite éclatante montre d'ailleurs la faillite totale du système scolaire français [10]. » Pour toutes ces raisons, la chanteuse se convainc que c'est aux États-Unis qu'ils doivent être scolarisés, même si elle déplore que l'anglais ait supplanté le français à la maison.

Là-bas, la chanteuse s'occupe de tout, veille à chaque détail pour préserver l'harmonie familiale. L'ami Serge Ubrette est là, parfois, pour garder les enfants, qui l'adorent, pendant que leur maman prend son cours de gym. La maison de West Hollywood est toujours ouverte pour les proches. Ainsi, lorsque Patrice Leconte est de passage à Los Angeles, il est reçu à bras ouverts chez les Paradis-Depp. « J'ai débarqué un matin, me raconte-t-il, à l'heure du petit déjeuner. J'ai mangé des scones avec les enfants, Johnny Depp était au bout de la table. Vanessa m'a fait visiter la maison. Il y avait une telle harmonie chez eux que je me suis dit que cette histoire était faite pour durer tout le temps [11]. »

Le fait d'être la fille de deux stars permet à Lily-Rose de vivre des expériences hors norme pour une enfant de son âge. Avec des parents fous de musique, elle se rend très tôt à des concerts, et sa maman est parfois déconcertée par la maturité de ses commentaires. « C'est la petite fille la plus intense, profonde, réfléchie, que je connaisse. Elle dit des trucs à tomber par terre. Elle a des goûts très arrêtés, elle aime le bacon grillé plus que les bonbons. Elle adore le dessin animé *La Petite Sirène,* les chansons de Bob Dylan, surtout *M. Tambourine Man* ; elle l'a vu en concert à cinq ans, et même embrassé sur la bouche [12]. » Trop gâtée, Lily-Rose ? Sans doute. Mais ses parents ont tellement envie de faire son bonheur que rien n'est assez beau pour lui arracher un sourire.

Le fait de suivre leurs parents sur les tournages, afin de respecter la fameuse règle d'or mise en place par le couple, permet également aux enfants de multiplier les voyages. « On les emmène partout. Ils voient des pays différents, rencontrent des gens extraordinaires [13]. » En 2003, toute la famille découvre

Londres, où Johnny Depp joue dans *Neverland* au côté de Kate Winslet. L'année suivante, elle pose ses valises dans un hôtel d'Amsterdam, où Vanessa tourne *Mon Ange*. Si la chanteuse a connu une adolescence peu ordinaire, l'enfance qu'elle offre à Lily-Rose et Jack est, elle aussi, totalement atypique.

« Vanessa et moi, reconnaît Johnny Depp, avons un mode de vie qui s'apparente plus à celui des gitans. Nous sommes toujours par monts et par vaux. L'essentiel, c'est qu'on reste en famille. Pour nous séparer, il faut que le film en vaille vraiment la peine car je préfère la présence chaleureuse de mes enfants à la froideur de la caméra [14]. »

Afin de ne pas couper Lily-Rose et Jack de leurs racines maternelles, le couple multiplie également les séjours en France. Chaque fois, c'est un impressionnant déménagement, supervisé par Vanessa : une trentaine de valises les accompagnent dans l'avion. « Nous voyageons avec énormément de choses, pour que les enfants aient les mêmes repères visuels et sensoriels partout où nous sommes [15]. »

En France, la chanteuse adore faire découvrir Paris à sa petite famille. Ça tombe bien, l'acteur qui partage sa vie a toujours éprouvé une forte attirance pour notre pays, appréciant de pouvoir y « vivre simplement ». « À Los Angeles, confie-t-il, je suis constamment regardé, observé, critiqué [16]. » À Paris, les Paradis-Depp habitent un grand appartement loué à Saint-Germain-des-Prés. Amateur de littérature française, l'acteur reçoit parfois de précieux cadeaux de sa compagne, qui sillonne les librairies du quartier Latin pour trouver des manuscrits d'Antonin Artaud écrits à l'encre verte – Johnny les collectionne.

Lorsqu'ils quittent la capitale, c'est pour passer leurs vacances dans le sud de la France. À Plan-de-la-Tour, commune de moins de trois mille habitants, située à quinze kilomètres de Saint-Tropez, l'acteur s'est acheté une jolie propriété. Le domaine, constitué de plusieurs bâtisses de style provençal, aux murs épais émaillés de pierres apparentes, possède l'immense avantage d'être isolé dans une vallée qui a été vendue avec le lot – ce qui garantit à la famille une tranquillité optimale.

Cette acquisition n'aurait jamais été possible sans le flair d'André Paradis, lui-même propriétaire d'une propriété à Sainte-Maxime, qui va effectuer une recherche méthodique pour dégoter la baraque idéale. « C'est mon beau-père qui a découvert le domaine, en se baladant dans le Var, où il vit, raconte Johnny Depp. Je cherchais une maison pour m'y installer à long terme, j'en avais visité une vingtaine avec lui. Un jour, il m'appelle : "J'ai peut-être trouvé quelque chose d'intéressant, voyons-nous ce week-end." Je l'ai rejoint, et il avait raison, j'ai eu le coup de cœur pour la maison. Surtout en découvrant sa magnifique cave voûtée [17]. » Catherine Schwaab, de *Paris Match*, confirme la complicité entre l'acteur américain et son « beau-père ». « Alysson, avec qui j'ai longuement parlé, m'a raconté que Johnny Depp s'était remarquablement coulé dans la famille Paradis. Il appréciait les excellents vins français qu'André Paradis lui faisait découvrir. Il ne se la jouait absolument pas star, pas du tout le genre à se faire servir. Au contraire, il se montrait très simple, ouvert à la culture française, curieux de tout, un peu journaliste en somme, considérant que rien n'est inintéressant [18]. »

La petite sœur de Vanessa reste, elle aussi, très liée au clan Paradis-Depp. Actrice comme son aînée, elle a décroché, grâce à son agent, Marceline Lenoir, quelques rôles secondaires au cinéma, mais sans jamais exploser. La chanteuse, pourtant, ne manque pas une occasion de lui tresser des lauriers. « Elle n'a pas du tout besoin de moi, et on ferait bien de lui lâcher les baskets, parce qu'elle est une personne à part entière et pas "la sœur de". Attendez de la voir sur les écrans, elle va vous subjuguer [19]. » Alysson a-t-elle autant besoin de la lumière que Vanessa pour exister ? « Je l'ai trouvée équilibrée, pleine d'humour, ni envieuse ni jalouse vis-à-vis de sa sœur, me confie Catherine Schwaab. Juste admirative et aimante [20]. »

Agacée que les médias comparent leurs deux destins, la chanteuse est prête à sortir les griffes pour défendre sa petite sœur.

« Je suis très fière d'être la sœur d'Alysson Paradis [21] », osera-t-elle même déclarer sur le plateau de *Vivement dimanche.* Si Vanessa est aussi fan de sa sœurette, c'est aussi parce qu'elle est devenue, au fil des années, un repère nécessaire à son équilibre. « Son avis compte beaucoup pour moi, que ce soit pour la musique, le cinéma, la déco. J'aime ses goûts, elle appartient à une autre génération, donc elle m'apporte énormément [22]. » Toujours disponible quand la chanteuse débarque en France, la jeune actrice occupe une place privilégiée dans le clan familial. Cerise sur le gâteau, elle s'entend à merveille avec le héros de *Pirates des Caraïbes.*

À Plan-de-la-Tour, les Paradis-Depp adoptent le rythme provençal. « On y mène une vie des plus ennuyeuses, assure Vanessa. On va au marché, on cuisine, on mange, et on regarde nos enfants pousser [23]. » Cette douce quiétude, c'est tout ce dont Johnny Depp a besoin pour se couper du rythme frénétique des tournages à Hollywood. « Dans notre grande maison dans le sud de la France, assure-t-il, je ne fais rien. Une fois, je n'ai pas quitté la propriété durant trois mois. En fait, je me réveille, je sors, je jette un œil au jardin et au potager. Le téléphone ne sonne jamais. On prend les enfants pour se balader, faire des pique-niques : c'est une vie parfaite. Une existence belle et simple [24]. » À l'attention de ceux qui ne le croiraient pas, l'acteur persiste et signe : « C'est la vérité ! Je suis un contemplatif. Je peux passer deux ou trois mois à regarder pousser mes fleurs, à réfléchir. Je ne m'ennuie jamais. J'ai toujours le cerveau occupé et je soigne mon jardin, je surveille mes tomates [25]. »

C'est en partie grâce à leur discrétion que les Paradis-Depp ont réussi à se faire accepter par la population locale. Sur le marché, ils achètent leurs fruits et légumes sans attirer l'attention. Dans les magasins d'alimentation, ils sont connus pour se ravitailler en produits bio. Les Plantourians ont également pris l'habitude de les voir s'attabler à la terrasse des cafés, sur la place de l'église Saint-Martin, le soir, à l'heure de l'apéritif – Johnny Depp a adopté sans modération le pastis local.

Respectueux de l'environnement, ils ont toujours refusé de faire creuser une piscine sur leur propriété, malgré l'insistance des enfants. Leur seule fantaisie est d'avoir installé une vraie roulotte dans la cour – un été, ils partiront d'ailleurs tous les quatre en randonnée. Et bien que leur domaine soit situé à vingt kilomètres de Saint-Tropez, on n'a jamais vu la petite famille y mettre les pieds. Lorsqu'ils organisent un barbecue dans le jardin, ils prennent soin d'inviter leurs voisins, boudant les stars, nombreuses, qui possèdent une résidence secondaire dans la région – à commencer par Brad Pitt et Angelina Jolie, qui séjournent dans le château tout proche de Miraval depuis 2008.

Soucieux de s'intégrer dans la commune, les Paradis-Depp ne sont pas vraiment du genre bling-bling. Pourtant, ils ont parfois du mal à cacher que leur compte en banque leur permet de mener grand train. Au printemps 2006, à la suite d'une sortie en mer sur le bateau de Nicolas Cage, Johnny Depp décide de s'offrir son propre yacht. En octobre de la même année, il devient l'heureux propriétaire de l'*Anatolia,* un modèle de quarante-sept mètres cinquante-cinq de long (pour sept de large), construit en Turquie en 2001. Une acquisition qui enthousiasme toute la famille. Dès la transaction, le yacht est rebaptisé *Vajoliroja,* un mot formé à partir des deux premières lettres des prénoms des membres de la famille. Selon le capitaine, Graeme J. Brown, l'acteur a d'emblée engagé des réparations et des transformations, à commencer par la coque et l'intérieur. « En deux semaines, le *Vajoliroja* était au chantier naval[26] », explique Graeme J. Brown.

Amarré au Monaco Marine Yacht de Beaulieu-sur-Mer dès février 2007, il va être entièrement redécoré par LM Pagano, une société basée à Los Angeles, selon les indications données par le couple. « C'est quelqu'un de très cultivé et de très sophistiqué », reconnaît à propos de Johnny Depp la décoratrice chargée du projet. S'inspirant du travail du décorateur Jacques-Émile Ruhlmann, elle propose « un mélange entre de l'Art déco et l'Orient Express ».

Pourtant, le défi semble impossible : Les Paradis-Depp voudraient profiter de leur merveille dès l'été suivant. « C'était fou, se souvient Pagano. J'avais un échéancier impossible à tenir. Je disposais de moins de cinq mois pour trouver des artisans, commander les matériaux, les envoyer à Los Angeles, faire fabriquer les meubles, les tissus et accessoiriser le tout. » Le résultat s'avère bluffant : un bateau de croisière aux lignes épurées, rappelant les embarcations de luxe des années 1930, qui peut accueillir jusqu'à douze invités. Tout a été prévu pour que les parents, la sœur et les amis de Vanessa puissent en profiter ; un fumoir a même été aménagé pour ne pas incommoder les enfants. En même temps, le couple a voulu que les sept membres d'équipage ne soient pas lésés : chacun a droit à sa propre cabine équipée d'une salle de bains [27].

Mi-juillet, les travaux de décoration sont achevés selon les délais prévus, et les Paradis-Depp embarquent sur le *Vajoliroja* pour leur première croisière : quelques jours en Méditerranée, au large de l'île d'Elbe, entre la Corse et la Toscane. Des photographies publiées dans la presse people montrent Johnny Depp, paréo autour de la taille, et Vanessa, sans maquillage, contemplant la mer, un large sourire aux lèvres. L'occasion pour le grand public de découvrir le train de vie du couple. On les y reverra d'ailleurs les deux étés suivants. Et lorsque, en 2010, Johnny Depp décidera de louer son bateau, ce sera au tarif de 130 000 dollars la semaine, soit près de 100 000 euros – ce qui donne une idée des frais de fonctionnement d'un yacht aussi luxueux.

Si Vanessa vit un véritable conte de fées avec son compagnon et ses enfants, la vie va bientôt lui rappeler, au même moment, que le bonheur est fragile. En février 2007, toute la famille s'est installée à Londres où Johnny tourne un thriller musical, *Sweeney Todd,* son sixième film sous la direction de Tim Burton. Pendant que papa travaille, maman s'occupe des enfants. Seulement voilà, depuis quelques jours, Lily-Rose n'a plus d'appétit et se plaint de maux de ventre. Le 2 mars, elle est transportée d'urgence au

Great Ormond Street Hospital. Là, elle subit une batterie d'examens qui montrent une grave infection intestinale.

Le tournage de *Sweeney Todd* est immédiatement interrompu afin que Johnny Depp puisse rester au chevet de sa fille. Le personnel de l'hôpital se montre exemplaire de disponibilité et de compréhension.

Au bout de neuf jours, les médecins se montrent enfin rassurants. Lily-Rose retrouve peu à peu des couleurs. Le 11 mars, elle sort de l'hôpital, même si le protocole prévoit qu'elle reviendra y subir de nouveaux examens. Son papa, qui a fait attendre toute l'équipe du film de Tim Burton, peut rejoindre le tournage. Robin Baum, le porte-parole de l'acteur, se fend alors d'un communiqué rassurant : « La famille apprécie énormément le soutien constant qui lui a été manifesté, de même que le respect de la vie privée qui lui a été accordé [28]. »

Reconnaissant à l'équipe médicale d'avoir sauvé sa fille, Johnny Depp fait un don de 1,3 million d'euros au Great Ormond Street Hospital de Londres. Avant de réserver un autre cadeau aux cinq membres de l'équipe médicale, médecins et infirmières mobilisés autour de la petite : le 23 janvier 2008, ils seront invités à la première londonienne de *Sweeney Todd*, au milieu des célébrités et des acteurs du film. La légende veut aussi que l'acteur ait débarqué par surprise à l'hôpital déguisé en Jack Sparrow afin de distraire les plus jeunes patients.

Quant à Vanessa, jamais elle ne fera la moindre allusion publique à l'hospitalisation de sa fille. À partir de ce moment, la brindille blonde qui pousse sous ses yeux va devenir encore plus précieuse. Et si ses parents l'ont toujours encouragée à affirmer sa personnalité, ils vont, après ce coup du sort, s'atteler encore davantage à faire son bonheur.

Cette épreuve va également resserrer les liens entre la chanteuse et son compagnon. Pour Vanessa, lorsqu'en plus de l'attraction physique on éprouve de l'amitié pour celui qu'on aime, c'est le meilleur gage de longévité. « Quand un ami est aussi votre amant, c'est quelqu'un avec qui vous rigolez, vous partagez, vous discutez et pas que… Je trouve ça beaucoup plus dangereux quand il n'y a que la passion, le côté physique. Je ne crois pas que l'on puisse passer des décennies avec quelqu'un sans l'aimer comme un ami [29]. »

Le couple semble aussi plus soudé que jamais dans une forme de spiritualité partagée. Heureux que Lily-Rose ait échappé au pire, il remercie Dieu de ce cadeau. L'acteur Michael Lonsdale, connu pour son immense foi, me raconte au téléphone qu'en 2010 Vanessa et Johnny ont souhaité participer au Festival de Silence, à l'abbaye de Lérins, située sur l'île de Saint-Honorat, à dix minutes de mer de la Croisette. Au programme : réflexions personnelles, échange et partage avec les moines de la plus ancienne communauté monastique d'Occident. « Malheureusement, ils se sont perdus en chemin, n'ont jamais trouvé l'abbaye et ont finalement renoncé à leur projet [30]. »

Comme pour prolonger cet état de grâce, les rumeurs de mariage fleurissent dans les médias. Plus unis que jamais autour de leur fille, Vanessa et Johnny auraient l'intention de convoler. La cérémonie pourrait même, selon certaines sources, se dérouler dans la chapelle attenante à leur propriété de Plan-de-la-Tour. Dans certaines interviews, la chanteuse semble l'appeler de ses vœux : celle qui a grandi au milieu des princesses Disney sait que les contes de fées se terminent toujours par des mariages. Elle ne peut que rêver de devenir Madame Johnny Depp. Et puis, Corinne, comblée par ses deux petits enfants, serait tellement heureuse que l'acteur officialise enfin sa *love story.*

En même temps, Vanessa est saisie d'un doute. Par superstition, elle ne veut pas mettre la pression sur son compagnon, qui ne lui a jamais demandé sa main – marié une première fois, il semble accorder peu de valeur à ce genre de formalité. Surtout, il se considère déjà très engagé. « Je ne pense pas que nous ayons besoin d'un bout de papier qui dit que je lui appartiens et qu'elle m'appartient, explique-t-il. Je suis déjà davantage marié que n'importe quel autre couple [31]. »

Soucieuse de ne pas brusquer les événements, la chanteuse sait que l'équilibre de son couple ne tient qu'à un fil. « Je ne suis pas contre le mariage, au contraire : porter le même nom, je trouve ça très beau. Ça ferait plaisir à ma mère, en plus. Mais j'ai vu tellement de couples se marier – souvent en signe de confirmation – et puis très vite se séparer. J'ai peur que ça fasse tout foirer. Peut-être qu'au bout de vingt-cinq ans j'aurai moins peur et je me marierai [32]. »

La rumeur, pourtant, n'a pas fini de courir. Une date est même annoncée dans les tabloïds, le 14 juin 2008, pour des noces dans l'État de Georgie, où vit Betty Sue Palmer, la maman de Johnny Depp. Mais, cette fois encore, la noce n'aura pas lieu. Lorsqu'on sait comment la divine idylle s'est terminée, comment en vouloir à Vanessa d'avoir péché par excès de prudence ?

33

DIVINIDYLLE

« Matthieu a saisi la façon dont je voulais faire mon disque. On est archiconnectés. Il est très généreux, tourné vers les autres. »

Vanessa Paradis

Samedi 15 décembre 2007, 16 h 30. La scène se passe dans les salons feutrés du ministère de la Culture et de la Communication, au 3 rue de Valois, en présence de Johnny Depp et des enfants, mais aussi d'une partie de la famille de la chanteuse : ses parents et sa sœur Alysson. Vanessa, cheveux crantés et lèvres rouge vif, porte un chemisier vert d'eau imprimé de fleurs roses, un pantalon noir et un collier de perles. Christine Albanel, la ministre du président Sarkozy, lui remet les insignes de chevalier des Arts et des Lettres. Auparavant, elle l'a fait rougir comme jamais en prononçant un hommage qui célèbre sa trajectoire unique. Rappelant les grands moments de sa carrière, elle a évoqué « cette innocence et cette fraîcheur qui ont fait fondre le public à ses débuts », sa « figure de poupée », « sa voix d'enfant, au timbre si particulier », mais aussi « la sérénité rayonnante de la femme et de l'artiste accomplies ». La scène n'est pas filmée. Seule une photographie de la chanteuse épinglée au côté de la ministre filtrera dans la presse.

Distinguée par la République. À quelques jours seulement de son trente-cinquième anniversaire, Vanessa Paradis ne pouvait pas refuser une telle distinction. En cet automne 2007, il faut dire qu'on ne parle que d'elle dans les médias. Alors que l'album *Bliss* avait déçu sa maison de disques côté chiffres, son nouvel opus, *Divinidylle*, sorti le 3 septembre, reçoit un accueil triomphal. Numéro 1 des ventes avec 100 000 copies écoulées en seulement deux semaines, il va vraiment décoller avec le deuxième single, *Dès que j'te vois*, et afficher un score final de 600 000 exemplaires – il sera commercialisé dans toute l'Europe, notamment en Angleterre, qui avait zappé la star après l'album de Lenny Kravitz, et même en Asie.

Après un disque très intimiste qui laissait la part belle aux ballades, Matthieu Chedid, le maître d'œuvre du projet, a voulu offrir à Vanessa un album plus pop. « Par rapport à *Bliss*, disque très joli et très sensible, mais qui passait d'un univers à l'autre, Vanessa et moi avions la volonté que ce disque-là soit plus cohérent, qu'il y ait un son commun [1]. » Second principe qui va guider le projet : la revendication d'un produit cent pour cent hexagonal : « Les gens avec qui j'ai préparé ce disque, expliquera Vanessa, écrivent en français et, contrairement aux deux précédents, l'album a été enregistré en France [2]. »

C'est Matthieu Chedid qui a fait prendre conscience à sa muse qu'un retour aux sources hexagonales serait bénéfique à sa carrière. « Matthieu éprouve une grande fierté à se dire qu'on est français et que l'on sait très bien faire les choses [3]. »

La difficulté, concernant ce projet, va naître de l'agenda de Vanessa. Scolarisés à Los Angeles, Lily-Rose et Jack ne pourront pas l'accompagner à chacun de ses voyages à Paris. Puisqu'il est hors de question de laisser sa famille trop longtemps loin d'elle, elle s'accordera des escapades de deux semaines tous les deux mois. Un rythme non négociable auquel toute l'équipe de musiciens devra se plier. Au total, il faudra donc une année entière pour boucler l'album. L'avantage de ces contraintes ? « Durant les pauses, dira la chanteuse, l'envie ne faisait que grandir [4]. »

Comme c'était le cas pour *Bliss*, Vanessa veut être partie prenante dans la conception du disque : rien ne se décidera sans son aval. « J'ai fait trois albums livrés sur un plateau d'argent. À partir du quatrième, j'ai commencé à écrire quelques chansons. J'aime l'idée de travailler dur pour mériter quelque chose. C'est comme cela que les choses vous ressemblent et qu'elles portent un bout de vous. C'est important pour moi de ne pas être seulement une interprète[5]. »

Tout commence par de longs moments passés avec Matthieu Chedid. « Il m'a laissé parler, m'a écoutée pour savoir ce que je voulais. Il est tellement généreux qu'il m'était impossible de ne pas m'ouvrir aux gens avec qui il travaille. » C'est ainsi que Vanessa intègre une vraie bande de copains qui s'est soudée, quelques mois auparavant, en jouant *Le Soldat rose,* conte musical composé par Louis Chedid auquel Vanessa avait accepté de collaborer – avec d'autres artistes comme Alain Souchon, Francis Cabrel, Bénabar et Jeanne Cherhal. Le 12 novembre 2006, elle avait participé au lancement de l'album en incarnant sur la scène du Grand Rex, le temps d'une représentation exceptionnelle, *Made In Asia,* une poupée de chiffon belle et triste fabriquée par une petite fille en Asie – une évocation du travail des enfants. Robe au-dessus du genou, socquettes et chaussures plates fuchsia, cheveux bouclés ornés d'un diadème : ce soir-là, son look de Lolita manga avait enthousiasmé ses fans de la première heure.

Si, pour son nouvel album, Vanessa est emballée d'accueillir Jérôme Goldet à la basse ou encore Patrice Renson à la batterie, c'est avec Albin de la Simone que le courant passe le mieux. Artiste complet, il séduit la chanteuse par sa sensibilité et une vraie réserve que tous deux partagent. Durant la tournée qui va suivre, il sera d'ailleurs présent à ses côtés, apportant sa touche subtile aux claviers. Et, pour lui prouver sa gratitude, Vanessa enregistrera un duo avec lui en 2009 : *Adrienne.* Un titre qui aura même droit à un clip dans lequel, vêtue d'un manteau léopard et coiffée d'un feutre, elle kidnappe le chanteur dans une Cadillac.

Pour que la conception de cet opus soit un plaisir partagé, Vanessa mise avant tout sur l'humain. Elle s'entoure de pointures incontestées, mais ce sont les qualités de cœur qui priment. « On est archiconnectés. Matthieu a saisi la façon dont je voulais faire mon disque. L'ambiance de boulot était gaie et pleine d'enthousiasme. Il est très généreux, tourné vers les autres [6]. »

Bien sûr, ce travail en pointillé, avec de longues pauses de deux mois, ne facilite pas la gestation de l'album. « Certaines choses ont été très réfléchies, travaillées et retravaillées dans tous les sens, explique la chanteuse. Mais, au moment de jouer, de créer, nous étions dans l'instant [7]. » Dans le processus créatif, Vanessa, ultra-perfectionniste, n'hésite jamais à tout compliquer, à tout remettre en question, même au dernier moment. Parce qu'elle doute beaucoup, il n'est pas toujours facile de mettre un point final au travail d'arrangement sur tel ou tel titre. Il faut alors toute la diplomatie de Matthieu pour la convaincre d'arrêter de tergiverser.

Durant les séances de travail en studio, un journaliste du *Parisien*, Emmanuel Marolle, est autorisé à rencontrer la star. Hélas, elle se rend au rendez-vous avec deux heures de retard et se crispe lorsque ce confrère évoque devant elle les rumeurs de mariage avec Johnny Depp. Puis se ferme comme une huître, y compris sur toutes les questions concernant son album. « Elle n'a pas joué le jeu de la promo, alors nous avons décidé d'annuler la rencontre avec les lecteurs du *Parisien* prévue au moment de la sortie de l'album [8]. » Une sanction dont elle se fiche. Tout miel avec les musiciens qui l'entourent, Vanessa ne fait aucun cadeau aux journalistes.

Très investie dans son album, la chanteuse signe quatre partitions sur les onze titres retenus. Pour les paroles, en revanche, elle préfère s'abstenir. « Je ne suis pas douée. J'aime trop l'écriture pour chanter des textes à moi, mièvres, niais et mal écrits [9]. » Elle fait tout de même une exception : après avoir dédié *La Ballade de Lily-Rose* à sa fille, Vanessa offre à son fils le titre *Jackadi* sans chercher à épater la galerie. « Il ne s'agit pas de fabriquer des chansons avec des mots qu'on est allé chercher dans le dictionnaire. Je préfère que ça sorte de ma tête et de mon cœur [10]. » Livrant une part de son intimité, elle décrit Jack comme un « capitaine » qui l'entraîne, un être ancré dans le présent auquel il est difficile de « résister ». La chanteuse, qui doute tellement d'elle-même, semble fascinée par l'assurance de son bout de chou.

Pour exprimer ses états d'âme mieux qu'elle ne saurait le faire elle-même, elle se confie à Franck Monnet, son complice dans l'aventure *Bliss*, qui lui livre, une fois encore, du sur-mesure. Dans *La Mélodie*, Vanessa aborde avec humour, sur un tempo reggae, le thème de l'inspiration : c'est l'histoire d'une mélodie « toute simple » qui a « le pouvoir de réconforter les gens » et, dont, malheureusement, elle ne se souvient plus. Dans *La Bataille*, un titre dynamité par les guitares acoustiques et électriques, la chanteuse évoque « le brouhaha d'un hall de gare » qui sévit sous son crâne et sa peur que sa tête « éclate ». Une chanson sur le désir des autres qui vous envahit parfois au point d'étouffer votre petite voix intérieure. En côtoyant des personnalités fortes tout au long de sa carrière, Vanessa a dû batailler, en effet, pour ne pas se laisser phagocyter. Surprise : parmi les voix qui forment les chœurs, on découvre celle de Florence Thomassin, une amie toujours proche depuis le tournage d'*Élisa*.

Avec *Les Revenants*, Vanessa surprend sur un terrain qu'elle n'avait jamais encore abordé. Ce blues mélancolique évoque la présence de fantômes « moins inquiétants que la plupart des vivants ». Un message adressé à ceux qui ont compté pour elle et qui, par-delà la mort, continuent à nourrir ses pensées. Serge Gainsbourg, bien sûr, mais aussi Étienne Roda-Gil, décédé le 28 mai 2004, et Franck Langolff, disparu deux ans plus tard, le 8 septembre 2006, à l'âge de cinquante-huit ans. Parti trop tôt, détruit par un cancer du poumon, le compositeur de *Joe le taxi* a mené jusqu'au bout, selon Pierre Terrasson, une existence rock'n'roll. « Bien qu'ayant perdu un poumon, il continuait à fumer [11]. » Présent le jour de ses obsèques, à Rouen, le photographe s'est étonné de l'absence de Vanessa. « J'ai pensé qu'elle n'était pas en France, mais je sais aussi qu'elle ne regarde pas trop dans le rétro [12]. » Terrasson se trompe : Franck Langolff fait partie pour la chanteuse des merveilleux « revenants » qui peuplent ses souvenirs.

En novembre 2010, d'ailleurs, elle participera à un album hommage au compositeur, *Dr Tom ou la liberté en cavale,* un conte musical écrit à l'initiative de Norman Langolff, le fils, à partir de partitions que son père a laissées. L'histoire irrésistible, écrite par Sylvie Arditi, d'un incurable joyeux drille devenu dangereux dans un monde devenu sinistre. « C'est sans hésitation que j'ai accepté de chanter plusieurs titres », expliquera la chanteuse, entourée d'une pléiade d'artistes – Arthur H, Yannick Noah, Thomas Dutronc, ou encore la soprano colorature Natalie Dessay. Avant d'ajouter : « C'était un grand moment très beau et très fort, de se retrouver en studio avec Norman Langolff, que je connais depuis très longtemps [13]. » Le 24 décembre 2010, ce joli conte musical sera d'ailleurs diffusé à 22 h 35 sur France 2.

Mais pour l'heure, Vanessa peaufine son album, fière d'enregistrer *Irrésistiblement*, un titre rock écrit par Brigitte Fontaine qui ouvrira le spectacle de sa tournée. « Je rêvais de travailler avec elle », dira-t-elle de cette artiste iconoclaste qu'elle admire. Une femme attend son amant, « ce Boeing qui viendra ce soir », la chaleur monte et la foudre promet de s'abattre, rendant le ciel « mi-argent, mi-or ». « Pour moi, c'est l'idéal : un texte qui raconte une histoire qui te plaît, avec des mots simples qui sonnent comme de la musique. C'est l'école de Serge Gainsbourg : les mots qui swinguent [14]. » « La joie est forte comme la douleur », fredonne une artiste qui, décidément, déteste la tiédeur. Une manière fulgurante, en tout cas, de démarrer ses rendez-vous sur scène, comme la promesse d'une étreinte.

Parmi les autres collaborateurs de l'album, Alain Chamfort a composé *Junior Suite*, initialement destiné à l'album *Bliss*. Un titre très rock au départ qui, après plusieurs habillages, va bénéficier de la pureté d'une atmosphère piano voix. Le texte énigmatique de Didier Golemanas et la voix déchirante de Vanessa en font l'une des pépites du disque – et la chanson préférée de Patrice Leconte. C'est le portrait d'une femme noyée dans son chagrin (« Moi, j'ai déjà tellement d'eau qui fout le camp »), d'une amoureuse perdue dans la mer des sentiments.

Également présent, le parolier Jean Fauque, collaborateur de Bashung, signe un hommage à Chet Baker, chanteur de jazz méconnu que Vanessa adore écouter, surtout dans les moments où elle a le blues. « Une fois au moins dans sa vie / De préférence la nuit / [...] Écouter Chet Baker, pleurer sur tout ce qui s'enfuit », dit la chanson. Un titre tendre et grave où pointe l'humour, dont Jean Fauque, digne successeur d'Étienne Roda-Gil, a fait sa marque de fabrique.

Puisqu'il est le chef d'orchestre de l'album, Matthieu Chedid s'invite aussi comme chanteur, à la demande de Vanessa. En plus des chœurs, il interprète avec sa muse le duo *Les Piles,* une chanson écrite par Thomas Fersen dans la veine des *Cactus* de Jacques Dutronc. L'histoire d'un couple affalé sur le canapé devant son poste de télé. « Mon doigt explore ma narine / C'est l'événement de la journée », fredonne la chanteuse qui, décidément, peut tout se permettre sans cesser d'être glamour. C'est sur le tournage de *Mon Ange*, deux ans plus tôt, que Vanessa a rencontré Thomas Fersen, à qui Serge Frydman avait confié un petit rôle. C'est d'ailleurs au moment de la promo du film, en janvier 2005, que le titre a été remis à la chanteuse.

Pour le lancement de l'album, Matthieu Chedid veut miser sur un titre pop. Ce sera *Divine Idylle*, une mélodie courte (deux minutes quarante-sept seulement) et légère sur la relation amoureuse sacralisée. Si la partition lui semble aboutie, il faudra le concours de deux autres auteurs, Marcel Kanche et Georges Kretek, pour finaliser les textes. S'agit-il d'une allusion directe, une de plus, à la *love story* de Vanessa et Johnny Depp ? Pas vraiment, en fait. Afin de tirer les leçons de l'échec de *Bliss*, Matthieu veut éviter de refaire un album autobiographique. *Divine Idylle* est surtout la chanson d'une amoureuse de l'amour, d'une femme enivrée par l'état amoureux – son « âme idéale ». « Ma folie, mon envie, ma lubie, mon idylle », susurre Vanessa dans le refrain. Envoyée aux radios dès le 7 juin 2007, soit près de trois mois avant la sortie de l'album, la chanson se classe deuxième des meilleures ventes de singles en téléchargement légal. Le 16 juillet, un clip signé Antoine Carlier lui apporte un bel écrin de lumière. Vanessa y apparaît tel un astre éclairant la nuit, simple et vraie dans sa courte robe blanche, yeux mi-clos, maquillage léger, cheveux tantôt attachés en chignons, tantôt défaits. Derrière elle, discret, un couple de trapézistes s'envoie en l'air, mimant les figures de la relation amoureuse.

Si le titre accroche bien l'oreille, c'est le deuxième extrait de l'album, *Dès que j'te vois*, qui va devenir un « tube » comme la star n'en a pas connu depuis *Be My Baby*, en 1992 – quinze ans, déjà. Une chanson sur le désir que Matthieu Chedid avait dans ses tiroirs et qu'il a dégainée pour Vanessa. « Quand je bosse avec elle, explique-t-il, je n'ai pas l'impression de bosser avec une chanteuse, même si elle chante bien. Je bosse avec une actrice, je bosse avec une icône. Il y a un côté sensuel, sexuel, dans la musique. C'est pourquoi je lui ai proposé *Dès que j'te vois*, une chanson sexuelle que j'avais [15]. » Le public s'emballe pour ce petit bijou d'ambiguïté, qui s'imprime dans les mémoires grâce à ses mots chuchotés entre les accords de guitare : une attirance physique qui se nourrit paradoxalement de n'être pas consommée. « Une chanson entre regrets et remords : un vaste programme [16] », dira sobrement Vanessa.

C'est à son ami John Nollet, coiffeur styliste, mais aussi photographe à ses heures, que Vanessa confie la réalisation du clip. L'homme qui a créé la coiffure mythique d'Audrey Tautou dans *Amélie Poulain,* confident des plus grandes stars, comme Monica Bellucci ou Mylène Farmer, a eu l'idée de calquer la chorégraphie sur les prestations de Loïe Fuller, danseuse américaine qui créa, à la fin du XIXe siècle, la *Danse serpentine.* Vêtue d'une chemise de soie blanche aux longues manches, elle tournoyait tel un papillon. Inspiré par les archives laissées par la danseuse, John Nollet filme Vanessa en noir et blanc comme une actrice du cinéma muet, reproduisant, pieds nus et queue-de-cheval haute, de savants mouvements d'étoffe qui volent sur fond noir. L'un des clips les plus réussis de la vidéographie paradisienne.

Le 28 janvier 2008, le succès de *Dès que j'te vois* donne l'occasion à Vanessa de venir à Cannes lors de la cérémonie des NRJ Music Awards, où elle concourt pour le titre de « chanson de l'année ». Une prestation qui va provoquer un joli buzz sur la Toile. Ce soir-là, en effet, Vanessa chante son tube en play-back sans prendre la peine de tenir un micro. Glissant sur la scène comme une ombre chancelante dans sa tunique argentée, le visage hilare et les lèvres molles, elle semble dans un état second, au bord de s'écrouler. A-t-elle bu trop de champagne en coulisses ? Se souvient-elle que, dans cette même salle, elle a été copieusement sifflée vingt ans plus tôt ? Après cette contre-performance, en tout cas, sa maison de disques se fendra d'un communiqué, histoire d'éteindre la polémique. « C'était un parti pris. Une façon d'assumer le fait qu'elle chantait en play-back. » Circulez, y'a rien à voir.

Si *Dès que j'te vois* va contribuer avec force au triomphe de l'album *Divinidylle*, les fans auront droit, cerise sur le gâteau, à un troisième single. En janvier 2008, *L'Incendie* est diffusé sur les chaînes musicales. Cette fois, c'est Johnny Depp qui est derrière la caméra. Plus discret que sur l'album *Bliss*, l'acteur américain n'a signé aucune musique. Pourtant, il a peint la pochette de *Divinidylle* : un portrait de sa compagne dans les tons de rose et de mordoré, très inspiré des toiles de Gustav Klimt. Le regard sévère, les sourcils en éveil : Vanessa telle qu'il la voit est une femme de tête.

Si Vanessa lui a demandé de la représenter, c'est parce qu'elle adore sa façon de peindre. « J'aime vraiment les tableaux de Johnny, qui sont d'une force incroyable. Il a fait un très beau portrait de moi, sans que je pose d'ailleurs. Hélas, il ne croit absolument pas en son talent. Ce n'est pas de la fausse modestie, mais comme il adore la peinture, qu'il en est vraiment amoureux, il met la barre très haut [17]. »

Et lorsque l'acteur filme sa compagne, c'est en femme fatale qu'elle apparaît, comme une star de cinéma intemporelle, tantôt cheveux longs et crantés, tantôt perruque brune à la Louise

Brooks. Fan du cinéma muet, Johnny Depp prend un malin plaisir à faire voyager sa compagne dans le passé. Seule sur la scène d'un théâtre désert, elle se déhanche pour l'homme qui la filme, simple silhouette coiffée d'un chapeau. « L'un sans l'autre c'est un incendie », fredonne Vanessa dans ce titre dont l'auteur, Didier Golemanas, a déjoué les clichés habituels. Cette fois, ce n'est pas la rencontre des amants qui provoque l'incendie, mais leur séparation. Malgré tout, malgré les flammes qui dansent sous les pieds de Vanessa, les retrouvailles de la chanteuse et du voyeur qui l'observe provoqueront leur embrasement.

Le lancement de *L'Incendie* est accompagné d'une interview vidéo exclusive mise en ligne sur le site officiel de la chanteuse, racontant la genèse du titre. « C'est une chanson qui est née d'un texte que Didier Golemanas avait écrit il y a très longtemps et qui est arrivé par une chanson de mon ami Serge Ubrette. On a travaillé pendant très longtemps ensemble, donc c'était très important pour moi qu'il y ait une chanson de lui sur le disque, parce que c'est un ami déjà et qu'il a été très présent dans mes moments de désespoir de composition [18]. » On apprend également que *L'Incendie* est « la dernière chanson composée pour l'album », et que Vanessa l'aime beaucoup parce qu'« elle est gaie, très pop, et puis en même temps il y a un côté un peu bizarre qui me plaît ». Bien le single ne rencontre pas autant de succès que les deux précédents, le clip bénéficiera d'une large diffusion sur les chaînes musicales.

Mais c'est sur scène que Vanessa va, une fois de plus, mettre le feu. Le 26 octobre 2007, un mois après la sortie de l'album, la chanteuse entame sa troisième tournée. Malgré son expérience des concerts, c'est avec une énorme boule au ventre qu'elle se prépare à rencontrer son public.

34

C'EST REPARTI POUR UN TOUR

« Si tu t'amuses, c'est communicatif : le public va prendre du plaisir aussi. C'est le but du concert, de prendre un moment d'évasion. »

Vanessa Paradis

« J'avais déjà fait des concerts. Mais le problème, c'est que je me déshabitue. Ce qui fait que toute l'assurance que j'ai pu prendre les dernières fois, je l'ai perdue. J'ai oublié les sensations [1]. » À quelques jours de son retour sur scène, Vanessa n'en mène pas large. Est-ce d'avoir savouré cette parenthèse en famille, loin des projecteurs, qui rend la confrontation avec le public plus difficile ? Pas seulement. Il y a chez elle, inextricablement liés, l'envie de se montrer et le besoin de passer inaperçue. Alors, cette fois encore, elle force son tempérament. Cette fois encore, le plaisir finit par l'emporter sur l'angoisse. « Quand le concert commence, avoue-t-elle, la trouille devient secondaire par rapport à l'envie de faire quelque chose de bien [2]. »

C'est dans les Arènes de Metz que Vanessa entame sa troisième tournée – la répétition générale a eu lieu le 16 octobre, à la Ferme du Buisson, à Marne-la-Vallée. Trente et une dates au total (dans vingt-six villes) avec plusieurs passages à Paris, au Zénith (pour trois soirs), à l'Élysée Montmartre et Bercy, pour le concert final donné le 19 décembre – où le *live* va être capté et filmé. Une tournée dans laquelle la chanteuse embarque le maître d'œuvre de son album. « L'idée que Matthieu vienne avec moi sur les routes, ce n'est pas un plan marketing. C'est lui qui en a eu envie. Il s'est tellement investi dans cet album que ça lui a paru logique. Il aime être sur scène et s'y retrouver seulement en tant que musicien lui plaît [3]. »

Une tournée « entre potes » qui permette de prolonger « l'expérience riche en créativité et en éclats de rire [4] » liée à la conception de l'album : voilà exactement ce dont Vanessa avait envie. Alors Matthieu fait une pause dans sa propre carrière pour lui offrir ce cadeau. « J'ai toujours eu ce rôle de pote, de grand frère artistique, avec Vanessa. Essayer de la booster, de la porter un peu, l'amener dans des régions inconnues. Et, sur scène, de lui faire partager un état d'esprit, une équipe, une bande d'amis à moi. J'avais très envie qu'elle vive ça avec nous, l'aspect humain. Ça l'a vraiment touchée de voir l'investissement et la bienveillance des gens [5]. »

Sur scène, le musicien va être omniprésent, dialoguant avec Vanessa entre deux titres, enchaînant les solos brillants de guitare, prêtant sa voix dans le duo *Les Piles* ou dans les chœurs, notamment sur *Pourtant*. De son côté, la chanteuse se montre très partageuse, comme si elle réalisait chaque soir son rêve : faire partie d'un groupe. En coulisses, avant chaque représentation, toute la troupe forme une mêlée serrée d'où monte un cri qui finit par exploser. Un rituel pour démarrer le concert dans l'enthousiasme. Et quand vient le moment de quitter la scène, la chanteuse ne tire pas la couverture à elle : pour saluer son public, elle donne la main à ses musiciens, modeste, avant de les embrasser l'un après l'autre.

Malgré sa présence charismatique, Matthieu Chedid refuse de prendre possession de la scène. « Il ne peut y avoir deux capitaines de bateau [6] », dit-il. Vanessa, elle, a compris que l'essentiel est de transmettre des émotions positives. « Si tu t'amuses, c'est communicatif : le public va prendre du plaisir aussi. C'est le but du concert, de prendre un moment d'évasion, d'oublier son quotidien et ses problèmes, de faire un voyage de deux heures [7]. »

Et si elle parvient à sortir de sa coquille, elle le doit, selon elle, à ses aptitudes de comédienne. « Mon côté actrice agit dans l'envie de s'amuser. Mon équipe est raccord avec ça. Ce que Matthieu apporte, c'est le lâcher prise, optimiser la qualité mais toujours dans le plaisir. Tout le monde s'en donne à cœur joie [8]. »

Les shows mégalo où l'on change dix fois de costume, où tout est orchestré pour magnifier l'artiste, ne sont pas sa tasse de thé. Ainsi, c'est dans un ensemble veste pantalon bleu nuit très sobre qu'elle apparaît sur scène, dévoilant, après quelques chansons, un top blanc scintillant dos nu. Quant au décor, il est minimaliste au possible, constitué d'un simple miroir et d'un canapé. Pas question non plus de présenter des chorégraphies au cordeau : Vanessa préfère improviser, laissant son corps félin s'animer au rythme de la musique. Elle ondule du bassin, roule les épaules, dessine des arabesques avec les bras, fait des pas chassés, tourne sur elle-même, jouant à faire bouger ses longs cheveux frisottés. « Sur scène, confie-t-elle, je vis avec les gens, pour eux [9]. » Délaissant les artifices, elle mise tout sur l'émotion partagée, proposant une combinaison idéale d'énergie et de douceur.

C'est en pensant au public qui la suit depuis vingt ans déjà que la chanteuse a composé la *setlist* de son spectacle. « Moi qui ne fais de scène que tous les sept-huit ans, j'ai un plaisir à chanter mes anciennes chansons, rhabillées, revisitées. Et par respect pour les gens qui viennent me voir, je trouve ça normal [10]. » Parmi les standards de son répertoire, elle chante *Be My Baby*, écartée de sa tournée précédente, mais surtout *Joe le taxi*, dans une version rock qui met une ambiance de folie. « C'est grâce à cette chanson que je suis encore là aujourd'hui [11] », reconnaît-elle. Bien sûr, cette tournée accorde la part belle aux titres du dernier album, proposant notamment une version endiablée de *Dès que j'te vois* et une interprétation toute en retenue de *Junior Suite*.

Parmi les surprises, Vanessa reprend *Emmenez-moi* de Charles Aznavour. Une chanson écrite des années avant sa naissance, que son père passait en boucle sur la chaîne hi-fi familiale. Comme troisième rappel, en guise d'au revoir à ses fans, la star leur offre, une version a capella du *Tourbillon.* « Quand on s'est retrouvés / Pourquoi se séparer ? » fredonne la chanteuse. Comblée par la scène, elle s'enivre de l'enthousiasme du public. Lors de son concert à Bruxelles, la chaleur des applaudissements la bouleverse. « Ils ont applaudi pendant cinq bonnes minutes, ça n'en finissait pas. C'est vraiment comme la mer : il y avait une vague, et puis une autre qui arrivait par-dessus, et puis encore une autre. Le rêve… Le bonheur [12] ! »

En coulisses, Johnny Depp, présent sur plusieurs dates, mesure l'incroyable popularité de sa compagne. L'espace d'une fraction de seconde, l'acteur qui a toujours rêvé d'être une rock star envie Vanessa de goûter des sensations aussi fortes. Cette ferveur-là est une drogue bien plus puissante que toutes les substances auxquelles il a succombé jusqu'alors. Au même moment, d'ailleurs, le héros de la saga *Pirates des Caraïbes* renoue avec son groupe, The Kids, et va même donner deux concerts dans le sud de la Floride, à Pompano Beach. S'il est tombé fou amoureux de Vanessa, c'est aussi parce qu'elle incarne à ses yeux un rêve qu'il n'atteindra jamais.

Durant l'été 2008, devenue boulimique de ces rencontres populaires, la chanteuse se lance dans une tournée des Festivals, qui va notamment passer par Aix-les-Bains, Nîmes, Lyon ou encore Lausanne, en Suisse. Mais c'est son passage aux Francofolies de La Rochelle, le 16 juillet, qui va rester dans la mémoire des organisateurs. Aux dires de plusieurs témoins, Vanessa aurait posé des conditions draconiennes pour participer à la manifestation. « Elle a interdit aux journalistes l'accès *backstage,* a fait installer des bâches pour qu'on ne puisse pas voir ce qui se passait derrière la scène et fait retirer, avant sa prestation, l'avant-scène de cinq mètres qui permet une plus grande proximité avec le public [13] », raconte Emmanuel Marolle, du *Parisien.*

Une attitude limite parano, loin de la décontraction habituelle des Francofolies, qui indispose Gérard Pont, le directeur du festival. Lorsqu'un garde du corps tente de traquer les photographes dans les coulisses, le patron des Francos le recadre fermement : « Ici, c'est chez moi. S'il faut assurer la sécurité de Vanessa, on le fera, mais on ne bouscule pas mes invités [14]. » La chanteuse, elle, est arrivée vers 22 h 15 dans un 4 x 4 aux vitres noires, avant de s'enfermer dans sa loge.

Caprices de diva ? En fait, si Vanessa Paradis a posé ses conditions ce soir-là, c'est d'abord pour protéger sa famille. Mais contrairement à la rumeur qui bruisse partout, Johnny Depp n'est pas venu à La Rochelle. Un garde du corps veille sur Lily-Rose, neuf ans, qui filme, debout sur une chaise, la loge de sa maman, et son frère Jack, cinq ans, prié de ne pas trop s'éloigner. Ce soir-là, la chanteuse s'éclipse dès la fin de sa prestation, après avoir galvanisé douze mille spectateurs. Son complice Matthieu Chedid, lui, ira festoyer jusqu'à 4 heures du matin au Cosy, la discothèque des Francofolies.

35

Les années fastes

« C'était une période extraordinaire,
où Vanessa a dû mettre les bouchées doubles
pour honorer tous ses projets. »

Nicole Schultz

Elle marche dans les allées des jardins dessinés par Le Nôtre, au milieu des bassins et des jets d'eau. Elle lit des mots extraits de ses chansons, qui résonnent comme des poèmes éternels. L'opéra royal du château de Versailles, rien que ça ! Comment rêver d'un écrin plus prestigieux pour donner un concert ? Lorsque, les 11 et 12 juillet 2010, Vanessa Paradis offre deux représentations exceptionnelles dans ce lieu mythique chargé d'histoire, elle franchit une étape supplémentaire dans la reconnaissance publique. Cette fois, elle fait partie des murs. Mieux, elle est sacrée monument national.

Construit par Louis XV, l'opéra royal jouit d'une acoustique remarquable et d'une décoration très raffinée, mise en valeur dans le film *Une nuit à Versailles,* réalisé par François Goetghebeur. Lustres vénitiens qui semblent scintiller à l'infini, plafond central représentant Apollon distribuant des couronnes aux Muses, balcons sculptés et colonnes dorées à la feuille : Vanessa n'a jamais été aussi impressionnée par la magnificence d'un lieu. D'une voix parfaitement maîtrisée, elle donne un récital bouleversant, faisant entrer ses chansons, épurées dans des versions acoustiques, dans le répertoire classique. Sur la pochette du DVD, commercialisé en novembre 2010, qui immortalise ces moments magiques, elle serre dans ses bras la statue d'un ange, présente dans les jardins du château, comme si elle voulait faire corps avec l'histoire – un cliché signé Karl Lagerfeld.

Son retour gagnant, la chanteuse le doit au carton de l'album *Divinidylle*. Le 8 mars 2008, en direct du Zénith, elle a reçu deux Victoires de la musique (comme « interprète féminine de l'année » et pour le « meilleur album de chansons/variétés »). Un exploit pour celle qui n'avait pas été nommée à la cérémonie depuis 1991 ! Ce soir-là, l'émotion suscitée par Diam's annonçant un break dans sa carrière ne parvient pas à éclipser la présence lumineuse de Vanessa. Habillée à la garçonne, pantalon à bretelles et cravate à pois, elle remercie ses musiciens, sa famille, mais aussi son amoureux et ses enfants. La sobriété de son discours contraste avec l'émotion qui avait explosé en 1990. « La dernière fois que j'étais ici, j'étais dans les bras de Serge Gainsbourg, dit-elle en clin d'œil à ses débuts. Et c'était pas mal, c'était super même. » Ses retrouvailles avec les Victoires ne vont pas s'arrêter en si bon chemin : en 2009, *Divinidylle Tour*, le film réalisé par les frères Poiraud sera sacré « meilleur DVD musical de l'année ».

Auréolée d'une reconnaissance publique qu'elle n'avait plus goûtée depuis l'album avec Lenny Kravitz, Vanessa Paradis voit son étoile briller à nouveau au plus haut. Parce que le succès appelle le succès, la chanteuse va, durant deux ans, crouler sous les projets et les propositions. Ainsi, pour sa maison de disques, c'est le moment idéal de sortir un « best-of ».

L'idée, au départ, est pourtant loin de séduire Vanessa. Jusqu'alors, elle considérait qu'elle avait sorti trop peu d'albums pour justifier la présentation d'une compilation. Surtout, elle ne voyait pas comment faire cohabiter sur un même support des univers aussi différents que ceux de Gainsbourg, Kravitz et Matthieu Chedid. Enfin, elle était opposée à un projet qui n'offrirait au public que du déjà entendu. C'est là que germe l'idée d'un « best-of » composé de deux galettes. « Je ne voulais pas seulement faire une compil de mes chansons les plus connues, alors je me suis fait plaisir avec un deuxième CD qui comporte *I Love Paris,* un single publicitaire pour Aéroports de Paris, un extrait du *Soldat rose* que j'adore, et certaines autres chansons à côté desquelles le public est passé sans les entendre [1]. »

Pour qui suit Vanessa depuis ses débuts, il est vrai que le second CD du *Best Of* offre son lot de surprises : une reprise de *La Déclaration d'amour,* de Michel Berger, compositeur qu'elle adore depuis toujours, *La Ballade de Johnny Jane* en duo avec Jane Birkin, comme pour signifier son appartenance à la famille Gainsbourg, *Les Filles électriques* interprétées avec Alain Souchon, un extrait de la bande originale d'*Atomik Circus,* ou encore une version acoustique, presque chuchotée, de *Marylin & John.*

Cerise sur le gâteau, Vanessa enregistre un titre inédit. À l'initiative de Barclay, sa maison de disques, un appel d'offres a été adressé à toute la crème de la scène française. De nombreux artistes ont répondu présents et, finalement, c'est Gaëtan Roussel, le chanteur de Louise Attaque, qui a vu sa ballade intitulée *Il y a* retenue par la chanteuse. « Un morceau tout nouveau, un inédit magnifique, explique-t-elle. Je l'ai entendu une fois, et j'ai trouvé que c'était une merveille [2]. » Plus elle vit loin de Paris, plus la Française est sensible à la qualité littéraire des titres qu'elle interprète. « Parfois on regarde les choses telles qu'elles sont / En se demandant pourquoi / Parfois on les regarde telles qu'elles pourraient être / En se disant pourquoi pas », entonne le refrain. Et quand Vanessa aime, ce n'est jamais à moitié : les éloges pleuvent. « C'est une chanson merveilleuse, affirme-t-elle. Une chanson d'amour et d'essentiel. Un vrai cadeau. Des chansons qui vous arrivent comme ça et qui sont vraiment parfaites, qui vous bouleversent, c'est tellement rare [3]. » De son côté, Gaëtan Roussel est honoré d'avoir séduit la chanteuse. « Quand Barclay m'a proposé d'écrire pour elle, j'ai pensé à une ballade, et la chanson lui a plu. J'ai trouvé Vanessa Paradis très gentille, exigeante, très présente [4]. »

Pour le clip de ce single inédit, c'est Johnny Depp qui, une fois de plus, passe derrière la caméra. Vêtue d'un manteau noir et d'un chapeau haut de forme enrubanné de rose, Vanessa promène sa silhouette de magicienne dans une Provence intemporelle, s'arrêtant devant une chapelle, ou flânant dans une taverne, au milieu des verres de vin rouge qui s'entrechoquent. Deux minutes quarante de nostalgie sereine où, après *L'Incendie*, l'acteur fait une nouvelle apparition éclair, de dos, comme s'il n'avait plus peur de se greffer à l'univers de sa compagne.

Sorti le 23 novembre 2009, dans un coffret conçu pour être du meilleur effet sous le sapin de Noël, le *Best Of* va s'écouler, en un mois, à 170 000 exemplaires, atteignant au terme de son exploitation, le score impressionnant de 400 000 exemplaires. Trois jours plus tôt, la star a droit à la couverture d'*Elle*. À l'intérieur, elle s'est amusée à adopter une palette très large de looks musicaux : « baby rockeuse », « techno girl », « héroïne pop », « dandy jazz », « princesse soul », ou encore « rêveuse folk ». Un travail de stylisme soigné auquel ont collaboré ses amis Christophe Danchaud (pour le maquillage) et John Nollet (pour la coiffure). Une fois de plus, la chanteuse prend un malin plaisir à brouiller les pistes, quitte à désarçonner certains fans. « Avec Florent Pagny, elle s'habillait en cuir, avec Lenny Kravitz elle était hippie, et elle est devenue bohème chic avec Johnny Depp, analyse Christophe. Comme si elle n'avait pas une personnalité très affirmée [5]. » Et si, au contraire, c'est son côté caméléon qui avait permis à Vanessa de toucher un public aussi large ?

Mais la vraie surprise accompagnant la sortie de ce *Best Of*, c'est la décision prise par la chanteuse de se lancer dans une nouvelle tournée, deux ans seulement après le « Divinidylle Tour ». L'idée lui vient après un concert unique donné le 22 novembre à la Cigale, pour créer un événement autour de la parution de son double album. Elle demande alors à son ami Albin de la Simone de réarranger ses chansons dans des versions acoustiques. Pour ce show qu'elle veut intimiste, devant quelques centaines de fans, d'invités et de gagnants à un concours radiophonique, la star est entourée d'un quatuor à cordes auquel se sont agrégés les musiciens d'Albin de la Simone. Comme décor, un drap noir tendu derrière elle et quelques bougies allumées, posées à même le sol. Vêtue d'une robe noire scintillante, de collants et d'escarpins dorés, Vanessa, cheveux lisses, est sagement assise sur un tabouret de bar. L'étendue de ses gestes se limite à quelques roulements d'épaules ou autres claquements de doigts. Et, durant cinquante minutes, elle bluffe l'assistance par la puissance de sa concentration et la justesse de sa voix. Pour interpréter *L'Incendie*, elle quitte son tabouret et esquisse quelques pas de danse. « C'est très intime, il y a moins d'artifices, on entend le moindre souffle, les chansons sont mises à nu et apparaissent de manière beaucoup plus naturelle, se réjouit-elle. On oublie le spectacle, les chansons sont seules en avant. »

Grâce à des intros subtiles, réalisées par des instruments rares et parfois insolites – certains sont issus d'une batterie de cuisine –, chaque titre semble émerger du silence. Si la scénographie n'a rien de bluffant, l'oreille ne s'ennuie pas une seconde durant ces concerts où l'on redécouvre le répertoire de Vanessa comme si on assistait à la genèse de chaque chanson. La muse se fait d'ailleurs musicienne, jouant quelques notes aux claviers sur *Bliss*, prenant sa guitare sur *Saint-Germain* et *Jackadi*, ou frappant une cymbale à la fin de *L'Incendie*. En symbiose avec ses musiciens, elle installe chaque titre dans une ambiance feutrée. Mention spéciale pour la version très dépouillée de *Joe le taxi* : alors que la salle est plongée dans l'obscurité, seul le visage de Vanessa est éclairé, comme sur une toile de La Tour. « Pour les gens, c'est une madeleine de Proust qui les renvoie aussi à leur propre histoire. Je suis fière d'avoir "fait grandir" cette petite madeleine, de l'avoir modernisée [6]. »

L'émotion est si pure que la chanteuse décide d'en prolonger la magie dans une tournée qui s'improvise aussitôt, alors même que son concert a été diffusé sur Canal + en janvier 2010. Les vingt-trois dates programmées durant l'été 2010, de Créteil à Ramatuelle, vont rencontrer un tel engouement que la chanteuse se lancera, durant l'hiver 2011, après sept représentations aux Folies Bergère, dans une tournée mondiale, avec quatre shows inoubliables en février 2012 : Londres, New York, Los Angeles et Montréal.

Si Vanessa a autant le vent en poupe, durant cette année 2010, l'une des plus fastes de toute sa carrière, c'est aussi parce qu'elle cartonne au cinéma. Sorti le 17 mars, *L'Arnacœur*, le premier long-métrage de Pascal Chaumeil, a réalisé un démarrage en trombe avec 80 000 entrées dès sa première semaine d'exploitation. Et, depuis, les salles ne désemplissent pas. Au total, le film attirera près de quatre millions de spectateurs dans l'Hexagone – ce qui en fait le plus gros succès public de l'actrice Paradis au cinéma. Une performance d'autant plus jubilatoire qu'elle survient après les deux échecs cinglants d'*Atomik Circus* et de *Mon Ange* et un rôle secondaire, en 2007, dans *La Clef*, un thriller signé Guillaume Nicloux pour lequel elle avait séché la promo.

Au départ, pourtant, Vanessa n'est pas emballée à l'idée de jouer l'héroïne d'une comédie romantique. Le projet lui semble trop calqué sur les codes du cinéma hollywoodien. Pour le réalisateur, en revanche, la chanteuse sera parfaite pour incarner Juliette, une jeune héritière prête à convoler, qu'Alex, briseur de couples, et sa bande vont tenter de détourner du mariage. En visionnant le film du *Divinidylle Tour*, Pascal Chaumeil découvre la vraie Vanessa. « On voyait une fille très séduisante qui se marrait, assez fantaisiste. Pas seulement la star avec son aura [7]. » Paradoxalement, c'est le côté secret, énigmatique, de l'icône Paradis qui doit nourrir le rôle. « Il y a beaucoup de mystère chez Vanessa. Ce mystère passe à l'écran. On a surfé sur l'inconscient collectif pour donner au personnage le charisme de Vanessa Paradis [8]. »

Peu à peu, la chanteuse se laisse convaincre. « J'avais envie de faire un film léger, qui fait du bien, qui ne prend pas la tête, avouera-t-elle. Le projet m'a séduite petit à petit. D'abord le scénario, puis le metteur en scène, le casting [9]. » Bien sûr, la présence de Romain Duris fait pencher la balance du bon côté.

« J'étais une grande admiratrice de son travail. Et la première fois qu'on s'est parlé, tout était si naturel : ça donnait envie de travailler avec lui [10]. »

Son personnage, en revanche, ne la séduit guère. « C'est une jeune femme très décidée, très indépendante, très droite, avec beaucoup d'énergie, explique Vanessa. Une jeune femme dans la retenue : pour ne pas dévier de sa route, elle s'interdit toute fantaisie. Elle peut donc être agaçante, rabat-joie [11]. » Rien d'attachant, en effet, dans le rôle de Juliette – les autres figures du film, même secondaires, sont bien plus hautes en couleurs. Sur le plateau du 20 heures de France 2, la star enfoncera encore le clou. « Elle est rigide, elle écoute plus sa tête que son cœur. Mais heureusement, elle se décoince très vite [12]. »

Ce qui sauve Juliette, c'est son côté glamour, en parfaite adéquation avec l'image de celle qui l'incarne. « Avec le réalisateur, on a pensé au glamour des films hollywoodiens des années 1940 ou 1950. Il voulait une Juliette glamour avec du peps. Je lui ai apporté un côté autoritaire et pêchu. J'ai souvent des talons hauts qui me donnent une démarche ultra-féminine. Je ne pouvais pas me tenir autrement que très droite et rouler des hanches. » Pour Pascal Chaumeil, en effet, ce qui compte, c'est de réunir à l'écran « deux acteurs extrêmement séduisants [13] » qui vont former un couple crédible.

Entourée de « pros » de la comédie qui en font des tonnes, comme François Damiens et Julie Ferrier, Vanessa ne se sent pas très à l'aise. « J'avais peur d'être mauvaise [14] », avoue-t-elle. Heureusement, Romain Duris, qui incarne Alex, le piégeur finalement pris à son propre jeu, la prend sous son aile et l'aide à trouver ses marques. Face à ces monstres sacrés, complices dans l'humour, la chanteuse opte pour une manière de jouer tout en retenue. « Dans un drame, on se jette à fond dans les émotions, il faut toujours chercher plus loin. Dans la comédie, au contraire, moins on en fait, mieux on se porte [15]. » Est-ce parce qu'elle a choisi ce jeu sobre, presque neutre, qu'elle brille moins que dans d'autres films ? « Ce n'est pas elle qui s'en sort le mieux, note Patrice Leconte. Romain Duris est épatant, François Damiens et

Julie Ferrier sont étonnants. Vanessa, elle, manque de cet éclat qu'on aime tant chez elle. En visionnant *L'Arnacœur*, je me suis dit : "Ils ont oublié de brancher la prise." Ou alors, elle n'était pas heureuse à ce moment-là [16]. »

Pas heureuse sur le tournage ? Il suffit de visionner le bêtisier du film pour se convaincre du contraire. Les fous rires partagés avec Romain Duris parlent d'eux-mêmes. Lorsqu'elle lui susurre à l'oreille : « J'ai pas mis de culotte aujourd'hui, vous n'aurez qu'à soulever ma robe », il ne peut contenir son sérieux. Et dans le plan où elle découvre qu'il a le DVD de *Dirty Dancing* dans son sac de voyage, c'est elle qui, prise d'une crise de rire, n'arrive plus à se concentrer. Même la scène romantique où Alex dit adieu à Juliette, face à la mer, est ponctuée d'éclats de rire.

Ce qui saute aux yeux, c'est que le « couple » de cette comédie romantique à la française s'est entendu au-delà des espérances du réalisateur. « Je ne savais pas jusqu'où irait cette complicité mais j'avais confiance [17] », dira Romain Duris. Une complicité qui va se renforcer au moment du tournage de la séquence la plus difficile du film : celle où Alex et Juliette doivent reproduire une chorégraphie spectaculaire de *Dirty Dancing.* « C'est de la danse de salon : il y a des portés, des envolées. On s'est détruit les pieds. Quand je cours vers lui et qu'il doit me rattraper, j'avais super-peur parce que, derrière, il y avait une baie vitrée et que Romain Duris ne fait pas un mètre quatre-vingt-douze ! [18] », racontera Vanessa. Si la chanteuse est plus à l'aise dans l'univers de la danse que son partenaire, celui-ci, après un entraînement intensif, parvient à faire illusion. Et puis, au moment du porter, la chanteuse est suspendue au plafond par un filin.

Lorsque le film sort, la bonne humeur contamine les plateaux télé où les deux acteurs sont invités à faire la promotion. Dès que Romain ouvre la bouche, Vanessa peine à se retenir de rire. Elle n'hésite pas à le taquiner, voire à le casser, lorsqu'il parle trop à son goût. Un jeu de ping-pong qui fait mouche. Ainsi, lorsqu'une journaliste de MSN.fr demande à Vanessa : « Quel est votre petit déjeuner idéal ? », Romain Duris s'empresse de lui couper l'herbe sous le pied : « Pas facile comme question. Réfléchis bien ou ça va te suivre toute ta vie. » Quelques secondes plus tard, c'est à lui qu'on demande : « Votre recette pour faire tomber les filles ? » Réponse de l'intéressé : « Moi, faire tomber les filles, je sais pas ce que ça veut dire. » Après un instant, il fixe sa partenaire et ajoute : « Du riz ! » Elle se marre.

Évidemment, une entente aussi cordiale ne manque pas de faire jaser. Dans un numéro paru en mai 2010, *Voici* qualifie *L'Arnacœur* de « tournage à haut risque » pour le couple Paradis-Depp, évoquant « le sourire ravageur et le sex-appeal indéniable » de Romain Duris. Au même moment, la « boîte à questions » de Canal + ose une interrogation polémique : « Il n'est pas jaloux que tu tournes avec Romain, Johnny Depp ? » Ce à quoi Vanessa répond : « Vous avez vu avec qui il tourne, lui ? Il n'arrête pas. Sa liste est plus longue que la mienne. » La chanteuse fait-elle allusion à *The Tourist,* le thriller que le père de ses enfants interprète avec la sulfureuse Angelina Jolie dans le cadre enchanteur de Venise ? Selon les tabloïds américains, la compagne de Brad Pitt rêverait d'inscrire Johnny Depp à son impressionnant tableau de chasse.

Pures projections de magazines voués à jouer la carte du sensationnalisme pour vendre davantage de papier ? Ce qui est certain, c'est que Vanessa s'invitera sur le plateau de *The Tourist,* non pour surveiller son homme comme on le lira ici ou là, mais tout simplement parce que la petite famille déteste être séparée trop longtemps.

Plébiscité dans l'Hexagone, le film de Pascal Chaumeil va également connaître une jolie carrière à l'étranger, engrangeant près d'un million d'entrées. Alors que les producteurs s'attendent à une avalanche de récompenses aux César, où il est nommé dans sept catégories, il repartira bredouille de la cérémonie diffusée le 27 février 2010, depuis le théâtre du Châtelet. Il se rattrapera en récoltant d'autres prix : le « Swann d'or de la comédie romantique » au Festival du film romantique de Cabourg, le « trophée de la première œuvre » aux Trophées du film français 2011, ainsi que le « Gérard du film guimauve que tu te forces à aller voir uniquement pour emballer une meuf », décerné par la joyeuse bande des Gérard.

Auréolée de succès dans les bacs comme dans les salles, Vanessa va également renforcer son statut d'icône de mode. Ça fait longtemps, déjà, que son incroyable photogénie lui vaut de juteux contrats publicitaires, mais aussi le privilège d'occuper la une de prestigieux magazines. Ainsi, à deux reprises, en 1995 et en 1998, on la découvre, photographiée par Ellen von Unwerth, sur la couverture du magazine *Photo*. Quant aux propositions de contrats avec les marques, elles vont surtout s'envoler à partir des années 2000. Bettina Rheims, Claude Gassian, Dominique Issermann, Jean-Baptiste Mondino… Les plus grandes signatures photographiques s'intéressent au phénomène Paradis.

Durant la saison 2003-2004, Vanessa réussit même un grand écart unique : elle accepte de figurer dans le catalogue de La Redoute, avant de représenter la nouvelle ligne des sacs Cambon pour la marque Chanel, lors d'une campagne orchestrée par Karl Lagerfeld. Dans l'épais catalogue de VPC, elle n'occupe pas moins de sept pages, habillée par plusieurs marques (Paul et Joe, Antik Batik et Vanessa Bruno) mais, surtout, photographiée par Dominique Issermann. Le message est clair : c'est sa légitimité jeune et branchée qu'elle apporte à un diffuseur réputé vieillot et provincial.

Inversement, c'est sa crédibilité cool et rock que la chanteuse donne à Chanel lorsqu'elle remet au goût du jour les sacs en cuir matelassé créés en 1955. Face à l'objectif de Lagerfefd, vêtue d'un jeans sans âge et d'une veste noire, elle prend des poses étudiées pour séduire toutes les tranches d'âge. Des photos qui vont faire le tour du monde. Maligne, Vanessa joue sur les deux tableaux, chic et populaire, et nul n'y trouve à redire. Le bénéfice pour elle, en termes d'image, est immense : il lui permet d'occuper le terrain, même lorsqu'elle n'a rien à « vendre », de faire rayonner sa photogénie aux quatre coins de la planète. Et de s'inscrire, dans l'inconscient collectif, comme une véritable déesse glamour.

Durant ses années fastes, elle n'aura jamais été aussi présente. Ainsi, à partir du 2 juin 2008, les téléspectateurs reconnaissent sa voix dans une publicité pour Aéroports de Paris, où l'on voit un papa et sa fille qui cherchent un cadeau pour la maman dans les boutiques *duty free,* dans un déluge d'effets spéciaux qui les font glisser comme par magie d'un endroit à l'autre, avant de prendre l'avion. Vanessa y interprète *I Love Paris,* une reprise de Cole Porter. Pourquoi l'avoir choisie, elle ? L'agence DDB, qui a conçu cette campagne, ne tarit pas d'éloges sur les valeurs qu'elle véhicule : « Elle est une véritable ambassadrice de Paris, la capitale la plus visitée du monde, et aussi capitale mondiale de la création [19]. »

Quelques mois plus tard, en décembre, celle qui incarne le chic parisien est sacrée « beauté fatale » à la une du magazine *Vogue*. La star a été contactée pour représenter la femme idéale à tous les âges, « de dix à soixante ans ». Coiffée d'un bonnet de bain rouge, elle accroche tous les regards, yeux de chatte et lèvres peintes. À trente-six ans, elle symbolise, ni plus ni moins, la beauté intemporelle.

Au même moment, elle étonne encore dans une campagne pour Miu Miu, une filiale de la maison Prada qui se veut avant-gardiste. Succédant à Kirsten Dunst, égérie de la saison précédente, elle pose pour le duo Mert Alas & Marcus Piggott, deux photographes de mode connus pour leurs clichés chics et trash. Méconnaissable avec sa chevelure rousse et ses joues roses, façon fiancée de Frankenstein, moulée dans les imprimés très graphiques de la marque, elle révèle une provocante sensualité.

En 2010, on la retrouve dans un film publicitaire pour Rouge Coco de Chanel, réalisé par Jean-Baptiste Mondino et diffusé sur le petit écran. Cheveux attachés et mèche rebelle, elle peint sa bouche, comme Marilyn, face à un miroir, avec le rouge à lèvres dont le spot vante les mérites, en fredonnant et sifflotant *Daydream,* le tube des Lovin' Spoonful. La caméra tourne autour d'elle. L'image est ultra-filtrée. Au bout des trente-deux secondes du spot, elle prononce avec volupté le nom du rouge à lèvres. Voilà une griffe qu'elle assume. La même année, d'ailleurs, elle est l'égérie des sacs Coco Cocoon. Allongée sur un canapé, face à Karl Lagerfeld qui la mitraille, elle se prête au jeu des photos avec un bonheur manifeste.

Comme si cette boulimie de projets ne devait plus s'arrêter, la chanteuse va être à la source d'un film d'animation réalisé par Éric Bergeron, avec la complicité de Matthieu Chedid. *Un monstre à Paris* conte l'histoire d'un monstre prénommé Francœur, traqué par un redoutable préfet de police, qui s'est réfugié dans les coulisses d'un cabaret où chante Lucille, star de Montmartre. Une héroïne à la silhouette gracile et aux yeux verts à laquelle Vanessa prête sa voix. Si le réalisateur a conçu le projet dès 1993, ce n'est qu'après avoir travaillé plusieurs années aux États-Unis pour les studios DreamWorks que la machine est lancée. En octobre 2005, après s'être beaucoup documenté sur le Paris inondé de 1910, qui sert de décor à l'histoire, il contacte Matthieu Chedid pour lui demander de composer les chansons du film, puis Vanessa Paradis, qui va inspirer l'allure de sauterelle de Lucille. Quant au monstre, si son costume s'inspire de celui d'Aristide Bruant, sa gestuelle est directement calquée sur celle du musicien.

Utilisant des techniques de pointe d'animation de synthèse, *Un monstre à Paris* mobilise une équipe de cent quarante personnes. Toutefois, son budget très élevé, vingt-huit millions d'euros, va rendre son financement difficile. Pour le doublage, le cinéaste réunit un casting de choix : François Cluzet, Gad Elmaleh, Ludivine Sagnier, Bruno Salomone, ou encore Julie Ferrier.

Distribué par EuropaCorp, la société de Luc Besson, il sort le 12 octobre 2011, au moment où tout réussit à Vanessa. Après un bon démarrage (300 000 entrées dès la première semaine), le film rencontre un succès croissant, bénéficiant d'un bon bouche-à-oreille, malgré l'accueil sceptique de certains médias, notamment celui du *Point*, qui juge le scénario « un peu mince [20] ». D'autres journaux, au contraire, encensent le dessin animé. Ainsi, le gratuit *20 Minutes* le décrit comme un « petit bijou tout en charme et en chansons [21] ». Curieusement, personne ne relève quelques anachronismes assumés, comme l'inauguration du funiculaire de Montmartre, qui a eu lieu en réalité dix ans avant la crue de 1910, ou l'ambition du préfet de devenir maire de Paris à une époque où cette fonction n'existe pas.

Ce qui met les critiques d'accord ? Le duo envoûtant et plein d'humour formé par Vanessa Paradis et Matthieu Chedid. Une fois de plus, leur complicité fait mouche. « Je voulais raconter une histoire d'amour fraternelle entre une jolie chanteuse de cabaret au fort caractère et un monstre qui a une âme d'enfant. Et j'ai découvert que ce côté fraternel existait vraiment entre Vanessa et Matthieu [22] », s'enthousiasme le réalisateur.

Si la période des vacances scolaires contribue indéniablement au lancement réussi du film, la popularité de *La Seine,* extrait sorti trois mois auparavant, va également être déterminante. Classé durant un an dans les meilleures ventes de singles en France, le titre s'écoulera à cent vingt mille copies. Quant au clip, réalisé par Éric Bergeron, qui mêle extraits du film et images sépia du duo Paradis-Chedid, il sera récompensé par une Victoire de la musique en 2012. Phénomène étonnant, à peine sortie, la mélodie devient un classique appris dans les salles de classe – notamment à la chorale de l'école Lecomte, dans le XVIIe arrondissement de Paris.

Au terme de son exploitation, le film totalisera un million sept cent mille entrées dans l'Hexagone, et s'exportera dans plusieurs pays, dont la Grande-Bretagne – parfaitement bilingue, Vanessa assurera le doublage de la version anglo-saxonne. Un joli succès qui place *Un monstre à Paris* à la quatrième place au box-office de sa filmographie – après *L'Arnacœur*, *Élisa* et *Noce blanche.*

Durant ces années-là, présente sur tous les fronts, en chanson, au cinéma et dans l'univers de la mode, Vanessa bénéficie du secours précieux de Nicole Schluss, la manageuse de Matthieu Chedid, qui l'aide à organiser son planning de folie. « C'était une période extraordinaire, où elle a vraiment dû mettre les bouchées doubles pour honorer tous ses projets[23] », me confie cette dernière. Une période où, après une longue parenthèse en famille, l'artiste Paradis a repris les rênes de sa carrière.

Le 19 juin 2012, alors que la star est happée par le tourbillon du succès, la nouvelle tombe comme un couperet sur la planète people, via un communiqué laconique de Robin Baum, l'attachée de presse de l'acteur, sur le site d'informations Entertainment Online : « Johnny Depp et Vanessa Paradis se sont séparés à l'amiable. Merci de respecter leur vie privée et, surtout, la vie privée de leurs enfants. »

36

Clap de fin avec Johnny Depp

« Il y a des fois où je me dis :
on va me reprendre quelque chose, quelque chose
à quoi je tiens très fort »

Vanessa Paradis

La scène se déroule le 17 mai 2013 dans le studio 105 de la maison de Radio France, où Vanessa donne un mini-concert. « Je ne sais pas comment je vais réagir en interprétant *La Chanson des vieux cons* », vient-elle d'avouer à Rebecca Manzoni, la journaliste qui la reçoit. En effet, le dernier couplet va lui donner du vague à l'âme. Alors qu'elle fredonne « Tant qu'on croit à toutes ces conneries / Qui finissent toutes par pour la vie », elle éclate en sanglots, puis se retourne, pudique, pour essuyer ses larmes à l'abri des regards. Dans le studio, les rares spectateurs retiennent leur souffle. Un an après l'annonce officielle, la chanteuse n'a toujours pas digéré la rupture avec Johnny Depp.

« Ce n'est jamais agréable quand un conte de fées se termine, confie Patrice Leconte. Ça avait commencé d'une manière tellement romanesque que j'avais envie que ça dure encore six cents pages. Ce n'était pas une passade, ils avaient deux enfants, c'était un couple solide. Avec elle, Johnny Depp avait trouvé son port d'attache [1]. » Lorsque la rupture a été officialisée, l'ami réalisateur a ressenti un gros pincement au cœur. « Je n'ai pas été surpris par la rupture, mais extrêmement triste, comme on est triste quand quelque chose de joli meurt [2]. »

Pour le grand public, c'est un coup de tonnerre. Mais pour les proches de la chanteuse comme pour les journalistes qui la suivent de près, c'est la confirmation d'une rumeur qui, depuis près de deux ans, prophétise l'explosion du couple. De fait, Vanessa et Johnny ne se sont pas affichés ensemble depuis le 18 mai 2010, à l'occasion de Festival de Cannes. Et s'ils ont eu, ensuite, maintes occasions d'apparaître en public, c'est en solo que chacun d'eux a défendu ses films – *L'Arnacœur*, puis *Café de Flore* pour elle, *Rhum Express* puis *Dark Shadows* pour lui. Pire, même lorsqu'ils se trouvent tous deux à Los Angeles, Johnny Depp déserte l'immense manoir familial de Sunset Boulevard pour s'installer au Hyatt Regency Century Plaza, un hôtel plus fréquenté, d'ordinaire, par les politiques et les businessmen que par les people.

Les deux dernières années du couple ressemblent bel et bien à une lente dérive des continents. Et Vanessa, qui a longtemps protégé son foyer comme une louve, s'est lassée de devoir souffler sur les braises. Au fil du temps, les règles instaurées pour maintenir leur divine idylle ont fini par se déliter. Et si la chanteuse a repris sans modération les rênes de sa carrière, c'est aussi parce qu'elle ne voulait plus être la seule des deux à respecter les préceptes qu'ils avaient fixés ensemble.

De fait, alors qu'elle prépare son *Best Of*, Johnny se conduit de moins en moins en chef de famille modèle. En 2003, il avait déclaré que la paternité l'avait guéri de ses addictions. « Je ne suis plus celui qui se battait dans les bars, qui buvait et qui sniffait de la cocaïne, comme s'il n'y avait pas de lendemain [3]. » Si sa rencontre avec Vanessa l'avait « sorti du brouillard », il aura suffi qu'elle s'absente un peu trop longtemps pour qu'il y retombe. Il était devenu casanier, presque sauvage ? Le voilà à nouveau fêtard et noctambule. Désormais, il n'est pas rare de voir l'acteur sortir en titubant du Viper Room sur le coup de 5 heures du matin, cramponné à son bodyguard. Il y retrouve son pote Marilyn Manson et parle musique, sa première passion, intarissable sur le sujet.

C'est comme s'il replongeait, la tête la première, dans son adolescence. « J'étais vraiment heureux en ce temps-là. Je jouais dans un groupe, je lisais des livres que je n'avais pas voulu lire à l'école, il y avait des filles. Je suis resté coincé dans cette époque-là [4]. » En unissant son destin à celui d'une chanteuse, Depp pressentait, plus ou moins consciemment, qu'elle le remettrait sur le chemin dont sa carrière d'acteur l'a détourné. En même temps, ce bain dans le show-business aurait également engendré quelque frustration chez lui. « Présent sur les tournées de Vanessa, il a mesuré à quel point il préférait la musique au cinéma, analyse un proche de cette dernière. Pour lui, c'était une remise en question totale. Comme s'il avait fait fausse route depuis que Nicolas Cage lui avait conseillé, à quinze ans, de délaisser son groupe pour faire l'acteur [5]. » Certes, son statut de milliardaire lui a permis de s'offrir des moments de plaisir sur scène. Ainsi, le 26 juin 2011, il a donné, à Londres, un concert à la guitare avec Alice Cooper. Mais il s'est rendu compte qu'il ne serait jamais une rock star, comme son pote Keith Richards. C'était trop tard. Et Vanessa lui rappelait cruellement, par son succès, qu'il se sentirait toute sa vie un musicien raté.

« Plutôt que de reconnaître cette évidence, ajoute ce témoin, Johnny Depp a préféré la fuir en se noyant dans une bouteille : un vieux réflexe dans lequel il n'a fait que retomber. » À cela s'ajoute la fameuse crise de la cinquantaine, la fameuse « middle age crisis » : ce moment difficile de l'existence où l'on doit admettre que la jeunesse s'est envolée et que le temps qui reste est inférieur à celui qu'on a déjà vécu. À quarante-neuf ans, l'éternel adolescent veut pourtant se raccrocher aux idéaux de ses quinze ans.

Depuis leur rencontre, Vanessa est consciente que son homme a un caractère hors norme. Elle a toujours géré au mieux ses sautes d'humeur, sa capacité à passer de l'exaltation à la déprime, et inversement. Selon le site du *New York Post*, il présenterait même des symptômes de bipolarité [6]. « Je sais que quand mon amoureux est nerveux ou insupportable, je dois le calmer, confiait la chanteuse en 2002. Mais ce n'est pas moi qui contrôle tout. On échange les rôles. Johnny n'a besoin que d'une étincelle pour exploser. Mais il peut aussi être très calme. Il peut contrôler ses démons. Et, dans ces cas-là, il est plus calme que moi [7]. »

Le 17 juin 2006, dans *Tout le monde en parle,* sur France 2, face à Thierry Ardisson qui tente de lui faire avouer les mauvais côtés de l'acteur, elle ne nie pas l'évidence. Alors que l'animateur lui demande si son homme laisse traîner ses chaussettes, elle répond : « Oui, mais je n'aimerais pas qu'il range toutes ses affaires. » Puis, dans un éclat de rire, elle lâche : « Bien sûr qu'il a des défauts, mais j'aime ses défauts ! Il râle, il n'est pas parfait. Il a un tempérament de feu, et ce n'est pas très facile. Mais moi, ça me plaît [8]. »

Avec Johnny Depp, Vanessa sait depuis le début que la partie est serrée. En 2003, face à Pascale Clarke, qui la titillait sur le fait que son fiancé a été élu « l'acteur le plus sexy de la planète », elle avait affirmé haut et fort sa confiance. « Je l'ai pour moi et je n'ai aucune crainte. » Avant d'ajouter, comme on croise les doigts pour conjurer le sort : « Même si on n'est jamais sûr de rien [9]. » À l'époque, elle s'étonnait presque de son bonheur. « J'ai longtemps cru qu'on ne pouvait pas réussir et sa vie professionnelle à fond et sa vie privée à fond en même temps. Je pensais qu'il fallait choisir. Et j'ai vérifié que ce n'est pas vrai. Avec un souci d'organisation énorme et de compromis [10]. »

Neuf ans après, Vanessa se trouve toujours confrontée à la même situation. « Dans mon cas, expliquait-elle, il y a tellement de gens qui pensent au cliché : “le sex-symbol hollywoodien qui doit se faire toutes les plus belles actrices de la Terre, la pauvre, elle doit être cocue à souhait [11].” » Cette fois, certains magazines affichent en une un baiser entre son homme et Robin Baum, sa chargée de communication, en juillet 2011. Mais n'est-ce pas une relation strictement professionnelle ? Si cette rumeur n'a jamais été avérée, ce n'est malheureusement pas la seule qui circule.

Il se murmure aussi que Johnny Depp se serait montré proche de la Française Eva Green sur le tournage de *Dark Shadows*, de Tim Burton. Lors d'une conférence de presse donnée pour la sortie du film, à Los Angeles, la fille de Marlène Jobert a eu le tort de déclarer : « Johnny Depp est très sexy, spécialement avec ses longs doigts qui peuvent faire tellement de choses [12]. » Buzz garanti : ces propos équivoques sont repris partout dans le monde, obligeant les deux parties à démentir. Beaucoup de bruit pour rien. En fait, la belle Eva est en couple avec l'acteur néo-zélandais Marton Csokas. « Mais comme l'acteur est réputé chaud lapin à Hollywood, le public adhère à la moindre rumeur [13] », raconte un journaliste français installé à Los Angeles.

Lorsque les médias s'engouffrent dans une brèche, difficile de les arrêter. Ainsi le tournage de *The Tourist*, en 2010, pour lequel Johnny Depp donne la réplique à Angelina Jolie, va entretenir la gazette people durant de longs mois. L'étincelle qui met le feu aux poudres ? Une vieille déclaration de la sublime actrice prétendant qu'elle fantasmait depuis toujours sur l'acteur. Alors que les deux partenaires se trouvent à Venise, les tabloïds s'enflamment : Vanessa aurait exigé que son compagnon renonce à tourner une scène torride sous la douche. Mieux, afin de mieux le surveiller, elle aurait fait affréter leur yacht sur le Grand Canal. En réalité, si le *Vajoliroja* est bien présent dans la Cité des doges, c'est uniquement pour que Johnny ne soit pas séparé de sa petite famille. La belle Angelina va d'ailleurs avoir le privilège d'embarquer sur le bateau, partageant des moments de complicité avec le couple Paradis-Depp et leurs enfants.

Certes, l'acteur ne tarit pas d'éloges sur sa partenaire dans *The Tourist,* décrite comme « douce, agréable, avec un grand sens de l'humour [14] ». Mais il raconte aussi combien les scènes de baisers avec elle l'ont embarrassé. « Bien sûr, j'ai connu des jours plus difficiles. Mais ces séquences sont toujours très gênantes [15]. » Donne-t-il des gages à Vanessa pour lever de légitimes soupçons ? « Selon toute vraisemblance, il ne s'est rien passé entre eux [16] », confirme un reporter qui suit l'acteur de près.

En réalité, alors que la presse people se focalise sur une Angelina Jolie décrite comme une mante religieuse, c'est une autre actrice qui va mettre le feu : Amber Heard. Une sculpturale blonde aux yeux turquoise de vingt-cinq ans rencontrée en 2009 sur le tournage de *Rhum Express,* à Porto Rico. Cette fois, la Française ne s'est pas rendue sur place, accaparée par ses obligations de chanteuse dans l'Hexagone. Amber Heard n'a rien d'une fille rangée : c'est une rebelle, comme Johnny Depp. Et le fait qu'elle revendique publiquement sa bisexualité, vivant une idylle avec la photographe Tasya Van Ree, ne va pas décourager l'acteur.

« Cette fille est renversante de beauté et je comprends qu'on puisse craquer pour elle [17] », note Catherine Schwaab, de *Paris Match*. Une sublime jeune femme d'un mètre soixante et onze qui affiche, de surcroît, quatorze ans de moins que Vanessa : pour cette dernière, la pilule est difficile à avaler. D'autant que, lorsque Johnny revient de Porto Rico, après dix semaines de tournage, il semble dans un état second. Toutefois, dans un premier temps, Amber Heard, toujours éprise de Tasya, envoie valser l'acteur le plus sexy de la planète. Vanessa et Johnny se retrouvent un temps en août 2011, sur leur yacht, pour une croisière en Méditerranée. Johnny sait ce que devenir père lui a apporté. Vanessa, elle, veut avancer : ce bonheur qu'elle a tissé depuis toutes ces années ne peut s'évaporer comme ça. Corinne et André Paradis, présents eux aussi sur le bateau, ne sont-ils pas la preuve qu'un couple peut durer toute la vie ? « C'est rare d'avoir des parents qui vivent ensemble depuis si longtemps et se regardent encore comme au premier jour. Ils s'aiment comme des acrobates : soudés et gracieux, ils virevoltent sans se casser la gueule [18]. »

Son couple à elle, hélas, n'est plus aussi gracieux qu'au premier jour. Et son amoureux s'est refermé comme une huître. « C'est quelqu'un de brillant, posé, charismatique, dit de lui un proche, mais il peut aussi se murer dans un silence pesant, parce qu'il bouillonne intérieurement [19]. » Malgré l'humour pince-sans-rire d'André Paradis, avec lequel Johnny s'entend à merveille, la magie n'opère plus. Sur le pont, face aux embruns, l'acteur sirote un verre de vin blanc.

Pour expliquer la rupture, certains tabloïds américains n'hésiteront pas à évoquer, avec une cruauté confondante, la lassitude. Réponse cinglante de la chanteuse : « Personne ne connaît la vérité : les gens spéculent, mais personne ne sait. J'ai des enfants à protéger. Ce ne sont les affaires de personne, sauf de ma famille [20]. »

Signe, en tout cas, du climat pesant chez les Paradis-Depp, le message posté par Lily-Rose, douze ans, sur son compte Twitter, au printemps 2012. « Avant, c'était la fête à la maison. Maintenant, c'est rempli de clowns tristes. » (« This used to be a funhouse / Now it's full of evil clowns. ») Des paroles extraites de *Fun House,* une chanson de Pink que l'adolescente écoute beaucoup ces temps-là.

Peu de temps après, l'acteur reprend contact avec Amber Heard. Désormais, c'est à l'hôtel qu'il séjournera lorsqu'il sera à Los Angeles. À partir de ce jour, la rupture est consommée. D'ailleurs, six mois avant l'annonce officielle, *People Magazine* a déjà spéculé sur la rupture dans son numéro du 18 janvier 2012. Réputée proche des stars, la direction de l'hebdomadaire n'aurait jamais pris un tel risque sans l'autorisation officieuse de Johnny Depp.

De son côté, Vanessa freine des quatre fers : elle refuse que la séparation soit officialisée. Mieux, elle la dément avec vigueur. Le 24 janvier, invitée au *Grand Journal* de Canal +, elle lance, face à un Michel Denisot embarrassé de la contrarier : « La rumeur est fausse, bien sûr qu'elle est fausse ! » La veille, sur Europe 1, elle avait désamorcé avec humour tous les bruits qui courent à son sujet : « Vous savez, dès que je mange trois petits pois, je suis enceinte. Dès que je vais visiter une ville, j'achète une maison. L'hiver, je me sépare, l'été je me marie. Ça fait quinze ans que je me marie tous les ans [21]. »

En réalité, une telle annonce sonnerait comme un terrible constat d'échec pour Vanessa. Elle ne veut pas non plus, compte tenu de son agenda très chargé, que les rebondissements de sa vie privée parasitent sa carrière. Surtout, elle veut préserver ses enfants.

Pour Lily-Rose et Jack, Johnny Depp va respecter le souhait de Vanessa. En mai, au soir de la première de *Dark Shadows*, il s'exclame, un peu énervé à ceux qui le questionnent : « Peu importe ce que je dirai à ce sujet, les gens croiront l'inverse. » Ce n'est que plus tard qu'il révélera, dans une interview au magazine *Rolling Stone*, que le malaise dans leur couple n'était pas récent. « Les dernières années de vie commune ont été particulièrement agitées, dira-t-il. C'était parfois assez désagréable, mais c'est le lot de toutes les ruptures, je pense, surtout lorsque des enfants sont impliqués [22]. » Se gardant bien de préciser qu'il était tombé amoureux d'une autre, l'acteur insistera sur son souci de transparence avec leurs deux enfants. « Tu ne peux pas les protéger parce que tu serais obligé de mentir. Donc, tu es honnête avec eux et tu leur dis toute la vérité [23]. »

Cette vérité, Vanessa a mis du temps, elle aussi, à l'encaisser. Comme elle a eu du mal à admettre que « son » amoureux ait envie de changer de vie, après quatorze ans passés avec elle. « Johnny Depp a toujours été torturé, analyse un proche. Avec le temps, les toiles d'araignées qu'il décrivait dans sa tête, et que sa paternité avait permis de chasser, ont fini par revenir. Il a senti qu'il lui fallait se renouveler pour survivre. Au cinéma, il avait atteint un point de non-retour : il était devenu une caricature de lui-même. C'est sur l'insistance de Vanessa, et pour devenir le héros de ses enfants, qu'il s'était associé à l'empire Disney, qu'il avait pourtant décrié dans ses jeunes années. Parce qu'il ne séduisait plus par ses rôles, il a eu besoin de savoir s'il pouvait à nouveau séduire dans la vie. Sortir avec Amber Heard, qui lui résistait, lui est apparu comme un défi personnel. Alors qu'il s'empâtait, il est redevenu plus svelte, bien décidé à se tourner vers un cinéma plus indépendant. À Los Angeles, la carrière des acteurs est étroitement liée à leur vie privée [24]. » Dure loi de Hollywood, qui a réduit en cendres le conte de fées de Vanessa.

« Il y a des fois où je me dis : on va me reprendre quelque chose, quelque chose à quoi je tiens très fort [25] », confiait-elle, en 2007, au magazine *Elle*, comme une cruelle prémonition.

Au moment où le communiqué de Robin Baum se répand comme une traînée de poudre aux quatre coins de la planète, elle se tient droite, souriante, à Cabourg, au Festival du film romantique – un comble, où elle présente *Je me suis fait tout petit,* son nouveau film. Rien ne filtre, sur son visage rayonnant, de la tristesse qui a envahi son cœur. Sa cuirasse est solide, à toute épreuve.

En bon petit soldat, Vanessa fait front. Au Midem, en 1988, elle n'avait pas craqué face au public qui la huait. Là non plus, elle ne montrera rien. Deux mois plus tard, dans les colonnes de *Elle*, elle livrera juste en pâture aux médias une phrase sibylline : « Je déteste qu'on dise : "Un couple, ça se travaille." Non, il faut avoir envie d'être là [26]. » Preuve que, dans sa *love story* avec Johnny Depp, elle est allée au bout de ses limites.

Depuis qu'elle sent que son couple est perdu, elle a trouvé refuge sur les plateaux de cinéma. Elle a besoin de vivre dans une bulle, de se sentir désirée par le regard des metteurs en scène. En s'impliquant dans des rôles qui lui parlent, en épousant le destin d'autres femmes, elle va tenter de se reconstruire. Lily-Rose et Jack ont besoin d'une maman forte.

37

Un besoin de cinéma

« On est en congé de soi-même quand on joue.
On part ailleurs. »

Vanessa Paradis

Elle a besoin de s'investir dans des projets forts. Ruminer de mauvaises pensées vingt-quatre heures sur vingt-quatre, ce n'est pas elle. Après 2010 et son triomphe dans *L'Arnacœur*, Vanessa fait savoir au milieu du cinéma qu'elle est disponible pour des rôles. Qu'on se le dise : si elle a été rare, trop rare, jusqu'ici, la donne va changer. De fait, alors qu'elle n'avait tourné que neuf films en vingt ans de carrière, elle sera, en 2012, quatre fois à l'affiche.

« Jamais on ne m'avait fait autant de propositions intéressantes. Depuis *L'Arnacœur*, je suis comme dans l'inconscient des gens. J'enchaîne les films et je me sens enfin légitime en tant que comédienne. Peut-être est-ce aussi une question d'âge. Maintenant, la palette des rôles qu'on me propose est plus riche [1]. » Certes, le succès du film de Pascal Chaumeil lui offre de nouvelles opportunités. Mais, surtout, la vie personnelle de Vanessa l'incite à s'impliquer dans des rôles forts comme pour se jeter corps et âme dans d'autres existences que la sienne. « On est en congé de soi-même quand on joue. On part ailleurs, sans que ce soit forcément reposant physiquement ou mentalement [2]. »

Pour *Café de Flore*, un film franco-canadien, elle incarne un personnage aux antipodes de son image glamour : une coiffeuse élevant seule, sans argent, son fils trisomique dans le Paris des années 1960. Tout est parti d'une envie de tourner avec Jean-Marc Vallée, qui a notamment réalisé *C.R.A.Z.Y.* et *Victoria : les jeunes années d'une reine,* deux films que Vanessa a aimés. « Jean-Marc Vallée avait commencé à rencontrer des actrices françaises quand il m'a envoyé le scénario. J'ai eu le souffle coupé pendant les deux heures où je l'ai lu. J'ai eu la chance qu'il me fasse confiance, alors qu'il n'était pas convaincu au départ[3]. » Le cinéaste, en effet, cherche pour le rôle quelqu'un à l'apparence plus sévère.

« Je ne sais pas comment je l'ai convaincu[4] », confiera Vanessa, pudique. En fait, ce qui a été déterminant pour Jean-Marc Vallée, c'est de voir à quel point elle était prête à travailler pour le rôle. « On a cherché à effacer toute trace de féminité, de séduction, tout ce qui était susceptible de rappeler l'image que je véhicule sur papier glacé. On a aussi énormément travaillé la voix, le phrasé, la posture. Il fallait chasser mon naturel, y compris dans le rapport que mon personnage entretient avec son enfant : elle n'est pas rassurante, ne fait jamais dans la douceur mais, au contraire, le bouscule, dans tous les sens du terme[5]. »

Jouer une mère qui aime trop, qui aime mal, voilà un défi à la hauteur des aspirations de l'actrice Paradis, quitte à déserter les miroirs pour ne pas se voir affublée d'une perruque noire qui lui durcit les traits. « Je ne me regardais pas trop dans la glace. Je ne me plaisais pas beaucoup. De toute façon, je ne pensais qu'à une chose : parler autrement, me tenir différemment, gommer tous mes trucs de fifille. Je ne portais pas non plus de maquillage. Je n'avais pas le droit de mettre un fond de teint, rien[6]. » La chanteuse se sent également déboussolée quand le réalisateur lui demande d'improviser certaines scènes. « Je n'étais pas très à l'aise avec ça. Manque de confiance en mes capacités ou trop inhibée ? Je ne sais pas[7]. »

Malgré ses doutes, Vanessa s'exécute. Si elle a un sacré caractère, elle peut aussi se montrer docile quand il s'agit de servir l'intérêt esthétique d'un film. « Lorsque s'installe une relation de confiance avec un metteur en scène, je suis tout ouïe, prête à exécuter. J'aime être dirigée. Parce que ça m'emmène toujours ailleurs, sur les chemins des autres [8]. »

Pour se préparer à son rôle, Vanessa va passer beaucoup de temps en amont avec Marin Gerrier, l'acteur trisomique qui incarne Laurent, son fils. Consciente qu'il faut également mettre en confiance les parents du jeune garçon, elle se montre chaleureuse et patiente. Une expérience ô combien enrichissante. « Les enfants sont beaucoup plus simples que les adultes, plus purs, plus vrais. Un enfant triche moins. Et, chez un enfant trisomique, il y a un degré de pureté encore plus intense [9]. »

Sorti au Canada le 23 septembre 2011, *Café de Flore* y reçoit un excellent accueil critique. Qualifié de « beau et complexe » dans le *Globe and Mail* [10], ce long-métrage va récolter une avalanche de récompenses, dont celui de « meilleur film canadien » décerné par le Vancouver Film Circle Award. Quant à la prestation de Vanessa, elle est saluée par deux trophées de « meilleure actrice », aux Genies Awards 2012 ainsi qu'au Prix Jutra 2012. En France, en revanche, l'accueil est beaucoup plus mitigé. Si *Première* jure qu'on sort « les jambes coupées » de la projection, si *Excessif* évoque « une expérience envoûtante », *Le Monde* ne sauve du film que la prestation de Vanessa, résumant l'œuvre de Jean-Marc Vallée à une « bouillie mystique et moderne [11] ». *Télérama* n'est guère plus tendre, parlant d'« épuisant yoyo temporel alourdi par une mise en scène tape-à-l'œil [12] ».

Ce qui irrite les critiques ? La complexité narrative qui jongle entre deux périodes et, surtout, le message mystique sur la réincarnation. « Jean-Marc Vallée demande ni plus ni moins au spectateur de croire aux âmes sœurs, aux vies antérieures et au pouvoir supérieur de la musique [13] », explique Mathieu Carratier dans *Première*. Au pays de Descartes, les médias ne semblent pas prêts à franchir un tel pas. Les spectateurs non plus, d'ailleurs : au box-office, *Café de Flore* fait un flop retentissant, n'attirant au total que 82 000 spectateurs.

Malgré la complexité de sa trame narrative, le film ne méritait pas un tel sort. Au-delà de la thématique de la réincarnation, Jean-Marc Vallée pose surtout la question de savoir s'il est possible de posséder un autre être que soi-même – que ce soit un compagnon ou un enfant. Jacqueline, jouée par Vanessa, est une mère abusive qui ne vit que pour son fils : elle lui donne le sein, dort dans le même lit que lui, refuse qu'il soit envoyé dans un établissement spécialisé. « Je l'ai mis au monde et je le garde », prévient-elle au début de l'histoire. Afin que son fils ne lui échappe pas, elle est prête à tout, même à commettre les pires folies.

Si *Café de Flore* a été un échec en France, c'est peut-être parce que la chanteuse incarne un personnage dérangeant qui inspire une forme de rejet. « Même si c'était une expérience enrichissante pour elle, le public n'a pas envie de voir Vanessa Paradis moche et paumée [14] », analyse Catherine Schwaab.

De toute façon, ces temps-ci, le public semble davantage s'intéresser à l'histoire personnelle de Vanessa qu'aux figures qu'elle incarne à l'écran. Comme si l'héroïne people avait phagocyté les héroïnes qu'elle joue au cinéma. Ainsi, le 26 janvier, lendemain de la sortie du film, alors qu'elle participe au dîner du Sidaction au pavillon d'Ermenonville, une seule question obsède tous ceux qu'elle croise : est-ce que tout va bien avec Johnny Depp ? Sans se défaire de son sourire, elle répond « oui ». Sa manière de botter en touche.

Les spectateurs vont encore plus bouder le personnage que Vanessa défend dans *Dubaï Flamingo*, sorti une semaine plus tôt, le 18 janvier 2012. Un road movie psychédélique réalisé par Delphine Kreuter, où elle donne la réplique à Sergi Lopez. Portant à nouveau une perruque brune, elle y incarne Jackie, une héroïne paumée, happée par un homme qui recherche sa femme et l'entraîne dans les méandres de sa folie, entre ville et désert. Barré comme un rêve, le film, démoli par la critique (« Un grand n'importe quoi au milieu d'un grand nulle part », selon *Télérama*), sera le pire bide de la carrière paradisienne : 2 106 entrées au total dans l'Hexagone. Plus Vanessa cherche à se cacher derrière des personnages éloignés d'elle, moins le public semble prêt à la suivre.

En prenant connaissance des derniers chiffres au box-office de la chanteuse, Rezo Films, la société de distribution de *Je me suis fait tout petit,* a dû avoir quelques frayeurs. D'où, sans doute, cette sortie en catimini au cœur de l'été, le 11 juillet, saison qu'on sait peu propice à la fréquentation des salles. Présentée en avant-première au Festival du film de Cabourg, cette comédie est victime d'un calendrier fâcheux : au moment même où elle est projetée devant le jury du festival, le communiqué officiel annonçant la rupture entre Vanessa et Johnny Depp vampirise toute l'attention des médias. Les images de la chanteuse, longs cheveux flottant sur ses épaules, en jeans et corsage à fleurs, vont d'ailleurs illustrer les innombrables articles relatant la séparation du couple.

Dans un tel contexte, comment la star aurait-elle pu en assurer la promotion ? Lors de rares interviews, heureusement, elle parvient à exprimer son bonheur d'avoir tourné ce premier long-métrage signé Cécilia Rouaud. Un film écrit par une femme dont le héros est un homme : Yvan, prof de français paumé, papa de deux grandes filles, élevées par sa sœur Ariane, qui voudrait quitter Paris mais doit s'occuper de Léo, le petit garçon que son ex-femme a eu avec un autre homme. Dans cet imbroglio familial, sa rencontre avec Emmanuelle, prof d'arts plastiques, constitue une vraie bouffée d'oxygène. Comme dans *Café de Flore*, Vanessa ne tient pas le premier rôle : c'est Denis Ménochet, l'interprète d'Yvan, que la caméra suit à la trace. Un antihéros au jeu subtil, qu'on apprend à aimer lorsqu'on le voit s'ouvrir à la paternité avec un enfant qui n'est pas le sien.

Quant à Emmanuelle, c'est, selon Vanessa, « un personnage tout en sourire et en espoir [15] ». « Elle a cette générosité avec les autres. Elle a un grand amour des gens, de la vie, beaucoup d'espoir sans pour autant être dénuée de caractère. » La chanteuse-actrice se sent-elle proche d'Emmanuelle ? « Je rêverais d'être comme elle, mais ce n'est pas possible [16] », dit-elle. Pour travailler son rôle, elle avoue d'ailleurs s'être retenue de froncer les sourcils. Une manie méconnue du grand public, mais qui frappe tous ses proches. « Je suis une grande fronceuse ! », lâche-t-elle avec humour – pour ne pas dire « anxieuse » ?

Ce que la chanteuse a savouré sur ce tournage, c'est d'avoir affaire à une femme pour la diriger. « Avec un réalisateur, on est peut-être davantage dans un rapport de séduction. En face d'une réalisatrice, il n'y a plus ce réflexe [17]. » Les deux femmes se sont si bien entendues, d'ailleurs, que Cécilia Rouaud a accepté, à la demande de son actrice, d'ajouter au scénario une séquence avec Léa Drucker, qui joue la sœur d'Yvan. Un dialogue surréaliste où, pour faire connaissance, les deux femmes allument une cigarette alors que ni l'une ni l'autre ne fume. Avant de deviser devant une tasse d'eau chaude. « Je veux bien un peu de thé avec l'eau », suggère Emmanuelle. Pour Léa et Vanessa, qui vont apprendre à se connaître durant ce tournage, c'est aussi le début d'une belle amitié.

Cette fois, le film est plutôt bien accueilli par la critique. « Ce n'est pas nouveau mais c'est charmant. Avec de bonnes répliques, quelques situations cocasses, de jolis moments de tendresse », s'enthousiasme *L'Express*. Même *Télérama* reconnaît que « comme Denis Ménochet, on est sensible au charme bohème de Vanessa Paradis retrouvée et au petit grain de folie de Léa Drucker. » Pourtant, *Je me suis fait tout petit* n'attire, au total, que 53 000 spectateurs, soit encore moins que *Café de Flore*. Un nouvel échec pour l'actrice Paradis. Parasité par l'actualité du personnage public, le film n'a pas réussi à s'imposer.

Si Vanessa avait assuré le service minimum pour la promotion de *Je me suis fait tout petit*, elle s'investit pleinement lors de la sortie de *Cornouaille*, à peine un mois plus tard, le 15 août 2012. Il faut dire que la production du film a tout misé sur elle : sur l'affiche, elle prend toute la place, de dos, pensive, face à la mer. Ainsi, le 12 août, c'est une guerrière qui s'impose, au côté de son partenaire de jeu, Samuel Le Bihan, sur le plateau du

20 heures de France 2, présenté par Marie Drucker. Évidemment, la cousine de Léa respectera la consigne de ne jamais aborder la vie privée de son invitée. Interviewée dans *Elle*, la star a davantage de mal à esquiver. Poussée dans ses retranchements, elle met les points sur les « i » : « Je ne veux pas parler de lui. Qui a dit que les artistes devaient vendre leur âme, dévoiler tout d'eux-mêmes ? C'est mon devoir de faire la promotion de ce film, mais imaginez ce que c'est que de voir qu'on fait un business de vos douleurs ! Ce qui nous arrive ne regarde que nous [18]... » Un cri du cœur qui n'empêche pas Florence Besson, la journaliste qui la questionne, de rappeler à son interlocutrice que la curiosité du public est aussi un signe de bienveillance à son égard.

Droite dans ses bottes, Vanessa parvient à recentrer le débat autour de *Cornouaille*, encore un film réalisé par une femme, la comédienne Anne Le Ny, qui avait fait ses débuts de réalisatrice avec *Ceux qui restent* en 2007. « Je ne suis pas sûre qu'elle ait pensé à moi d'elle-même, avoue la chanteuse. Mais lorsque mon agent lui a proposé mon nom, elle a bien voulu me rencontrer. Et nous nous sommes plu ! Elle m'a dit qu'elle demandait beaucoup aux acteurs. Cela tombait bien, j'adore travailler, chercher, transpirer, trouver [19]. » Impatiente de s'évader d'elle-même, Vanessa accepte de jouer dans son film avant même d'avoir lu le scénario. « J'étais contente car il fallait se donner à fond, elle dissèque tout, je devais me plonger dans le travail [20]. »

Ce besoin d'avoir la tête ailleurs, la Bretagne va lui permettre de le combler au-delà de ses attentes. « L'air que l'on respire là-bas est chavirant ; il vous accapare de la tête aux pieds. La météo joue sur votre corps, car vous êtes bousculé par le vent, arrosé par la pluie, brûlé par le soleil. » Là-bas, pas question de discipliner la chevelure de Vanessa, qui frise sous les embruns : le moindre brushing serait ruiné en moins de cinq minutes. Pour la chanteuse, il s'agit de retrouvailles : c'est sur l'île de Sein qu'elle avait tourné *Élisa* face à Gérard Depardieu en 1995. Pour ce rôle, là encore, aucun artifice n'est permis : chaussée de Converse, la star se promène, la plupart du temps, en jeans et t-shirt, sans l'ombre d'un maquillage.

Entre deux plans, Vanessa protège sa peau du soleil sous un chapeau. Mais la production a également été inspirée d'investir dans l'achat de parapluies et de cirés… Les caprices de la météo modifient d'ailleurs sans cesse le planning du tournage – certaines scènes prévues à l'extérieur seront même transposées à l'intérieur. Très à l'écoute, la chanteuse suit à la lettre les indications d'Anne Le Ny qui, malgré son tempérament chaleureux, ne lâche rien quant à la précision de chaque réplique. Elle noue également une belle complicité avec Samuel Le Bihan, son partenaire masculin. Ainsi, lors de son ultime jour de tournage, alors qu'il la remercie « pour sa gentillesse », elle le serre dans ses bras avec une tendresse non feinte [21]. En découvrant Vanessa au fil des jours, la réalisatrice se félicite de son choix. « Elle est un mélange d'émotions, de mystère, de douceur et de tristesse, résume-t-elle. En même temps, il y a en elle quelque chose d'indestructible qui est vraiment unique [22]. »

Cette fois, la chanteuse incarne Odile, une femme qui n'arrive à se tenir debout qu'en fuyant son passé douloureux. Organisatrice de voyages, elle entretient depuis dix ans une liaison avec un homme marié. Un rebondissement va changer la donne : elle hérite de la maison de sa tante près d'Audierne, en Cornouaille, où sont enfouis des souvenirs dangereux. Avant de mettre en vente la bâtisse, elle s'y installe pour la vider. « Depuis trop longtemps, Odile s'est imperméabilisée à la douleur, analyse Vanessa. Les éléments qu'elle prend en pleine face vont l'obliger à s'ouvrir au monde extérieur [23]. » Au contact de Loïc, son ami d'enfance, les souvenirs remontent à la surface : lorsqu'elle avait douze ans, c'est ici que son père est brutalement décédé d'une crise d'asthme. Depuis, elle s'est murée dans une carapace qui, tout en la protégeant, l'a fermée à l'amour.

Plutôt partagée sur *Cornouaille*, la presse, qui reproche au film son atmosphère « flottante », flirtant avec le fantastique sans le traiter frontalement, salue la performance de la chanteuse. « Vanessa Paradis, qui naviguait à la godille dans ses rôles, reprend pied sur la terre ferme du cinéma avec ce personnage », peut-on même lire dans *Le Parisien.* Au box-office, pourtant, *Cornouaille* n'attire pas les foules. Avec 268 000 entrées au total, il se démarque des trois récents flops de l'actrice sans devenir non plus un succès. La chanteuse se consolera de cette modeste performance en découvrant qu'une enquête du site premiere.fr a désigné le film d'Anne Le Ny comme « le film estival préféré des Français ».

Si l'actualité privée de Vanessa a parasité la carrière de l'actrice Paradis, il est indéniable que sa boulimie de cinéma, en 2011-2012, a également semé le trouble au sein de son public le plus fidèle. « Pour se faire désirer, elle nous avait habitués à la rareté. Du coup, on n'a pas compris pourquoi, soudain, elle acceptait tout, y compris des rôles secondaires [24] », confie un fan de la première heure.

Une chose est sûre : après un tel marathon sur grand écran, Vanessa sent qu'il est temps de revenir à la chanson. C'est sa manière à elle de se réinventer, de renaître en permanence. Sa cote d'actrice sur le marché du cinéma a du plomb dans l'aile ? Qu'à cela ne tienne : la chanteuse est prête à effectuer son grand retour.

38

La surprise Benjamin Biolay

« La première fois que je l'ai entendue,
j'étais tellement ému qu'elle a dû me prendre
pour un fan dingo. C'est la meilleure.
Ma chanteuse préférée. »

Benjamin Biolay

Cette fois, elle a envie d'être chouchoutée. Elle veut qu'on lui apporte des titres cousus main, du sur-mesure. Trop lasse, sur le plan émotionnel, pour être l'artisan de son album, elle n'a même pas envie de suggérer des thèmes, comme elle a coutume de le faire, à ses complices habituels. Heureusement, l'expérience de son *Best Of* a montré que de nombreux compositeurs étaient prêts à lui écrire des chansons.

Trois ans plus tôt, le mot d'ordre lancé à sa maison de disques, « Écrivez-moi une bonne chanson ! », avait mobilisé la crème des talents hexagonaux. « Je voulais avoir une chanson originale, et plein d'auteurs m'en avaient envoyé, explique-t-elle. J'avais mis de côté celles qui me plaisaient [1]. » Un premier bouquet de six titres qu'elle retient pour plus tard, mais qui ne forment pas pour autant un album. Pourtant, Vanessa le sait, il est temps, urgent même, qu'elle reprenne la parole en chansons. D'où un second appel d'offres lancé par Barclay aux artistes maison. Depuis sa villa californienne, la star ouvre avec bonheur, le matin, sur son ordinateur, les mails contenant des mélodies écrites spécialement pour elle. Parallèlement, elle s'attelle à l'écriture de quelques titres qu'elle a en tête, laborieusement.

En mars 2012, elle découvre dans un courriel signé Benjamin Biolay huit enregistrements ajoutés en pièces jointes. Une vraie surprise : sa maison de disques l'avait prévenue que le musicien voulait écrire à son intention, mais elle ne s'attendait à recevoir qu'un seul titre. C'est le déclic dont elle avait besoin. « Il m'a envoyé des chansons déjà arrangées qu'il avait faites pendant qu'il enregistrait son album. La première, c'était *Prends garde à toi.* J'ai pris une claque. L'idée qu'il réalise le disque est venue pratiquement en même temps [2]. »

Dans le microcosme du show-biz, impossible d'imaginer que ces deux-là ne se connaissaient pas. Pourtant, celui qui a gagné la reconnaissance critique avec son cinquième album, *La Superbe,* paru en 2009, n'a pas souvent eu l'occasion de rencontrer la star. Et pour cause : elle vient de passer plus de dix ans exilée à Los Angeles. « On s'était croisés, rien de plus [3] », confirmera Vanessa. Cependant, cela fait longtemps que Biolay a envie de travailler avec elle. Ce musicien surdoué, qui a l'âme d'un pygmalion, aime écrire pour les femmes. « C'est le mec du grand écart, capable de travailler pour Juliette Gréco et Keren Ann, mais aussi pour Isabelle Boulay et Élodie Frégé [4] », analyse Jean-Pierre Pasqualini.

Pour Vanessa, cette collaboration sonne comme une promesse de renouveau. Paradis-Biolay, ça sonne bien. Trop bien, peut-être, aux yeux de certains, qui regardent cet auteur-compositeur comme le Gainsbourg des années 2000. « Pour une fois, elle n'est pas avant-gardiste, car tout le monde a déjà travaillé avec lui [5] », note le journaliste Emmanuel Marolle. Un propos nuancé par Olivier Nuc. « L'histoire avec Matthieu Chedid, présent sur deux disques, était sans doute arrivée à son terme. Benjamin Biolay, ce n'est peut-être pas un choix étonnant, mais c'est un choix avisé [6]. »

Au-delà de la question du coup marketing, Vanessa craque pour sa musique. « Lorsqu'il m'a proposé des morceaux, une seule écoute a suffi. Son premier CD, *Rose Kennedy*, définissait déjà son style : les mots choisis, les cordes, les cuivres, les intros instrumentales… Tout ce que j'aime. Benjamin construit des disques comme un architecte, mais avec l'âme d'un poète. Il mêle la technique du classique à une totale liberté artistique[7]. »

Après avoir communiqué par téléphone, entre Paris et Los Angeles, les deux monstres sacrés finissent par se rencontrer. Et découvrent qu'ils sont sur la même longueur d'onde. « On a exactement le même âge, on est à peu près du même milieu, on a vu les mêmes conneries à la télé, on a eu les mêmes coups de cœur musicaux de notre génération, de Michael Jackson à Amy Winehouse[8] », confiera le musicien. « On aime les arrangements de soul, les cuivres, les cordes, le côté Marvin Gaye[9] », répondra en écho la chanteuse. Au-delà de la connexion musicale, ce sont les qualités humaines de Biolay qui ont fait la différence. « Travailler avec quelqu'un d'intelligent, gentil et respectueux, c'était indispensable. Si j'avais senti autre chose, malgré le talent, j'aurais dit non. C'est formidable quand le talent et la bienveillance sont là[10]. »

En septembre 2012, lorsqu'ils se donnent rendez-vous pour enregistrer les titres du futur album, à Bruxelles, aux studios ICP, Vanessa est impressionnée par l'étendue des talents de l'homme qui va produire son album. Non seulement Benjamin travaille à la vitesse de la lumière – onze titres sont mis en boîte dès la première semaine –, mais il est également multi-instrumentiste. D'où des séances de travail en tout petit comité, durant lesquelles seul Erwin Autrique vient rejoindre le duo. « On était très souvent trois, avec Benjamin, qui joue de tous les instruments, et l'ingénieur du son[11]. »

Après avoir traversé bien des turbulences personnelles, Vanessa savoure les semaines passées dans ce cocon musical. « Le studio, c'est un monde protégé, une très jolie bulle. Il n'y a plus de jour ni de nuit. On est submergé par la musique. J'adore ça. C'est le moment où les chansons prennent vie. Les premières prises sont souvent magiques : elles sont chargées d'émotion parce qu'on ne contrôle rien [12]. » Installée dans un luxueux loft attenant aux studios, la chanteuse goûte cette expérience comme une parenthèse salutaire. De son côté, Biolay est dithyrambique sur la voix de son interprète. « Un jour, confie-t-il, j'ai demandé à l'ingénieur du son de brancher l'Auto-Tune, le logiciel qui corrige les tonalités : l'appareil n'a pas bronché parce que tout était juste [13] ! »

Si Biolay travaille à un rythme aussi frénétique, c'est aussi parce qu'il est en train de boucler son propre album, *Vengeance,* qui doit sortir le 5 novembre. Joli renvoi d'ascenseur, Vanessa lui offre le duo *Profite,* qu'il intègre in extremis à la setlist. Un hymne réjouissant aux plaisirs de la vie, « Pour ne pas mourir trop plein de désirs », où il prend un malin plaisir à faire chanter « Merde » et « Plus rien à foutre » à sa muse. « C'est incroyable ! dira-t-il. Même si c'est une phrase un peu vulgaire, dans sa bouche, ça reste élégant. C'est dire la classe de cette fille ! Elle aurait pu dire “Allez tous vous faire en**ler”, il y aurait quand même écrit Chanel dessus [14]. »

Pour la chanteuse, dont les deux albums précédents ont connu des accouchements laborieux, l'autorité et la précision du musicien sont rassurantes : c'est tout ce dont elle a besoin à ce moment de sa vie et de sa carrière. « Biolay est fort dans les mélodies, les textes, les arrangements, la direction des musiciens. En plus de ses études au conservatoire, il est autodidacte pour le piano et la guitare. Il n'a donc pas cette espèce de carcan de la musique classique. C'est ce qui lui donne une grande liberté comme compositeur et cette aisance en studio. [15] »

Peu importe, alors, si elle cherche moins à marquer ce disque-là de son empreinte : sur les vingt titres enregistrés, elle ne signera, au total, que trois partitions et un texte. « Je ne me sens pas capable d'écrire tout un album, admet-elle, lucide. J'ai déjà du mal à en écrire une, deux ou trois. Aller voir un artiste sur scène qui chante ses propres chansons, c'est ce qu'il y a de plus beau. Mais je n'ai pas ce don [16]. » De toute façon, son état d'esprit du moment, à l'heure où les tabloïds continuent de disséquer sa rupture avec Johnny Depp, n'est pas d'exposer son intimité. « Il y a une grande liberté à pouvoir s'exprimer à travers les mots des autres, comme au cinéma, on ne sait plus où on est, dans la réalité ou la fiction. Dans les chansons apportées par les autres, on peut se cacher [17]. »

Retrouve-t-elle avec Benjamin des émotions similaires à celles qu'elle a partagées, vingt ans plus tôt, au côté de Serge Gainsbourg ? Pas vraiment… « C'est vrai que sur certains mots, quand il parle dans ses chansons, il a parfois des tonalités gainsbouriennes. Et puis, les cheveux, la cigarette, les regards foudroyants, beaucoup de charme, des physiques pas du tout conventionnels », reconnaît la chanteuse, qui refuse, toutefois, de s'appesantir sur le sujet. « Ça doit être pénible pour lui qu'on le compare tout le temps à Gainsbourg. En même temps, il y a pire comme comparaison [18] ! »

Les séances en studio vont être interrompues par le tournage du premier film en anglais de Vanessa, *Apprenti Gigolo*, une comédie de John Turturro, où elle joue à New York au côté de Woody Allen, mais aussi de Sharon Stone et Sofia Vergara. Une « proposition inouïe [19] » qu'elle ne pouvait pas refuser. Perruque sur la tête, elle incarne Avigal, une veuve juive orthodoxe, mère de six enfants, qui retrouve le sourire grâce à Fioravante, fleuriste reconverti en gigolo romantique coaché par son voisin libraire au bord de la faillite. Très intimidée, Vanessa va rencontrer une jeune femme issue de la communauté hassidique pour mieux jouer son personnage et copier son accent. Histoire de mettre l'actrice en confiance, le réalisateur lui passe les musiques qu'elle aime durant les scènes muettes. Au printemps 2014, le film sera distribué dans dix-sept pays, engrangeant 25 millions de dollars de recette en quelques semaines.

Après ce tournage idyllique, qui lui permet de se lier d'amitié avec John Turturro, l'actrice Paradis revient à Bruxelles début 2013 pour poursuivre le travail sur l'album. Là encore, la chanteuse est bluffée par la sûreté des choix musicaux de Benjamin Biolay, qui réarrange avec brio les titres écrits par d'autres. Le timing est très serré puisque Barclay a annoncé la sortie du disque pour le 13 mai, précédée d'un premier single qui doit être prêt dès mars. Pour corser le tout, la chanteuse a décidé de sortir un double album. « C'était un problème de riche, d'avoir trop de belles chansons, se justifiera-t-elle. Moi, je préfère les albums de dix chansons, mais je ne voyais pas comment me passer de certaines et je n'avais pas envie de les garder pour plus tard. C'est peut-être la seule occasion que j'aurai de faire un double album [20]. »

À Bruxelles, durant l'enregistrement, certains photographes planqués aux alentours des studios ICP s'étonnent de voir la muse et son nouveau pygmalion aussi complices. Aussitôt la rumeur d'une liaison se répand, d'abord en couverture du magazine *Public*, puis dans les colonnes du *Daily Mail*. Toujours prompt à tordre le cou aux bruits colportés par Twitter, réseau social qu'il considère comme « l'antithèse de la pensée [21] », Benjamin Biolay dément avec vigueur. « On a passé trois mois en studio, confie-t-il dans *Grazia*, forcément on a dû nous voir ensemble dans la rue [22]. » Avant de tresser des lauriers à sa « chanteuse préférée » : « Je rêvais de sa lumière. La première fois que je l'ai entendue, j'étais tellement ému qu'elle a dû me prendre pour un fan dingo. C'est la meilleure [23]. »

Comme pour pimenter la sortie de l'album, le premier single choisi, *Love Song*, envoyé aux radios le 4 mars, est une chanson aux paroles explicitement sexuelles – la première du genre pour Vanessa. L'histoire d'une femme accro à son amant qui jure pourtant ne rien connaître à l'amour. Un pied de nez adressé au système, jugé trop lisse et consensuel ? « Dans la chanson française, ils sont tous "coincés du cul", lâche Biolay dans *Têtu*. Je trouve qu'on a régressé par rapport aux années 1970-1980. Mylène Farmer ne pourrait pas sortir *Libertine* aujourd'hui. Son clip serait censuré [24]. »

Le musicien a-t-il voulu provoquer des remous comparables à ceux qu'avait générés Gainsbourg lorsqu'il avait fait chanter *Je t'aime moi non plus* à Bardot ? Si tel est le cas, la bombe n'a pas explosé… Malgré l'image audacieuse du « sommier sonore » qui « grince grince toujours plus fort », aucune voix ne s'élèvera pour crier au scandale. Peut-être parce que celle de Vanessa, précisément, semble timorée au milieu du rythme syncopé du morceau.

Quant au clip, mis en ligne le 26 avril, et que les fans espéraient aussi sulfureux que celui de *Tandem*, il ne fait guère grimper la température. Réalisé par Dusan et Hilde Reljin, un duo de vidéastes new-yorkais, il présente une Vanessa qui se mue en papillon psychédélique comme pour prendre au piège son amant dans les ailes de sa sublime robe de flamenco. Cheveux qui volettent, silhouette qui ondule, regard oblique qui évite la caméra : la vidéo a pourtant un air de déjà-vu, comme si la chanteuse n'avait voulu prendre aucun risque avec son image.

Si la chanson est saluée par la presse comme « calibrée pour devenir un tube », il n'en sera rien. Dans le Top 50, *Love Song* ne s'élèvera pas au-dessus de la vingtième place et, malgré une longue présence dans le classement, le single ne s'écoulera qu'à 30 000 copies au total. Une déception pour une chanteuse qui n'avait pas sorti d'album depuis six ans. Et Barclay, la maison de disques, de s'interroger sur le potentiel commercial de l'album…

Heureusement, avec la sortie en grande pompe de *Love Songs*, le 13 mai 2013, chacun prendra la mesure de l'impact médiatique colossal de la chanteuse. Après vingt-cinq ans de carrière, l'effet de curiosité fonctionne toujours à plein. La pochette du disque a été particulièrement soignée : la star s'est laissé photographier en noir et blanc par son complice Jean-Baptiste Mondino derrière un rectangle de verre, avant de confier aux graphistes français M/M la conception du logo, très vintage, de l'album, sur un fond bleu Tiffany. Une manière subtile d'annoncer que, derrière le masque de textes écrits par d'autres, elle va livrer des vérités sur elle-même.

Cette fois, c'est la chanteuse elle-même qui a orchestré le plan promo de son grand retour, accordant des interviews fleuve et dévoilant de nouvelles photos d'elle. Chevelure lisse, silhouette ultrafine, moue enjôleuse, elle est plus sexy que jamais, en total look Chanel dans *Elle* en top transparent dans *Les Inrockuptibles*, ou encore sobre et grave dans *Next*, qui publie ses propos en exclusivité. Le 12 mai, elle accorde une interview au 20 heures de TF1. Bref, impossible d'ignorer, cette semaine-là, que Vanessa Paradis sort son album !

Par un heureux hasard de calendrier, depuis le 25 mars, elle est placardée dans le métro et squatte les écrans publicitaires télévisés dans la campagne printemps 2013 H&M. Cheap, diront les uns. Avant-gardiste, commenteront les autres. Car même si l'enseigne suédoise, résolument populaire, est aux antipodes de Chanel, la chanteuse est l'égérie de la collection Conscious, qui fait la part belle aux vêtements écoresponsables. Et elle assume ! « Ça me plaît de représenter une marque populaire, accessible, et une collection qui tente d'éveiller les consciences à l'avenir de notre planète [25] », explique-t-elle, évoquant avec bonheur le tournage du spot.

Crinière de lionne, maquillage léger, grâce exquise dans la gestuelle… Pour elle, ce film publicitaire va se révéler un véritable écrin. Telle une Alice au pays des merveilles suivant le fil de son rêve, on la voit découvrir un arbre aux racines gigantesques dans le sous-sol de sa maison avant de s'enfoncer dans un tableau, genre Douanier Rousseau, pour se frayer un chemin dans une forêt, au milieu des herbes hautes. Robe mousseline vert d'eau, ensemble camouflage, top blanc et veste épaulée, robe imprimée à fleurs : en une minute, elle aura changé quatre fois de tenue, comme par magie.

« C'est un vrai plaisir, dira-t-elle dans le communiqué officiel de la marque, de participer à la collection Conscious chez H&M. Je suis moi-même très concernée par les sujets de développement durable, et les pièces vintage tiennent une place toute particulière dans ma garde-robe. » Un très joli coup marketing, qui renforce le statut d'icône glamour et moderne de Vanessa. Didier Pain peut être fier de sa filleule : elle a retenu ses leçons.

39

Entre pudeur et impudeur

« Bien sûr que, dans le disque, on pourrait voir la genèse de ce qui m'est arrivé dans ma vie privée... Mais ça peut s'appliquer à tout le monde sur la planète terre, non ? »

Vanessa Paradis

Si la chanteuse a tenu à orchestrer elle-même le plan promo de son grand retour, c'est parce qu'elle est lucide : il ne sera pas facile, cette fois, de détourner l'attention des journalistes, focalisés sur sa vie privée, pour les embarquer dans la dimension artistique de son double disque. Alors elle veut monter au front toute seule, armée de ses seules chansons. Lors de sa rencontre avec la star, Françoise-Marie Santucci, qui l'interviewe en exclusivité pour *Next*, avoue son trouble. Tandis que Vanessa s'adresse à elle en présence de Philippe Fendt, le garde du corps recruté par son père depuis seize ans, elle ne peut s'empêcher de scruter à la loupe la guerrière Paradis. « Derrière les silences, elle devient bien plus intéressante à observer dans sa manière absolument animale d'être au monde [1]. » Un sentiment conforté par les photographies signées Karim Sadli qui illustrent l'article. « Le côté glacé qui en ressort la définit bien. Rien ne doit fondre [2]. »

Pour certains journalistes, interviewer Vanessa Paradis relève carrément du calvaire. C'est le cas de cette chroniqueuse musicale qui, après avoir écouté l'album, a eu le tort de questionner la chanteuse sur le thème de la rupture. « Comme j'insistais, elle s'est cabrée, se montrant vraiment odieuse avec moi, mal élevée, abusant de son statut de star, me raconte-t-elle. J'étais face à un mur. Une femme sèche à tous les sens du terme [3]. »

Fort heureusement, Vanessa peut compter sur la force de son disque : il va être son meilleur bouclier face à la curiosité, qu'elle juge déplacée, de ceux qui ne s'intéressent qu'à sa vie privée. De fait, à l'écoute de *Love Songs*, toute la profession s'incline. Olivier Nuc, son copain de lycée, qui m'avait confié, avant de découvrir le CD, qu'elle n'avait pas sorti, selon lui, d'album « qui soit réussi de bout en bout [4] », ouvre la marche des compliments dans *Le Figaro*. Évoquant « un impressionnant double album qui consacre Vanessa Paradis comme une interprète majeure », il s'émeut de la voir rejoindre le panthéon des grands noms de la chanson. « On ne l'avait encore jamais entendue dans ce registre de la grande chanson française traditionnelle [5]. »

Le jour de sa sortie, *Le Parisien* parle du disque comme « le meilleur de sa carrière ». De son côté, la rédaction de *Elle* aime l'album « à la folie ». Même Valérie Lehoux, de *Télérama*, qui d'ordinaire n'est pourtant pas vraiment fan, ne peut s'empêcher de formuler un compliment, fût-ce du bout des lèvres : « Peut-on se mettre à apprécier subitement une chanteuse, vingt-cinq ans après ses débuts ? On peut, en tout cas, reconnaître qu'on aime son dernier disque [6]. » Bref, jamais Vanessa n'avait eu droit à un accueil critique aussi unanimement élogieux. Seul bémol dans ce concert de louanges, Véronique Mortaigne qui, dans *Le Monde*, juge l'album « long » et « lourd ». Un verdict qui va faire réagir vertement Benjamin Biolay via Twitter. Comparant la journaliste à « Folcoche », il la tacle pour avoir confondu, dans son article, un tambourin avec des maracas.

Si la chanteuse a toujours eu le talent de savoir s'entourer, il faut reconnaître que, pour cet album, elle s'est surpassée. Outre la patte de Benjamin Biolay, qui a donné sa cohérence à l'ensemble, elle a retenu les morceaux de musiciens et auteurs très talentueux : Mathieu Boogaerts, Adrien Gallo, Mickaël Furnon, François Villevieille, Carl Barât, Jérôme Attal, Marcel Kanche, ou encore Ben Ricour. Rien que des hommes, si l'on excepte la présence de Ruth Ellsworth-Carter sur *New Year.* Bien que Vanessa ait tourné avec bonheur sous la direction de réalisatrices, elle semble toujours plus attirée par la gent masculine lorsqu'il s'agit de notes et de mots. « J'ai enregistré mon premier album à quinze ans avec des hommes. Leur compagnie me va très bien, ils me font rire. J'ai reçu des chansons écrites par des femmes, je ne les ai pas gardées. C'est comme ça, c'est peut-être le hasard [7]. »

Avant même la sortie du double disque, un titre intrigue les médias : *Le Rempart*, chronique d'une rupture où certains voient une référence implicite à la séparation de la chanteuse avec Johnny Depp. Il y est question d'une femme qui frappe à la porte de son amoureux sans autre espoir qu'on lui « dise la fin de l'histoire ». Une ballade poignante qui se termine comme un adieu : « Je voulais juste te dire / Au revoir / Juste une dernière… / Fois te revoir / Avant que j'erre / Que je m'égare / J'aimerais qu'on se serre / Puis qu'on se sépare. » Troublant… Sauf que Vanessa évoque une simple coïncidence. « Je n'ai pas discuté avec les auteurs en leur donnant des thèmes et en précisant mes envies. J'interprète ce qu'ils m'ont envoyé spontanément [8]. »

Lorsque Marie-Françoise Santucci, pour *Next*, se fait plus pressante, la chanteuse manie l'art de l'esquive avec brio. « Je ne peux pas savoir si tous ces gens ont composé en pensant à moi ou si c'étaient des chansons qui existaient déjà à leur répertoire avant qu'ils me les envoient [9]. » Avant d'élargir le débat au-delà de sa petite personne : « Bien sûr que, dans le disque, on pourrait voir la genèse de ce qui m'est arrivé dans ma vie privée… Mais ça peut s'appliquer à tout le monde sur la planète terre, non [10] ? »

Une intervention de Mathieu Boogaerts dans *Accès privé,* diffusée sur M6, va pourtant pousser la star à sortir de la langue de bois. « On ne s'est jamais rencontrés, ni vus physiquement, ni même parlé, mais c'est marrant, on s'est beaucoup écrit », confie le chanteur, qui fait directement allusion au *Rempart.* « Le décor que j'ai planté est un rempart où l'on n'arrive plus à communiquer, où l'on n'est plus au même endroit au même moment. On n'emploie plus les mêmes mots. On ne s'entend plus [11]. »

La journaliste de M6 lui demande alors : « En l'écrivant, est-ce que vous avez pensé à sa rupture avec Johnny Depp ? » Réponse du chanteur : « Oui, en écrivant cette chanson sur la séparation, forcément, ça m'a parcouru l'esprit. » Après quoi il enfonce le clou en révélant la réaction de Vanessa à l'écoute de ce titre : « Elle m'a dit : "J'ai l'impression que tu as lu dans mon journal [12]." » Une déclaration publique qui a provoqué la colère de la chanteuse. Dans *Elle*, elle décoche une flèche bien sentie à l'auteur du *Rempart.* « C'est tordu de prétendre ça car je n'étais pas séparée quand il m'a offert la chanson ! Il a dû s'inspirer de ses séparations à lui [13]… »

Dans les colonnes du magazine *Têtu*, elle va plus loin, apportant un démenti formel aux déclarations de Mathieu Boogaerts. « Contrairement à ce qu'il a dit à la télé, il n'a pas écrit *Le Rempart* à propos de ma rupture. C'est un mensonge. J'ai trouvé ça vulgaire de sa part. » Et la chanteuse d'étayer son affirmation en invoquant le calendrier : « Il m'a envoyé les chansons en mars [14]. » Un argument peu convaincant. Car si la rupture Paradis-Depp a été officialisée en juin, soit trois mois plus tard, cela fait en réalité plus d'un an qu'un « rempart » s'était érigé au sein du couple. Mais comment en vouloir à Vanessa de mettre de la distance entre son vécu personnel et les chansons qu'elle interprète ? Pour elle, c'est une question de survie. De son côté, l'auteur du *Rempart* n'a pas tort de rappeler une évidence : « Il y a un parallèle entre ce qu'elle chante et ce qu'elle vit. Forcément, sinon elle ne pourrait pas le chanter [15]. »

Parmi les détails troublants du nouvel album, la présence de Johnny Depp, crédité pour la musique, sur le titre *New Year.* Vanessa, qui refuse qu'on l'interroge sur sa vie privée, donnerait-elle le bâton pour se faire battre ? En fait, ce titre a été composé en 2005, à une époque où l'harmonie régnait au sein du foyer. Sa propre fille Lily-Rose, qui n'a que six ans, est d'ailleurs à l'origine de l'histoire. « La chanson a été composée il y a huit ans. Ça s'est passé spontanément. Je n'aurais pas mis ma fille au travail comme ça ! Je peinais à trouver la mélodie. Et puis Lily-Rose est passée et s'est mise à chanter quelque chose de sublime. Elle avait même mis la phrase qui allait avec [16]. » Un choix que Vanessa assume totalement. « On me dit : "Pourquoi elle met sa fille en avant ?" Mais je m'en fiche. Je ne pouvais pas me priver de ça. Dans vingt ans, on se dira qu'on a fait cette chanson en famille [17]. »

Comme Johnny Depp a, par la suite, posé quelques accords de guitare sur le titre, il n'était pas question non plus pour Vanessa de le zapper. Encore fallait-il, des années après, achever la chanson. C'est là qu'est intervenue la seule femme présente sur l'album : Ruth Ellworth-Carter. « C'est une amie depuis longtemps, une créatrice aussi. Elle a fait un texte magnifique. Ma fille n'avait fait que planter le décor [18]. » « The new year has finally arrived », la phrase fredonnée par Lily-Rose, traduit l'impatience de commencer une nouvelle année, de remettre les compteurs à zéro, comme pour se délester du fardeau de l'année qu'on traîne derrière soi.

Autre morceau sur lequel les médias se focalisent : *La Chanson des vieux cons*, l'une des plus bouleversantes de tout le répertoire paradisien. Ce qui fait jaser les journalistes ? Le fait que Vanessa parle d'elle comme d'une « petite conne d'autrefois ». Comment a-t-elle réagi en découvrant le texte de la chanson ? « Je ne l'ai pas mal pris du tout [19] », assure-t-elle. « "Petite conne", c'est un terme assez charmant pour évoquer l'insouciance de la jeunesse. Bien sûr, je l'ai été [20] ! » En lui faisant chanter ce « mea culpa » light, Benjamin Biolay permet à sa muse de franchir un pas de plus dans la complicité avec les Français, qui lui ont pardonné depuis longtemps son côté bêcheuse à la fin des années 1980.

Mais *La Chanson des vieux cons* est déchirante, surtout, parce qu'elle monte crescendo jusqu'à un sommet d'émotion auquel

Vanessa ne peut rester insensible. « Tant qu'on n'a pas vu brûler son nid / En quelques minutes à peine, fini / Tant qu'on croit en toutes ces conneries / Qui finissent toutes par pour la vie », fredonne-t-elle pour clore le morceau. Des phrases qui résonnent avec force dans son cœur. « Il faut une grande concentration pour interpréter cette chanson jusqu'au bout, pour ne pas s'effondrer, avoue-t-elle. J'ai la trouille de me laisser envahir par l'émotion que le texte me procure. Parfois, c'est de l'équilibrisme. » En lui écrivant un texte aussi poignant, Biolay ne ménage pas sa muse. Il lui permet aussi d'exorciser son chagrin. « Travailler avec quelqu'un d'aussi intelligent, qui fait tout pour que votre disque vous ressemble et vous surprenne en même temps, c'est idéal[21] », dira la chanteuse, admirative. Pour elle, jouer ce titre sur scène lors de sa tournée sera à la fois une épreuve et une forme de thérapie.

En ajoutant *La Chanson des vieux cons* à son répertoire, Vanessa accomplit un virage décisif, celui de la maturité. « Elle enterre définitivement la Lolita qu'elle était[22] », écrit avec justesse Olivier Nuc. À quarante et un ans, il était temps, diront certains. Même si son allure de brindille reste inchangée, elle n'est plus une adolescente naïve éprise d'absolu, mais une femme, une mère, qui sait que la vie n'est pas un conte de fées. « Avec *La Chanson des vieux cons*, note Jérôme Attal, auteur sur l'album, Biolay signe une chanson définitive, l'une des plus belles chansons françaises de ces dix dernières années[23]. »

Grâce à son nouveau pygmalion, la chanteuse a compris que cette évolution était essentielle pour l'avenir de sa carrière. D'où une certaine gravité qu'elle assume pour la première fois, surtout lorsqu'elle compare le travail de Matthieu Chedid à celui de Benjamin Biolay. « Matthieu est plus dans le côté ludique de la musique, Benjamin est plus intériorisé, ses textes sont plus sombres. Mais la musique est tout aussi ensoleillée[24]. » Dans certaines interviews, elle est presque embarrassée, elle qui incarne une forme de légèreté, par le côté doux-amer de ses « Love Songs ». Elle s'efforce alors de faire pencher la balance du bon côté. « C'est un album qui parle d'amour. Alors il y a des hauts et des bas. Mais il y a beaucoup de soleil. Ce n'est pas un album triste[25]. »

Certes, Benjamin Biolay est allé aussi loin qu'il le pouvait pour que l'album ressemble à sa nouvelle muse. Toutefois, il s'est interdit d'écrire des textes calqués sur sa vie personnelle qu'elle aurait forcément recalés. « Je voulais faire un album à la fois le plus sincère et le plus pudique possible. Vanessa est très pudique. Ce n'est pas feint chez elle, ce n'est pas du marketing. S'il y avait quelque chose de trop proche de sa vie, elle ne l'aurait pas pris[26]. » En respectant la pudeur de son interprète, le musicien lui a permis d'adhérer à des chansons qui l'interpellent sans pour autant la mettre à nu. « Je n'ai pas de problèmes à chanter des choses qui ont une résonance en moi et qui sont universelles, dit-elle avant d'ajouter : C'est quand je dois m'expliquer que c'est plus compliqué[27]. »

Parfois, cet exercice d'autojustification peut la faire sortir de ses gonds. Ainsi, face à un journaliste de *Têtu*, elle revendique son droit de ne pas s'épancher. « Il ne me viendrait pas à l'idée de raconter ma vie à un étranger. Je parle énormément de moi dans ce disque, mais vous ne pourrez jamais savoir à quel moment[28]. »

Au fond, le fait d'avoir gardé ces vingt chansons-là pour composer son album ne relève pas du hasard. Depuis sa villa californienne, Vanessa a rassemblé un bouquet de titres qui dressent une sorte de portrait fragmenté d'elle-même. Ainsi, *L'Au-delà*, signé Mickaël Furnon, qui ouvre le disque, résonne comme un avertissement de la chanteuse qui, on l'a vu, déteste se justifier. « Ne me demandez pas pourquoi je suis comme ça », fredonne-t-elle. « Parfois, quand on n'a pas les réponses, c'est bien de mettre sa vie sur pause[29] », lâchera-t-elle en guise de commentaire du morceau. Pour celle qui a « vu brûler son nid », cesser de se torturer en cherchant le pourquoi du comment peut en effet s'avérer salutaire.

Avec *C'est quoi,* de Mathieu Boogaerts, elle dévoile les doutes profonds qui l'assaillent. « C'est quoi ce que je veux / C'est quoi ce que je crois / C'est quoi ce que je veux / Pas », dit la chanson.

Cette artiste qui s'est forgé une personnalité en grandissant sous nos yeux n'a jamais caché sa difficulté à définir son identité profonde. « Je ne sais toujours pas qui je suis et qui je veux être [30] », avouait-elle en 1995. Plutôt que disserter à l'infini, elle a toujours préféré vivre le présent aussi intensément que possible… et foncer ! « Je suis remplie de doutes, je suis une anxieuse, mais je suis à fond dans ce que je fais [31]. » Voilà pourquoi, après trois tentatives infructueuses, Vanessa a renoncé à l'aventure de la psychanalyse : ses névroses ne l'empêchent pas d'avancer. Sa chance dans la vie ? « Je ne sais pas toujours ce que je veux. Je sais exactement ce que je ne veux pas [32]. »

Si *Prends garde à moi*, la première chanson envoyée par Benjamin Biolay, a séduit la chanteuse, c'est sans doute parce qu'elle a appris de ses histoires parfois chaotiques à poser des limites en amour. « Si tu me prends de haut / Si tu crois ce qu'en disent les journaux / Alors prends garde à moi », chante-t-elle dans le premier couplet. Un avertissement musclé au compagnon volage. « S'il te prend de nouveau / Quelques envies d'ailleurs […] / J'en saurai toujours trop / Pour transpercer ton cœur », prévient l'amoureuse, capable, au moindre écart, de se muer en guerrière.

Dans *Rocking Chair*, titre dont Vanessa a composé la mélodie, Biolay signe un texte aux accents nietzschéens sur le pouvoir des souvenirs positifs : avec le temps, ne reste inscrit dans la mémoire que le meilleur. Une autre chanson où il est question de rupture. « Mais avec le temps / On oublie la peau / Et la peine / Oui avec le temps / Les souvenirs les plus beaux / S'en reviennent sur le rocking-chair », dit le refrain.

De séparation, il est encore question dans *Station Quatre-Septembre*, romance contée comme en accéléré « Depuis le premier verre de vin au dernier baiser sans la langue. » Une fiction à laquelle la chanteuse a instantanément adhéré parce qu'elle aborde la rupture avec un vrai recul. « Même au siècle prochain j'en parlerai encore / Même au siècle prochain j'en pleurerai encore », fredonne malgré tout Vanessa dans le refrain.

Doorway, la seule chanson dont la chanteuse ait signé paroles et musique, lui est venu dans des circonstances singulières. « Je nageais dans la mer[33] », dira-t-elle. Ce titre énigmatique semble célébrer la force d'un couple qui s'était uni pour le meilleur avant de se perdre de vue. Malgré tout, la chanteuse semble croire que les deux êtres séparés, sortis miraculeusement de l'enfer grâce à leur rencontre, pourront se retrouver un jour : « Somewhere beyond the sea / There's a place for you and me ». (« Quelque part au-delà de la mer / Il y a un lieu pour toi et moi ».) Difficile de ne pas penser que Vanessa évoque, avec pudeur, sa relation avec Johnny Depp et son espoir, ne serait-ce que le temps d'un bain de mer fugace, que cette histoire puisse à nouveau exister dans un ailleurs, fût-il imaginaire.

Parmi les petits bijoux de l'album, le duo *The Dark It comes* avec Carl Barât ne manquera pas non plus d'interpeller l'auditeur. La chanson, construite comme un dialogue de fiction, relate le remords de l'amant qui revient, plein de repentance, au bercail en annonçant à sa compagne qu'il vient de tuer la prostituée avec laquelle il avait couché. Un moment d'égarement sous l'effet de l'alcool. Seul et perdu, il supplie sa bien-aimée de le laisser entrer. Dévastée, elle commence par lui faire sentir le poids de sa culpabilité : « I know that you fucked her and that's what it's Worth ». (« Je sais que vous avez couché ensemble et c'est ça le pire ».) Puis, face à la sincérité de sa détresse, elle finit par lui accorder son pardon : « Whatever you did there's a pact that we made / From the day we first kissed till we lie in our graves ». (« Quoi que tu aies fait, nous avons passé un pacte / Depuis le premier jour où nous nous sommes embrassés jusqu'à ce que nous reposions dans nos tombes ».)

Comment ne pas penser aux rumeurs d'infidélité qui ont parasité les dernières années de l'idylle de la chanteuse avec Johnny Depp ? Même s'il s'agit d'une fiction, chacun comprendra que les mots de Carl Barât aient retenu l'attention de Vanessa, jusqu'à la rendre crédible dans le rôle de la femme trompée. « Je suis entrée dans ces chansons comme au cinéma, je m'accapare un rôle sans parler de moi[34] », dira-t-elle, pudique.

« J'veux pas qu'on m'crie / J'veux qu'on me crème », fredonne-t-elle avec humour en guise d'introduction à la seconde galette de *Love Songs.* Si Vanessa a besoin d'être protégée, cajolée, comme elle l'a été par ses parents durant l'enfance, elle crie aussi sa soif d'absolu dans un autre titre, *Être Celle,* dont elle signe la musique. « Je veux être celle / Qui n'a de cesse / Celle qui lape le ciel / Jusqu'à l'ivresse. » Marcel Kanche, qui avait écrit *Divinidylle*, a concocté un texte sur mesure pour la chanteuse, dont on connaît la quête d'intensité dans l'existence. Oui, Vanessa Paradis voit sa vie en CinémaScope.

En amour, c'est pareil : même la plus désarmante des ruptures ne pourra entamer sa quête de sensations fortes. « Rentre chez ta mère / Si tu crains / Le tonnerre / Si l'amour / N'est pas dans / Tes cordes », fredonne-t-elle dans *Sombreros*, un titre reggae, dont le texte évoque le pouvoir d'un simple baiser de vous faire tomber carrément « en syncope ». Une chanson écrite grâce à la complicité, pour la musique, de Ben Ricour. « Quand on lui a envoyé le titre, me raconte Jérôme Attal, elle nous a répondu par mail qu'il pleuvait sur Los Angeles à ce moment-là et que la chanson était arrivée dans sa boîte mail comme un rayon de soleil [35]. »

La promesse d'un premier rendez-vous amoureux est encore dépeinte, avec pudeur et romantisme cette fois, dans *Les Roses roses*, le seul duo Paradis-Biolay de l'album. « De vos rêves / À mes rêves / Il n'y a presque rien / Qu'un trait de / Rose rouge à lèvres / Sur votre cou brûlant / Brûlant de fièvre », a écrit avec des accents gainsbouriens l'auteur de *La Superbe.*

Quant à la chanson qui clôture le double album, *Tu vois c'que j'vois,* signée Mathieu Boogaerts, elle nous donne une formidable leçon d'optimisme. Ici, les rôles sont inversés : cette fois, c'est la chanteuse qui console, invite son interlocuteur à se lancer, voler de ses propres ailes. Un message adressé à ceux qui ont peur du lendemain ou manquent simplement de confiance en eux. « C'est facile / Au signal / Tu décolles / Du sol / C'est facile / Même pas mal / Tu t'envoles / Dans l'ciel », chante-t-elle. Ses vrais amis y reconnaîtront la Vanessa solaire, toujours prompte à réconforter.

En dépit de critiques dithyrambiques méritées, *Love Songs* va réaliser des ventes décevantes, surtout si on les compare à celles de *Divinidylle* : 180 000 copies écoulées en cinq mois – soit trois fois moins que l'album réalisé par Matthieu Chédid. Après un démarrage en trombe qui a propulsé Vanessa à la première place du Top Albums – 50 000 exemplaires s'arrachent en une semaine –, les ventes s'essoufflent peu à peu. La sortie d'un coffret collector pour Noël 2013, avec plusieurs titres inédits et un mini-concert privé en bonus, permet toutefois à l'album de dépasser les 200 000 ventes.

Si la crise de l'industrie du disque n'est pas étrangère à cette performance modeste, l'absence de tubes y est sans doute pour beaucoup. En sélectionnant ses chansons, Vanessa a privilégié la qualité sur l'efficacité. A-t-elle choisi les bons extraits pour les radios ? Selon certains fans, elle aurait gagné à sortir *Mi Amor* en deuxième single, titre rock signé Adrien Gallo, des BB Brunes, plus commercial que *Les Espaces et les Sentiments* – qui a tout de même bénéficié d'un joli clip, tourné en noir et blanc dans le désert. « Oh fais-moi changer de décor / J'me fous fous fous / De ces problèmes tant que de moi tu es fou », chante Vanessa. Un hymne au coup de foudre qui vous chavire le cœur jusqu'à vous faire oublier le pire. La tonalité grave de l'album, dans un contexte économique morose, n'a sans doute rien arrangé. Toutefois, ces ventes pas aussi glorieuses qu'espéré ne pèsent pas grand-chose face au bénéfice gagné par la star en termes d'image. « Elle a indéniablement redoré son blason grâce à cet album », note Olivier Nuc.

Et puis, l'essentiel, pour la chanteuse, n'est pas de battre des records de ventes, mais de faire vivre son répertoire sur scène. « C'est tellement sublime de voir les chansons prendre vie sur le visage des gens, de voir comment elles leur font du bien [36] », dit-elle. De ce point de vue, elle sera comblée au-delà de ses attentes.

40

Si proche de Benjamin Biolay

« C'est un trésor national de la musique. Ses chansons d'amour, c'est du kif : les mélodies vous portent, votre plexus solaire vibre, on met de l'oxygène dans votre cerveau. »

Vanessa Paradis

Dès l'annonce de la tournée, les trois concerts programmés au Casino de Paris affichent complets. Charles Bensmaine, PDG d'Auguri Productions, société qui gère les tournées de la chanteuse depuis sept ans, ajoutera cinq dates pour répondre à la forte demande parisienne. Au total, le « Love Songs Tour » doit assurer trente-cinq représentations dans vingt-six villes, en France, en Belgique, en Suisse et au Luxembourg.

Cinq mois tout juste après la sortie de son double album, Vanessa entame la cinquième tournée de sa carrière. Premier tour de chauffe à Évry, au théâtre de l'Agora, le 12 octobre 2013. Dans la salle, les parents de la chanteuse, sa sœur Alysson, John Nollet, le comédien Denis Ménochet, ou encore l'actrice Léa Drucker prennent place vers 20 h 45. Quelques minutes plus tard, la silhouette ultra-mince de la star apparaît en ombre chinoise derrière un paravent. Cheveux lisses et très blonds, pantalon noir et veste colorée, elle attaque son tour de chant avec *Les Espaces et les Sentiments.*

Là, une surprise de taille attend les fans : parmi les cinq musiciens qui l'entourent se trouve Benjamin Biolay. Simple renvoi d'ascenseur pour celui qui, au printemps 2013, avait invité Vanessa à le rejoindre sur la scène du Casino de Paris le temps d'interpréter le duo *Profite* ? Non, l'implication de Benjamin Biolay est totale : non seulement il va jouer plusieurs instruments sur scène mais, surtout, c'est lui qui signe l'habillage musical des vingt-quatre chansons retenues dans la setlist. Orchestrations, arrangements, climats sonores : le son Biolay s'impose jusque dans les moindres détails. Reclus derrière son piano, l'homme, lui, se fait le plus discret possible.

Un énorme cadeau que la chanteuse mesure à sa juste valeur. Lorsqu'on lui demande si, pour elle, cette participation coulait de source, elle s'illumine. « Une évidence ? Ah non, pas du tout. Au contraire, c'est un cadeau si précieux ! Tout ce qu'il apporte… Il a fait tous les arrangements pour la scène, y compris pour les anciennes chansons, ce qui permet de donner une jolie cohérence… Et puis il joue du piano, du violon, du trombone, de la guitare… On a cinq musiciens sur scène et, grâce à lui, on a l'impression qu'on est beaucoup plus [1]. » Omniprésent, Biolay s'offre paradoxalement « le luxe de n'être qu'un musicien [2] », comme le note Benjamin Locoge dans *Paris Match*. « Plusieurs fois, raconte le journaliste, la chanteuse cherchera son alter ego du regard. En vain. Celui-ci, concentré, laisse la fumée de sa cigarette illustrer son propos, avec classe. Biolay a choisi de ne pas s'exposer, poussant le vice jusqu'à interpréter son duo *Les Roses roses* sans être éclairé. »

Un simple paravent pour décor, où sont projetées des images, cinq musiciens sur scène, et pas une seule choriste ! Après sa tournée acoustique deux ans plus tôt, Vanessa n'a pas voulu renouer avec le spectaculaire du « Natural High Tour ». « Je ne suis pas dans la démonstration du show, explique-t-elle. Même si j'adore aller voir ceux des autres ! Mais moi, ce n'est pas mon truc, explique-t-elle. Je veux des moments intimistes mais colorés [3]. » Simple et naturelle, elle refuse les postures de star. Aussi, pourquoi se cacherait-elle pour boire une gorgée d'eau à la bouteille entre deux chansons ?

Ceux qui avaient parié qu'elle jouerait surtout les titres de son dernier album en sont pour leurs frais : seuls huit titres parmi les vingt du double opus seront interprétés sur scène. Vanessa accorde la part belle à ses grands succès. Évidemment, l'élaboration de la setlist n'a pas été simple. « Plus il y a de chansons, plus le choix est difficile. Il y a un équilibre à trouver entre les anciennes et les nouvelles. Parmi les anciennes, il y a des évidences, celles qui font tellement plaisir aux gens… Et à moi aussi ! » Pour le coup, les fans sont conquis : il ne manque aucun des standards de la star, y compris ceux de la première heure, comme *Marilyn & John* et *Joe le taxi*. Surprise ! Sur ce dernier titre, la rumba prend des accents de blues et le trombone joué par Benjamin Biolay a remplacé le mythique saxophone. Ceux qui suivent Vanessa de près savent quel plaisir elle prend à revisiter ses tubes afin de mieux nous cueillir. « J'ai grandi sous les yeux du public. Les anciens morceaux nous lient. Je les revisite comme on le fait des souvenirs, en changeant le cadre des tempos [4]. » Une version de *Tandem* ultra-rock, de *Marilyn & John* hypnotique… Plus étonnant, le titre *Commando*, qui n'avait guère brillé à sa sortie, électrise la salle.

Quant aux extraits du dernier album, la chanteuse est bluffée de constater à quel point son public les a déjà adoptés. « Lorsque je lis les paroles sur les lèvres de ces visages inconnus, lorsque les sons affluent, je flotte, portée en apesanteur. Ça me donne des ailes [5] ! » Ce n'est pas pour rien si Vanessa évoque un fantastique voyage dans les airs pour relater son bonheur absolu d'être sur scène. « Ça me fait l'effet d'un tapis volant. C'est très fort. On décolle loin de là où on est. C'est un moment de plaisir pur [6]. »

Silence de cathédrale, bien sûr, lorsque Vanessa interprète *Le Rempart* et, surtout, *La Chanson des vieux cons*, qui résonnent si fort en elle que la salle semble recueillie, au bord des larmes. « J'ai mis longtemps à pouvoir la chanter sans pleurer. J'avais beau m'entraîner, je la finissais rarement intacte, tant son pouvoir de projection passe par la corde sensible [7] », dira-t-elle, pudique. La gorge nouée, sans que la voix faiblisse jamais, elle termine le morceau sous les applaudissements de Benjamin Biolay.

Ces moments empreints de gravité n'empêchent pas le spectacle d'être joyeux, presque léger à d'autres moments. « Parfois, je donne quelque chose de plus ludique. Je m'amuse comme sur un plateau de cinéma en jouant avec les attitudes, les regards [8]. » C'est son côté actrice, au service des rôles qu'elle interprète dans les morceaux qui racontent une histoire : *Station Quatre-Septembre, Mi Amor,* ou encore *Tu vois c'que j'vois,* qui clôture le spectacle. Joli moment, également : sans le citer, Vanessa rend un hommage délicat à Georges Moustaki, décédé en mai 2013, en prenant *Les Eaux de Mars.* Son seul défi durant le show ? Entraîner le public avec elle. « J'espère qu'ils oublieront leur quotidien et sortiront de là avec un sourire intérieur. Parce que mes chansons ont traversé leur vie [9]. »

Ce qui frappe d'abord, lorsqu'on entend Vanessa Paradis sur scène, c'est la justesse de sa voix, qui révèle une oreille musicale infaillible. La muse est musicienne au-delà de ce qu'on peut imaginer. Elle ressent non seulement les vibrations de chaque instrument, mais également celles de la salle, uniques à chaque concert. Vibrations : un mot qui lui tient à cœur. « C'est la première syllabe qui compte, il y a vie [10] », dit-elle. Chaque soir, elle chante avec son cœur et ses tripes. « C'est le moteur de notre bolide. C'est là que ça vous prend, aux tripes. Là que ça vous envahit, que ça serre, c'est l'axe central de nos ressentis. C'est ce dont nous avons besoin pour chanter, parler, respirer. C'est notre deuxième cerveau [11]. »

En coulisses, la chanteuse sait aussi se montrer chef de bande. « Ce qui est bluffant, confie Charles Bensmaine, son tourneur, c'est sa façon d'emmener les musiciens et l'équipe : nous sommes jusqu'à cinquante personnes à l'entourer dans le vase clos des tournées. Elle a une simplicité de rapport aux autres et une bienveillance unique [12]. » En amont, lorsqu'il s'agit de préparer chaque tableau, de trouver la bonne mise en scène pour chaque chanson, c'est encore son sens de l'écoute qui frappe. « Si elle doute, elle ne s'invente pas. Elle s'interroge beaucoup, elle est précise en tout et s'assure que tout est clair pour chacun [13]. »

Alors que le « Love Songs Tour » affiche complet partout dans l'Hexagone, la complicité manifeste entre Vanessa et Benjamin Biolay nourrit des rumeurs de plus en plus insistantes dans les rédactions. De *Paris Match* à *Voici* en passant par *Elle*, tout le monde est convaincu, en off, d'une *love story* entre le pygmalion et sa muse. Dès le printemps 2013, un proche de Benjamin Biolay, s'adressant à une commerçante, ne cache pas que « tous les deux sont accros l'un à l'autre et s'inondent de SMS [14] ». Seulement, il n'existe aucune preuve de cette prétendu liaison secrète.

D'aucuns voient comme un indice de leur *love story* la décision de Biolay d'accompagner Vanessa sur toutes les dates de sa tournée. En fait, pour aller à la rencontre du public, la chanteuse a besoin d'être entourée, cocoonée. Son tempérament traqueur se sent rassuré lorsqu'elle est en symbiose avec les musiciens qui l'accompagnent. D'où la complicité évidente qu'on perçoit, les sourires, les étonnements, les clins d'œil appuyés, et même les moments où elle se met à la guitare, au tambourin ou à l'harmonica, comme si elle voulait se fondre dans le groupe. Toutefois, lorsqu'on sait la méfiance de Vanessa vis-à-vis des médias, on se dit que si elle a choisi de chanter *Les Roses roses*, leur duo sur scène, en ombres chinoises, c'est sans doute pour ne pas donner en pâture à la presse des regards qui auraient pu trahir d'éventuels sentiments. Comment guetter une étincelle amoureuse dans l'obscurité complète ?

Une chose est sûre : depuis des mois, la chanteuse n'est pas avare de compliments sur le musicien, qu'elle a comparé à « un trésor national de la musique » sur le plateau de *Vivement dimanche*. « Ses chansons d'amour, c'est du kif : les mélodies vous portent, votre plexus solaire vibre, on met de l'oxygène dans votre cerveau », ajoute-t-elle encore, intarissable.

Paradis-Biolay. L'histoire était tellement cousue de fil blanc que, dans un premier temps, certains n'ont pas voulu y croire.

Certes, la légende veut que Benjamin Biolay ait croqué nombre de muses auxquelles il a offert ses chansons. Il a même confié dans *Libération* qu'il pouvait « se comporter comme un salaud avec les femmes ». Alors, on n'imagine pas Vanessa succomber comme les autres. Parce qu'elle est à part, elle ne peut pas être un simple nom dans une liste ouverte de conquêtes. Finalement, c'est lui, le fan inspiré, qui a craqué professionnellement le premier, lui qui a insisté pour être présent durant toute sa tournée. Lui, l'ombrageux, le dépressif chronique, qui a eu besoin de la force lumineuse de la chanteuse. Quant à elle, elle ne pouvait qu'être touchée au cœur par ce musicien surdoué qui a compris sa détresse comme personne.

Très vite, leur histoire musicale s'est nourrie du piment de la créativité clandestine : ils sont un peu devenus les Gainsbourg-Bardot des années 2010. Habitué à mener la danse dans ses histoires d'amour, il semblerait que, cette fois, Benjamin Biolay se soit heurté à un tempérament qu'il ne soupçonnait pas : l'incroyable force de caractère de Vanessa, qui semble, depuis ses débuts, capable de faire plier la réalité selon les caprices de sa volonté.

Le 25 avril 2014, le couple apparaît à la une de *Voici*. Pour le magazine people, le doute n'est plus permis : si Benjamin Biolay a rejoint la chanteuse à Los Angeles, où elle doit assurer la promotion de son premier film américain, *Apprenti Gigolo*, ce ne peut être pour des raisons purement professionnelles. « Cette fois, c'est sûr, il n'y a pas que la musique », écrit la journaliste, évoquant plusieurs dates où le duo a été aperçu sur le sol américain – à New York le 10 avril, à Malibu le 14, et le 16 à l'aéroport de Los Angeles. Fin mai, *Paris Match* publie les clichés réalisés lors d'un défilé Chanel à Dubaï qui s'est déroulé le 13 mai, où tous deux sont côte à côte, complices.

Durant la tournée des festivals, qui débute pour Vanessa le 10 juin 2014 à Lyon, l'auteur de *La Superbe* continue d'accompagner sa muse sur scène. Tous deux partageront même les dates européennes de la chanteuse, s'envolant ensemble pour Barcelone, Londres, Berlin et Amsterdam. Si Vanessa a dû apprendre à vivre loin de ses enfants, la présence de Benjamin lui a redonné la force d'aller de l'avant. Le 26 juin, ils ont dévoilé sur scène un titre inédit aux accents reggae, *Pas besoin de Permis*. Un moment de pure complicité artistique qui résonne comme une devise, un appel à l'irrévérence.

Une chose est sûre, cette histoire prouve une nouvelle fois l'aptitude de Vanessa à renaître sans cesse. Au côté de son nouveau pygmalion, la femme blessée redevient triomphante. Sa collaboration avec Benjamin Biolay va être l'occasion pour elle de prendre un nouveau départ et, en même temps, de retrouver avec bonheur la France, le pays où elle a ses attaches, dont elle s'était éloignée trop longtemps.

41

Retour aux sources

« Si je me sens un peu américaine ?
Non, quelle horreur ! Je me sens très française. »

Vanessa Paradis

Samedi 28 septembre 2013. Elle sillonne les rues de Paris, casquette de Gavroche vissée sur la tête, veste de velours noire, jeans et bottines. Accompagnée d'un ami, le photographe de mode Karim Sadli, elle fait une halte dans une épicerie, en ressort avec des sacs chargés de fruits et légumes, puis regagne son loft parisien sur deux niveaux du Marais. Durant son exil à Los Angeles, c'est sa sœur Alysson qui a occupé, un temps, l'appartement. Lorsqu'elle débarquait à Paris avec Johnny Depp et les enfants, Vanessa séjournait parfois dans un hôtel aménagé sur les vestiges d'une abbaye du XIIIe siècle, à deux pas du Louvre.

Depuis son retour en chansons, la chanteuse a souhaité renouer avec son pays, reprendre ancrage à Paris, « sa ville ». « C'est l'endroit où je me sens le mieux au monde, dit-elle. L'architecture, les ponts, la Seine m'émeuvent. J'aime l'histoire devant mes yeux. J'ai beau connaître Paris depuis quarante ans, mon émerveillement est toujours intact [1]. » Pour repartir d'un bon pied, elle a totalement fait réaménager le loft, créant des cloisons afin d'y accueillir des chambres d'enfants. Quatre mois ont été nécessaires pour que tout soit transformé à son goût. La déco, qui datait de l'époque Lenny Kravitz, a été totalement modifiée : finis les foulards sur les lampes et les canapés de velours. Place au design des années 1930, passion que Johnny Depp aura réussi à lui transmettre. Pour l'aider dans ses choix, son papa est venu l'aider. On les a notamment aperçus, en juillet 2012, en train de choisir du mobilier de salle de bains rétro au « Bain Rose », rue d'Assas. Désormais âgé de soixante-dix ans, André Paradis a ralenti le rythme de son business. En 1998, il avait acheté « les Sources », un domaine de cinq hectares situé à Saint-Rémy-de-la-Vanne, en Seine et Marne, où, en plus de son atelier de décoration, il avait ouvert un piano-restaurant et des salles de réception. Une ancienne usine de pâte à papier en pierre meulière du XIXe siècle traversée par un cours d'eau, le Grand Morin, et irriguée de sept sources, au milieu de trois hectares de bois. Désireux de passer une retraite paisible sous le ciel de Provence, André a mis en vente son petit paradis.

Depuis qu'elle s'est à nouveau enracinée dans la capitale, Vanessa voit moins ses enfants, qui sont restés, eux, scolarisés à Los Angeles. C'est pour leur bien-être qu'elle n'a jamais sérieusement envisagé de les rapatrier avec elle après sa rupture avec Johnny Depp. « Mes enfants sont franco-américains, et je dois tenir compte de leurs origines, de leurs envies. Les écoles y sont mieux qu'ici. Ce sont des établissements créatifs, où l'on encourage la pratique du cinéma, de la musique, du sport, juge-t-elle. Petite, j'aurais rêvé d'aller dans ces écoles [2]. » Toutes les cinq ou six semaines, la chanteuse traverse l'Atlantique en douze heures pour les retrouver. Elle habite désormais une villa aux murs blancs de plus de 500 mètres carrés à West Hollywood, cadeau de Johnny Depp d'une valeur de plus de 4 millions de dollars. Non loin, au-dessus de Sunset Boulevard, l'acteur a conservé sa demeure gothique, que Lily-Rose a rebaptisée le « Depp Manor ».

Malgré le luxe de son nouveau « home sweet home », Vanessa apprécie de moins en moins la vie californienne. « Quand on arrive là-bas après quelque temps à Paris, on a ces palmiers verts, ce ciel bleu… Mais le ciel bleu à l'année, ça rend fou. Ce qui me manque le plus, c'est de marcher dans la rue, les terrasses des cafés. Là-bas, on passe notre temps en voiture. Et les saisons ! Et puis, Los Angeles est une ville où on peut se sentir très seule [3] », dit-elle. Lorsqu'on lui demande si elle se sent « un peu américaine », la réponse est lapidaire : « Non, quelle horreur ! Je me sens très française [4]. » Elle ne supporte pas non plus les interdits qui régentent le quotidien là-bas. « En Amérique, je ne pourrais pas fumer une clope devant vous, ça ferait un scandale [5]. »

Quant au sentiment d'anonymat, qu'elle savourait lors de ses premiers voyages à L.A., il a volé en éclats dès les débuts de son histoire avec Johnny Depp, qui a attiré des meutes de paparazzi. « Ils sont beaucoup plus agressifs là-bas. Ils ont tous les droits, avec des caméras en plus [6]. » Seul avantage de la vie sur la Côte Ouest ? Le décalage horaire, qui permet à Vanessa de savourer une vraie tranquillité. « Quand il est 10 heures du matin à Los Angeles, il est 19 heures en France. Donc, on vous fiche la paix. Moins de pression, de deadline. Une planète différente [7]. »

Pendant l'absence de la chanteuse, c'est l'acteur qui prend en charge les enfants. En 2013, il a profité de la promotion planétaire de son dernier film, *The Lone Ranger,* pour leur faire découvrir du pays. Lors d'un voyage au Japon, mi-juillet, tous les trois sont apparus au côté d'Amber Heard, la nouvelle compagne de Johnny, très complice avec Lily-Rose et Jack. Des images qui auraient déplu à Vanessa. Tout comme elle aurait peu apprécié que son ex évoque à plusieurs reprises leur séparation lors d'interviews, brisant un pacte qu'ils avaient conclu sur le sujet.

« Peu importe la raison qui fait qu'on décide de rompre, confie ainsi l'acteur, en juin 2013, au magazine *Rolling Stone.* Cela n'enlève pas le fait que tu tiens toujours à cette personne, qu'elle est la mère de tes enfants et que vous resterez indéfiniment dans la vie l'un de l'autre à cause de vos enfants [8]. » Dans le même entretien, il explique pourquoi il a informé Lily-Rose et Jack de la situation du couple. « Tu ne peux pas les protéger parce que tu serais obligé de leur mentir. Donc, tu es honnête avec eux et tu leur dis toute la vérité [9]. » De quelle vérité s'agit-il ? Plus Johnny Depp se confie, plus on comprend lequel des deux a mis fin à la divine idylle. Dans *Gala*, il adresse même un mea culpa au public français. « J'espère ne pas être banni de la France pour ça. C'est un pays et une culture que j'apprécie énormément. Vanessa est une excellente mère et une femme formidable. Pourvu que les Français me pardonnent [10]. »

Derrière sa volonté d'apaisement, sans jamais faire référence à son coup de foudre pour Amber Heard, l'acteur ne cesse, au fond, d'assumer sa responsabilité dans la séparation. Et lorsqu'on lui demande s'il est envisageable, à l'avenir, qu'il tourne au cinéma avec Vanessa, il n'exclut rien. « Auparavant c'était délicat, mais plus maintenant. Nous sommes restés proches et en bons termes. Il n'y a pas de malaise entre nous. Nous avons réussi à surmonter notre séparation [11]. »

Le bien-être des enfants… Une préoccupation que la chanteuse partage à égalité avec son ex-compagnon. Pourtant, les suivre à distance depuis Paris lui donne, en plus du vide affectif que représente leur absence, quelques sueurs froides… « Ce n'est jamais simple, on ne va pas se voiler la face, c'est très stressant », dit-elle avant de relativiser, insistant sur sa chance, par rapport à d'autres mères qui travaillent, d'avoir « toujours eu de l'aide [12] ». En effet, Lily-Rose et Jack bénéficient d'une nounou qui veille sur eux et, lorsque l'adolescente de quatorze ans sort en ville avec ses copines, un garde du corps les accompagne en permanence et les ramène à la maison.

Longs cheveux châtain clair, front immense et silhouette ultra-menue : la fille de Vanessa semble une réplique de sa maman au même âge. Toutefois, elle a hérité du regard noisette de son papa. Quant à son look, décrié comme « trop sexy » par les médias américains, il est bien plus déluré que celui qu'affichait sa mère. Short en jeans moulant, mini-bustier et Dr Martens aux pieds : la petite semble n'avoir peur de rien. À côté, les jeans et les sweat-shirts trop larges que portait Vanessa à quatorze ans semblent presque sages.

Comme sa maman à l'époque, l'adolescente, qui adore être dans la lumière, voudrait grandir plus vite. Pourtant, malgré ses velléités d'être chanteuse, Lily-Rose brûle surtout de vivre sa jeunesse californienne dorée en profitant de chaque seconde. Entre les virées shopping, les cours et les concerts de boys bands, son quotidien est suffisamment riche pour nourrir sa page Facebook, son compte Instagram et son blog, baptisé « Kalilyfornia », où fusionnent le virtuel et le réel. Ainsi, le 17 juillet 2013, elle postait une photo d'elle avec des copines et Harry Styles, des One Direction, groupe dont elle est fan, comme toutes les filles de son âge. En 2011, sa mère l'avait même accompagnée, pas très fière, à un concert de Justin Bieber…

« Sa fille lui ressemble : elle fait ce qu'elle veut, note Catherine Schwaab. Comme les ados californiennes, elle est émancipée et culottée. Elle n'a peur de rien [13]. » Dire que Vanessa approuve cette exposition serait mentir : elle s'est juste fait une raison. « Je ne peux pas priver mes enfants de leur adolescence à cause de ma vie », dit-elle, résignée. Une déclaration qui la renvoie à sa propre adolescence, dont elle a été amputée en raison de sa carrière. Alors, même si elle doit avoir peur pour ses enfants, les laisser vivre ce qu'elle n'a pas pu expérimenter elle-même n'a pas de prix. Comme ses propres parents, elle ne veut surtout pas saborder leurs désirs. « Mes parents ne connaissaient rien au show-business. Ils avaient peur que je ruine mon adolescence et même ma vie si je persévérais. Mais ils ont vu que j'en crevais d'envie et, du coup, ils m'ont fait une confiance aveugle [14]. »

En même temps, si elle devait choisir, Vanessa préférerait que Lily-Rose patiente un peu avant de se lancer. « J'espère qu'elle prendra le temps de vivre sa vie et d'apprendre son métier. C'est bien de faire les choses dans cet ordre, et pas l'inverse [15] », confie-t-elle comme si elle regrettait d'avoir tout fait à l'envers. La chanteuse aimerait aussi que sa fille apprécie davantage la langue de Molière, qu'elle a avoué, sur son compte Twitter, ne parler « qu'un petit peu », affirmant même qu'elle s'ennuyait pendant les cours de français.

Heureusement, Jack lui donne un peu moins de fil à retordre. Si, à onze ans, il a déjà ouvert un compte Twitter, il ne s'expose pas autant que sa sœur. Au besoin, toutefois, il ne s'interdit pas de tacler un follower trop curieux qui lui demande s'il est exact que son père collectionne les poupées Barbie. « C'est faux ! Arrête de lire les magazines ! », écrit-il. Comme Johnny Depp, il adore Marilyn Manson, Alice Cooper et le hard-rock en général – des goûts musicaux que Vanessa apprécie davantage que ceux de Lily-Rose. De toute façon, quels que soient leurs coups de cœur, la chanteuse est fan de ses rejetons. « Ma fille adore chanter. Jack, lui, est guitariste. Et je peux vous dire que, s'ils se lancent dans cette carrière, ce sera une bonne chose pour la musique [16]. » Preuve que ces enfants de stars sont gâtés au-delà de ce qu'on peut imaginer : pour ses dix ans, Jack a eu droit à un concert privé de Marilyn Manson. Quant à Lily-Rose, elle a eu droit à un cadeau encore plus magique pour ses quinze ans : un premier grand rôle au cinéma au côté de son père dans *Yoga Hosers*, de Kevin Smith – auparavant, elle avait fait une apparition dans *Tusk*, un film d'horreur sorti en septembre 2014.

En juillet 2013, Jack et Lily-Rose étaient venus rejoindre leur maman sur le tournage de *Sous les jupes des filles,* la comédie que Vanessa tournait pour Audrey Dana – elle y incarne Rose, big boss d'une entreprise qui a un taux de testostérone anormalement élevé. Chaperonnés par Alysson, les enfants avaient assisté à l'une des séquences les plus colorées du film : un spectaculaire flashmob organisé sur l'esplanade du Trocadéro, en présence des autres actrices du film, dont Isabelle Adjani, l'une des premières idoles de la chanteuse. Un été où la star avait dû renouer avec un peu plus de simplicité : le *Vajoliroja,* le yacht sur lequel les Paradis ont passé des vacances inoubliables, a été mis en vente par Johnny Depp quelques mois auparavant.

Sur la manière dont l'ex-couple a géré le versant financier de leur séparation, le dossier a été soigneusement tenu secret. Si le *Daily Mail* a évalué leur patrimoine immobilier à 236 millions d'euros, plus des trois quarts de ce capital appartiennent en fait à l'acteur. En effet, même si la chanteuse est l'une des artistes hexagonales les mieux payées avec, en moyenne, des revenus annuels de 1,3 million d'euros, les émoluments de Johnny Depp dépassent, eux, les 40 millions d'euros chaque année. « Il est possible que l'éventualité de la séparation ait été envisagée, dans une convention entre les deux parties, dès la naissance du premier enfant [17] », explique Yves Tolédano, avocat spécialiste des divorces.

Vanessa et Johnny Depp n'ayant jamais été mariés, la rupture n'entraîne pas le partage légal des biens. « Si rien n'oblige l'acteur à verser des indemnités compensatoires à son ex-compagne, poursuit l'avocat, rien ne lui interdit non plus d'attribuer une donation qui compense la différence entre leurs deux trains de vie [18]. » Réputé, à juste titre, pour son tempérament généreux, l'acteur a œuvré pour que la mère de ses enfants puisse continuer à bénéficier d'un standing de star : en plus de la maison qu'il lui a offerte à West Hollywood, il lui laisse la pleine jouissance du domaine de Plan-de-la-Tour, dont ils sont copropriétaires. En revanche, Johnny Depp reste l'unique propriétaire des points de chute qu'il collectionne aux quatre coins du globe : une île privée aux Bahamas, au sud de Nassau, un palais du XVIIe siècle à Venise, ou encore un loft à Los Angeles.

S'il est impossible d'évaluer avec exactitude la fortune de la chanteuse, elle se chiffrerait, selon certaines sources, en comptabilisant son patrimoine immobilier, en dizaine de millions d'euros.

Le signe d'une incontestable réussite financière pour une artiste qui n'a jamais cessé d'avoir la tête sur les épaules. Conseillée par sa mère, qui gère ses revenus depuis ses débuts en privilégiant les placements lucratifs, Vanessa est d'un tempérament plus fourmi que cigale. De quoi regarder l'avenir avec sérénité. De quoi aussi se sentir libérée de toute considération commerciale dans ses choix artistiques futurs, au cinéma comme dans la chanson.

42

QUARANTE ANS ET DES POUSSIÈRES

« Vieillir avec des rides et le sourire, c'est mieux qu'avec la peau tirée et aucune expression. »

Vanessa Paradis

La scène se passe le 12 février 2010. Ce jour-là, Vanessa a rendez-vous avec Karl Lagerfeld pour une séance photos destinée à promouvoir les sacs Coco Cocoon. Assise sur la banquette arrière d'un taxi, vêtue d'un trench bleu marine et de solaires mouche, elle observe par la vitre les quais de Seine qui défilent. Au téléphone avec une amie, elle s'étonne en regardant sa montre. « Je ne suis pas très en retard. J'ai rendez-vous à 13 h 30 et il est 13 h 35. Si j'avais été à l'heure, j'aurais été beaucoup trop en avance. Ils vont être surpris de me voir arriver. »

La chanteuse le reconnaît avec humour : elle est systématiquement en retard. Même sur scène, durant le « Love Songs Tour », en 2013, il lui est arrivé de se faire attendre plus de dix minutes avant de revenir chanter lors des rappels. Une attitude que ses proches ont fini par accepter, mais qui agace ses interlocuteurs professionnels. Pour les médias, ce mépris de la ponctualité n'arrange pas son cas. Déjà réputée glaciale et compliquée, elle irrite les journalistes en les faisant systématiquement mariner. D'où cette légende de star capricieuse qui lui colle à la peau. Vanessa en a pleinement conscience. « C'est un métier où tu peux très vite devenir un monstre, confiait-elle déjà en 1990. Tu peux devenir quelqu'un de totalement inhumain [1]. » Abuse-t-elle parfois de son statut de star ? Affirmer le contraire serait faux.

Lorsque la spirale de la célébrité vous entraîne dès vos quatorze ans, comment ne pas ériger un mur en béton armé entre vous et le reste du monde ? À l'époque, Vanessa ne comprend pas pourquoi les médias la rejettent après l'avoir encensée. « Ce que je trouve injuste, dit-elle alors, c'est que quand on rencontre des gens, ils ont déjà plein d'idées, de préjugés alors que tu n'as pas encore ouvert la bouche. Ça m'effraie et ça me gêne [2]. » Un traumatisme qui l'aurait amenée à se replier sur elle-même, et à se hérisser de piques, comme un animal blessé prêt à mordre. « Elle a dix armures comme seconde peau », observe Marianne Mairesse, qui l'a interviewée en 2007 pour *Marie Claire* dans une suite du Lutetia.

Certes, la promotion est un exercice qu'elle déteste, et Dieu sait qu'elle ne sait pas tricher. Mais il y a une autre raison à son attitude rigide. « C'était normal d'être parano avec ce que j'ai vécu de quatorze à dix-sept ans [3] », a-t-elle confié un jour, lucide. Avec les années, ce contrôle absolu de sa parole est devenu un redoutable mécanisme de défense, lui permettant de traverser les décennies en gardant une part de ce mystère qu'elle affectionne chez ses idoles, Marilyn Monroe et James Dean. « On n'est pas la dernière grande star pour rien, explique la journaliste Françoise-Marie Santucci. Ou par hasard. On l'est, aussi, parce qu'on a tout verrouillé [4]. » Garder une part de secret est un moyen de préserver son intégrité, ce droit qu'elle revendique de ne pas devenir transparente pour les autres. « Je n'ai pas envie qu'on lise tout ce qui se passe dans mon cerveau [5]. »

Sa vie amoureuse a suscité suffisamment de pages dans les magazines people pour que Vanessa ne se méfie pas, d'instinct, de trop en dire sur le sujet. « Le danger pour elle serait de devenir un people, d'être dévorée par son image et les frasques de sa vie. Qu'on ne s'intéresse plus qu'à cela et qu'on boude ses albums ou ses films [6] », redoute Jean-Pierre Pasqualini. Voilà pourquoi, lorsque son histoire avec Johnny Depp s'est achevée, certains oiseaux de mauvais augure ont prédit la fin de sa carrière : en perdant une part de sa puissance fantasmatique, que resterait-il d'elle ? C'était oublier que Vanessa s'est construite seule, sans l'aide de ses amoureux successifs, si célèbres soient-ils.

C'était oublier, aussi, son lien indéfectible avec le public qui l'a vue grandir et, surtout, qui a grandi avec elle. « Sa rupture n'affaiblit pas son image, explique Olivier Nuc. Au contraire, ça peut la rendre plus sympathique, plus humaine, aux yeux de ceux qui traversent aussi des galères sentimentales. Beaucoup de gens voient leurs propres contes de fées se défaire[7]… » C'est sans doute parce qu'elle est devenue plus proche des préoccupations de sa génération que le public féminin se rue en masse, désormais, à ses concerts.

Toutefois, si la célébrité a rendu la chanteuse limite parano, ceux qui la côtoient de près vantent paradoxalement sa spontanéité et sa simplicité. « Elle est d'une méfiance, d'une pudeur inouïes, confirme Olivier Nuc. Et, en même temps, elle peut se montrer incroyablement chaleureuse lorsqu'elle est en confiance. » Et le journaliste de raconter un souvenir remontant à 2008. Ce jour-là, le hasard veut qu'Olivier Nuc soit présent au même moment dans les studios où elle enregistre *Il y a* pour son best-of. « Elle me reconnaît, se lève et, devant le directeur de sa maison de disques, me saute au cou en s'écriant : "C'est mon copain de lycée, c'est mon copain de lycée !" J'étais complètement désarçonné par sa spontanéité[8]. »

Impulsive et entière, elle peut décocher des flèches comme improviser un câlin. « Dans la vie, elle met toujours le paquet[9] », explique Patrice Leconte. Et elle ne s'en cache pas : « Les autres sont toujours en train de me dire : "Calme-toi, Vanessa[10] !" » Son tempérament de feu, qui a été le moteur de sa carrière, lui a souvent joué des tours, la faisant parfois exploser dans des colères épiques. Sa grand-mère paternelle le confirme : « Elle est un peu autoritaire, quand même[11] ! »

Pourtant, si sa carapace peut donner l'impression qu'elle est hautaine, perchée au-dessus du commun des mortels, elle se montre, paradoxalement, dans ses déclarations, d'une grande modestie. Sur sa voix, d'abord, qui ne la séduit pas. « Je n'ai pas une voix puissante. J'ai mis longtemps à l'aimer, mais maintenant elle me va. Je ne peux pas dire qu'elle me plaise. Ce que j'écoute, c'est mon interprétation, pas ma voix [12]. » Avec une sincérité désarmante, elle confesse également ne pas trop écouter ses propres chansons. « Ma musique ne me hante pas. Je n'écoute pas mes disques sauf au moment d'en commencer un nouveau. » Sur l'écriture des paroles, elle ne se tresse pas davantage de lauriers. « Tout le monde est capable d'écrire des chansons mais tout le monde n'est pas capable d'en écrire de bonnes, dit-elle. Moi aussi je peux écrire des chansons, mais pas des bonnes, ou très peu de bonnes [13]. »

Cette forme de lucidité l'a toujours protégée face au culte de sa propre image. Si Vanessa joue de son personnage et, surtout, sait exactement quels bénéfices elle peut tirer de sa notoriété, elle n'est jamais tombée amoureuse de son reflet dans le miroir. C'est pourquoi, sans décourager les marques de sympathie qui convergent vers elle, elle n'encourage personne à l'idolâtrer. Si elle traite ses fans avec respect, elle ne peut masquer une certaine stupeur. « Ces gens vous regardent comme si leur vie ne pouvait exister sans vous. Ils donnent l'impression de vous connaître. Chaque fois, j'ai un mouvement de recul. Ça me fait peur, ça me touche aussi, et ça me rend un peu triste pour eux [14]. » La chanteuse sait aussi que certains fans extrêmes peuvent présenter des comportements inquiétants. « À la fin des années 1990, elle avait trouvé un cinglé en rentrant chez elle, rue du Pont-aux-Choux, qui l'attendait en écoutant un de ses disques [15] », me raconte Christophe. Une anecdote que lui a confiée Fabienne, la sœur de Corinne, qui a longtemps géré le fan-club de sa nièce. Malgré tout, elle s'est, à maintes reprises, montrée chaleureuse envers ses admirateurs, ouvrant parfois sa loge aux plus fidèles d'entre eux, comme ce 28 juillet 2014, après un concert mémorable à Carcassonne.

Certains reprochent à Vanessa d'être trop centrée sur sa petite personne, jusqu'à sembler indifférente aux problèmes qui secouent la planète. « Elle est déconnectée du réel, ne se rend pas compte du monde tel qu'il est, ne s'intéresse pas du tout à la politique, ne lit pas les journaux », me dit Olivier Nuc. « Je sais qu'elle a quitté l'école tôt, mais ce n'est pas une raison pour rester aussi peu cultivée », confie, en off, une journaliste qui la suit. « Dès qu'une question est un peu compliquée, elle fronce les sourcils, et il n'y a plus personne [16] ! »

Pourquoi le nierait-elle ? Vanessa n'achète pas les quotidiens, n'écoute pas les informations à la radio, préfère ne pas voter plutôt que de se prendre la tête avec les questions politiques, évite de se prononcer sur les débats de société. « Je ne me sens pas engagée du tout, dit-elle. Sinon dans la réussite de l'éducation de mes enfants et le bonheur des gens que j'aime [17]. »

Un exemple éloquent de ce refus de prendre position dans des causes qui, selon elle, la dépassent ? Début 2011, alors qu'elle s'est lancée dans une tournée internationale, qui passe par Londres, New York, Los Angeles et Montréal, elle annule une représentation prévue à Tel-Aviv le 10 février. Selon son tourneur, Auguri Productions, cette décision s'explique par des « impératifs professionnels de l'artiste ». Mais le Bureau national de vigilance contre l'antisémitisme (BNVCA) estime, lui, que « les producteurs ont cédé aux "menaces" d'un mouvement propalestinien qui prône le boycott contre Israël comme une réponse aux colonies israéliennes en territoires occupés [18] ». Des allégations qui, selon l'hebdomadaire *Le Point*, se fondent sur le fait que, le 15 janvier, avant un concert de Vanessa à Conflans-Sainte-Honorine, des militants du mouvement Euro-Palestine appelaient l'artiste à annuler son déplacement en Israël, brandissant des pancartes où l'on pouvait lire : « Vanessa, que vas-tu chanter aux enfants de Gaza ? » Simple coïncidence ? C'est à la suite de ce concert, en tout cas, que la chanteuse a renoncé à son concert de Tel-Aviv.

Il faut pourtant noter une exception à ce refus de s'engager : la question du mariage pour tous, qui a enflammé l'Hexagone en 2013. « Je suis tellement triste de tout ce qui se passe dans la rue, ces manifs contre le mariage pour tous, cette violence. Ce climat homophobe m'a bouleversée. Qu'on en vienne à se taper dessus pour quelque chose qui devrait couler de source, mais, putain, c'est pour ça que le monde ne tourne pas rond [19] ! », a-t-elle confié, consternée par la situation.

D'ordinaire, elle laisse à d'autres le soin de se prononcer sur ces questions de politique ou de société. Par modestie. Et aussi parce qu'elle ne se sent pas légitime pour distribuer bons et mauvais points. Son rôle n'est pas de commenter, mais d'apporter sa pierre à l'édifice en donnant du grain à moudre avec ses chansons et ses rôles au cinéma. « C'est peut-être une manière de me cacher les problèmes [20] », dit-elle, laconique.

Sa vision du monde, toutefois, finit par percer à travers ses déclarations. Ainsi, Vanessa avoue ne pas aimer « l'obsession compulsive pour les nouvelles technologies » qui a bouleversé nos habitudes en seulement quelques années. « Cela ne fait pas si longtemps que je sais envoyer un e-mail. Et j'ai dû m'y mettre à cause de l'école de mes enfants, sinon je m'en passerais bien. Je suis une femme de mon temps avec une grosse nostalgie du passé [21]. » On ne l'imagine pas recluse dans le culte du passé ? Pourtant, lorsqu'on lui demande ce qui la rend nostalgique, sa réponse détonne : « Les relations humaines approfondies, les longues lettres qu'on s'envoyait, les déplacements beaucoup plus lents mais plus beaux dans leur singularité [22]. » Que reproche-t-elle à la révolution de l'Internet ? « La technologie a bien sûr des côtés extraordinaires, mais nous avons perdu en grâce l'émotion de l'attente amoureuse, de l'excitation des retrouvailles [23]. »

Ce qu'elle déplore, de façon plus générale, c'est le risque de dissolution du contact humain qui fait pourtant le sel de l'existence. L'immixtion des nouvelles technologies dans la sphère privée n'est-elle pas contraire aux valeurs qu'elle cultive ? Serge Frydman, qui l'a dirigée dans *Mon Ange*, assure que Vanessa déborde de générosité, et pas seulement dans son jeu d'actrice. « Pour moi, ça compte énormément d'avoir croisé sa route. C'est un vrai cadeau. Elle a laissé des traces dans ma vie et mon cœur [24]. »

Serge Ubrette, l'un de ses intimes, le confirme au téléphone : « C'est une amie extraordinaire, qui sait se montrer forte quand vous n'allez pas bien [25]. » Elle ne revendique pas plus d'une petite poignée d'amis très proches – cinq, précise-t-elle. Des anonymes, pour la plupart, dont elle suit le parcours depuis plus de vingt ans. Des « tombes » qui ne révéleront jamais rien des confidences échangées avec elle. « J'aime voir mes amis. Ce ne sont pas des amis d'enfance, mais je les connais depuis vingt ans. On se retrouve autour d'un bon repas, en toute simplicité [26] », avoue la chanteuse.

Ce sens de l'amitié, Vanessa l'a prouvé maintes fois en multipliant les collaborations avec d'autres artistes, sans chercher un coup marketing, juste pour faire plaisir à ceux qui le lui demandaient. Elle est d'ailleurs sans conteste l'interprète française qui s'est prêtée le plus souvent à l'exercice des duos. Chansons partagées avec des monstres sacrés, comme Charles Aznavour, ou des artistes méconnus, comme son ami Alain Lanty… C'est encore le cas lorsqu'elle participe à un album hommage à Alain Bashung en 2011, sur lequel figurent, entre autres, Benjamin Biolay et les BB Brunes, ou encore lorsqu'elle reprend, en 2012, *Malaise en Malaisie* sur *Elles et lui,* l'album de duos d'Alain Chamfort.

Pour ne pas devenir le « monstre » que cette exposition précoce aurait pu faire d'elle, Vanessa cultive les valeurs positives. La maternité l'a beaucoup aidée à se détacher de son nombril. « Je suis devenue une personne meilleure, moins égoïste, moins égocentrique [27] », jure-t-elle. Sa rencontre avec Lenny Kravitz l'avait déjà orientée vers davantage de spiritualité. Face à Johnny Depp, au temps du bonheur, elle a maintes fois éprouvé le sentiment d'être « meilleure grâce à lui [28] ». Et si Vanessa ne se sent pas appartenir à quelque confession religieuse que ce soit, elle n'hésite pas à clamer sa foi. « Je n'ai pas de religion, mais je crois en Dieu. Je fais attention aux signes. Je fais ma cuisine [29]. »

Le 22 décembre 2012 n'était pas tout à fait un jour comme les autres : Vanessa Paradis a fêté ses quarante ans, en toute discrétion. Ce jour-là, Lily-Rose a posté sur son blog : « Je vous remercie pour tous vos messages d'anniversaire destinés à ma mère. Je lui en ai montré certains, elle a aimé leur chaleur et a passé une super-journée. » Soudain, toute la France a mesuré qu'il s'en était passé, du temps, depuis *Joe le taxi*. « À l'époque, je regardais les quadras comme des vieillards quasi gâteux, alors qu'en fait pas du tout : regardez-moi. C'est vrai, quoi ! Tout cela se nourrit de l'intérieur... Tant qu'on est émerveillé, on ne vieillit pas trop vite [30]. »

Vieillir... Un horizon terrifiant pour tant de chanteuses et d'actrices, qui se raccrochent comme à une bouée à leur jeunesse en fuite. Apparemment, pas elle. « C'est inévitable, alors pourquoi je devrais stresser [31] ? », dit-elle, philosophe. En même temps, avoir gardé cette silhouette adolescente, après quarante ans, n'est pas le fruit du hasard. Lorsqu'il s'agit de son corps, Vanessa n'est pas du genre à se laisser aller. Selon le magazine *Glamour*, ses mensurations seraient 86-58-87 (poitrine-taille-hanches) pour un poids plume de 47 kilos.

Il y a une petite dizaine d'années, la star répondait à ceux qui la trouvaient incroyablement mince : « On me dit, qu'est-ce que tu fais comme muscu ! Pas du tout ! Lily-Rose et Jack sont toujours dans mes bras [32]. » S'il est vrai qu'elle a pu se dispenser pendant longtemps de surveiller sa ligne, estimant être « plutôt vernie [33] » en ce qui concerne ses gènes, elle s'astreint désormais à un régime strict pour conserver son capital séduction. Et ça marche si bien qu'il lui arrive de dénicher, non sans fierté, des vêtements au rayon ado qui lui vont comme un gant. « J'arrive parfois à me trouver une minijupe taille seize ans [34]. »

Pourtant, son gabarit de brindille ne correspond vraiment pas à ce qu'elle rêvait d'être. « Ça fait longtemps que j'ai accepté mon physique, dit-elle. Mais la jeune femme qui me faisait rêver, adolescente, c'était Béatrice Dalle. L'opposé de ce que je suis. » Si elle a durablement été complexée de ne pas afficher une poitrine plus généreuse, elle a fini par s'accepter telle qu'elle est. Quitte à en rire... Ainsi, en 1990, elle ose un duo mémorable avec Elmer Food Beat qui parle de « gros nénés » : « Je t'aime pour ça / Parce que tu as les plus gros / Et pour moi / Il n'y en a jamais de trop [35] », hurle le chanteur du groupe en s'adressant à elle.

Barre au sol pour la souplesse et la tonicité musculaire, cours de yoga : Vanessa entretient sa forme au quotidien et exerce un contrôle quasi absolu sur son corps. Pour garder cette silhouette élancée qui lui donne sa photogénie et lui assure nombre de ses contrats publicitaires, elle refuse de prendre un gramme. Comment fait-elle ? « Il n'y a pas de mystère : elle doit s'affamer », analyse la journaliste Catherine Schwaab. Qui ajoute : « Même avec une bonne nature, il est difficile de rester mince, surtout après deux accouchements. C'est un petit format. À force de limiter son alimentation, son appétit a sans doute fini par se restreindre [36]. » La journaliste de *Paris Match* sait de quoi certaines femmes sont capables pour continuer à profiter de leur garde-robe. « Rester mince est devenu une obligation impérieuse », dit-elle. Abuse-t-elle des exercices de musculation ? C'est la question que nombre d'internautes n'ont pas manqué de poser lorsqu'elle a dévoilé ses biceps impressionnants en recevant sa dernière Victoire de la musique… Peu indulgente avec elle-même, la star n'est pas la dernière à reconnaître qu'elle en fait parfois trop.

Serait-elle enfermée dans l'image de Lolita qui l'a révélée au public ? « Il n'est pas impossible que ce qui constitue une empreinte dans la mémoire du public soit devenu une sorte de prison pour elle [37] », analyse Jean-Pierre Pasqualini. Imagine-t-on Vanessa Paradis avec cinq, voire dix, kilos de plus ? Impensable ! Ce qui montre bien que, au-delà de la chanteuse reconnue qu'elle est sans conteste aujourd'hui, son statut d'icône tient en grande partie à son apparence gracile. Heureusement, selon son ami Patrice Leconte, elle a su, professionnellement, sortir de l'adolescence. « Même si elle fait moins que son âge, elle n'est jamais tombée dans le cliché navrant de la Lolita attardée. Elle vieillit un peu moins vite que les autres, c'est sûr, mais tant mieux pour elle [38]. »

Comme pour apporter la preuve qu'elle pouvait s'émanciper de son empreinte de Lolita, la chanteuse a fait sensation, en décembre 2013, à peine sa tournée achevée, en sacrifiant ses longs cheveux. Une coupe ultracourte, cheveux bouclés, signée John Nollet, qui a d'abord été mal accueillie, déclenchant les railleries des internautes. La chanteuse, elle, est restée droit dans ses bottes, se confiant au magazine *Elle* pour éteindre l'incendie capillaire. « C'est John Turturro qui m'a proposé de couper mes cheveux pour tourner dans le court-métrage qu'il réalisait pour *Rio, I Love You.* [...] Ce n'était pas très grave de poser la question, tout ce qu'il risquait, c'était que je refuse. Et j'étais partante, extrêmement partante, même [39]. » Si Vanessa refuse d'avouer que sa nouvelle tête est le signe d'un nouveau départ dans sa vie, les mots qu'elle emploie trahissent son nouvel état d'esprit : « On se sent différente, c'est vrai. Ça donne plus d'énergie, on se sent plus jeune que vieille [40]. » À ceux qui voudraient la fossiliser dans ses habits de *Joe le taxi*, elle démontre qu'elle est prête à casser son image pour aller de l'avant...

Quant à son visage, il a peu changé en vingt-cinq ans de carrière. Si elle a coupé ses cheveux, Vanessa a gardé ses dents du bonheur et ses joues rebondies. Ses traits se sont juste un peu creusés avec le temps et de petites rides sont apparues au coin des yeux. Pas question pour elle, toutefois, de succomber à l'appel du bistouri. « La chirurgie, franchement, ça me fait peur. Je ne juge pas mais, pour l'instant, je n'ai rien vu de convaincant, enfin ça se voit comme le nez au milieu de la figure [41]. » Et pour ceux qui n'auraient pas bien saisi le message, elle assène une de ces formules dont elle a le secret : « Vieillir avec des rides et le sourire, c'est mieux qu'avec la peau tirée et aucune expression [42]. »

Si, physiquement, Vanessa fait des efforts pour rester ultramince, mentalement les années lui ont indéniablement apporté un peu de sérénité. « Comme beaucoup de gens, dit-elle, je me sens bien plus heureuse aujourd'hui qu'à vingt ans. J'ai eu des hauts et des bas, des doutes et des certitudes, mais je n'ai pas peur d'aller vers mes quatre-vingts ans ! Je suis dans le présent. Je n'ai pas la recette du bonheur, mais le moteur, je crois, c'est simplement d'avoir envie [43]. »

Vivre le présent avec intensité lui permet de ne pas trop s'inquiéter pour l'avenir. « Ça me plaît de ne pas savoir », dit-elle. Sagesse ou art consommé de la fuite ? Quand la question de l'avenir me traverse l'esprit, j'essaie d'y échapper, je n'y réponds pas. Je me demande comment je pourrais vivre sans chanter – et en même temps m'imaginer sur scène à soixante ans, je ne sais pas[44]… »

Lorsqu'on l'invite à se projeter dans vingt ans, elle songe à son enfance, se souvient de son papa travaillant dans son atelier de décoration, au milieu d'un joyeux bazar. « Je me vois vivre très simplement, faire des travaux manuels toute la journée, n'importe quoi, de la terre glaise, de la peinture, du dessin, du collage. Des trucs que m'a transmis mon père. C'est tellement bon d'arriver à faire quelque chose de ses mains. Pendant ce temps-là, l'esprit se repose[45]. » Sophie Fontanelle, de *Elle*, imagine l'avenir de Vanessa avec sérénité. « Je la vois assez vivre à la Madrague. Et se foutre de tout. Et faire un film une fois de temps en temps, et nous sidérer. Elle a toujours avancé comme ça, par petits bonds prodigieux et rares[46]. »

Son secret pour durer, c'est qu'à chaque fois elle se sent débutante. « Chaque fois que je tourne un film, j'ai l'impression de repartir de zéro, de rien. De devoir tout remettre en route. J'ai toujours rêvé de participer à des stages intenses, apprendre le métier pour pouvoir se débarrasser de la technique[47]. » L'école, on en revient toujours là. À ce complexe fondateur. Comme si Vanessa était incapable d'imprimer durablement quoi que ce soit. « Les nouveaux projets me réexpédient toujours au point de départ. Ensuite, je fonce avec toute mon envie et le meilleur de moi-même. Enfin, j'espère[48]. » Cette appréhension d'être interrogée par son professeur alors qu'elle a peur de ne pas savoir sa leçon l'accompagne encore aujourd'hui. « Elle veut être reconnue comme une bonne élève », me dit Joshua Darche.

Si Vanessa a tant besoin d'intensité dans sa carrière et dans sa vie, c'est aussi à cause de *Joe le taxi*. Un succès aussi fulgurant, lorsqu'on débute, laisse forcément des traces. Lorsqu'elle chante cette chanson, qui la relie à ses auteurs, c'est comme une empreinte où elle remet ses pas. « Je me sens toujours en contact avec cette Vanessa-là, je ne peux pas être détachée de qui j'étais. C'est ce qui fait que ma vie est comme ça aujourd'hui [49]. »

D'où son besoin, pour se sentir pleinement vivante, d'aborder des territoires inconnus d'elle. Ses envies, elle les identifie clairement. « Des choses que je n'ai jamais faites comme le théâtre ou carrément une revue. Une comédie musicale aussi au cinéma ou sur une scène. Mais il faudrait que ce soit quelque chose de spécial, de nouveau, qui me donne envie de me jeter dans l'aventure [50]... » Les planches la terrifient. C'est pourquoi, jusqu'ici, elle a refusé les propositions qu'on lui a offertes. « Au théâtre, on n'a pas le droit à l'erreur. Et sur scène, sans la musique, je crois que j'aurais trop peur du silence [51]. » Quant à l'idée d'une comédie musicale, il s'agit d'un rêve de petite fille. En découvrant *Chicago* au cinéma, elle se serait bien imaginée dans le casting.

L'idée de réaliser son propre film la titille également. « J'adore prendre des photos et le cadrage est quelque chose qui m'a toujours intéressée. J'aurai certainement envie de réaliser mon film un jour [52]. » Ce sera pour plus tard. Ou pas. Garder des rêves, c'est s'accorder le droit de continuer à être connecté avec son enfance. « Je n'ai pas de rêve impossible [53] », a-t-elle confié un jour. Avoir connu tant de belles expériences et ne pas être blasée, c'est encore l'un des mystères de Vanessa. « Si on n'est pas passionné quand on a la chance de faire ce métier, on est totalement ingrat », a-t-elle ainsi lancé un jour à Claude Sérillon. Avant d'ajouter, alors que le journaliste lui demandait si elle avait encore des rêves : « Heureusement, oui ! Mais je n'ai pas envie de tout vous raconter [54]... »

Épilogue

Qui est vraiment Vanessa Paradis ? Pour répondre à cette question, au terme de ce livre, certaines anecdotes valent mieux que tous les qualificatifs de la terre. Après avoir écouté tant de témoins me parler d'elle, me revient comme un écho la voix du cinéaste Serge Frydman. « Ça m'est arrivé de l'appeler quand je faisais du vélo, me raconte-t-il. Je m'étais arrêté sur le bord de la route et je regardais les passants. Là, elle m'a dit : "Toute ma vie, j'ai rêvé de regarder passer les gens." Et puis, la seconde d'après, elle a fait marche arrière. Elle a dit : "Je suis qui pour me plaindre comme ça ?" Elle ne se plaint jamais d'avoir des paparazzi dans sa cuisine ou de ne pas pouvoir s'installer à une terrasse de café en se moquant de la tronche des gens qui passent. Elle vit un conte de fées. Elle trouve sa vie incroyable [1]. »

Les contes de fées ont un prix. Vanessa le sait, mais elle n'est pas prête à tout sacrifier sur l'autel de la gloire. « On ne peut pas vouloir vivre un métier public et dire : "Je ne veux pas que l'on me regarde quand je fais mes courses." Et puis, c'est une habitude à prendre. Ça dépend aussi de son caractère. Ça ne me rend pas extrêmement sociable, mais je n'ai pas non plus envie de vivre et de discuter avec tout le monde [2]. » Au nom de quoi, en effet, devrait-elle sourire à tout le monde et tout partager avec des inconnus croisés dans la rue ? En quoi sa notoriété devrait-elle l'obliger à se laisser dévorer par la foule ? Si elle se bat, c'est pour continuer à s'appartenir un peu, ne pas être prisonnière du désir des autres, rester libre de ses choix.

Au fond, le goût de la liberté est sans doute le trait de caractère qui la définit le mieux. À côté d'autres stars qui semblent surinvestir leur carrière au point d'oublier le reste, elle donne le sentiment d'être une exception dans un milieu obsédé par le rendement. Désormais, elle semble faire des chansons comme on soigne les roses de son jardin, sans se précipiter, sans brusquer sa nature. De même, elle accepte des rôles au cinéma sans se mettre de pression, comme on rencontre des amis merveilleux. « Un parcours étrange, avec des fulgurances, en voix, en pub, en film, résume Sophie Fontanel. Des éclats qui la placent au cœur de l'histoire de la chanson française, et valent de l'or. Une grâce immense, et un manque d'investissement, il me semble, ce qui la rend très touchante [3]. »

En cherchant les mots qui la résument le mieux, Jérôme Attal lâche, lui aussi, le mot « grâce ». « Pour moi Vanessa est une icône pop et en même temps une fille d'une incroyable simplicité et d'une totale liberté. Liberté dans ses choix, liberté qu'elle laisse aux auteurs. Je trouve qu'elle n'a pas arrêté de faire des choix judicieux et incontestables, et toujours avec grâce. La grâce que les garçons ont peu et que les filles qui nous bouleversent ont tant [4]. »

Bien sûr, cette impression de facilité ne correspond pas à la réalité : Vanessa est une bûcheuse, une fille qui ne laisse rien au hasard, et surtout jamais passer sa chance. D'où ce destin exceptionnel qui montre à quel point la force de la volonté est fondamentale dans la réalisation d'un rêve. « Ce qui est extraordinaire dans son cas, c'est qu'elle soit toujours là, note le scénariste Patrick Boudet. Elle apparaît sur un plateau de télé et on la retrouve comme au temps de *Joe le taxi.* Qu'elle n'ait pas perdu pied ou sombré, comme tant d'autres, dans la drogue, après tout ce qu'elle a vécu, ça tient du miracle. Elle reste une sorte de repère immuable dans nos vies instables [5]. »

Redoute-t-elle que tout s'arrête un jour parce que le succès ne serait plus au rendez-vous ? « Oui, j'ai peur, avoue-t-elle. Mais je n'y peux rien. Je ne peux qu'essayer de faire mieux [6]. » En même temps, on ne la sent pas prête à mendier l'affection du public comme d'autres stars qui se raccrochent désespérément aux branches pour survivre dans ce métier. Si tout devait s'arrêter ? « Je crois que je tiens ça de mon papa : je suis extrêmement fataliste [7]. » De toute façon, son avenir matériel est assuré. Grâce à sa maman, qui veille toujours sur ses comptes, Vanessa est sûre de ne jamais manquer de rien.

Sa force, pour éviter la déroute, c'est de s'être inventé une vie où il lui est donné, chaque fois, de rebondir. De s'inventer d'autres vies. Ainsi a-t-elle toujours pris soin de ne jamais trancher entre chanson et cinéma. Longtemps, elle a dû se justifier, dans une France qui aime les étiquettes, de cette double casquette. « Faire carrière dans la chanson et dans le cinéma, c'est comme être métis : on n'est admis ni par les uns, ni par les autres [8]. » Un parcours hors norme qui a brouillé son image. « Dans le monde de la musique, on me voit vraiment comme une chanteuse qui fait des films de temps en temps. Mais dans le monde du cinéma, on me voit plutôt comme une chanteuse qui vient au cinéma [9]. »

Heureusement, avec le temps, Vanessa a imposé cette manière d'avancer, et tout le monde a fini par s'habituer. « Si je n'ai pas à choisir, j'aime autant. Parce que c'est tellement agréable de faire des films, d'être dirigée, d'être la poupée de quelqu'un. Ça permet de sortir de sa propre peau. S'il fallait choisir, je garderais la musique. C'est quelque chose de plus personnel, de plus fort. C'est votre univers, vos couleurs. Mais l'idéal, en fait, c'est de passer de l'un à l'autre. C'est très agréable de ne pas avoir à choisir [10]. »

Lorsque Antoine de Caunes, sur le plateau du *Grand Journal,* lui demande : « Vous ne vous vivez pas comme une chanteuse en fin de parcours, j'espère ? », elle répond : « Non, pas du tout ! » À quarante et un ans, elle n'a pas fini de nous surprendre. « Moi, mon truc, c'est aller "différent" chaque fois [11] », confiait-elle à ses débuts. Depuis, elle n'a pas varié d'un pouce cette manière d'avancer qui lui est si singulière et qui, à chaque fois, la rend si fraîche. Quand trop d'artistes se murent dans la répétition, elle se réinvente sans cesse, ouvrant grand ses fenêtres pour renouveler l'oxygène qui la fait respirer.

« Je ne sais pas ce qui la fait courir, s'interroge Olivier Nuc. C'est comme si elle se sentait obligée de continuer à susciter ce désir mystérieux. » Obligée ? Pas exactement. Car, entre-temps, Vanessa a réussi à rendre sa vie aussi passionnante qu'un roman, tout en évitant de la faire basculer dans la tragédie, comme ce fut le cas pour Marilyn et James Dean, ses idoles. Plus riche encore qu'un film, sa vie est un feuilleton dont le public ne s'est jamais lassé. « Ce qui me fascine, s'émerveille Olivier Nuc, c'est qu'elle reste une promesse, après vingt-cinq ans de carrière. » « Un héros de roman, c'est n'importe qui dans la rue, mais qui va jusqu'au bout de lui-même », expliquait Honoré de Balzac. Vanessa Paradis a réussi l'exploit de devenir l'héroïne de sa propre vie sans jamais épuiser ses chances de se réinventer. Voilà pourquoi, depuis un quart de siècle, ses chansons provoquent en nous l'effet d'un puissant enchantement. Un sortilège qui n'est pas près de s'éteindre.

Remerciements

Lorsque j'ai commencé ce projet, jamais je n'aurais imaginé qu'il représenterait une telle somme de travail. Afin de mener l'enquête la plus complète possible, j'ai rencontré des dizaines de témoins qui m'ont éclairé sur le parcours et la personnalité de Vanessa. Je voudrais les remercier ici. Sans eux, ces pages ne seraient que chimères.

En premier lieu, Raymonde Paradis, qui m'a parlé de sa petite-fille avec des éclats de rire touchants.

Patrice Leconte, qui m'a reçu en confiance dans son bureau parisien.

Serge Frydman, pour la finesse de ses analyses et la profondeur de son amitié pour Vanessa.

Pierre Terrasson, pour sa bonhomie et sa générosité.

Jean-Claude Brisseau, pour son regard décapant.

Olivier Nuc, pour sa sensibilité et la justesse de ses mots.

Bernard Mouillon, pour la précision de sa mémoire et sa belle âme.

Joshua Darche, pour son enthousiasme communicatif.

Serge Ubrette, pour m'avoir ouvert son cœur.

Madame Leblanc, pour ses souvenirs sur l'élève Paradis.

Jérôme Attal, pour son infinie délicatesse.

Bébert, des Forbans, pour sa gentillesse.

Jean Rochefort, Léa Drucker, Michael Lonsdale, Jérôme Marroc-Latour, Nicole Schluss pour leur courtoisie.

Jean-Pierre Pasqualini, pour la pertinence de ses analyses.

Catherine Schwaab, pour son détachement lumineux et son immense classe.

Stéphane Clerget, pour ses analyses psychologiques.

Jérémie Assous et Yves Tolédano, pour leur éclairage juridique.

Stéphane Singlard, pour ses lumières astrologiques.

Emmanuel Marolle, Stéphane Basset, Sophie Fontanel, pour leurs anecdotes précieuses.

Christophe Lemoine pour sa relecture méticuleuse.

David d'Equainville, Marie-Pierre Faure, Cédric Potiron, Patrick Boudet, Frédéric Chaleil, Marie Pavlenko, Sophie Brugeille, Sandie Rigolt, Aurélie Raya, Laurent Sabathié, pour m'avoir éclairé, parfois sans le savoir, sur la personnalité de Vanessa.

Merci à ceux qui, même s'ils ont souhaité rester anonymes, ont apporté leur pierre à cet édifice.

Merci aux auteurs qui se sont penchés, avant moi, sur le cas Paradis, et m'ont indirectement apporté leur aide : Nicole Korchia et Alain Grasset, Alain Wodrascka, David Lelait-Helo, Delphine Sloan, Florence Rajon, Claire Lescure ; une pensée spéciale pour mon ami Erwan Chuberre, disparu le 25 août 2014.

Merci à Michel Drucker pour ses conseils et sa bienveillance, qui sont pour moi un encouragement constant.

Une pensée amicale pour Gilles Verlant, à qui je dédie ce livre, qui reste à mes yeux un maître dans l'art de la biographie.

Merci à Pascale, pour avoir toléré ces centaines d'heures passées avec une autre, blonde de surcroît. À Solenn et Mathilde, mes trésors les plus chers, qui ont attendu tant de longs dimanches que leur papa sorte de son bureau pour aller jouer au parc Martin Luther King.

Merci également à Thierry Billard de m'avoir, une fois de plus, accordé sa confiance.

Merci à Jean-Baptiste Mondino pour la sublime photo qui illustre la couverture de ce livre.

Et, bien sûr, merci à Vanessa elle-même. Si je ne l'avais pas autant aimée et admirée, jamais je n'aurais eu la patience d'écrire son histoire.

Discographie sélective

Cette discographie recense la totalité des albums enregistrés en studio et en public de Vanessa Paradis, ainsi que ses participations, nombreuses, aux albums d'autres artistes, sans oublier ses incursions musicales dans l'univers du cinéma. Si les singles sont également répertoriés, ne figure pas, en revanche, dans cette liste, l'intégralité des supports (versions destinées aux radios, vinyles, éditions collector, etc.) déclinés autour d'un même titre.

Albums studio et live

M & J (1988)

Marilyn et John – Maxou – Le bon Dieu est un marin – Mosquito – Soldat – Joe le taxi – Coupe coupe – Chat Ananas – Scarabée – Marilyn And John (English Version)
Singles extraits : *Joe le taxi – Manolo Manolete* (non enregistré sur l'album) – *Marilyn & John – Maxou – Coupe coupe – Mosquito*

Variations sur le même t'aime (1990)

L'Amour à deux – Dis-lui toi que je t'aime – L'Amour en soi – La Vague à lames – Ophélie – Flagrant Délire – Tandem – Au charme non plus – Variations sur le même t'aime – Amour jamais – Ardoise – Walk On The Wild Side

Singles extraits : *Tandem – Dis-lui toi que je t'aime – L'Amour en soi*

VANESSA PARADIS (1992)

Natural High – I'm Waiting For The Man – Silver And Gold – Be My Baby – Lonely Rainbows – Sunday Mondays – Your Love Has Got A Handle On My Mind – The Future Song – Paradis – Just As Long As You Are There – Gotta Have It

Singles extraits : *Be My Baby – Sunday Mondays – Just As Long As You Are There – Natural High*

VANESSA PARADIS LIVE (1994)

Natural High – Les Cactus – Marilyn et John – As Tears Go By – Tandem – Dis-lui toi que je t'aime – Joe le taxi – La Vague à lames – Maxou – Sunday Mondays – Silver And Gold – Gotta Have It – Lonely Rainbows – I'm Waiting For The Man – Be My Baby – Just As Long As You Are There

Singles extraits : *Les Cactus – Gotta Have It*

BLISS (2000)

L'Eau et le vin – Commando – When I Say – Pourtant – Que fait la vie ? – Les Acrobates – La La La Song – L'Air du temps – Saint-Germain – Dans mon café – Firmaman – La ballade de Lily Rose – Bliss

Singles extraits : *Commando – Pourtant – Que fait la vie ?*

AU ZÉNITH (2001)

Intro – L'Eau et le vin – Sunday Mondays – Dans mon café – Walk On The Wild Side – Dis-lui toi que je t'aime – L'Eau à la bouche – Joe le taxi – Saint-Germain – Requiem pour un con – Que fait la vie ? – La La La Song – This Will Be Our Year –

Pourtant – Tandem – Commando – Marilyn et John – Bliss – Les Acrobates
Singles extraits : *L'Eau à la bouche – Walk On The Wild Side*

DIVINIDYLLE (2007)

Divine Idylle – Chet Baker – Les Piles – Dès que je te vois – Les Revenants – Junior Suite – L'Incendie – Irrésistiblement – La Bataille – La Mélodie – Jackadi
Singles extraits : *Divine Idylle – Dès que je te vois – Les Piles*

DIVINIDYLLE TOUR

Irrésistiblement – Divine Idylle – Les Piles (avec M) – *Be My Baby – Dis-lui toi que je t'aime – Que fait la vie ? – La Mélodie – Junior Suite – Varvara Pavlovna – Pourtant – La Bataille – Joe le taxi – Emmenez-moi – L'Incendie – Les Revenants – Chet Baker – Dès que j'te vois – Saint-Germain – Jackadi – Le Tourbillon*
Singles extraits : *Les Piles* (en duo avec M) – *Joe le taxi*

BEST OF (2009)

CD1
Il y a (inédit) – *Pourtant – Marilyn & John – Dis-lui toi que je t'aime – Joe le taxi – Maxou – Sunday Mondays – Tandem – Natural High – Commando – Be My Baby – Divine Idylle – Dès que j'te vois – Just As Long As You Are There – Que fait la vie ? – L'Incendie*
CD2
Marilyn & John (version acoustique inédite) – *Dans mon café – La Déclaration d'amour* (duo live avec M) – *Jackadi – I love Paris* (inédit) – *Emmenez-moi* (live) – *La Ballade de Johnny Jane* (duo live avec Jane Birkin) – *When I Say – Concia chachacha – Saint-Germain – This Will Be Our Year* (live) – *Les Filles électriques* (duo live avec Alain Souchon) – *Made in Asia* (extrait du Soldat rose) – *Abracadabra – I Wouldn't Dare – Scarabée* (version acoustique inédite) – *Varvara Pavlovna* (version studio inédite en CD)
Single extrait : *Il y a*

Une nuit à Versailles (2010)

Pourtant – Que fait la vie ? – Junior Suite – Scarabée – Dans mon café – Chet Baker – Bliss – Saint-Germain – Jackadi – When I Say – La Mélodie – Sunday Mondays – Joe le taxi – Be My Baby – Le Temps de l'amour – L'Incendie – Dis-lui toi que je t'aime – Divine Idylle – Tandem – Il y a – Une nuit à Versailles

Aucun single extrait

Bonus de l'édition collector : le DVD du concert

Love songs (2013)

CD 1

L'Au-delà – Love Song – C'est quoi ? – Les Espaces et les Sentiments – Prends garde à moi – Tu pars comme on revient – The Dark It Comes (en duo avec Carl Barât) – *Rocking Chair – Station Quatre-Septembre – Tu vois c'que je vois*

CD 2

La Crème – Le Rempart – Mi Amor – New Year – Tu si na cosa grande – Sombreros – Être celle – Doorway – La Chanson des vieux cons – Les Roses roses (en duo avec Benjamin Biolay)

Singles extraits : *Love Song, Les Espaces et les Sentiments, Mi Amor*

Collaborations musicales

Normal (album de Franck Langolff, 1986) : chœurs sur deux chansons

Pour toi Arménie (1989) : single caritatif

Cadillac (album de Johnny Hallyday, 1989) : chœurs sur *Si j'étais moi*

Atlantique (album d'Alain Lanty, 1991) : chœurs sur *Tant bien que mal*

Elle et Louis (album de Louis Bertignac, 1993) : chœurs sur *Oubliez-moi, La Petite Poupée, L'Amour interdit, L'Arroseur arrosé* et *La Fille d'Essaouira*

PASSER MA ROUTE (album de Maxime Le Forestier, 1995) : chœurs sur *Chienne d'idée*

RHYTHM & LOVE (album de Gerry DeVeaux, 1996) : duo sur *Voici les clés (de mes secrets)* et chœurs sur *Don't Take Back Your Love*

MA CHANSON D'ENFANCE (album caritatif, 2001) : reprise du *Tourbillon de la vie*

BON ANNIVERSAIRE, CHARLES ! (hommage à Charles Aznavour, 2004) : duo sur *Au creux de mon épaule*

LE SOLDAT ROSE (album collectif, 2006) : *Made in Asia*, *Un papa, une maman* et *Love, love, love*

BUNGALOW (album d'Albin de la Simone, 2009) : duo sur *Adrienne*

PANDEMONIUM ENSUES (album de Glenn Tilbrook, 2009) : chœurs sur *Interest & Love*

COULEURS SUR PARIS (album du groupe Nouvelle Vague, 2010) : duo avec Étienne Daho sur *Week-end à Rome*

DR TOM OU LA LIBERTÉ EN CAVALE (conte musical de Franck Langolff, 2010) : duo avec Thomas Dutronc sur *Smiley*

ET VOUS, ET VOUS, ET VOUS (album *live* de Jacques Dutronc, 2010) : duo sur *Le Petit Jardin*

TELS ALAIN BASHUNG (album hommage à Alain Bashung, 2011) : *Angora*

MONSIEUR DAHO (album compilation d'Étienne Daho, 2011) : duo sur *Heures hindoues*

FROM GAINSBOURG TO LULU (album de Lulu Gainsbourg, 2011) : duo avec Johnny Depp sur *Ballade de Melody Nelson*

ELLES ET LUI (album de duos de chansons d'Alain Chamfort, 2012) : duo sur *Malaise en Malaisie*

VENGEANCE (album de Benjamin Biolay, 2012) : duo sur *Profite*

TOGETHER (Steve Nieve, 2013) : duo sur *Conversation*

LONG-COURRIER (album du groupe BB Brunes, 2013) : duo sur *Bye bye*

Bandes originales de films

ATLANTIS de Luc Besson (1991) : duo avec Éric Serra, *Time to Get Your Lovin*

LE PETIT POUCET d'Olivier Dahan (2001) : *La Lune brille pour toi / Close Your Eyes*

ATOMIK CIRCUS des frères Poiraud (2004) : six chansons écrites par The Little Rabbits, dont *Ma Pétroleuse, James Bataille, Mustang, Concia Chacha* et *Le Petit Vent du désert*

THELMA, LOUISE ET CHANTAL de Benoît Pétré (2010) : *Vous les copains*, version arrangée par Keren Ann.

UN MONSTRE À PARIS de Bibo Bergeron (2011) : quatre chansons dont *Papa Paname, Un p'tit baiser* et *La Seine* en duo avec Matthieu Chedid.

A MONSTER IN PARIS de Bibo Bergeron (2012) : quatre chansons en anglais dont *La Seine* en duo avec Sean Lennon.

APPRENTI GIGOLO de John Turturro (2014) : *Tu si na cosa grande*

RIO, I LOVE YOU de John Turturro (2014) : *Plus d'amour*

Vidéographie

PORTRAIT (1990)

Documentaire sur l'enregistrement de l'album *Variations sur le même t'aime* avec interviews en studio de Vanessa et Serge Gainsbourg. Bonus : le clip de *Tandem*.

LES CLIPS (1994)

Compilation de 13 clips sur VHS, de *Joe le taxi* à *Natural High*.

LES ENFOIRÉS (1993-2001)

De 1993 à 1997, le spectacle annuel des Enfoirés est disponible en VHS. À partir de 1998, il est gravé sur DVD. La participation de Vanessa aux Restos du cœur s'est interrompue en 2001.

LE SOLDAT ROSE (2006)
Intégralité du conte musical donné le 12 novembre 2006 au Grand Rex, à Paris. Bonus : les coulisses du spectacle et de l'enregistrement du CD.

DIVINIDYLLE TOUR (2008)
Concert et reportage montés sous forme d'un documentaire réalisé par les frères Poiraud.

L'ANTHOLOGIE (2010)
Extraits du *Natural High Tour* de 1993, intégralité du « Concert privé » pour Canal + de 1996, et sélection des prestations télévisées marquantes de la chanteuse.

Filmographie

Longs-métrages

Noce blanche (Jean-Claude Brisseau, 1989)
Élisa (Jean Becker, 1995)
Un Amour de sorcière (René Manzor, 1997)
Une Chance sur deux (Patrice Leconte, 1998)
La Fille sur le pont (Patrice Leconte, 1999)
Atomik circus, le retour de James Bataille (Didier Poiraud et Thierry Poiraud, 2004)
Mon Ange (Serge Frydman, 2005)
La Clef (Guillaume Nicloux, 2007)
L'Arnacœur (Pascal Chaumeil, 2010)
Dubaï Flamingo (Delphine Kreuter, 2012)
Café de Flore (Jean-Marc Vallée, 2012)
Je me suis fait tout petit (Cécilia Rouaud, 2012)
Cornouaille (Anne Le Ny, 2012)
Apprenti gigolo (John Turturro, 2014)
Sous les jupes des filles (Audrey Dana, 2014)

Participations

Le Plaisir (et ses petits tracas) (Nicolas Boukhrief, 1997) : participation vocale

Lost in la Mancha (Keith Fulton et Louis Pepe, 2003) : making-of de *L'homme qui a tué Don Quichotte*

Pollux, le manège enchanté (Jean Duval, 2005) : voix de Margotte (doublage)

Un Monstre à Paris (Éric « Bibo » Bergeron, 2011) : doublage (voix de Lucille) et chant

Rio, I Love You (John Turturro, 2014) : court-métrage

Notes

1. Courriel à l'auteur du 16 mai 2013.
2. Propos recueillis par l'auteur le 26 mars 2013.

Prologue

1. *Vanessa Paradis, la vraie histoire*, M6, 22 juillet 2012.
2. Propos recueillis par l'auteur le 16 février 2013.
3. Propos recueillis par l'auteur le 30 mars 2013.
4. Propos recueillis par l'auteur le 15 mai 2013.
5. Propos recueillis par l'auteur le 19 novembre 2013.
6. *Salut*, 1993.
7. *Les Inrocks*, octobre 2000.
8. Nicole Korchia et Alain Grasset, *Vanessa Paradis*, JC Lattès, 1993.
9. Propos recueillis par l'auteur, le 30 mars 2013.
10. Propos recueillis par l'auteur le 19 novembre 2013.
11. *Elle*, 10 août 2012.
12. *Elle*, 3 janvier 2005.
13. *Next*, 6 avril 2013.
14. Propos recueillis par l'auteur le 6 avril 2013.

1. Enfant chérie

1. Nicole Korchia et Alain Grasset, *op. cit.*
2. Propos recueillis par l'auteur le 30 mars 2013.
3. Propos recueillis par l'auteur le 18 avril 2013.
4. Propos recueillis par l'auteur le 9 janvier 2014.

5. *Première*, janvier 1997.
6. David Lelait-Helo, *Vanessa Paradis*, Librio, 2006.
7. *Les Inrockuptibles*, du 30 avril au 7 mai 2013.
8. Propos recueillis par l'auteur le 1er juillet 2013.
9. *Ibid.*
10. Propos recueillis par l'auteur le 21 mars 2013.
11. *Elle*, décembre 2002.
12. *Ibid.*
13. Vanessa Paradis, la vraie histoire, M6.
14. *Elle*, décembre 2002.
15. *Les Inrockuptibles*, du 30 avril au 7 mai 2013.
16. *Télé 7 Jours*, décembre 1990.
17. *Studio*, juillet-août 2004.
18. *Elle*, décembre 2002.
19. Allociné.com, 16 août 2012.
20. *Marie-Claire*, juin 1990.
21. *Studio*, octobre 1996.
22. *Ibid.*
23. *L'Express*, 15 mai 2013.
24. *Studio*, juillet-août 2004.
25. *Elle*, décembre 2002.
26. *Télé 7 Jours*, 1989.
27. Propos recueillis par l'auteur le 1er juillet 2013.
28. *Première*, avril 1994.
29. *Voici*, 30 octobre 1989.
30. *Marie Claire*, juin 1990.
31. Propos recueillis par l'auteur le 17 février 2014.
32. Propos recueillis par l'auteur le 26 avril 2013.
33. Propos recueillis par l'auteur le 18 avril 2013.
34. Propos recueillis par l'auteur le 1er juillet 2013.
35. *Vanessa Paradis, La vraie histoire*, M6, diffusé le 18 juillet 2012.

2. L'École des fans

1. Vanessa Paradis, *Documentary*, 1990.
2. *Vanessa Paradis, la vraie histoire*, M6.
3. *L'Étudiant*, novembre 1992.
4. *Télé 7 Jours*, 1989.
5. *Elle*, décembre 2002.

3. *La Magie des surprises-parties*

1. *Vanessa Paradis, La vraie histoire,* M6.
2. Propos recueillis par l'auteur le 23 mars 2013.
3. *Les Inrockuptibles*, du 30 avril au 7 mai 2013.
4. *Fréquenstar*, 1992.
5. *Ibid.*
6. Propos recueillis par l'auteur le 23 avril 2013.

4. En studio avec Sophie Marceau

1. Propos recueillis par l'auteur le 22 avril 2013.
2. *Ibid.*
3. *Elle*, décembre 2002.
4. Propos recueillis par l'auteur le 1er juillet 2013.
5. Propos recueillis par l'auteur le 22 avril 2013.
6. *Ibid.*
7. *Vanessa Paradis, la vraie histoire*, M6, diffusé le 18 juillet 2012.
8. *Ibid.*
9. *Ibid.*
10. *Ibid.*
11. *Clin d'œil*, juin 2013.
12. Nicole Korchia et Alain Grasset, *op. cit.*
13. *Ibid.*
14. *Elle*, 20 novembre 2009.

5. Le disque, enfin !

1. Propos recueillis par l'auteur le 22 avril 2013.
2. *Vanessa Paradis, la vraie histoire*, M6, 22 juillet 2012.
3. *Elle*, 20 novembre 2009.
4. Nicole Korchia et Alain Grasset, *op. cit.*
5. Propos recueillis par l'auteur le 18 avril 2013.
6. *Vanessa Paradis, la vraie histoire*, M6, 22/07/2012.
7. *Paris Match*, mars 1990.
8. Propos recueillis par l'auteur le 18 avril 2013.
9. *Libération*, août 1987.
10. *L'Express*, 23 novembre 2009.
11. *Graffiti*, décembre 1988.
12. Propos recueillis par l'auteur le 18 avril 2013.
13. *Ibid.*

14. *Vanessa Paradis, la vraie histoire*, M6, 22 juillet 2012.
15. *Ibid.*
16. *Vanessa Paradis, la vraie histoire*, M6, 22 juillet 2012.
17. *L'Express*, 2000.
18. *Vanessa Paradis, la vraie histoire*, M6, 22 juillet 2012.
19. *Ibid.*
20. *Ibid.*
21. *Ibid.*
22. *Ibid.*

6. L'été qui a tout changé

1. *Marie Claire*, septembre 2007.
2. *Vanessa Paradis, la vraie histoire*, M6, 22 juillet 2012.
3. *Le Matin*, août 1987.
4. *Jours de France*, décembre 1989.
5. *Paris Match*, 1990.
6. Propos recueillis par l'auteur le 16 avril 2013.
7. *Nana*, novembre 1987.
8. *Ibid.*
9. *Télé Poche*, septembre 1987.
10. Propos recueillis par l'auteur le 18 avril 2013.
11. *Vanessa Paradis, la vraie histoire*, M6, 22 juillet 2012.
12. Propos recueillis par l'auteur le 18 avril 2013.
13. *Ibid.*
14. *Ibid.*
15. Nicole Korchia et Alain Grasset, *op. cit.*
16. Propos recueillis par l'auteur le 17 janvier 2014.
17. Nicole Korchia et Alain Grasset, *op. cit.*
18. Propos recueillis par l'auteur le 18 avril 2013.
19. Propos recueillis par l'auteur le 6 avril 2013.

7. L'école est finie

1. Propos recueillis par l'auteur le 16 avril 2013.
2. *Ibid.*
3. *Graffiti*, décembre 1988.
4. Propos recueillis par l'auteur le 16 avril 2013.
5. *Ibid.*
6. *Ibid.*

7. *Ibid.*
8. *L'Express*, 9 juillet 2012.
9. *Max*, avril 1988.
10. *Marie Claire*, septembre 2007.
11. Propos recueillis par l'auteur le 16 avril 2013.
12. Propos recueillis par l'auteur le 16 avril 2013.
13. Propos recueillis par l'auteur le 8 février 2013.

8. Pourquoi tant de haine ?

1. Vanessa Paradis, *Documentary*, 1990.
2. *Vanessa Paradis, la vraie histoire*, M6, 22 juillet 2012.
3. *L'Express*, novembre 2000.
4. *Vanessa Paradis, la vraie histoire*, M6, 22 juillet 2012.
5. Vanessa Paradis, *Documentary*, 1990.
6. *Rolling Stone*, 1990.
7. *Vanessa Paradis, la vraie histoire*, M6, 22 juillet 2012.
8. *Studio*, janvier 1995.
9. *Vanessa Paradis, la vraie histoire*, M6, 22 juillet 2012.
10. Propos recueillis par l'auteur le 8 février 2013.
11. *Libération*, octobre 2000.
12. Propos recueillis par l'auteur le 6 avril 2013.
13. *C à Vous*, 17 mai 2013.
14. *Ibid.*
15. *Vanessa Paradis, la vraie histoire*, M6, 22 juillet 2012.
16. *Paris Match*, mars 1990.
17. *DS*, octobre 2000.
18. Vanessa Paradis, *Documentary*, 1990.
19. Propos recueillis par l'auteur le 18 avril 2013.
20. Propos recueillis par l'auteur le 30 mars 2013.
21. Propos recueillis par l'auteur le 26 avril 2013.
22. *Première*, juillet 2004.
23. *Vivement dimanche*, France 2, janvier 2005.
24. Propos recueillis par l'auteur le 18 avril 2013.
25. Propos recueillis par l'auteur le 16 avril 2013.
26. *Vanessa Paradis, la vraie histoire,* M6, 22 juillet 2012.
27. *Ibid.*
28. *Cool*, 1988.
29. *Ibid.*
30. Propos recueillis par l'auteur le 19 novembre 2013.
31. Propos recueillis par l'auteur le 18 avril 2013.

32. Nicole Korchia et Alain Grasset, *op. cit.*
33. Le Grand Journal, novembre 2009.
34. *Elle*, 20 novembre 2009.
35. *Elle*, 10 août 2012.
36. *Première*, juillet 2004.
37. *Rolling Stones*, mai 1990.

9. *Marilyn & John*

1. *Cool*, 1988.
2. *Ibid.*
3. Propos recueillis par l'auteur le 8 février 2013.
4. Propos recueillis par l'auteur le 18 avril 2013.
5. *Cool*, 1988.
6. *Ibid.*
7. *Elle*, décembre 2002.
8. *Studio*, octobre 1996.
9. Propos recueillis par l'auteur le 30 mars 2013.
10. *Cool*, 1988.
11. Propos recueillis par l'auteur le 6 avril 2013.
12. *Cool*, 1988.
13. Propos recueillis par l'auteur le 23 mars 2013.

10. Florent Pagny

1. Propos recueillis par l'auteur le 6 avril 2013.
2. Propos recueillis par l'auteur le 30 mars 2013.
3. Propos recueillis par l'auteur le 6 avril 2013.
4. *Ibid.*
5. *Ibid.*
6. *Ibid.*
7. *Voici*, 30 octobre 1989.
8. *Ibid.*
9. *Ibid.*
10. *Télé Star*, septembre 1992.
11. Propos recueillis par l'auteur le 16 avril 2013.
12. *Télé Star*, septembre 1992.
13. *Vanessa Paradis, la vraie histoire*, M6, 22/07/2012.
14. *Voici*, 30 octobre 1989.
15. *Ibid.*

16. Propos recueillis par l'auteur le 23 mars 2013.
17. *Ibid.*
18. *Marie Claire*, septembre 2012.
19. Propos recueillis par l'auteur le 6 avril 2013.
20. *Ibid.*
21. *Ibid.*
22. *Le Meilleur de Florent Pagny*, M6, 28 juillet 2007.
23. *Ibid.*
24. *Star Club*, 1989.
25. *Voici*, 30 octobre 1989.

11. *Noce blanche*

1. *Noce blanche*, édition collector du vingtième anniversaire, 2007.
2. *Ibid.*
3. *Première*, novembre 1989.
4. *Ibid.*
5. *Ibid.*
6. *Vanessa Paradis, la vraie histoire*, M6, 22 juillet 2012.
7. *Noce blanche*, édition collector du vingtième anniversaire, 2007.
8. *Ibid.*
9. *Platine* n° 19, mars 1995.
10. *L'Express*, novembre 1989.
11. *Noce blanche*, édition collector du vingtième anniversaire, 2007.
12. *Bord Cadre*, CinéCinéma Premier, janvier 2005.
13. *Première*, novembre 1989.
14. Courriel à l'auteur du 22 mai 2013.
15. Le Cherche Midi, 2005.
16. *Ibid.*, p. 139.
17. *Ibid.*, p. 151.
18. *Libération*, 26 octobre 2005.
19. *Ibid.*
20. Propos recueillis par l'auteur le 31 août 2014.
21. *Noce blanche*, édition collector du vingtième anniversaire, 2007.
22. Première, novembre 1989.
23. *Bord Cadre*, CinéCinéma Premier, janvier 2005.
24. *On ne peut pas plaire à tout le monde*, Marc-Olivier Fogiel, France 3, 16 janvier 2005.
25. *Noce blanche*, édition collector du vingtième anniversaire, 2007.
26. *Télé 7 Jours*, novembre 1992.
27. *Platine* n° 19, juin 1995.

28. *Actuel*, 1992.
29. *Noce blanche*, édition collector du vingtième anniversaire, 2007.
30. *Ibid.*
31. *Ibid.*
32. *L'Express*, novembre 2000.
33. *Platine* n° 19, 19 mars 1995.
34. Propos recueillis par l'auteur le 21 janvier 2013.
35. *Ibid.*
36. Propos recueillis par l'auteur le 23 mars 2013.
37. *Platine* n° 19, mars 1995.
38. *Marie Claire*, septembre 2007.
39. *Noce blanche*, édition collector du vingtième anniversaire, 2007.
40. Propos recueillis par l'auteur le 29 mai 2013.
41. *Ibid.*
42. *L'Express*, novembre 1989.
43. Vanessa Paradis, la vraie histoire, M6.
44. *Elle*, novembre 1989.
45. *Libération*, 8 novembre 1989.
46. *Platine* n° 19, mars 1995.
47. Propos recueillis par l'auteur le 16 février 2013.
48. *On ne peut pas plaire à tout le monde*, Marc-Olivier Fogiel, France 3, 16 janvier 2005.
49. *Paris Match*, mars 1990.
50. *Noce blanche*, édition collector du vingtième anniversaire, 2007.
51. *L'Express*, novembre 2000.
52. *Actuel*, 1992.
53. *L'Étudiant*, novembre 1992.
54. Propos recueillis par l'auteur le 29 mai 2013.
55. *Noce blanche*, édition collector du vingtième anniversaire, 2007.
56. Propos recueillis par l'auteur le 29 mai 2013.
57. *Noce blanche*, édition collector du vingtième anniversaire, 2007.

12. Une image plus rock

1. Propos recueillis par l'auteur le 23 mars 2013.
2. *Ibid.*
3. *Ibid.*
4. *Ibid.*
5. *Ibid.*
6. *Ibid.*
7. *Ibid.*

8. *Ibid.*
9. Pierre Terrasson, *Les Années Lolita*, éditions Premium, 2013.
10. *Vanessa en flagrants délires*, TF1, le 22 décembre 2013.
11. Propos recueillis par l'auteur le 23 mars 2013.
12. *Ibid.*
13. *Ibid.*
14. *Ibid.*
15. *Ibid.*
16. *Ibid.*

13. Gainsbourg for ever

1. Tetedechou.com.
2. Propos recueillis par l'auteur le 26 avril 2013.
3. Mathias Goudeau, *Pascal Obispo de à Z*, Musicbook, 2002.
4. Propos recueillis par l'auteur le 26 avril 2013.
5. *Ibid.*
6. *Ibid.*
7. *Ibid.*
8. *Entrée libre*, France 5, le 22 mai 2013.
9. *Fréquenstar*, 1990.
10. *Paris Match*, mars 1990.
11. Propos recueillis par l'auteur le 26 avril 2013.
12. Tetedechou.com.
13. *Vanessa Paradis, la vraie histoire*, M6, 22 juillet 2012.
14. *Ibid.*
15. *Ibid.*
16. Propos recueillis par l'auteur le 26 avril 2013.
17. Propos recueillis par l'auteur le 7 juin 2013.
18. *Vanessa Paradis, la vraie histoire*, M6, 22 juillet 2012.
19. Propos recueillis par l'auteur le 26 avril 2013.
20. *Ibid.*
21. *Vanessa Paradis, la vraie histoire*, M6, 22 juillet 2012.
22. Propos recueillis par l'auteur le 30 mars 2013.
23. Propos recueillis par l'auteur le 7 juin 2013.
24. Tetedechou.com.
25. *Paris Match*, janvier 1990.
26. Propos recueillis par l'auteur le 7 juin 2013.
27. Vanessa Paradis, *Documentary*, 1990.
28. Propos recueillis par l'auteur le 26 avril 2013.
29. *Vanessa Paradis, la vraie histoire*, M6, 22 juillet 2012.

30. *Ibid.*
31. *Libération*, mars 2001.
32. Gilles Verlant, *Gainsbourg*, Albin Michel, 2000.
33. *Ibid.*
34. En studio avec Serge Gainsbourg et Franck Langolff, DVD.
35. *Paris Match*, mars 1990.
36. En studio avec Serge Gainsbourg et Franck Langolff, DVD.
37. *Le Journal de Montréal*, 29 octobre 1990.
38. Propos recueillis par l'auteur le 26 avril 2013.
39. *Ibid.*
40. *Rolling Stone*, 1990.
41. Propos recueillis par l'auteur le 7 juin 2013.
42. Propos recueillis par l'auteur le 26 avril 2013.

14. *Toujours le même t'aime*

1. *Rock et Folk*, 1990.
2. *Paris Match*, mars 1990.
3. *Cool*, mai 1990.
4. 20 heures de TF1, 22 décembre 1990.
5. En studio avec Serge Gainsbourg et Franck Langolff, DVD.
6. Nicole Korchia et Alain Grasset, *op. cit.*
7. *Ibid.*
8. Propos recueillis par l'auteur le 26 avril 2014.
9. *Cool*, mai 1990.
10. *Nana*, 1990.
11. *Graffiti*, 1990.
12. Propos recueillis par l'auteur le 26 avril 2014.
13. *France Soir*, 1er juin 1990.
14. *Première*, juillet 2004.
15. Propos recueillis par l'auteur le 14 juin 2013.
16. *Première*, juillet 2004.
17. Propos recueillis par l'auteur le 26 avril 2013.
18. *Elle*, 10 août 2012.
19. *Elle*, décembre 2002.
20. Tetedechou.com.
21. Propos recueillis par l'auteur le 14 juin 2013.

15. Vanessa a dix-huit ans

1. *Salut*, décembre 1990.
2. *Vanessa en flagrants délires*, TF1, le 22 décembre 1990.

3. *Ibid.*
4. *Ibid.*
5. *Ibid.*
6. *Ibid.*

16. Oiseau de paradis

1. *L'Express*, novembre 2000.
2. *Star Mag*, juin 1993.
3. Propos recueillis par l'auteur le 30 mars 2013.
4. Nicole Korchia et Alain Grasset, *op. cit.*
5. *Ibid.*
6. *Vanessa Paradis, la vraie histoire*, M6, 22 juillet 2012.
7. *Ibid.*
8. Making-of du film, 1991.
9. *Ibid.*
10. *Ibid.*
11. *Star Mag*, juin 1993.
12. *Télé 7 Jours*, octobre 1991.
13. www.vanessaparadis.net.
14. Making-of du film, 1991.
15. *Ibid.*
16. *Vogue Homme*, 1993.
17. Making-of du film, 1991.
18. *Ibid.*
19. *Elle*, mars 2004.
20. *TV Magazine*, 2010.
21. *Vivement dimanche*, France 2, janvier 2005.
22. *Ibid.*

17. Lenny Kravitz

1. *Vanessa Paradis, la vraie histoire*, M6, 22 juillet 2012.
2. *Lenny Kravitz de A à Z*, 2002.
3. Rapido, Canal +, 1989.
4. *Le Monde*, mars 1993.
5. *Ibid.*
6. *Fréquenstar*, 1990.
7. *Télé-Loisirs*, septembre 1992.
8. Propos recueillis par l'auteur le 18 avril 2013.

9. *Le Parisien*, mai 1997.
10. Propos recueillis par l'auteur le 6 avril 2013.
11. N. Korchia et A. Grasset, *op. cit.*
12. Delphine Sloan, *Florent Pagny de A à Z*, Musicbook, 2003.
13. *Télé Star*, mars 2009.
14. *Ibid.*
15. *Télé 7* Jours, n° 1685, septembre 1992.
16. Propos recueillis par l'auteur le 30 mars 2013.

18. Living in America

1. *Top of the Tops*, 1992.
2. *Ibid.*
3. *Libération*, septembre 1992.
4. *On ne peut pas plaire à tout le monde,* Marc-Olivier Fogiel, France 3, 16 janvier 2005.
5. Best.
6. *Elle*, décembre 2002.
7. *On ne peut pas plaire à tout le monde,* Marc-Olivier Fogiel, France 3, 16 janvier 2005.
8. *Max*, 1992.
9. *Fréquenstar*, 1992.
10. *On ne peut pas plaire à tout le monde,* Marc-Olivier Fogiel, France 3, 16 janvier 2005.
11. *Salut*, septembre 1992.
12. Vanessa Paradis, la vraie histoire, M6.
13. *Elle*, 20 novembre 2009.
14. *Télé 7 Jours*, 1992.
15. Alexandre Latour, *Lenny Kravitz de A à Z*, Musicbook, 2002.
16. Nicole Korchia et Alain Grasset, *op. cit.*
17. *Télé 7 Jours*, 1992.
18. *Ibid.*
19. *Actuel*, 1992.

19. *Be My Baby*

1. Propos recueillis par l'auteur le 19 novembre 2013.
2. *Top Of The Tops*, 1992.
3. *Fréquenstar*, 1992.
4. Propos recueillis par l'auteur le 9 janvier 2014.

5. *Libération*, 21 septembre 1992.
6. *Fréquenstar*, 1992.
7. Propos recueillis par l'auteur le 1er juillet 2013.
8. Propos recueillis par l'auteur le 18 avril 2003
9. Propos recueillis par l'auteur le 22 mars 2013.

20. La scène, la scène !

1. *Salut*, mars 1994.
2. *Ibid.*
3. Claude Gassian, *Vanessa Paradis Natural High*, Vade Retro, 1994.
4. *Le Parisien*, 30 mars 1993.
5. Champs-Élysées, le 8 mars 1993.
6. 23 mars 1993.
7. 8 avril 1993.
8. Nicole Korchia et Alain Grasset, *op. cit.*
9. *Ibid.*
10. *Ibid.*
11. *Ibid.*
12. *Ibid.*
13. Claude Gassian, *op. cit.*
14. Nicole Korchia et Alain Grasset, *op. cit.*
15. Erwan Chuberre, *Vanessa Paradis*, éditions Alphée, 2009.

21. *Élisa*

1. *Première*, février 1995.
2. *Studio*, janvier 1995
3. *Platine* n° 19, 19 mars 1995.
4. *Première*, février 1995.
5. *Ibid.*
6. *Rolling Stone*, juin 1990.
7. *Première*, février 1995.
8. *Première*, juillet 2004.
9. *Les Échos*, février 1995.
10. Propos recueillis par l'auteur le 21 janvier 2013.
11. *Première*, février 1995.
12. *Studio*, juillet-août 2004.
13. *L'Express*, janvier 1995.
14. *Première*, avril 1999.

15. *Studio*, octobre 1996.
16. *Première*, février 1995.
17. *Les Échos*, février 1995.
18. *Studio*, octobre 1996.
19. grandquebec.com, 17 février 1995.

22. Exit Lenny Kravitz

1. RDI, jeudi 16 février 1995, repris par *Le Monde* du 18 février 1995, p. 40.
2. *Libération*, 20 février 1995.
3. *Rolling Stone*, 30 novembre 1995.
4. Propos recueillis par l'auteur le 18 avril 2013.
5. Propos recueillis par l'auteur le 6 avril 2013.
6. Propos recueillis par l'auteur le 1er juillet 2013.
7. *Paris Match*, avril 2009.
8. *Ibid.*
9. *Ibid.*
10. 50 minutes Inside, 9 septembre 2011.

23 *Le Tourbillon de la vie*

1. *Elle*, décembre 2002.
2. *C à Vous*, 17 mai 2013.
3. *Studio*, octobre 1996.
4. *Le Figaro*, mars 1997.
5. *Studio*, mars 1997.
6. *Studio*, octobre 1996.
7. *Ibid.*
8. *Le Figaro*, mars 1997.
9. *Studio*, octobre 1996.
10. Mars 1997.
11. *Première*, juillet 2004.

24. En mémoire de Virginie

1. www.reves.fr.
2. *Ibid.*
3. Propos recueillis par l'auteur le 11 février 2013.
4. *Fréquenstar*, 1996.

5. *Ibid.*
6. *Ibid.*
7. *Vanessa Paradis*, par Nicole Korchia et Alain Grasset, *op. cit.*.
8. Propos recueillis par l'auteur le 31 août 2013.
9. Propos recueillis par l'auteur le 11 février 2003.
10. *DS*, octobre 2000.
11. Propos recueillis par l'auteur le 11 février 2013.
12. *Ibid.*
13. *Fréquenstar*, 1996.

25. *Une chance sur deux*

1. *Première*, janvier 1995.
2. Propos recueillis par l'auteur le 21 janvier 2013.
3. *Ibid.*
4. *Première*, juillet 2004.
5. *Ibid.*
6. *Le Journal du dimanche*, 22 mars 1998.
7. Propos recueillis par l'auteur le 21 janvier 2013.
8. *Le Figaro*, mars 1998.
9. *Ibid.*
10. *Ibid.*
11. *Ibid.*

26. *La fille sur le pont*

1. Propos recueillis par l'auteur le 10 février 2013.
2. *Le Figaro*, mars 1999.
3. *Première*, avril 1999.
4. Propos recueillis par l'auteur le 21 janvier 2013.
5. *Ibid.*
6. *Ibid.*
7. *Première*, avril 1999.
8. *Ibid.*
9. Allociné.com, 16 août 2012.
10. *Ibid.*
11. *Ibid.*
12. *Vivement Dimanche*, France 2, janvier 2005.
13. *Le Figaro*, mars 1999.
14. *Première*, juillet 2004.

15. Propos recueillis par l'auteur le 10 février 2013.
16. *Studio*, avril 1999.
17. *Ibid.*

27. Johnny Depp

1. Propos recueillis par l'auteur le 16 avril 2013.
2. *Paris Match*, juillet 2004.
3. *Elle*, décembre 2002.
4. Vanessa Paradis, *En aparté*, Canal +, 2003.
5. Propos recueillis par l'auteur le 28 août 2013.
6. *The Oprah Winfrey Show*, 2 novembre 2004.
7. *Ibid.*
8. *Ibid.*
9. *Paris Match*, juillet 2004.
10. *Ibid.*
11. *Vanessa Paradis, la vraie histoire*, M6, 22 juillet 2012.
12. Propos recueillis par l'auteur le 21 janvier 2013.
13. Propos recueillis par l'auteur le 31 août 2013.
14. Propos recueillis par l'auteur le 21 janvier 2013.
15. *Paris Match*, juillet 2004.
16. Nigel Goodall, *Johnny Depp intime*, City Éditions, 2005.
17. Propos recueillis par l'auteur, le 30 mars 2013.
18. *The Oprah Winfrey Show*, 2 novembre 2004.
19. *DS*, octobre 2000.
20. *Elle*, décembre 2002.
21. *Elle*, 20 novembre 2009.

28. *Firmaman*

1. Propos recueillis par l'auteur le 17 janvier 2014.
2. *Elle*, décembre 2004.
3. *Paris Match*, juillet 2004.
4. *Elle*, mars 2000.
5. *Elle*, novembre 2001.
6. *Elle*, mars 2000.
7. *Elle*, novembre 2001.
8. *Ibid.*
9. TV Movies, août 2003.
10. Erwan Chuberre, *op. cit.*

11. Leparisien.fr, 25 mars 2010.
12. *Elle*, mars 2000.
13. *Elle*, novembre 2001.
14. *Paris Match*, juillet 2004.
15. *DS*, octobre 2000.
16. *Ibid.*
17. *Elle*, décembre 2002.
18. *Paris Match*, juillet 2004.
19. *En Aparté*, Canal +, 2004.
20. *Ibid.*

29. *Bliss*

1. *Le Figaro*, octobre 2000.
2. *DS*, octobre 2000.
3. *Elle*, octobre 2000.
4. *L'Express*, janvier 1995.
5. *Le Figaro*, octobre 2000.
6. *L'Express*, janvier 1995.
7. Propos recueillis par l'auteur le 18 avril 2013.
8. Propos recueillis par l'auteur le 1er juillet 2013.
9. *Télérama*, octobre 2000.
10. *Elle*, 20 novembre 2009.
11. *Elle*, octobre 2000.
12. *Ibid.*
13. *Ibid.*
14. *Libération*, octobre 2000.
15. *Première*, juillet 2004.
16. *Ibid.*
17. *Ibid.*
18. *Vivement dimanche*, France 2, janvier 2005.
19. *L'Express*, novembre 2000.
20. *Le Figaro*, octobre 2000.
21. *Libération*, octobre 2000.
22. Propos recueillis par l'auteur le 31 août 2013.
23. *Les Inrockuptibles*, octobre 2000.
24. *Télérama*, octobre 2000.
25. *Le Figaro*, octobre 2000.
26. *Elle*, octobre 2000.
27. *Studio*, juillet-août 2004.
28. *Libération*, octobre 2000.

29. Propos recueillis par l'auteur le 8 février 2013.
30. *Elle*, octobre 2000.
31. *Ibid.*
32. *Elle*, octobre 2000.
33. *Elle*, décembre 2002.
34. *Ibid.*
35. *Plus vite que la musique*, M6.

30. Une tournée en famille

1. *Elle*, novembre 2001.
2. *Plus vite que la musique*, M6, mars 2001.
3. JT de France 2, 20 mars 2001.
4. 20 heures de France 2, le 20 mars 2001.
5. *Ibid.*
6. *Ibid.*
7. Vanessa Paradis au Zénith, 2001.
8. *Ibid.*
9. *Ibid.*
10. *Le Parisien*, mars 2001.

31. Rendez-vous manqués au cinéma

1. *Le Figaro*, octobre 2000.
2. *Première*, juillet 2004.
3. *Ibid.*
4. *Fémina*, juillet 2004.
5. Propos recueillis par l'auteur le 29 janvier 2013.
6. Propos recueillis par l'auteur le 21 janvier 2013.
7. *France Soir*, octobre 1989.
8. Propos recueillis par l'auteur le 21 janvier 2013.
9. *Bord-Cadre*, janvier 2005.
10. Propos recueillis par l'auteur le 21 janvier 2013.
11. Erwan Chuberre, *op. cit.*
12. *Le Parisien*, juillet 2004.
13. Erwan Chuberre, *op. cit.*
14. *Première*, juillet 2004.
15. *Le Parisien*, juillet 2004.
16. Commeaucinema.com, juillet 2004.
17. *Ibid.*

18. Erwan Chuberre, *op. cit.*
19. *Studio*, janvier 2005.
20. *Le Figaro*, juillet 2004.
21. Propos recueillis par l'auteur le 10 février 2013.
22. *Ibid.*
23. Allociné.fr.
24. Propos recueillis par l'auteur le 16 février 2013.
25. *Ibid.*
26. *Ibid.*
27. Propos recueillis par l'auteur le 17 janvier 2014.
28. *Ibid.*
29. Propos recueillis par l'auteur le 31 août 2013.
30. *Ibid.*
31. Propos recueillis par l'auteur le 16 février 2013.
32. *À Nous Paris*, janvier 2005.
33. Nicole Korchia et Alain Grasset, *op. cit.*

32. Quatre à la maison

1. *Elle*, décembre 2002.
2. *Ibid.*
3. *Ibid.*
4. *Ibid.*
5. Leparisien.fr, 25 mars 2010.
6. *Ibid.*
7. *Fémina*, juillet 2004.
8. *Elle*, mars 2004.
9. *Ibid.*
10. Propos recueillis par l'auteur le 19 novembre 2013.
11. Propos recueillis par l'auteur le 21 janvier 2013.
12. *Elle*, décembre 2004.
13. *Fémina*, juillet 2004.
14. Leparisien.fr, 25 mars 2010.
15. *Elle*, mars 2004.
16. *Paris Match*, 27 novembre 2011.
17. *Ibid.*
18. Propos recueillis par l'auteur le 19 novembre 2013.
19. *Studio*, juillet-août 2004.
20. Propos recueillis par l'auteur le 19 novembre 2013.
21. *Vivement dimanche*, France 2, janvier 2005.
22. *Elle*, 20 novembre 2009.

23. *Elle*, mars 2004.
24. Erwan Chuberre, *op. cit.*
25. *Paris Match*, 27 novembre 2011.
26. Allboatsavenue.com.
27. *Ibid.*
28. Actustar.com
29. *Marie Claire*, septembre 2007.
30. Propos recueillis par l'auteur le 19 avril 2013.
31. *OK*, 2008.
32. *Marie Claire*, septembre 2007.

33. *Divinidylle*

1. *Divinidylle Tour*, DVD.
2. *Ibid.*
3. Erwan Chuberre, *op. cit.*
4. *Ibid.*
5. *Ibid.*
6. *Elle*, 20 septembre 2009.
7. Erwan Chuberre, *op. cit.*
8. Propos recueillis par l'auteur le 22 mars 2013.
9. *Femina*, 2 septembre 2007.
10. *Ibid.*
11. Propos recueillis par l'auteur le 23 mars 2013.
12. *Ibid.*
13. Erwan Chuberre, *op. cit.*
14. *Divinidylle Tour*, DVD.
15. *Ibid.*
16. *Ibid.*
17. *Studio*, juillet-août 2004.
18. Musiqueradio.com.

34. C'est reparti pour un tour

1. *Divinidylle Tour*, DVD, 2008.
2. *Ibid.*
3. *Fémina*, 2 septembre 2007.
4. *Elle*, 20 septembre 2009.
5. *Divinidylle Tour*, DVD.
6. *Ibid.*

7. *Ibid.*
8. *Ibid.*
9. *Ibid.*
10. *Ibid.*
11. *Ibid.*
12. *Ibid.*
13. Propos recueillis par l'auteur le 22 mars 2013.
14. *Le Parisien*, 16 juillet 2008.

35. Les années fastes

1. *Elle*, 20 novembre 2009.
2. *Ibid.*
3. *Ibid.*
4. *Ibid.*
5. Propos recueillis par l'auteur le 31 août 2013.
6. *Serge* n° 2, décembre 2010.
7. *L'Arnacœur*, bonus du DVD.
8. *Ibid.*
9. Interview Canal +, le 28 février 2010.
10. Europe 1, 16 mars 2009.
11. *L'Arnacœur*, bonus du DVD.
12. JT de France 2, 16 mars 2010.
13. Premiere.fr, mars 2010.
14. *Ibid.*
15. Interview Canal +, le 28 février 2010.
16. Propos recueillis par l'auteur le 21 janvier 2013.
17. *Première*, mars 2010.
18. *C à Vous*, France 4, 17 mars 2013.
19. Erwan Chuberre, *op. cit.*
20. *Le Point*, 13 octobre 2011.
21. *20 Minutes*, 12 octobre 2011.
22. Youtube, mis en ligne le 3 octobre 2011.
23. Propos recueillis par l'auteur le 12 février 2014.

36. Clap de fin avec Johnny Depp

1. Propos recueillis par l'auteur le 21 janvier 2013.
2. *Ibid.*
3. *TV Movies*, 8 août 2003.

4. *GQ*, 1993.
5. Propos recueillis par l'auteur le 1er juillet 2013.
6. Repris par le *Huffington Post*, 19 novembre 2012.
7. *Elle*, décembre 2002.
8. *Tout le monde en parle*, interview « je fous la merde », 17 juin 2006.
9. Vanessa Paradis, *En aparté*, Canal +, 2004.
10. *Ibid.*
11. *Marie Claire*, septembre 2007.
12. *TV Grandes Chaînes*, 5 mai 2012.
13. Propos recueillis par l'auteur le 23 octobre 2013.
14. Gala.fr, 8 décembre 2010.
15. MyTf1news, 10 décembre 2010.
16. Propos recueillis par l'auteur le 23 octobre 2013.
17. Propos recueillis par l'auteur le 19 novembre 2013.
18. *Elle*, décembre 2002.
19. Propos recueillis par l'auteur le 23 octobre 2013.
20. *The Daily Beast.*
21. Europe 1, le 23 janvier 2012.
22. *Rolling Stone*, juillet 2013.
23. *Ibid.*.
24. Propos recueillis par l'auteur le 23 octobre 2013.
25. *Elle*, 15 juillet 2007.
26. *Elle*, 10 août 2012.

37. Un besoin de cinéma

1. *Elle*, 10 août 2012.
2. *Première*, décembre 2011.
3. *Ibid.*
4. *L'Express*, 9 juillet 2012.
5. *Première*, décembre 2011.
6. *Ibid.*
7. *Fémina*, 15 janvier 2012.
8. *Obsession*, 20 juin 2012.
9. *Fémina*, 15 janvier 2012.
10. 12 septembre 2011.
11. 24 janvier 2012.
12. *Ibid.*
13. Décembre 2011.
14. Propos recueillis par l'auteur le 10 novembre 2013.
15. Bonus du DVD.

16. *L'Express*, le 9 juillet 2012.
17. *Ibid.*
18. *Elle*, 10 août 2012.
19. *Ciné Obs*, 15 août 2012.
20. *Elle*, 10 août 2012.
21. Bonus du DVD.
22. *TéléCiné Obs*, 15 août 2012.
23. Bonus du DVD.
24. Propos recueillis par l'auteur le 25 novembre 2013.

38. La surprise Benjamin Biolay

1. *Les Inrockuptibles*, du 30 avril au 7 mai 2013.
2. *Ibid.*
3. *Elle*, 3 mai 2013.
4. Propos recueillis par l'auteur le 30 mars 2013.
5. Propos recueillis par l'auteur le 22 mars 2013.
6. Propos recueillis par l'auteur le 16 avril 2013.
7. *L'Express* n° 3228, 15 mai 2013.
8. France Inter, Rebecca Manzoni, le 17 mai 2013.
9. *Les Inrockuptibles*, du 30 avril au 7 mai 2013.
10. *Ibid.*
11. France Inter, Rebecca Manzoni, le 17 mai 2013.
12. *Ibid.*
13. *Télérama*, 31 octobre 2012.
14. *Têtu*, mars 2013.
15. *Les Inrockuptibles*, du 30 avril au 7 mai 2013.
16. *Ibid.*
17. *Ibid.*
18. *Ibid.*
19. TF1, journal de 20 heures, 5 avril 2013.
20. *Les Inrockuptibles*, du 30 avril au 7 mai 2013.
21. *Elle*, janvier 2012.
22. *Grazia*, mars 2013.
23. *Ibid.*
24. *Têtu*, novembre 2012.
25. *Elle*, 3 mai 2013.

39. Entre pudeur et impudeur

1. *Next*, avril 2013.
2. *Ibid.*

3. Propos recueillis par l'auteur le 11 décembre 2013.
4. Propos recueillis par l'auteur le 16 avril 2013.
5. *Le Figaro*, 9 mai 2013.
6. *Télérama*, le 18 mai 2013.
7. *Les Inrockuptibles*, du 30 avril au 7 mai 2013.
8. France Inter, 10 mai 2013.
9. *Next*, 6 avril 2013.
10. *Ibid.*
11. *Accès privé*, M6, émission diffusée le 16 mars 2013.
12. *Ibid.*
13. *Elle*, 3 mai 2013.
14. *Têtu*, mai 2013.
15. *Accès privé*, M6, émission diffusée le 16 mars 2013.
16. 20 heures de TF1, le 12 mai 2013.
17. *C à Vous*, 17 mai 2013.
18. France Inter, 17 mai 2013.
19. *Ibid.*
20. *Elle*, 3 mai 2013.
21. *Ibid.*
22. *Le Figaro*, 10 mai 2013.
23. Propos recueillis par l'auteur le 14 décembre 2013.
24. France Inter, 16 mai 2013.
25. 20 heures de TF1, 12 mai 2013.
26. France Inter, 17 mai 2013.
27. *Ibid.*
28. *Têtu*, mai 2013.
29. France Inter, 17 mai 2013.
30. Archive diffusée dans *C à Vous*, le 2 décembre 2013.
31. France Inter, 17 mai 2013.
32. *C à Vous*, 17 mars 2013.
33. France Inter, 17 mai 2013.
34. *Madame Figaro*, mai 2013.
35. Propos recueillis par l'auteur le 14 décembre 2013.
36. *La Voix du Nord*, 1er décembre 2013.

40. Si proche de Benjamin Biolay

1. *La Voix du Nord*, 1er décembre 2013.
2. 13 octobre 2013.
3. *La Voix du Nord*, 1er décembre 2013.
4. *Madame Figaro*, 11 octobre 2013.

5. *Ibid.*
6. *Vivement dimanche,* 2 novembre 2013.
7. *Madame Figaro*, 11 octobre 2013.
8. 20 heures de TF1, 6 novembre 2013.
9. *Ibid.*
10. *Madame Figaro*, 11 octobre 2013.
11. *Ibid.*
12. *Ibid.*
13. *Ibid.*
14. Propos recueillis par l'auteur le 11 décembre 2013.

41. Retour aux sources

1. *Elle*, 3 mai 2013.
2. *Ibid.*
3. *C à Vous*, France 4, 17 mai 2013.
4. *Marie Claire*, septembre 2007.
5. *Marie-Claire*, septembre 2012.
6. *C à Vous*, France 4, 17 mai 2013.
7. *Ibid.*
8. *Rolling Stone*, juin 2013.
9. *Ibid.*
10. *Gala*, 22 juin 2013.
11. *Ibid.*
12. *Entrevue*, juin 2013.
13. Propos recueillis par l'auteur le 19 novembre 2013.
14. *Entrevue*, juin 2013.
15. *Le Grand Journal*, novembre 2009.
16. *Elle*, 10 août 2012.
17. Propos recueillis par l'auteur le 10 janvier 2014.
18. *Ibid.*

42. Quarante ans et des poussières

1. Vanessa Paradis Documentary, 1990.
2. *Fréquenstar*, 1990.
3. *Fréquenstar*, 1991.
4. *Next*, 6 avril 2013.
5. *Marie Claire*, septembre 2007.
6. Propos recueillis par l'auteur le 30 mars 2013.

7. Propos recueillis par l'auteur le 16 avril 2013.
8. *Ibid.*
9. Propos recueillis par l'auteur le 21 janvier 2013.
10. *Obsession*, 20 juin 2012.
11. Propos recueillis par l'auteur le 21 mars 2013.
12. *Obsession*, 20 juin 2012.
13. *Ibid.*
14. Vanessa Paradis, *En Aparté*, Canal +, 2003.
15. Propos recueillis par l'auteur le 31 août 2013.
16. Propos recueillis par l'auteur le 11 décembre 2013.
17. *Paris Match*, 15 juillet 2004.
18. *Le Point*, 17 janvier 2011.
19. *Têtu*, mai 2013.
20. *Paris Match*, 15 juillet 2004.
21. *Marie Claire*, septembre 2012.
22. *Ibid.*
23. *Marie Claire*, septembre 2012.
24. Propos recueillis par l'auteur le 16 février 2013.
25. Propos recueillis par l'auteur le 9 juin 2013.
26. *Marie Claire*, août 2013.
27. *En Aparté*, Canal +, 2003.
28. *DS*, octobre 2000.
29. *Entrée Libre*, France 5, le 22 mai 2013.
30. *Marie Claire*, septembre 2012.
31. *Entrevue*, juin 2013.
32. *Paris Match*, 15 juillet 2004.
33. *Elle*, 28 mars 2014.
34. *Paris Match*, 15 juillet 2004.
35. *18 Ans*, TF1, 22 décembre 1990.
36. Propos recueillis par l'auteur le 19 novembre 2013.
37. Propos recueillis par l'auteur le 30 mars 2013.
38. Propos recueillis par l'auteur le 21 janvier 2013.
39. *Elle*, 28 mars 2014.
40. *Marie Claire*, avril 2014.
41. *Elle*, 28 mars 2014.
42. *Times*, cité dans *Paris Match*, 22 mai 2014.
43. *Elle*, 10 août 2012.
44. *Ibid.*
45. *Les Inrockuptibles*, du 30 avril au 7 mai 2013.
46. Propos recueillis par l'auteur le 8 février 2013.
47. TF1.fr, 13 août 2012.

48. *Marie Claire*, septembre 2012.
49. *Les Inrockuptibles*, du 30 avril au 7 mai 2013.
50. *Fémina*, 15 janvier 2012.
51. *La Voix du Nord*, 2 décembre 2013.
52. *Elle*, 3 mai 2013.
53. *En Aparté,* Canal +, 2003.
54. 20 heures de France 2, 20 mars 2001.

Épilogue

1. Propos recueillis par l'auteur le 16 février 2013.
2. *Marie Claire*, septembre 2007.
3. Propos recueillis par l'auteur le 8 février 2013.
4. Propos recueillis par l'auteur le 14 décembre 2013.
5. Propos recueillis par l'auteur le 20 décembre 2013.
6. *Obsession*, 20 juin 2012.
7. France Inter, le 17 mai 2013.
8. *Première*, novembre 1989.
9. *Fémina*, 15 janvier 2012.
10. LCI, 7 novembre 2013.
11. Nicole Korchia et Alain Grasset, *op. cit.*

INDEX DES CHANSONS

TABLE

Mise en page par Meta-systems
59100 Roubaix

CET OUVRAGE
A ÉTÉ ACHEVÉ D'IMPRIMER
SUR ROTO-PAGE
PAR L'IMPRIMERIE FLOCH
À MAYENNE EN OCTOBRE 2014

N° d'édition : L.01ELKN000454.N001. N° d'impression : 87457
Dépôt légal : octobre 2014
Imprimé en France